21世纪高职高专规划教材 · 通识课系列

商务谈判实务

BUSINESS NEGOTIATION PRACTICE

（第2版）

主　编 ◎ 李昆益　姬忠莉
副主编 ◎ 吴　烽

中国人民大学出版社
· 北京 ·

前言

商务谈判既是一门有着丰富内涵、融合多方面知识于一体的综合性学科，又是一项充满艺术和科学的人类活动，想要在谈判中达到目标或避免陷于被动，就必须掌握一定的谈判策略和技巧。当前，随着我国经济已由高速增长阶段转向高质量发展阶段，企业对员工的职业素质要求也将逐步提高，商务谈判能力已经成为职场人士必备的一种基本职业素质，更是各种商务活动中必备的重要能力。

在《国家职业教育改革实施方案》（国发〔2019〕4号）精神的指导下，本教材在第1版的基础上，按照职业教育特点，并根据当前国内外经济的发展趋势，以及行业、企业经营的新变化、新特点，对教材的内容进行了优化和修改，将反映当前商务活动特点的最新案例添加到教材中，同时，为了突出知识要点，增加了“小结论”条目，便于学生学习。

为了适应职业院校学生的学习特点，本教材仍然按照“项目引领，任务驱动”的思路编排，以三位真实大学毕业生——张华、刘瑞和王丽的实际业务为背景，以商务谈判过程为主线进行结构设计和内容组织，充分体现了教学内容项目化、任务化、实践性的特征，实现了教材内容与实际岗位要求的一致性。

整本教材共分为三部分：第一篇是商务谈判概述，主要包括商务谈判相关的基本知识和影响商务谈判的主要因素；第二篇是商务谈判过程，主要是以谈判过程为线索，介绍谈判各阶段的主要内容和应用策略；第三篇是商务谈判实用技巧，总结了商务谈判的沟通艺术和处于不同地位的谈判技巧，以及商务谈判中的文化礼仪，最后介绍了国际商务谈判。为了便于教师教学和学生学习，本教材在内容组织上做到项目前有“学习目标”“知识结构图”“任务引入”，项目中有“知识平台”“任务实施”“任务拓展”，项目后有“知识检测”“项目实训”“扩展阅读”，形成了“教、学、做”一体化模式，突出了教材的实用性。

本教材的主要特色和创新如下：

1. 贴近真实的工作场景，按职业升迁由浅入深编排教学案例

教材主案例取材于真实的大学毕业生案例，围绕常州祥和家具销售公司三位新员工——刚毕业的大学生张华、刘瑞和王丽的工作内容展开。案例场景前后一致，内容相互连贯，企业在发展，三位大学毕业生的谈判能力在提升，业绩越来越好，职位也随之晋升，分别成为市场部经理、策划部经理和店长。这样的案例内容更加贴近大学毕业生工作实际，学习起来更加轻松自然，同时，三位大学毕业生的职位升迁也是对学生的一种激励。

2. 融合国家职业标准，让系统化的知识体系与前沿实战案例相结合

教材内容选择主要依据行业协会职业标准和企业需求调研以及毕业生岗位信息反馈，力求做到教材内容跟职业标准和企业岗位要求相融合。另外，本教材注重对传统教学内容的更新，吸收了最新理论和教学研究成果，同时涵盖了来自各个行业真实的、最新的前沿实战案例，充分体现了未来商务活动的发展趋势。

3. 学中做，做中学，实现理论与实践教学一体化

本教材按照真实商务谈判工作的操作程序、步骤、内容及要求组织教学内容，采用团队化项目实训模式，将知识、方法、过程与具体的任务联系起来，提升学生在学习过程中的工作体验，在调动学生的积极性、主动性的同时，最大限度地达到“工学结合”的要求。

本教材由李昆益（常州工业职业技术学院）、姬忠莉（常州工业职业技术学院）担任主编，吴烽（常州工业职业技术学院）担任副主编。李昆益负责总体设计，姬忠莉编写大纲并最终定稿，吴烽负责校对及实训项目设计。编写分工如下：李昆益编写项目一、项目十，姬忠莉编写项目三、项目四、项目五、项目六、项目八，吴烽编写项目二、项目七、项目九。

在编写教材的过程中，编者参考和引用了大量国内外有关商务谈判的文献，在此向原作者致以诚挚的谢意。由于编写时间仓促，编者水平有限，书中不足及疏漏之处在所难免，敬请广大读者提出宝贵建议，以便进一步完善修订。

编者

2021 年 1 月

目录

第三篇　商务谈判实用技巧

第一篇　商务谈判概述

项目一 认识商务谈判

学习目标

知识目标

了解商务谈判的含义、主要类型及其特点

理解商务谈判的基本原则及在市场经济中的作用

掌握商务谈判的基本模式和基本过程

能力目标

能够利用商务谈判基础知识分析案例

能够结合具体商务谈判工作提出建设性建议

知识结构图

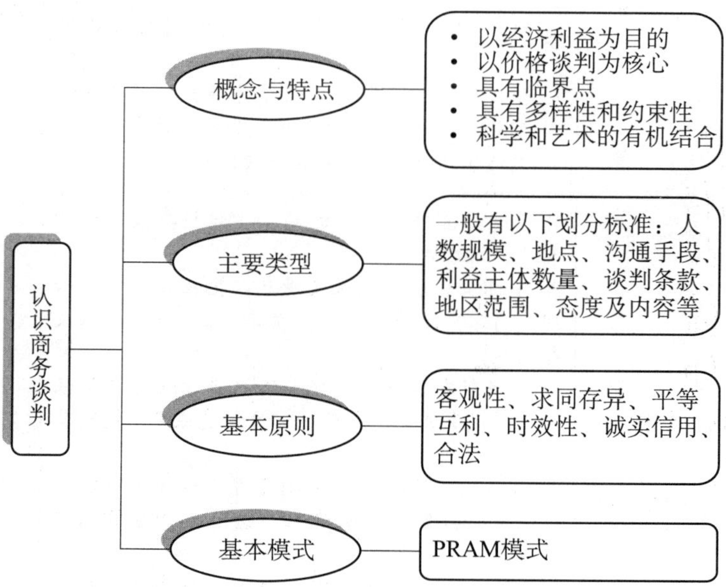

任务引入

【任务描述】

常州祥和家具销售公司是一家经营中高档家具的大型连锁销售企业，在长三角地区的红星美凯龙、月星家居广场等大型家具销售中心设有卖场，该公司凭借区域优势以及品牌优势，赢得了广大消费者的信赖，近年来销售量居同类行业前列，在本地区有一定的知名度。张华、刘瑞和王丽都是刚毕业的大学生，他们都喜欢销售工作并且希望在家具行业有所发展。经过应聘，三位大学毕业生先后加入了常州祥和家具销售公司，并且都从事家具销售工作，他们满怀信心，希望通过突出的销售工作开启自己的职业生涯。张华负责办公家具销售，刘瑞负责小区销售推广，而刘丽是卖场的导购员。三位年轻人在大学里都学了一定的营销知识并且做过一些兼职，入职后也参加过两周的业务培训，凭着这些知识和技能，他们很快熟悉了公司的业务流程并且有了很好的开端。但随着业务的深入，他们慢慢感受到了销售工作的挑战性，开始有些不太适应，尤其在跟客户洽谈业务时经常感到无所适从。下面是他们的岗位职责及工作内容（见表1-1）：

表1-1 张华、刘瑞和王丽的岗位职责及工作内容

姓名	岗位	岗位职责及工作内容	主要客户类型
张华	大客户销售代表	1. 通过拜访、沟通或其他销售方式开发新客户，向目标客户宣传、销售本公司产品 2. 做好老客户的维护，挖掘潜在需求，进行产品需求交流并解答客户常见问题，从而达成销售订单 3. 组织对外报价、投标、合同谈判及签订等工作 4. 和客户建立长期良好的合作关系，保持密切沟通联系，能为公司创造持久的客户关系 5. 回款情况的跟进及应收账款催收	主要客户是企业、政府或者学校等，多为企事业单位
刘瑞	小区推广专员	1. 负责小区进驻、小区广告、现场布置、接待客户、推广宣传等 2. 了解客户家装风格及进展，把握客户需求心理，为客户提供家具布置方案，参与销售谈判及合同签订 3. 维护现有客户群，提升客户满意度并在此基础上促成老客户转介绍新客户，达成更好的销售业绩 4. 与物业、其他行业等相关部门建立良好的关系，联合销售或组织针对小区业主的家具团购活动 5. 定期回访客户并有针对性地开展市场调查和销售分析，向公司提出现场销售商品组合建议	多为家庭用户

续前表

姓名	岗位	岗位职责及工作内容	主要客户类型
王丽	导购员	1. 负责客户接待、产品咨询及服务 2. 依据客户需求，帮助客户做出最佳选择，针对有购买意向客户拟定家具搭配方案、价格洽谈，促进销售 3. 搜集、整理客户信息，按客户分类跟单、下单、定期售后电话回访等 4. 维护客户关系，接受和处理客户投诉 5. 负责销售开单和销售统计、实物盘点，制作报表	光临店铺的所有顾客，客户类型不固定

学习任务：张华、刘瑞和王丽在各自的销售工作中，分别会遇到哪些主要商务谈判？分别属于什么类型？各有什么特点？

【任务分析】

谈判无所不在，尤其在商业活动中更是离不开谈判。在本案例中就工作性质而言，张华、刘瑞和王丽三位从事的都是销售工作，只是工作内容、工作场所及所面对的客户类型不同，在工作中都会遇到大量的商务谈判，涉及具体的商务谈判就要分析谈判对象、参与人及谈判环境。所以要完成本任务，首先要了解家具行业背景，还要清楚张华、刘瑞和王丽的工作内容，特别是所面对的客户类型及其购买特点，然后再分析不同商务环境下的谈判类型及其特点。

知识平台

一、商务谈判的概念与特点

（一）谈判的概念

“谈判”这个词听起来很神秘、玄妙，有时甚至令人生畏，其实，我们每个人每天都在接触谈判，只不过没有明确地意识到而已。无论是在政治、文化、教育、经济活动中，还是在涉及战争、领土、民族等重大问题的矛盾、冲突中，时时处处都有谈判发生。当你买东西时，跟小商小贩讨价还价；当你组织协调一次春游活动时，与同伴商谈旅游路线；在单位里与同事、领导就工作上的问题进行协商等：这些都可以归入谈判的范畴。可以说，谈判活动无时无刻都会发生在我们身边，我们或亲身参与其中，或可以耳闻目睹。

然而，关于“谈判”的概念却众说纷纭，至今没有一致说法。我们先看看不同专家学者对谈判的几个定义：

◇ 谈判就是人们为了达成某项协议而进行的交往。

◇ 谈判是一种在不同利益，甚至对立状况下应采取的战略，但各方在这一点上（谈判）却互为依存，达成一项协议对任何一方都有好处。

◇ 谈判是人们为了改变相互关系而交换意见，为了取得一致而相互磋商的一种行为，是能够深刻影响各种关系和对参与各方产生持久利益的过程。

◇ 谈判是一种双方都致力于说服对方接受其要求时所运用的一种交换意见的技能，其最终目的就是要达成一项对双方都有利的协议。

以上定义反映了谈判活动的各个方面，之所以谈判，是因为各方在观点、利益上存在冲突，但各方都愿意通过谈判解决这一冲突。谈判过程就是各方协调、分配利益，逐渐达成一致、妥协的过程。在这期间，既有各方的直接冲突，也有各方的彼此合作，各方努力运用多种手段，谋求最终结果的达成。

其实，谈判包括“谈”与“判”两个紧密联系的环节。谈就是讲话，双方或多方针对所承担和享有的权、责、利等方面进行讨论、交涉、洽谈和磋商。判就是确定和认可，就是分辨和评定，当事各方通过努力，寻求各项权、责、利划分的共同一致的意见，并用相应的协议正式予以确认。谈是判的前提、基础和条件，判是谈的结果、目的和意愿。

小结论：谈判是双方或多方为了实现各自的某些需求，彼此就感兴趣的问题进行协商、沟通，交换意见，消除分歧，改善关系，从而达成妥协或一致意见的过程。

谈判具有四个方面的内涵（见表1-2）：

表1-2 谈判的内涵

1	谈判发生在双方或多方之间	谈判各方在其物质力量、人格、法律地位等方面都相对独立或平等，这样才有可能构成谈判关系，这是实现谈判途径的一个重要条件。如果彼此间力量悬殊或地位不平等，利益的严重冲突或不一致有可能就会通过其他方式（如威胁、战争、暴力等）来解决
2	包含“合作”与“冲突”两种成分	参与谈判的各方为达成协议，均须具备一定程度的合作性，但为了满足自身的最大需求，又势必处于利益冲突的对抗状态，这时各方通过协商寻找一个解决方案，以解决冲突
3	谈判最终目标是达成一致的协议	从这一点来看，谈判是谈判者实现各自目标的有效手段。谈判者在利益方面存在分歧，但这种分歧并不是完全对立的，通过其他方式又无法获得圆满解决，从而促使各方通过谈判协商解决，进而实现自己的部分或全部利益需求
4	谈判的结果是一种妥协	谈判既是“不平等”的，又是“公平的”。由于谈判各方拥有的地位、实力与技巧的差别，谈判的结果很难达到完全平等，各方取得的利益也不会完全相同。但只要参与谈判的各方对谈判的结果能够接受，且对谈判结果均具有否决权，那么，无论结果多么“不平等”，该谈判都是“公平的”。一场成功的谈判，从一定意义上讲，双方都是胜利者

案例 1-1

对于成功的谈判，人们常常用这样一个例子来描述：某一家庭有两个男孩，有一天兄弟俩为吃一块蛋糕而争吵起来，谁都想多吃一点，甚至独吞，而不愿平分，为此闹得不可开交。他们的父亲向他们建议：由一个人先来切蛋糕，他愿意怎么切就怎么切，另一个人则可以先挑自己想要的那一块。也就是说：一个孩子可以拥有操刀切的权力，另一个则拥有优先挑选的权力。两个孩子都觉得这个建议挺公正，就接受了，结果，兄弟俩高兴地分完了蛋糕，这样，既满足了双方的需要，又维护了双方的关系，同时又毫不费事地解决了矛盾，所以谈判的效率很高。

（二）商务谈判的概念

1. 商务谈判的含义

商务谈判中的“商务”一词是指商业事务，是指经济领域内，一切有形与无形资产的交换或买卖事宜。按照国际惯例的划分，商务行为可分为以下几种：

◇ 直接的商品交易活动，如商品买卖，批发、零售商品等。

◇ 直接为商品交易服务的活动，如运输、仓储、加工整理等。

◇ 间接为商品交易服务的活动，如金融、保险、信托、租赁等。

◇ 具有服务性质的活动，如饭店、商品信息、咨询、广告、劳务等服务。

商务谈判是指在经济领域中，两个或两个以上从事商务活动的组织或个人，为了满足各自的经济利益，进行意见交换和磋商，谋求取得一致和达成协议的行为过程。

商务谈判是在商品经济条件下产生和发展起来的，它已经成为现代社会经济生活必不可少的组成部分。可以说，没有商务谈判，经济活动便无法进行，小到生活中的购物还价，大到企业法人之间的合作、国家与国家之间的经济技术交流，都离不开商务谈判。

商务谈判是交易双方为最终取得互惠协议而做的努力。商务谈判的每一方都应是胜利者，最终达成的协议必须对双方都有利，即各方都满足了自己的需要。因此，一场成功的商务谈判不应该是你输我赢，胜者为王、败者为寇的对决，而应该是双方互利合作的过程，否则，谈判就不会成功。

2. 商务谈判的六要素

（1）谈判主体。谈判主体就是谈判当事人。一般来讲，谈判当事人常常具有双重性：一是谈判的代表者，即谈判的个体或团队；二是谈判组织，即谈判者所代表的组织。在谈判中，既要重视谈判组织的需要，又要重视谈判代表的需要，两者不可偏废。

（2）谈判客体。谈判活动要有谈判标的和议题，即谈判客体。谈判标的就是指谈判的事物，如贸易型谈判的标的是买卖的货物，服务型谈判的标的是服务的内容等。谈判议题是指谈判的具体内容或交易条件，如价格、数量、质量、付款方式等。

(3) 谈判目的。只有谈判主体和客体，而没有谈判目的，就不能构成真正的谈判活动，而只是闲谈。正因为谈判各方鲜明的目的性，才使得谈判活动具有较强的冲突性和竞争性，而闲谈则不涉及各方的利害关系，也不会导致双方的对立或竞争。

(4) 谈判行为。谈判活动是通过谈判双方的谈判行为来进行的，有谈判的主体、客体和目的，而没有谈判行为，显然只是谈判的构想，而不是谈判的现实。谈判行为是指谈判主体的言行举止或具体活动，是决定谈判结果的主要因素。

(5) 谈判环境。谈判活动都是在特定的环境下进行的，受到环境的具体制约，脱离了具体的环境去谈论谈判没有任何意义。这种环境既包括了外部的大环境，如政治、经济、文化、市场、竞争等，也包括了谈判的小环境，如时间、地点、场所、交往空间等。

(6) 谈判结果。一项完整的谈判活动必须要有谈判结果，并对谈判结果进行评估。无论谈判成功与否，都需要有相应的结果，没有结果，则意味着谈判活动还没有结束。有些谈判旷日持久或相持不下，但只要没有明确的谈判结果，那么谈判就有继续的可能。谈判活动不了了之，只能称为“不完整的谈判”，应尽力避免。

(三) 商务谈判的特点

商务谈判作为现代经济社会中重要的商务活动，具有以下特点：

1. 商务谈判以经济利益为目的

不同的谈判者参加谈判的目的不同，外交谈判涉及的是国家利益；政治谈判关心的是政党、团体的根本利益；军事谈判主要是关系敌对双方的安全利益。虽然这些谈判都不可避免地涉及经济利益，但常常是围绕某一种基本利益进行的，其重点不一定是经济利益。而商务谈判则十分明确，谈判者以获取经济利益为其基本目的。虽然，在商务谈判过程中，谈判者可以调动和运用各种因素，而且其他非经济利益的因素也会影响谈判的结果，但其最终目标仍是经济利益。人们通常以经济效益的好坏来评价一项商务谈判成功与否，而不讲求经济效益的商务谈判就失去了它的价值和意义。

2. 商务谈判以价格谈判为核心

商务谈判所涉及的因素众多，谈判者的需求和利益表现在许多方面，但价格几乎是所有商务谈判的核心内容，占据重要地位。因为双方经过谈判达成的利益划分，可直接通过价格表现出来。谈判各方在其他利益因素上的得与失，拥有的多与少，在多数情况下均能折算为一定的价格，通过价格的升与降得到体现。

对于一个谈判人员来讲，了解价格是商务谈判的核心，价格在一定条件下可与其他利益因素折算，这一点很重要。因为有时在其他利益因素上要求对方让步可能比从价格上争取让对方让步更容易做到，并且自己的行动具有隐蔽性。例如：对方在价格上不肯让步，那么就可以要求对方在售后服务等方面提供优惠条件，以此让对方易于接受。

因此，在商务谈判中，我们一方面要以价格为中心，坚持自己的利益，另一方面又不能局限于价格，可以拓宽自己的思路，从其他利益因素上争取利益。

案例 1－2

从质量因素考虑：一辆一等品的山地自行车售价 900 元，而同样牌号、规格的二等品的山地自行车的售价为 700 元，这个差价就把质量差折算表现出来了。

从数量因素考虑：买一盒磁带需 5 元钱，而购买三盒的总价却为 12 元。这种价格差就把数量差折算表现出来了。

从付款时间因素考虑：即期付款比 120 天的远期付款可以给予 2%的折扣优惠。这就通过价格差把时间差折算表现出来了。

当然，并非在任何时候、任何情况下都能够进行这样的折算，即谈判者并不一定都能接受这种折算。例如：改革开放后，我国某企业从国外卖方那里引进一套谈判商定为具有 20 世纪 80 年代末技术水平的新产品，结果到货后发现，这种设备只具备 20 世纪 60 年代的技术水平，根本不具备 20 世纪 80 年代的技术水平。后来，尽管外商提出愿意折让 50%的价格，但我方不愿意接受。因为其技术价值太低，已不能靠价格来补偿。

3. 商务谈判具有临界点

商务谈判具有一个临界点，即达成协议的最低要求。一旦越过了这个临界点，谈判就难以进行下去。所以谈判双方既要争取自己的经济利益，还要站在对方的立场上，考虑对方的经济利益，己方提出的利益要求，应在对方所能接受的临界点利益范围之内，这样才有可能促使谈判成功。无视商务谈判的临界点，只想要对方让步而自己不想做丝毫妥协，是不可能达成协议和取得谈判成果的。当然，这并不是说在商务谈判中双方在利益的分配上是绝对平均的，而是要达到利益上的相对平衡。

4. 商务谈判具有多样性

商务谈判的多样性，不仅指谈判内容的多样性，而且指商务谈判的当事人是多种多样的，既有企业或其他经济组织之间的各种商务谈判，也有个人之间进行的谈判，还有各层次之间相互交叉进行的商务谈判。就商品的买卖而言，买者可以货比百家，与商品质量好、价格合理的卖者建立谈判关系和买卖关系；卖者可以面向千家，与结算形式、信用好的用户或经销商建立协作关系。

5. 商务谈判具有约束性

商务谈判在内容和结果上受外部环境的制约，这就是商务谈判的约束性。政治、法律环境对商务谈判的影响最大；经济环境中的市场供求变化和竞争情况对商务谈判的约束性最强；社会环境如风俗习惯、宗教信仰、教育程度等因素制约着商务谈判者的沟通和交流。因此，商务谈判人员不仅要掌握商务知识、谈判策略和技巧，而且要掌握政策、法规、社会文化等方面的知识，这样才能控制复杂的谈判局势，实现谈判目标。

6. 商务谈判是科学和艺术的有机结合

一方面，谈判作为人们协调彼此之间的利益关系、满足各自需要并达成一致意见的一种行为过程，人们必须以理性的思维对涉及的问题进行系统的研究分析，并根据一定的规律、规则来制定方案和策略。整个谈判活动涉及专业知识，如贸易、金融、企业管理、商法、市场营销等知识，同时又涉及社会学、心理学、语言学、公共关系学、运筹学、逻辑学等广泛的知识领域。这是谈判科学性的体现。

另一方面，谈判是人们的一种直接交流活动，谈判人员的素质、能力、经验、心理状态、感情等富于变化的因素和临场发挥，对谈判过程和结果有着极大的影响，使谈判的结果往往表现出很大的不确定性。同样的谈判内容、环境和条件，不同的人参加会取得不同的结果，这是谈判艺术性的体现。

所以，对于一个谈判者来说，在谈判中既要讲究科学，又要讲究艺术。在涉及谈判双方实力的认定、谈判环境的分析、谈判方针方案的制定以及交易条件的确定等问题时，更多地应考虑其科学性的一面；而在具体的谈判策略、战术的选择、运用上，则应较多地思考其艺术性的一面。“科学”能帮助我们在谈判中把握住正确的决策方向，而“艺术”则能使我们把事情做得更加圆满。

二、商务谈判的类型

商务谈判涉及的内容和范围相当广，而且在现实生活中存在的大量商务谈判行为也是各不相同的。人们可以按照一定的标准把商务谈判划分为不同的类型，这些不同类型的商务谈判活动各有其特点，也有其所适用的范围。

(一) 个体谈判与团队谈判

按参加谈判的人数规模划分，商务谈判可分为个体谈判与团队谈判。若双方都只有一个人参加，一对一地进行协商谈判，就是个体谈判；若各方都有两个或两个以上的人员参加谈判，就是团队谈判。在团队谈判中的各方参加谈判的人数并不一定要完全相同，往往较为重要且关系复杂的谈判多为团队谈判。

1. 个体谈判的特点

(1) 谈判者可以随时有效地把自己的设想和意图贯彻到实际的协商行为中。但由于个体谈判只有一个人独立应付全局，因此易出现决策失误，而且无法得到及时而必要的帮助。

(2) 由于整个谈判始终是以个人为中心的，谈判者必须根据自己的知识和经验，对协商中出现的各种问题及时地进行分析，予以处理，独立地做出决策。因此要求谈判者必须具备全面的知识和丰富的经验及完成该项谈判所需的各项能力。

2. 团队谈判的特点

(1) 有利于充分发挥每位谈判人员的特长，形成整体的优势。但如果谈判参与人员之间配合不当，就会出现内部协调难度，在一定程度上影响谈判的效率。

（2）团队谈判可以根据谈判需要，选择来自不同领域的专家，相互协同，构成一个知识互补、密切配合的班子，提升谈判能力。

（二）主场谈判、客场谈判与第三地谈判

按谈判进行的地点划分，商务谈判可分为主场谈判、客场谈判、第三地谈判。

1. 主场谈判

主场谈判是指谈判一方在自己所在地以东道主身份组织的谈判。一般说来，谈判者都愿意在自己所在地即主场进行谈判。因为在自己熟悉的环境中进行谈判，会给主场谈判方带来许多方便。

（1）主场谈判的优点：

1）主场谈判方在心理上有一定的安全感和优越感，易于树立自信心。谈判过程中可以应付自如，如果能很好地运用谈判策略和技巧，就能使谈判朝着有利于自己的方向发展。

2）可随时检索各种资料并予以充分利用，客方则无此便利。

3）利用室内布置、座位安排乃至食宿款待等创造某种谈判气氛给对方施加影响。

4）谈判出现意外情况时可随时向领导请示。

（2）主场谈判的缺点：

1）当谈判进入白热化阶段时，对方为了摆脱没有把握的决策压力，会借口资料不全而扬长而去。

2）远离工作地的种种不便，成为对方中止谈判的体面借口。

3）要支付较大的谈判成本，且容易被对方了解虚实。

2. 客场谈判

客场谈判是主场谈判的对称，客场谈判是指在谈判对方所在地进行交易的谈判。

（1）客场谈判的优点：

1）谈判人员可全心全意参加谈判，不受或少受本企业事务干扰。

2）使对手无法以无权决定或资料不全的借口而故意拖延时间。

3）因谈判小组在外，谈判无法经常向领导汇报从而有更多灵活性，而且可以以授权有限为由，采取拖延战术，使自己由被动变为主动。

4）可减少烦琐的接待工作。

（2）客场谈判的缺点：

1）由于谈判人员身处异地他乡，会有拘束感，会形成一些客观上的劣势，诸如谈判期限、谈判授权、信息交流以及可能的语言障碍。

2）由于主方安排的款待及娱乐活动会使谈判者失去斗志，因此谈判者要保持头脑冷静，与对方保持一定的距离，时刻记住自己的使命。

3. 第三地谈判

第三地谈判是指在谈判双方所在地以外的其他地方举行的谈判。当存在双方冲突性大、政治关系微妙等原因时，在主场、客场谈判都不适宜的情况下，则可选择一处中立地点进行谈判。

(1) 第三地谈判的优点：

1) 双方能够平等地进行谈判。这种谈判对任何参加谈判方都没有“主”“客”之分，享有同等的谈判气氛，这样也就避免了其中的某一方处于客场的不利地位。

2) 容易达成某种默契或协议。在第三地由于气氛冷静，不受干扰，双方都比较注意自己的声望、礼节，通常能心平气和地对待问题。

(2) 第三地谈判的缺点：不利于双方实地考察和了解对方的状况等。

(三) 面对面谈判、电话谈判、函电谈判与网上谈判

按沟通手段划分，商务谈判可分为面对面谈判、电话谈判、函电谈判和网上谈判。

1. 面对面谈判

面对面谈判是指谈判双方直接地、面对面地就谈判内容进行沟通、磋商和洽谈。一般而言，凡是正规的、重要的、高规格的谈判，都以面对面的谈判方式进行。

(1) 面对面谈判的优点：

1) 谈判具有较大的灵活性。谈判不仅是语言的直接交流，而且各方均能直接观察对方的仪表、手势、表情和态度，甚至利用私下接触，进一步了解谈判对手的需要、动机、策略，以及主谈人的个性等，能够及时、灵活地调整谈判计划和谈判策略。

2) 谈判的方式比较规范。商务谈判各方在谈判桌前就座，形成了正规谈判的气氛，使每个参加谈判的人产生一种开始正式谈判的心境，很快进入谈判角色。

3) 谈判的内容比较深入、细致。面对面谈判便于各方就某些关键问题或难点进行反复沟通，就谈判协议的具体条款进行反复磋商、洽谈，从而使谈判目标更容易达成。

4) 有利于建立长久的贸易伙伴关系。面对面的沟通容易产生感情，特别是在谈判之余双方聊热门话题或开展文娱活动，以加深了解，培养友谊，从而建立起一种比较长久的贸易合作伙伴关系。

(2) 面对面谈判的缺点：

1) 容易被对方了解己方的谈判意图。对方可以从己方谈判人员的举手投足、语言态度，甚至面部表情来推测己方所选定的最终目标以及追求的最终目标的坚定性。

2) 决策时间短。通常在谈判期限内做出成交与否的决定，没有充分的考虑时间，也难以充分利用谈判后台人员的智慧，因而要求谈判人员有较高的决策水平。

3) 费用高。谈判各方都要支付一定的差旅费或礼节性的招待费等，从而增加了商务谈判的成本。可以说，在所有的谈判方式中，面对面谈判方式的费用最高。

2. 电话谈判

电话谈判是指借助电话通信进行信息沟通、协商，寻求达成交易的一种谈判类型。

(1) 电话谈判的优点：

使用电话进行谈判的主要优点是快速、方便、联系广泛。

(2) 电话谈判的缺点：

1) 易被拒绝，有风险。电话谈判中，双方互相看不见，“不”字更容易说出口，而且由于无法验证对方的各类文件，有被骗的风险。

2) 某些事项容易被遗漏或删除，出现失误。在多数情况下，电话谈判是一次性叙谈，谈判者往往是在毫无准备的状态下仓促面对某一话题，甚至进行某一项决策，谈判者有意无意地将某些事项遗漏或删除是在所难免的，因此容易出现失误。

3. 函电谈判

函电谈判是指通过邮政电传、传真等途径进行磋商，寻求达成交易的书面谈判类型。

(1) 函电谈判的优点：

1) 方便、准确，有利于谈判决策。利用现代化通信手段沟通，能够做到方便、及时、快速，而且来往的电传、信函都是书面形式，白纸黑字，准确无误，谈判者有较充裕的时间思考，从而有利于慎重决策。

2) 省时、低成本。函电谈判方式可以使谈判人员无须四处奔波，一来省时，二来省去了差旅费等。

(2) 函电谈判的缺点：

1) 函电谈判用书面文字沟通，有可能出现词不达意的情况，使谈判对方耗时揣摩。如果因此造成谈判双方各有不同的解释，就会引起争议和纠纷。

2) 谈判双方代表不见面，就无法通过观察对方的话语、表情、情绪以及习惯动作等来判断对方的心理活动，从而难以运用语言与非语言技巧，讨论问题往往不深入、细致。

4. 网上谈判

网上谈判就是借助于互联网进行协商、对话的一种特殊的书面谈判。网上谈判为买卖双方的沟通提供了丰富的信息，而且沟通成本低廉，因而有强大的吸引力。

(1) 网上谈判的优点：

1) 加强了信息沟通，有利于慎重决策。网上谈判具有谈判快速、联系广泛、可以备查的特点，可使企业、客户掌握他们需要的最新信息，又能使谈判双方有时间进行充分的分析，慎重决策。

2) 降低了成本。采用网上谈判方式，企业大大降低了人员开销、差旅费、招待费以及管理费等，降低了谈判成本。

(2) 网上谈判的缺点：

1) 商务信息公开化，导致竞争对手的加入。

2) 互联网的故障、病毒等会影响商务谈判的开展。

(四) 双边谈判与多边谈判

按参加谈判的利益主体数量划分，商务谈判可分为双边谈判与多边谈判。双边谈判是指只有两个利益主体参加的谈判。多边谈判是指有两个以上的利益主体参加的谈判。一般来说，双边谈判利益关系比较明确具体，也比较简单，因而比较容易达成一致意见。相比之下，多边谈判的利益关系则要复杂得多，难以协调一致。

例如：在建立中外合资企业的谈判中，如果中方是一家企业，外方也是一家企业，两家企业之间的意见就比较容易协调。如果中方有几家企业，外方也有几家企业，谈判将比前者困难得多。这是因为中方几家企业之间存在利益上的不一致，需要进行协商谈判；同样，外方几家企业之间也存在利益上的矛盾，需要进行协调。然后才能在中外企业之间进行协商谈判。这样矛盾的点和面就大大地增加了，关系也更为复杂了。

(五) 横向谈判与纵向谈判

按谈判条款的联系方式划分，商务谈判可分为横向谈判与纵向谈判。

1. 横向谈判

横向谈判是指在确定谈判所涉及的主要问题后，把拟谈判的议题全部横向铺开，多项议题同时讨论，周而复始反复进行，直到所有内容都谈妥为止的一种谈判。

例如：谈一笔进口生意，双方先确定谈这样一些条款，即品质、价格、支付、运输、保险、索赔和不可抗力等，然后开始谈其中某一条款，稍微有进展便暂时搁置，开始谈第二个条款。等这几个问题都轮流谈过后，再回过头来进一步确定第一个问题、第二个问题……以此类推。这就是横向谈判方式。

横向谈判的优点：灵活性大，只要有利于双方问题的解决，经双方商量，讨论条款可随时调整。多项议题同时讨论，有利于寻找变通的解决办法。

横向谈判的缺点：容易使谈判人员在细枝末节的问题上纠缠，而忽略了主要问题。

2. 纵向谈判

纵向谈判是指在确定谈判的议题之后，逐个讨论每一问题和条款，若该问题和条款不彻底解决，就不谈第二个问题和条款，一直到结束的一种谈判。

例如：在货物买卖谈判中，双方确定出价格、质量、运输、索赔等主要内容后，开始就其中的某一个问题（如价格）进行磋商，这个问题确定不下来，就不谈其他条款。价格谈妥后，再依次讨论其他问题。

纵向谈判的优点：程序明确，讨论详尽，每次只解决一个问题，可以避免多头牵制、议而不决的弊端。

纵向谈判的缺点：议程确定过于死板，难以灵活、变通地处理谈判中的问题。当某一问题陷于僵局时，会影响其他问题的解决。

可以说，横向谈判是一轮一轮地谈，每轮谈多个问题；而纵向谈判是每次只谈一个问题，谈罢为止。这两种谈判方式各有优势，谈判人员可根据具体情况灵活选择运用，也可以将两种方式结合起来运用，即有的问题可以首先敲定，有些问题可以一轮一轮商定。

（六）国内商务谈判与国际商务谈判

按谈判者所在的地区范围划分，商务谈判分为国内商务谈判与国际商务谈判。

1. 国内商务谈判

国内商务谈判是国内各种经济组织以及个人之间所进行的商务谈判。由于国内商务谈判的双方都处于相同的文化背景，双方的语言相同、观念一致，因此双方谈判的主要问题在于怎样调整双方的不同利益，寻找更多的共同点。这就需要谈判人员充分利用谈判的策略与技巧，更好地发挥谈判人员的积极性、主动性。

2. 国际商务谈判

国际商务谈判是指一国政府以及各种经济组织与外国政府以及各种经济组织之间所进行的商务谈判。国际商务谈判又称为“涉外商务谈判”。由于谈判双方来自不同的国家，其语言、信仰、生活习惯、价值观念、行为规范、道德标准乃至谈判心理等方面都存在极大的差别，因而无论就谈判的形式，还是谈判的内容来讲，国际商务谈判比国内商务谈判要复杂得多。

（七）软式谈判、硬式谈判与原则型谈判

按谈判中双方所采取的态度划分，商务谈判可分为软式谈判、硬式谈判与原则型谈判。

1. 软式谈判

软式谈判又称友好型谈判，是指谈判者设法避免冲突，强调互相信任、互相让步，以达成互相满意的协议，为将来进一步扩大合作打好基础为目的的商务谈判。在谈判中出现分歧时，常以友善的言语提出建议，或在有利于大局的情况下尽量做出妥协，避免与谈判对手摊牌。软式谈判的一般做法是提议、让步、信任对方、保持友善、保持友好、发展关系以及为了避免冲突对抗而屈服于对方。

在实际的商务谈判中，采取这种谈判方式是极少的，一般只限于有定期的业务来往且合作关系非常友好的双方或为了长远利益的谈判。

2. 硬式谈判

硬式谈判又称立场型谈判。谈判者把谈判看成是一场意志力的竞赛，认为在这种谈判中，立场越强硬的人，最后获得的也越多。采取这种谈判方式的人往往把注意力投入到如何维护自己的立场，加强自己的地位等方面，处心积虑地要压倒对方。

硬式谈判的双方如果都采取强硬的态度和方针，必然会导致双方关系紧张，增加谈判的时间和成本，降低谈判的效率，结果往往使谈判陷入僵局，无法达成协议。即使某一方屈服于对方而被迫让步签订协议，其内心的不满也是必然的。因为在这场谈判中，他的需

要没能得到应有的满足，会导致他在以后合同履行中的消极行为。因为他们只注意维护自己的利益而否定对方利益，这显然忽视了谈判的真实意义，最终也不能解决问题。从谈判的价值评判标准来看，硬式谈判没有真正的胜利者，更无法谈论其成功与否了。

3. 原则型谈判

原则型谈判又称价值型谈判，是指谈判双方将对方作为合作伙伴而不是敌人，谈判的出发点和落脚点均建立在公正的利益目标上，友好而高效地取得各方均感到满意的谈判结果的商务谈判。

原则型谈判要求谈判双方尊重对方的基本需要，寻求双方合作的共同点，当双方的利益发生冲突时，则坚持运用公平、公正的原则做出最后的决定。这样，常常可以找到既符合己方利益，又符合对方利益的方案。

原则型谈判强调通过谈判取得经济上的和人际关系上的双重价值，是一种既理性又富有人情色彩的谈判，是目前商务谈判人员普遍追求的谈判形式。

（八）货物买卖谈判、投资项目谈判、技术贸易谈判、劳务贸易谈判、索赔谈判与租赁业务谈判

按谈判的内容划分，商务谈判分为货物买卖谈判、投资项目谈判、技术贸易谈判、劳务贸易谈判、索赔谈判与租赁业务谈判。

1. 货物买卖谈判

货物买卖谈判，即一般商品的买卖谈判，主要是指买卖双方就买卖货物本身的有关内容，如质量、数量、货物的转移方式和时间，买卖的价格条件与支付方式，以及交易过程中双方的权利、责任和义务等问题所进行的谈判。

2. 投资项目谈判

投资项目谈判是指谈判的双方针对所共同参与或涉及双方关系的某项投资活动，就投资目的、投资方向、投资形式、投资内容与条件、投资项目的经营与管理，以及投资者在投资活动中的权利、义务、责任及相互之间的关系所进行的谈判。

3. 技术贸易谈判

技术贸易谈判是指技术的接受方（即买方）与技术的转让方（即卖方）就转让技术的形式、内容、质量规范、使用范围、价格条件、支付方式等双方在技术转让中的一些权利、义务和责任关系等方面所进行的谈判。随着中国经济建设的发展和改革开放的深化，一方面需要从国外引进大量的先进技术，另一方面国内的技术也将越来越多地进入国际市场。因此，技术贸易谈判日益成为中国企业进行国际商务谈判的重要方面，应受到更多的重视。

4. 劳务贸易谈判

劳务贸易谈判是指双方就劳务提供的形式、内容、时间、劳务的价格、计算方法等有关买卖双方的权利、责任和义务关系所进行的谈判。由于劳务本身不是某种物质商品，而

是通过人的特殊劳动，改变某种物资或物体的性质或形状，来满足人们一定需要的劳动过程，因此，劳务贸易谈判与一般货物买卖谈判是有本质区别的。

5. 索赔谈判

索赔谈判是指在合同义务不能或未能完全履行时，合同当事双方进行的谈判。在合同履行中，因种种原因违反或部分违反合同约定的事件屡见不鲜，也给商务谈判提供了一种特定的形式——索赔谈判。

6. 租赁业务谈判

租赁业务谈判主要是指我国企业从国内或国外租用机器和设备而进行的谈判。它会涉及机器设备的选择、交货情况、维修保养、租期到后的处理、租金的计算及支付方式，以及租赁期内租赁者与承租者双方的责任、权利、义务关系等问题。

三、商务谈判的基本原则和作用

（一）商务谈判的基本原则

商务谈判的基本原则是指在商务谈判中各方应当遵循的指导思想和基本准则，是商务谈判内在的、必然的行为规范，是商务谈判的实践总结和制胜规律。因此，认识和把握商务谈判的基本原则，有助于维护谈判各方的权益、提高谈判的成功率和指导谈判策略的运用。

1. 客观性原则

谈判的客观性原则就是要求谈判者尊重客观事实，服从客观真理，而不要仅凭自己的意志、感情主观行事。通俗地说，就是要服从事实讲道理。

由于谈判各方处在相互对立的各边，在既定的立场、自身利益和强烈感情的支配下，谈判各方更容易固执己见，甚至陷入偏见的泥潭中，以致不顾事实真相，不讲客观真理，一意孤行，从而抓不住达成协议的有利时机。所以，谈判的客观性原则对谈判活动更显重要。

如何坚持谈判的客观性原则呢？

第一，全面搜集材料。谈判者在谈判前既要明确自己的需要、实力、条件，又要调查对手的一切，包括其历史和现状、实力和信誉、立场和需要、文化和习俗等；在谈判中要注意倾听对方的言论、观察对方的举止行为而发现其中所包含的信息。

第二，要结合本次谈判的实际，分析已有的材料和信息，找到对洽谈较为有利的突破口。谈判者由于立场各异，对同一件事往往产生不同甚至对立的看法。如果洽谈时对方脱离实际，或者掩盖事实真相，我们就可以利用自己已掌握的情况揭开这层"面纱"，用事实说话，采取对策。

第三，寻求客观性标准，作为谈判协议的基础。客观性标准是指社会公认的，不以谈判者好恶为转移的标准，像法律规定、公认惯例、谈判的先例、科学的数据、统一的计算方法等，都属于客观标准范围。

案例1-3

张三要建一所住房，便与某工程队签订了承建合同。合同中对价格和材料都规定得很明确，但是却没有明确规定地基的深度。动工后便出现了分歧，工程队认为地基有1米深就足够了，而张三则认为住房的地基一般需要2米左右。

工程队负责人说："我们记得，采用较浅的地基当初是你自己同意的。"

张三说："可能当时我说过类似的话，1米深的地基也许就够了。但我要求地基一定稳固，否则，时间长了整个房子就有可能变形。"

工程队负责人说："我们认为1米深保证没有问题，我们在其他地方建房大多数的地基都是1米深，有的还不到1米。"

张三说："地基的深度取决于地层的坚固程度，不同地区的地层结构是不一样的。本地的城市建设规划部门在这方面有明确的规定标准，本地其他房子的地基都是2米深。你们认为我们应该以什么作为标准来解决问题?"

工程队的负责人心情愉快地同意了张三的意见。

在事先没有明确地基深度的情况下，如果张三不是坚持客观标准，而是与对方进行讨价还价，折中地解决问题，那可能就不会取得理想的结果。

2. 求同存异原则

谈判作为一种谋求一致而进行的协商活动，参与洽谈的各方一定蕴藏着利益上的一致和分歧。为了实现谈判目标，谈判者应在分歧中寻求共同之处或互补之点，达成一致协议；对于一时不能弥合的分歧，不强求一致，允许保留，以后再谈。这就是求同存异原则。

为了很好地遵守这一原则，应从以下几个方面入手：

第一，要正确对待谈判各方的需求和利益上的分歧。谈判的前提是各方需求和利益的不同，但谈判的目的恰恰不是扩大分歧，而是弥合分歧，使各方成为谋求共同利益、解决问题的伙伴。

第二，把谈判的重点放在探求各方的共同利益上，而不是对立的立场上。如果从固有的立场出发，则难以取得一致，而从利益的探求中才能发现共同点，进而促使谈判成功。

第三，在利益分歧中寻求相互补充的契合利益，达成能满足各方需要的协议。人和组织的需要是多方面、多层次的。从表面看来，价值观、需要、利益的不同会造成谈判的障碍，其实不然，正是利益的分歧、需求的差异才使得各方可以相互补充、相互满足，这就是谈判各方的互补效应和契合利益。

3. 平等互利原则

平等原则是指商务谈判中无论谈判各方的经济实力强弱、组织规模大小，其法律地位都是平等的。通过谈判最终达成的协议中，双方的权利和义务是对等的，每一方在享有权利的同时，也要承担相应的义务。反对只允许一方享受权利而不承担义务的“霸王协议”，以及一方只尽义务而不享受权利的“不平等条约”。

互利原则是指谈判双方都要从协议的执行中获得相应的利益，成功的谈判就是要在谈判结束后，各自的需求都有所满足。谈判中不做任何让步是不可能的，因为互利的原则告诉我们，谈判的某一方在某一问题上的让步，就是另一方在该问题上的需求；而对于接受让步的一方，他也会在其他问题上做出让步才能满足该项需求。

4. 时效性原则

时效性就是要保证谈判的效率和效益的统一。商务谈判应当讲求效益，提高谈判的效率，降低谈判成本，这也是经济发展的客观要求。

科学技术的发展可谓日新月异，新产品开发周期及产品的有效生命周期越来越短。企业在获得经济信息的基础上，为了开发新产品，延长产品的有效生命周期，就要广泛开展供需双方的谈判，以赢得消费市场。实践证明，作为从事新上市产品业务洽谈的业务人员来讲，如果能够准确地把握经济信息，了解市场动态，讲求洽谈的效益，提高效率，就会拥有广阔的销售市场。

5. 诚实信用原则

诚实信用原则是指商务谈判各方在谈判过程中都要讲信用、重信誉，遵守和履行诺言或协议。诚实信用是诚信不欺的职业道德，也是商务谈判各方交往的感情基础。“诚招天下客”，诚实和信誉给人以安全感，使人愿意同你洽谈生意，还有利于消除顾虑，促进成交，甚至建立较长期的贸易关系。

如果谈判人员不讲信用，出尔反尔，言而无信，那么要获得对方的诚意合作是不可能的。为此，商务谈判人员及其企业要坚持信用原则，以信誉为本，实事求是，言行一致，取信于人。同时，在谈判中也要注意不轻易许诺，一旦承诺或达成协议，就必须严格履行。

6. 合法原则

合法原则是指在商务谈判及合同签订的过程中，必须遵守国家法律、法规和政策，在涉外商务谈判中，还应当遵循国际法，尊重对方国家的相关法规。

任何商务谈判都是在一定的法律环境下进行的，法律规范制约着协议的内容。依法认真、严肃地履行协议，关系到未来谈判的机会得失，也决定着既定合作事业能否继续进行下去。因此，坚持合法原则，是商务谈判公正、合理、健康进行的基本保证，也是合同执行的保证。只有在商务谈判中遵守合法原则，谈判的结果——合同或协议才具有法律效力，受法律保护。

商务谈判的合法原则具体体现在以下三个方面：

第一，谈判主体合法，即谈判的参与各方组织及其谈判人员具有合法资格。

第二，谈判议题合法，即谈判的内容、交易项目具有合法性。对于法律明文规定禁止交易的项目，即使双方是自愿的，也是不允许的。如买卖毒品、贩卖人口、走私货物等。

第三，谈判手段合法，即应通过公正、公平、公开的手段达到谈判目的，而不能采用某些不正当的手段来达到谈判的目的，如窃听暗杀、暴力威胁、行贿受贿等。

(二) 商务谈判的作用

商务谈判是完成交易、获取利益、实现目标的重要环节，贯穿于商务活动的全过程，无论是国内贸易还是对外贸易及经济合作，都离不开谈判。随着市场经济的深入发展和日趋完善，商品经济的高度发展，企业间经济交往会越来越频繁，商务谈判在我国经济和企业活动中将起到越来越重要的作用。具体表现在以下几个方面：

1. 商务谈判是商业交易活动中的桥梁和纽带

商务谈判大多是在企业与企业之间、企业与其他部门之间进行的，每个企业都要通过与其他部门或单位进行沟通和联系才能完成生产经营活动。企业通过商务谈判，实现资金、技术、设备、原材料和劳动力的最佳组合；通过谈判协商解决交易活动中及生产经营活动中所有涉及的问题。因此，商务谈判成了各种经济现象之间联系的媒介，加强了企业之间的联系，是企业间经济联系的桥梁和纽带。

2. 商务谈判有利于企业获取市场信息，为企业的正确决策创造条件

市场信息是反映市场发展和变化的消息、情报、资料等。商务谈判是获取市场信息的重要途径。谈判双方在谈判前通过对对方的资信、经营等一般状况的调查了解，在谈判中通过各自观点陈述了解对方的交易需要，这些活动本身就反映了市场的供求状况，同时在谈判中相互磋商，常常使当事各方得到有益的启示，从中获得许多有价值的信息，从而提高经营决策的科学性，使企业在市场竞争中立于不败之地。

3. 商务谈判是企业树立形象的重要手段

企业形象就是企业在社会公众脑海中的印象。良好形象的塑造可以通过日常的和专门的公共关系策划活动来进行，同时也有赖于通过谈判达到目标。商务谈判者往往代表企业的文化和精神，体现企业的可信度。商务谈判者的着装、举止、谈吐、语言直接影响对方对本企业的联想和记忆。在商务谈判中，谈判者提出来的问题是否有理有节、顾全大局，能否讲究效率和信誉，都是关系到双方能否真诚、长期合作的关键。若一个商务谈判者在这些方面都能表现出较高的素质，那么不仅能促成双方达成一致协议，而且能树立良好的企业形象。

4. 商务谈判是企业实现经济目标，取得经济效益的重要途径

在市场竞争条件下，企业的营销工作受各种主客观条件的制约。企业产品的畅销，除了产品要适销对路、质量过硬、价格合理、包装美观等，在很大程度上还有赖于业务人员搞好商务谈判工作。商务谈判是达成商品交换关系的前奏，每一笔交易的价格、数量和其他交易条件都要通过谈判来确定。如果谈判不成功，产品销售困难，就会造成商品积压，资金短缺，经济效益下降，企业的经济目标无法实现，久而久之，企业就要面临破产的危险。

5. 商务谈判能够提高管理水平

商务谈判是市场经济环境下企业管理活动的一部分及其职能之一，科学地进行谈判可以提高企业的管理水平。企业管理活动是对企业经营过程进行计划、组织、指挥、监督和调节，其中经营计划除了接受国家宏观计划粗线条的指导之外，与其他经济组织之间发生联系保证计划的执行，都是通过先谈判后签订合同达到的。通过谈判还可以发现和借鉴对方业务管理上的先进经验，分析寻找本企业管理中存在的问题，从而制定有效措施予以纠正。谈判除了协调行为以外，还是实力的对比，具体表现为业务活动上的竞争，管理能力上的较量。有竞争、有较量，就能给自己的业务管理活动以启发和提高，也是学习和借鉴对方经验的好机会。

四、商务谈判的基本模式

（一）商务谈判的价值评判标准

在商务谈判中，追求谈判的成功是每个谈判者的心愿和目的，但谈判者对于谈判成功标准的认识却不一定正确。有的认为：在谈判中自己获得利益的多少作为评判标准，获得利益越多，标志着谈判越成功。有的则认为：在谈判中己方气势越强，对方气势越低，谈判越成功。其实，这些看法或做法都是比较片面的，甚至是有害的。

对持以上看法的人来说，事实上他们在谈判中获得的那部分利益，可能远远小于他本来可获得的最大利益；或者说他们只获得了谈判桌上看得见的眼前利益，而失去了双方真诚合作可能产生的潜在利益和长远利益。因此，仅仅从一场谈判的结果就简单得出已经获得谈判成功的结论，实在是不妥，而且这种想法还有可能导致丧失已经到手的利益，从而一无所获。

美国谈判学会会长、著名律师杰勒德·I. 尼尔伦伯格就曾指出，谈判不是一场棋赛，不要求决出胜负；也不是一场战争，要将对方消灭或置于死地。相反，谈判是一项互惠的合作事业。

从谈判是一项互惠的合作事业和在谈判中应该实行合作的利己主义的观点出发，我们认为可以把评判商务谈判是否成功的价值标准归纳为三个方面：

1. 目标实现标准

人们在谈判时总是把自己的需要转化成一定的谈判目标。谈判的最终结果有没有达到预期目标，在多大程度上实现了预期目标，这是人们评价一场商务谈判是否成功的首要标准。

需要指出的，不要简单地把谈判目标理解为利益目标，这里所指的谈判目标是具有普遍意义的综合目标。不同类型的商务谈判、不同的谈判者，其谈判目标均有所不同。例如：对于采购谈判来讲，其谈判目标一般就是性价比高、服务优质的商品。对于租赁业务洽谈，其谈判目标可能是以最低租金租到功能较齐全的某种设备。因此，谈判目标只有在具体的谈判项目中才能具体化。

2. 成本优化标准

经济领域里的任何经济行为都是有成本的，是要讲效率的，即将付出与收益进行对比。商务谈判本身是经济活动的一部分，谈判同样要花费一定成本，通常一场谈判有三种成本：一是谈判的基本成本，就是为达成协议所做出的让步，也就是预期谈判收益与实际谈判收益的差距；二是谈判的直接成本，即人们为谈判所耗费的各种资源，如投入的人力、物力、财力和时间等；三是谈判的机会成本，就是因参加该项谈判而占用了资源，失去了其他获利机会，损失了有望获得的其他价值。

在三种成本中，人们往往较多地关注第一种成本，常常特别注重谈判桌上的得失，而忽视第二种成本，对第三种成本考虑得更少，这是需要予以注意的。要想准确考核谈判的效率，对谈判成本的准确计算就显得非常重要。如果谈判所费成本很低，而收益却较大，则可以说该次谈判是成功的、高效率的。反之，如果谈判所费成本较高，收益却很少，则本次谈判是低效率的，是不经济的，甚至在某种程度上是失败的。

例如：其企业进行了一场旷日持久的谈判，投入了大量的人力、物力、财力，最终圆满地实现了预定的目标，当人们在庆贺谈判胜利的时候，有没有想到原本可以花较少的人力、物力、财力来获得同样的结果？有没有想到获得这项成功的同时失去了其他获利机会？如果意识到这一点，那么人们在谈判中就会表现出更大的主动性和能动性。

3. 人际关系标准

商务谈判是人们之间的一种交流活动，谈判的结果不只体现在最终成交价格的高低、利润分配的多少，以及风险与收益的关系上，还应体现在人际关系上，即还要看谈判是促进和加强了双方的友好合作关系，还是削弱了双方的友好合作关系。

商务谈判实践告诉我们，一个能够使本企业业务不断扩大的精明的谈判人员往往具有战略眼光，不过分计较或看重某一场谈判的得失、成本高低，而是着眼于长远和未来。因为他知道良好的信誉、融洽的关系是企业得以发展的重要因素，也是商务谈判成功的重要标志。因此，在谈判中除了争取实现自己的预定目标，降低谈判成本之外，还应重视建立和维护双方的友好合作关系。“生意不成友情在”在商务谈判中也是一条普遍适用的基本原则。

小结论：从上述三个评判标准来看，一场成功或理想的谈判不是简单的输赢关系，应该是通过谈判，双方的需求都得到了满足，谈判所获收益与所费成本之比最大，而且这种较为满意的结果是在高效率的节奏下完成的，同时双方的友好合作关系得以建立或进一步发展和加强。

（二）商务谈判的成功模式

商务谈判过程中存在竞争，从主观上讲，所有的谈判者都希望战胜对方，从中取得更多的利益。从客观上讲，由于种种原因，谈判的结果并不一定如谈判者所期望，那么如何能够顺利取得谈判的成功呢？有没有一个成功的模式可以参考呢？答案是肯定的。中西方学者通过大量的理论和实践的研究，找到了一条能够顺利到达成功彼岸的方法，即商务谈判的基本模式——PRAM模式。

PRAM模式由四个部分构成：制定谈判的计划（Plan），建立信任关系（Relationship），达成使双方都能接受的协议（Agreement）以及协议的履行和关系的维持（Maintenance）。

1. PRAM模式的实施前提

正确的谈判意识是PRAM模式实施的重要前提。一般来说，谈判者应具备下述几方面的意识：

第一，要将谈判看成各方之间的一种协商活动，而不是竞技体育项目的角逐。协商和竞技比赛的目标虽然都是要满足双方的利益需要，但协商要满足的利益需要是可以调和的，而竞技比赛要满足的利益需要是对立的。

第二，谈判各方之间的利益关系是一种互助合作的关系，而不是“敌对”关系。

第三，在谈判中，各方除了利益关系外还有人际关系，良好的人际关系是满足各方利益需要的基础和保障。

第四，谈判者不仅要着眼于本次的交易协商，而且要有战略眼光，将眼前利益和长远利益结合起来，抓住现在，放眼未来。

第五，谈判的结果各方都是胜利者。谈判的最后协议要符合各方的利益需求。

上述谈判意识会直接影响和决定我们在谈判中所采取的方针和策略，从而影响洽谈的结果。只有树立了正确的谈判意识，才能缩短理想与现实之间的距离，提高洽谈成功的概率。

2. PRAM模式的构成

（1）制定谈判的计划。“凡事预则立”，制定谈判计划是有效开展谈判、获得谈判成功的基本前提。在制定谈判计划时，首先要明确己方的谈判目标，其次要设法去理解和弄清对方的谈判目标，并把双方的目标进行比较，找出双方利益的共同点和不同点。对双方利益一致的地方，应该仔细地列出来，并准备在以后正式谈判中摆在桌面上，由双方加以确认，以便提高和保持双方对谈判的兴趣和争取成功的信心。同时，又为以后解决利益不一致的问题打下基础。

对双方利益需求不一致的地方，则要在制定谈判计划时进行周密思考，想好适当的对策，并在谈判过程中通过双方“交锋”，充分发挥各自的思维创造力和想象力，来谋求使双方都能满意的方案，从而实现谈判各方的目标。

（2）建立信任关系。在正式协商谈判之前，要建立与谈判对方的良好关系。这种关系应该是一种有意识形成的，能使谈判双方当事者在协商过程中都能感受到舒畅、开放、融洽、愉快的和谐关系。之所以要建立这种信任关系，主要是因为在一般情况下，人们是不愿意向自己不了解、不信任的人敞开心扉、订立合同的。当双方相互了解，并且建立了相互信任的关系时，就会减少双方之间的戒备心理，从而降低谈判的难度，增加谈判成功的机会。

经验证明，要建立谈判双方之间的信任关系，增强彼此的信赖感，应该注意以下三点：

第一，要努力使对方信任自己。对对方事业与个人的关心、良好的修养、周到的礼仪、工作的勤勉等都能促使对方信任自己。相反，一句不得体的话、一个不合礼仪的动作、一次考虑不周的安排，都会影响对方对你的信任程度，在初次谈判时更要引起特别的重视。

第二，要尽量设法表现出自己的诚意。在与不熟悉自己的人进行谈判时，向对方表示自己的诚意是非常重要的。取得陌生人信任的有效方法很多，首先应表现出自己落落大方的行为举止，言谈中要不断流露出自己的诚意，特别是表情要真诚、自然。还可以向对方列举一些在过去的交易中，本方诚实待人的实例。

第三，要行动。行动是使他人相信自己的最好语言，在商务谈判中要做到有约必行，信守诺言。要时刻牢记，不论自己与对方的信赖感有多强，只要有一次失约，彼此间的信任就会降低，再要重新修复是十分困难的。对于对方的询问要及时予以答复，无论做出肯定或否定的答复，都必须及时回答对方。对我们目前做不到的，要诚心诚意地加以解释，以此来取得对方的谅解和认可。

通过以上论述我们不难看出，如果我们还没有与对方建立起足够好的信任关系，就不要匆忙进入实质性的谈判，否则勉强行事，不仅很难达到预期效果，而且有时还会使问题更为严重。

(3) 达成使双方都能接受的协议。在谈判双方建立了充分信任的关系之后，即可进入实质性的事务谈判阶段。此时，首先应该核实对方的谈判目标。其次，对彼此意见一致的问题加以确认，而对彼此意见不一致的问题则应通过充分地交换意见，寻求一个满足双方的利益需要、双方都能接受的方法来解决。

对于谈判者来讲，应该清楚地认识到：达成满意的协议并不是谈判的终极目标，谈判的终极目标应该是协议的内容能得到圆满的贯彻、执行。因为不管协议多么完美，如果对方不认真履行，那么协议就无任何价值。虽然可以付诸诉讼，但是却要付出沉重的代价。

(4) 协议的履行与关系的维持。在谈判中，人们最容易犯的错误是：一旦达成令自己满意的协议就认为万事大吉了，就会鼓掌欢呼谈判的结束，并认为对方会马上毫不动摇地履行他的义务和责任。其实，谈判到这时还没有结束。这是因为履行职责的不是协议，而是人。协议不管制定得多么严格，它本身并不能保证得到实施。因此，签订协议是非常重要的，但维持协议的履行则更加重要。

为了促使对方履行协议，我们必须同时认真地做好两项工作：

第一，要求对方信守协议，首先自己要信守协议。有时人们会埋怨对方不履行协议，而当你冷静地仔细分析时，却发现是自己工作的失误造成了协议不能完整地执行。当我们信守协议，并按规定履行乙方的义务时，也要让对方知道，这样可同时促使双方履行。

第二，对对方遵守协议的行为给予适时的情感反应。当代行为科学的理论告诉我们，当某人努力工作并取得成功的时候，给予适时的鼓励能起到激励干劲的作用。同样，当对方努力信守协议时，给予适时的肯定和感谢，其信守协议的做法就会保持下去。当然，情感反应可以通过写信、打电话、发传真等形式来表达，也可以通过亲自拜访表示感谢。

当双方均完成了自己的任务后，整个协议算是得到了认真地履行。对于一项具体交易谈判来讲，可以画上一个圆满的句号，但对于一个具有长远战略眼光的谈判人员来讲，还有一项重要工作要做，就是使双方的关系和交易得以延续，避免关系的破裂，以免日后与对方交易时再花费力气重新建立与对方的关系。

关系维持的方法有很多。例如：在谈判后继续保持与对方的接触，逢年过节表示祝贺，听到对方取得的成绩时表示关切和祝福，在圣诞节和春节到来之前寄一张贺卡等。

3. PRAM 模式循环

PRAM 模式依次经过上述四个步骤，也就完成了某个具体交易的谈判过程。不仅如此，它还为今后与对方的交易谈判奠定了基础。因为这四个循环步骤是相互联系的，前一个步骤为后一个步骤打下了基础，从而可以实现循环发展，形成一个连续不断的过程，如图 1-1 所示。

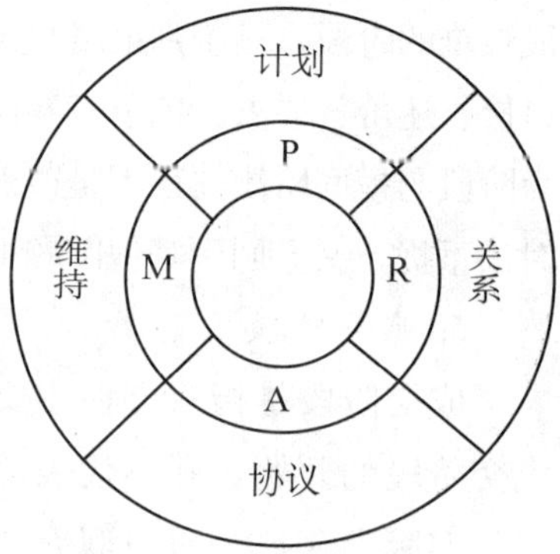

图 1-1　PRAM 谈判模式

对商务谈判认识不深的人，习惯把谈判看作一个个独立的、互不联系的、单独的过程，往往把双方的初次会面看作开始，而把协议的达成看作结束。PRAM 模式则不同，它把谈判看作一个连续不断的过程，因而，一次交易的成功将会导致以后交易的不断成功。

（三）商务谈判的基本过程

PRAM 模式给出谈判四个大的基本步骤，但实际的谈判过程要比四个基本步骤更具体、更复杂。一般来说，商务谈判的过程可以划分为准备阶段、开局阶段、摸底阶段、磋商阶段、成交阶段和协议后阶段六个基本阶段。

1. 准备阶段

准备阶段是指谈判正式开始以前的阶段，其主要任务是进行环境调查、搜集相关情报、选择谈判对象、制定谈判方案与计划、组织谈判人员、建立与对方的关系等。准备阶段是商务谈判最重要的阶段之一，良好的谈判准备有助于增强谈判者的实力，双方建立良好的关系，影响对方的期望，为谈判的进行和成功创造良好的条件。

2. 开局阶段

开局阶段是指谈判开始以后到实质性谈判开始之前的这个阶段，是谈判的前奏和铺垫。虽然这个阶段不长，但它在整个谈判过程中起着非常关键的作用，它为谈判奠定了一个大的氛围和格局，影响和制约着以后谈判的进行。因为这是谈判双方的首次正式亮相和谈判实力的首次较量，直接关系到谈判的主动权。开局阶段的主要任务是建立良好的第一印象、创造合适的谈判气氛、谋求有利的谈判地位等。

3. 摸底阶段

摸底阶段是指实质性谈判开始后到报价之前的这个阶段。在这个阶段，谈判双方通常会交流各自谈判的意图和想法，试探对方的需求和虚实，协商谈判的具体议程，进行谈判情况的审查与倡议，并首先对双方无争议的问题达成一致，同时评估报价和讨价还价的形势，为其做好准备。在摸底阶段，虽然不能直接决定谈判的结果，但是它却关系着双方对最关键问题（价格）谈判的成效。同时，在此过程中，双方通过互相的摸底，也在不断调整自己的谈判期望与策略。

4. 磋商阶段

磋商阶段是指一方报价以后至成交之前的这个阶段，是整个谈判的核心阶段，也是谈判中最艰难的阶段，是谈判策略与技巧运用的集中体现，直接决定着谈判的结果。它包括了报价、讨价、还价、要求、抗争、异议处理、压力与反压力、僵局处理、让步等诸多活动和任务。磋商阶段与摸底阶段往往不是截然分开的，而是相互交织在一起的，即双方如果在价格问题上暂时谈不拢，又会回到其他问题继续洽谈，再次进行摸底，直至最后攻克价格这个堡垒。

5. 成交阶段

成交阶段是指双方在主要交易条件基本达成一致以后，到协议签订完毕的这个阶段。成交阶段的开始，并不代表谈判双方的所有问题都已解决，而是指提出成交的时机已经到了。实际上，这个阶段双方往往需要对价格及主要交易条件进行最后的谈判和确认，但是此时双方的利益分歧已经不大了，可以提出成交了。成交阶段的主要任务是对前期谈判进行总结回顾，进行最后的报价和让步，促成成交，拟定合同的条款并对合同进行审核，最终签订合同等。

6. 协议后阶段

合同的签订代表着谈判告一段落，但并不意味着谈判活动的完结，谈判的真正目的不是签订合同，而是履行合同。因此，协议签订后的阶段也是谈判过程的重要组成部分。该阶段的主要任务是对谈判进行总结和资料管理，确保合同的履行与维护双方的关系。

任务实施

一、了解家具产品特点及其行业背景

家具产品属于耐用品，消费者购买时一般会和房间的室内设计相匹配，通常会整套或几件打包购买，以形成一个整体风格，因而涉及的金额会比较大，消费者在做购买决策时会比较慎重，一般情况下会先去家具销售现场体验，有了直观的感觉、评价之后才会做出

是否购买的决定。随着国内经济发展，尤其是房地产行业的快速发展，城镇化建设加速，人民的生活发生了根本性的变化，人们开始追求个性、舒适、健康、环保、智能化的家具产品与服务。消费者对家具的要求不单单是功能需要、装饰美观的需要，更是彰显个性的需要。

家具企业常见的营销模式包括：特许经营、专卖店经营、网络经营、直销、投标、赊销、外销等。家具企业的促销方式也是层出不穷，尤其是以旧换新、电子商务、原创设计，无疑是家具行业最近几年的热门关键词，除此之外，工厂团购、小区营销、体育营销、微博营销、品牌联盟同样是热门看点。

调研数据显示，档次、环保、材质、风格、价格均是影响家具购买决策的重要因素。从整个消费市场来看，消费不断趋于理性，购买者不仅会关注品牌，而且会评价具体产品的质量和服务，并且个性化需求突出。

二、家具销售中经常遇到的主要商务谈判类型及其特点

1. 张华销售工作中的主要商务谈判类型及其特点

张华为大客户销售代表，主要客户是企业、政府或者学校等，多为企事业单位。这类客户的特点是购买量大，购买程序复杂。一般说来，购买流程为：申请可能由使用部门或行政办公室提出，然后经主管领导批准，交给采购部购买，最后由使用部门验收。企事业单位购买办公家具时，管理层最关心就是家具费用、耐久性、可靠性和能否提供便捷的维修服务等。但对于使用者来说，舒适性和美观性可能是他们首先考虑的重点。所以，张华应该注重与客户建立长久的关系，依靠优质的产品和专业的服务取得客户信任，在销售谈判时应根据不同的谈判对象选择适合的谈判方式并设计相应的谈判策略。具体来说，张华可能会遇到如下谈判情景（见表1－3）：

表1－3　张华销售工作中的主要商务谈判类型及其特点

分类	主要谈判情景	主要谈判类型	主要特点
内容方面	张华就家具的款式、价格、服务、支付条件等内容与客户洽谈	货物买卖谈判	多属于双赢式谈判
	因产品质量或服务纠纷与客户商谈	索赔谈判	协商解决或按照交易条款及相关法律处理
参加人员	张华单独与某公司采购部经理商谈家具采购合同条款	个体谈判	依靠个人全面知识和丰富经验，效率较高
	张华与设计人员、经理组成的小组参与政府采购项目谈判	团队谈判	发挥成员特长，形成整合优势
谈判地点	张华到用户单位签订合同	客场谈判	可全身心投入谈判，充分利用授权实施谈判策略
	张华邀请客户到祥和家具销售公司参观并商谈合作事宜	主场谈判	易于树立自信心，利用地利、人和优势运用谈判策略
	张华与客户商定在某酒店的商务厅举行采购谈判	第三地谈判	享有同等的谈判环境，容易达成某种默契或协议

续前表

分类	主要谈判情景	主要谈判类型	主要特点
沟通手段	张华与客户约定在公司会议室就办公家具采购见面磋商	面对面谈判	了解充分，内容丰富，具有灵活性，易建立长久关系
	张华通过QQ与客户商谈家具风格及布局等事宜	网上谈判	快速、方便、成本低
谈判策略	可能用到横向谈判或纵向谈判，以及软式谈判、硬式谈判和原则型谈判等		

2. 刘瑞销售工作中的主要商务谈判类型及其特点

刘瑞为小区推广专员，主要客户是家庭用户，还有部分参与联合推广的装修公司，同时还与物业公司开展合作。小区的家庭用户购买家具多为新房装修，这类客户一般都有购买预算。客户在选购家具时除了考虑实用、价格、材料、品牌等因素外，还要考虑房子的装修风格，很多时候会接受装修设计师的建议。另外，小区居民较为集中，口碑传播效果明显。所以，刘瑞在进行小区推广销售时，除了向装修家庭推介产品并提供优质服务外，还要善于与装修公司、物业公司等合作，进行联合销售。具体来说，刘瑞可能会遇到如下谈判情景（见表1-4）：

表1-4 刘瑞销售工作中的主要商务谈判类型及其特点

客户	主要谈判情景	主要谈判类型	主要特点
家庭用户	刘瑞接受客户咨询，根据客户需求提供家具布置方案，就家具交易价格条件与客户洽谈	货物买卖谈判、面对面谈判、网上谈判	前期寻找客户时谈判方式灵活多样，后期多为面对面洽谈
合作企业	与装修公司商谈打包销售，或其他品牌商品联合促销	个人谈判或团队谈判、面对面谈判、货物代理谈判	双方共享资源，求同存异，互利共赢，谈判形式规范
物业公司	刘瑞组织宣传活动，与小区物业公司商谈场地租赁事宜	个人谈判或团队谈判、面对面谈判、租赁谈判	企业之间的商务谈判，涉及因素较多，形式比较规范

3. 王丽销售工作中的主要商务谈判类型及其特点

王丽为卖场导购员，客户为光临店铺的所有顾客，客户类型不固定。由于人的职业、性格、购买目的及所处环境不同，会导致不同的人在购买家具时发生不同的行为，主要表现在语言行为、肢体动作、语气、语调、语速、做事风格、观察力等方面，因此作为家具导购员，应该练就察言观色的能力。在现场若能够通过顾客的行为表现很快把握其性格、审美观、价值观、生活观等，就会比较容易地了解顾客在做购买决定时的思考过程以及步骤，进而选择自己的销售洽谈策略和技巧。具体来说，王丽可能会遇到如下谈判情景（见表1-5）：

表 1-5 王丽销售工作中的主要商务谈判类型及其特点

工作内容	主要谈判情景	主要谈判类型	主要特点
产品介绍与异议处理	向顾客介绍产品并处理顾客提出的异议，根据需求提出购买建议	个体谈判、面对面谈判	属于谈判前期，着重建立信任
交易洽谈	与具有购买意向的顾客就家具搭配方案、价格、服务、支付条件等进行深入洽谈	面对面谈判、货物买卖谈判	属于谈判中期，谈判策略及技巧运用很重要
客情维护	王丽根据客户资料跟单、下单、定期售后电话回访，接受和处理客户投诉	电话或网上谈判、个体谈判	属于谈判后期，着重建立良好的客户关系

任务拓展

根据你学到的商务谈判的原则、作用及模式等相关知识，结合张华、刘瑞和王丽的工作内容，你还能给这三位刚毕业的大学生提出哪些商务谈判方面的建议？

知识检测

一、判断题

1. 商务谈判不过是一场施展各种手腕和诡计、争个你死我活的过程。 ( )

2. 价格几乎是所有商务谈判的核心内容，占据重要地位。 ( )

3. 横向谈判是指在确定谈判所涉及的主要问题后，逐一对每个议题进行商谈。 ( )

4. 在商务谈判中自己获得的利益越多标志着谈判越成功。 ( )

5. 合同的签订并不意味着谈判活动的完结，谈判的真正目的不是签订合同，而是履行合同。 ( )

二、选择题

1. 按照谈判地点可以将商务谈判分为( )。

A. 主场谈判　　B. 客场谈判

C. 第三地谈判　　D. 国外谈判

2. 网上谈判就是借助互联网进行协商、对话的一种特殊的书面谈判。其主要优点包括（ ）。

A. 加强了信息交流　　B. 有利于慎重决策

C. 商务信息公开化　　D. 降低了成本

3. 按谈判中双方所采取的态度划分，商务谈判可分为( )。

A. 软式谈判　　B. 硬式谈判　　C. 原则型谈判
D. 多方谈判　　E. 纵向谈判

4. 商务谈判的合法原则主要体现在(　　)。
A. 谈判主体合法　　B. 谈判地点合法
C. 谈判议题合法　　D. 谈判手段合法

5. PRAM 模式主要由(　　)构成。
A. 制定谈判计划　　B. 建立信任关系
C. 达成双方都能接受的协议　　D. 签订商务合同
E. 协议的履行与关系的维持

三、简答题

1. 如何理解商务谈判的概念?
2. 简述商务谈判的基本原则。
3. 商务谈判在现代经济生活中有何作用?
4. 怎样正确理解商务谈判的成功?
5. 简述商务谈判的基本过程。

四、案例题

以诚取信　进取有度

(甲方:中方代表,乙方:某国代表)

乙方:一路辛苦了,休息得还好吧?

甲方:谢谢,这里风景真好,夜里极安静。

乙方:一年一度,今年又该商量了,你看怎么进行呢?

甲方:我是第一次到贵国,没有经验,请多关照。至于怎样进行,我看还是客随主便吧。

乙方:以往都是先就行市交换意见,然后商量价格。

甲方:好的。不过,我们认为双方对行市的了解都比较充分,资料来源也一致,是不是不必详细介绍?只就不同的资料交换意见,最主要的是对价格趋势提出分析。这样可以省些时间。

乙方:你的意见很好,的确时间很紧。不过,今年的行市对你不利,你看,我们怎么介绍呢?

甲方:你说的对,我了解的情况,也是对我们不利。主要出口国都增产,进口国又减少了进口量。

乙方:有的出口国增产幅度较大,特别是与我们有密切关系的墨西哥、阿根廷。你很实在,我们的看法又很一致,接下来就商量价格吧。

甲方:好的,我有个想法,我们是老朋友,不必像对其他国家那样,我报个高价,你报个低价,经过几个回合的讨价还价,费时费事。不如先把其他一些问题解决了,最后,你们出个价格，我如果认为合适，点个头就行了。

乙方：(愣了一下) 你的意见是改变原来的谈法？

甲方：我第一次来，也不知道过去的谈法。你看我们是否先商定一下交货期？

乙方：每季度8 000吨，共32 000吨。

甲方：总数量25 000吨，先订下来，其余到北京谈时再说。

乙方：那也好，我们回去安排一下，明天再商量。

(第二天。)

乙方：按25 000吨计算。一季度6 000吨，二季度7 000吨，三、四季度各6 000吨。

甲方：好，就这么定了。品种呢？有变化吗？

乙方：还是红色的、紫红色的和奶花色的吧？

甲方：我想除红色的、奶花色的外，将紫红色的改为花杂豆色的。这样我们交货的时间就可以宽一点。

乙方：嗯，可以接受。

甲方：我还带来一些样品，这是黄的，这是黑的，这是圆粒褐斑的。如有兴趣，可以少订一些试试。

乙方：(反复看样后) 这几个品种都可以考虑，有多少数量？

甲方：黄的有5 000吨，不过，我建议你们少要一些，外表不好看，煮熟后颜色不鲜艳。

乙方：好，就先订1 500吨。黑色的，我们已经试用过了，很好，这次就多订些，2 000吨。

甲方：其他的品种，请你们大体分一下吧。(乙方提出了分品种数量，甲方发现有些品种数量过多，无法保证交货，但不好明确拒绝。) 另外，为了将来交货方便，我想在列明分品种数量的同时，加上一句话，即："在卖方实际交货时，各品种之间可以互相代替。"

乙方：这是不是意味着各类品种的数量不固定了？

甲方：不是不固定，是基本固定，可能有变化。主要是担心在装船前凑不齐按品种分配的数量。因为是几个分公司同时装一条船，不能保证在规定的时间内同时运到。如果各品种之间可以互相代替，我们在装船时就有了较大的机动性，保证了按时装运，尽快离港，对你们也有好处。

乙方：看来你想得很周到，我接受你的意见，可以在合同中列明各品种之间互相代替这句话。

甲方：谢谢，这样我们双方就都可以避免被动。交货期和品种数量都订下来了，还有其他问题吗？

乙方：暂时没有其他问题了，只剩下价格了，你有什么想法吗？

甲方：我很悲观。作为一个业务人员，我不得不面对市场这个客观现实。根据杂豆市场的总趋势，我们是应该降价的。可是，又有另外一种因素促使我们不但不应该降价，反而应该提价。

乙方：(吃惊）你说什么？要提价？这同你原来的态度不一致！

甲方：是的，我是自相矛盾的。前面，我完全同意你们对市场的看法，那是客观事实。但是，你我双方在以往的谈判中，都忽视了另外一个因素，而这个因素又对市场趋势起着很大作用。

乙方：什么因素？难道还有另一个市场？

甲方：是的，这个市场就是中国。中国是世界上最大的杂豆生产国家，也是世界上最大的杂豆出口国家。中国的出口价格也是世界行市，中国本身就是最大的杂豆市场。你说这是不是事实？

乙方：(无可否认的）我忽略了中国也是有代表性的杂豆市场。

甲方：谢谢，你了解中国对××国的芸豆出口价格吗？

乙方：还不知道。

甲方：我们在交易会上对××国成交的价格是……该国既是世界上最大的杂豆进口市场之一，同时又是中国的最大杂豆进口市场。世界上最大的出口市场和世界上最大的进口市场之间所产生的价格，应该就是市场价格。你的意见呢？

乙方：我不能否认，中国也是市场。可正如你前面同意的，供求失衡，呈降价趋势是肯定的。

甲方：就世界总的趋势而言是这样的，但中国的产量不但没有增加，反而减少了，因而我们在交易会上的成交数量比以往减少了许多。欧洲对杂豆的进口是减少的，但××国的需求量由于国内减产，进口量却增加了。因此，我们对××国芸豆的成交价格，上调了30%。但我们之间，不同于××国，我想只象征性地提一些，表示表示就算了。

乙方：(沉思）加多少？

甲方：请放心，15美元。按原价比例讲，只加了5%。

乙方：今天是否就谈到这里，明天再谈？

甲方：好的。

(第三天。)

乙方：今天是最后一天了，无论如何得把价格定下来，你还有松动吗？

甲方：我在一见面时就讲了，我不习惯讨价还价。我们之间，依靠的是相互信任，我前天只是讲了加价的意见，不是正式报价，你是东道主，我希望尊重你的意见。

乙方：去年的合同中，黑色的价格不是420美元，而是360美元，是经过确认的。

甲方：我知道。我想，这次就不分品种作价了，还是制定一个统一的价格，包括黑色的在内。

乙方：每吨相差60美元，2 000吨就是120 000美元。

甲方：你说得对，我想你可以不要黑色的。我单独卖给其他国家，价格可以更高些。

乙方：你真有意思，你总是先肯定我的意见，然后又否定我。

甲方：千万别误会，我是真心地肯定你的意见。但是，我们看待事物要从多方面分析。从这方面看是正确的，但从另一个方面看，就可能不完全正确。我相信，你也看到了另一方面，只是要留给我讲，给我面子。

乙方：你可真会开玩笑！你是一个好人，很实在，就按你说的，不分品种，笼统作价吧。

甲方：谢谢，我们又一次完全一致了。不过，我有一个很小的秘密告诉你。如果分品种作价，你就亏了，而这正是我希望的。

乙方：（不解）为什么？

甲方：你知道红色豆卖多少钱吗？

乙方：知道。

甲方：你看，美国对欧洲卖的是 960 美元，中国对欧洲卖的是 780 美元。若分开卖，至少也得卖 750 美元。6 000 吨要多花多少钱，你会算的。

乙方：你算得对，看来我走对了。

甲方：你接受我的价格意见了？

乙方：我还没提过意见呢。

甲方：请提。

乙方：你加的不多，这我承认。但我们数量买多了，应该在价格上给予优惠。

甲方：也有道理。

乙方：那就请你重新报个价吧！

甲方：不，还是请你说吧，我尊重你的意见就是了。

乙方：好，我不客气了，每吨 FOB ST 中国口岸 425 美元。

甲方：……（心想，这个价格比事先估计的还要好，已经达到目的，应该见好就收了。）好了，为了友谊……

乙方：（伸出手握住甲的手）感谢中国朋友的友谊！

资料来源：蒋春堂．经济谈判案例精选评析［M］．武汉：武汉测绘科技大学出版社，1998.

问题：

1. 根据商务谈判知识，对双方取得谈判成功的原因进行分析说明。
2. 在本案例中，谈判双方采取了什么样的谈判方法？并说明其特点。

项目实训

实训课题 1　　**畅谈谈判经历**

实训目的：

了解谈判类型，理解谈判成功的价值评判标准。

实训方式：

(1) 选择生活中的谈判事件（比如购物、旅游、人际交往等），以小组为单位，每位成员畅谈个人经历过的谈判事件。通过小组全体讨论，选择一个典型的谈判事件，就谈判内容、方式、策略等方面进行集中分析，判断其是否为一场成功的谈判，进而提出改进方案。

(2) 每个小组上台汇报，就本小组讨论的案例跟别的小组进行交流，其他同学可以根据理解提出自己的观点。

(3) 教师点评，就讨论中所涉及的知识点和技能进行归纳、总结。

实训课题 2　　模拟采购谈判

实训目的：

正确运用谈判原则。

背景资料：

有一个关于机电产品的销售谈判，目前双方的分歧是：卖方要抬高售价，买方要降低买价；卖方要延长交货时间，买方要缩短交货时间。但是，双方都有要成交的强烈愿望，双方还都有长期合作的打算，而且买方对卖方的产品质量和性能都很满意。卖方为高质量的产品而自豪，希望售价从优；买方也愿为高质量的产品支付合理的价格，但希望付款的方式有所改变。

实训方式：

将学生分组，分别代表谈判的双方，通过协商处理双方目前在谈判中的问题并顺利地进行合作。

扩展阅读

双赢（多赢）谈判

谈判是达成最终目标的一种手段，并不是两个人的“PK”。商务谈判并不是一场你死我活的争斗，而是一次双赢（多赢）的交易。当双方各有所得、各有所需时，才算是真正意义上的谈判。在一场非赢即输的谈判之余，没有人会期盼下次的合作机会。

谈判是一种妥协的艺术，在谈判过程中需要做出不同程度的让步。只有在某个方面做出让步才能在其他方面得到更大的利益，两个在每个细节上都寸土必争的谈判者是很难达成双赢的。谈判中不做任何让步是不可能的，因为互利的原则告诉我们，谈判的某一方在某问题上的让步，就是另一方在该问题上的需求。对于接受让步的一方，也会在其他问题上做出让步，这样才能得到这些需求。单赢谈判与双赢（多赢）谈判比较分析如表1-6所示。

表 1-6　单赢谈判与双赢（多赢）谈判比较分析

谈判的类型	比较分析
单赢谈判	单赢谈判的谈判空间始终是固定的，双方在有限的时间内你争我夺，以压低对方的谈判空间为主要目的； 在此类谈判中，讨论点比较单一； 谈判双方没有或者不考虑长期的合作关系。
双赢（多赢）谈判	双方谈判的目的是共同解决各自的问题，而不是单纯挤压对方的谈判空间，一方获得预期利益不需要以对方放弃其预期利益为代价； 不仅要找到最好的方法去满足双方的需要，而且要解决责任和任务的分配问题； 在不损害本方利益的基础上给予对方想得到的，而不是一味地索取，只有满足对方的基本需求，对方才会给予相应的回报。

项目二　提升商务谈判人员素质

学习目标

知识目标

了解商务谈判人员应具备的基本心理素质、谈判中的心理禁忌以及心理挫折的预防

把握商务谈判中基本的思维知识和技巧

熟悉商务谈判人员应具有的业务知识

能力目标

能够具备商务谈判人员应有的良好的心理素质

能够在商务谈判活动中具备正确的、灵活的谈判思维

能够在商务谈判活动中具备较强的业务综合能力

知识结构图

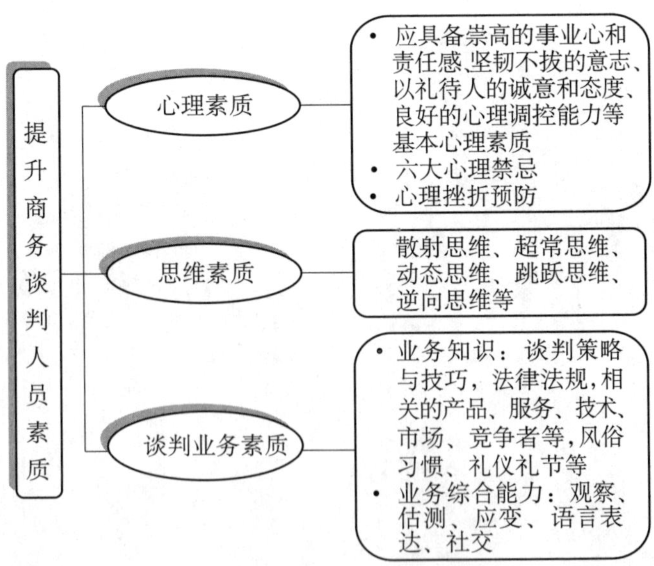

任务引入

【任务描述】

在查阅了大量家具行业的背景资料，并对可能面对的客户类型、购买特征及洽谈情景进行了详细地了解、分析后，张华、刘瑞和王丽开始逐渐适应了各自的销售工作。试用期满后，三人分别开始独立和客户进行接洽，在此后一段时间内，王丽在卖场接待了大量的零散顾客，张华和刘瑞也通过自己的努力找到了几家大客户进行业务洽谈。但两个月下来，三人发现销售状况都不是很好，王丽总共才完成了三笔销售，并且金额都不是很大，而张华和刘瑞竟一笔业务也未成交。三人深受打击，感觉很苦恼，大家都认为自己的性格属于外向型的，表达能力也不错，并且在与客户交谈的时候也是口若悬河、滔滔不绝，但为什么最终却说服不了客户下订单呢？

学习任务：好的销售谈判人员是不是就是我们认为的口若悬河、辩才出众的人呢？如果不是，那优秀的销售谈判人员应具备哪些素质要求？在现有基础上，张华、刘瑞和王丽还应该从哪些方面来锻炼和提升自己的综合素质，以提升自己的业务能力？

【任务分析】

随着经济的快速发展，竞争的日益加剧，现代商务活动的复杂性已经远远超出了一般人的想象。并且由于人们的需求特征和购买行为日趋个性化和复杂，因此，商务谈判活动的复杂性和难度也随之提高。优秀的商务谈判人员不仅要具有良好的口才，而且应具备全面的整体素质，才能适应现代商务谈判活动。所以，张华、刘瑞和王丽应该要清楚，除了良好的口才和表达能力外，较强的心理素质、灵活的思维能力、丰富的业务知识以及出色的业务综合能力等也是现代商务谈判人员不可或缺的素质要求。

知识平台

一、商务谈判人员的心理素质

（一）商务谈判人员应具备的心理素质

谈判是一项艰巨、复杂的脑力劳动，在这个过程中，谈判人员的心理状态对谈判的结局会产生重要的影响。因此，良好的心理素质是谈判取得成功的重要条件。一般来讲，成功的商务谈判人员应该具备以下心理素质：

1. 崇高的事业心和责任感

崇高的事业心和责任感是指谈判者要以极大的热情和全部的精力投入到谈判活动中，以对自己工作高度负责的态度，抱定必胜的信念去进行谈判活动。只有这样，才会有勇有谋，百折不挠，达到目标；才能虚怀若谷，大智若愚，取得成功。试想：如果一个根本不愿意进行谈判、对集体和国家都没有责任心的人，代表集体去进行谈判，他会全力以赴吗？会取得成功吗？答案是肯定不会的。如果一个人抱着个人目的代表集体去谈判，他会为集体利益据理力争吗？他会使集体利益获得最大限度的满足吗？答案也肯定是不会的。因此，只有具有崇高事业心和强烈责任感的谈判者，才会以科学严谨、认真负责、求实创新的态度，本着对自己负责、对别人负责、对集体负责的原则，克服一切困难，顺利完成谈判任务。

2. 坚韧不拔的意志

商务谈判不仅是一种智力、技能和实力的比试，更是一场意志、耐性和毅力的较量。有一些重大艰难的谈判，往往不是一轮、两轮就能完成的。因此，对谈判者而言，如果缺乏应有的意志和耐心，是很难在谈判中成功的。意志和耐心不仅是谈判者应具备的心理素质，也是进行谈判的一种方法和技巧。

案例 2-1

北京时间2019年5月8日，在前一天夜里，道琼斯指数暴跌近500点之后，美国贸易代表办公室（USTR）发布声明宣布，美方将于5月10日将2 000亿美元中国输美商品的关税从10%上调至25%。这份声明发出两个多小时，中方的回应就来了。升级贸易摩擦不符合两国人民和世界人民的利益，中方对此深表遗憾，如果美方关税措施付诸实施，中方将不得不采取必要的反制措施。

中方的回应比较冷静，几层意思讲得很清楚。一是再度加征关税，对谁都不好。二是中方态度措辞用的是“遗憾”，很中性，很冷静。三是态度清楚。你要征税，我就反制。美方有人觉得还可以再试试对中方施加压力，那么他会发现，中国对各种情况已经做好了应对准备。

双方约定要进行第十一轮磋商，也没人提出要取消，那么就去谈。中方已经宣布刘鹤副总理将于5月9日至10日访美，与美方就经贸问题进行第十一轮磋商。现在美方摆出架势准备继续加征关税，一副又要开打的样子。那么中方也做好了还击的准备。中国人是讲礼的，来而不往非礼也。这种一边打一边谈的状态，大家并不陌生。从7月开始互征关税到现在，即便在磋商的时候，彼此的关税也未取消。边打边谈，一直就是这种状态。和则两利，斗则俱伤，升级贸易战，不是我们想看到的，但是既然又要来了，我们也不能退缩。摩擦够了，沟通好了，可能问题也就快解决了。

3. 以礼待人的谈判诚意和态度

谈判的目的是为了较好地满足谈判双方的需要，是一种交际、一种合作，谈判双方能否互相交往、信任、合作，这还取决于谈判双方在整个活动中的诚意和态度。谈判作为一种交往活动，是人类自尊需要的满足，要得到别人的尊重，前提是要尊重别人。谦虚恭让的谈判风格、优雅得体的举止和豁达宽广的胸怀是一位成功的谈判者所必备的。在谈判过程中以诚意感动对方，可以使谈判双方互相信任，建立良好的交往关系，有利于谈判的顺利进行。

谈判桌上谦和的态度和化敌为友的含蓄委婉，比任何场合的交谈都更为重要。例如：人挨着谈判桌，摆出一副真诚的姿态，脸上露出淡淡的笑意，对方发言时总是表现出认真倾听的样子，常常是很讨人喜欢的。“是呀，但是……”“我理解你的处境，但是……”“我完全明白你的意思，也赞同你的意见，但是……”这些话既表示了对对方的尊重、理解、同情，同时又赢得了“但是”以后所包含的内容，使谈判向成功又迈进了一步。

4. 良好的心理调控能力

要完成伟大的事业，没有激情是不行的。但谈判是一种高智商的斗智比谋的竞赛活动，感情用事会给谈判造成很大的不利影响。一名成功的谈判者应具有良好的心理调控能力，在遭受心理挫折时，善于进行自我调节、临危不乱、受挫不惊，在整个谈判过程中始终保持清醒、冷静的头脑，保持灵敏的反应能力、较强的思辨能力和准确的语言表达能力，使自己的潜能得以充分发挥，从而促成谈判的成功。

（二）商务谈判人员心理上的禁忌

在谈判中，谈判双方由于利益上的相互依存和相互抗衡关系，使得谈判人员在心理上要承受很大的压力，但不管如何，谈判者都要清楚地明白，谈判不是“对敌斗争”，而是寻求合作、谋求双赢，因此，在谈判中要注意以下禁忌：

1. 忌自我低估

在谈判中，有的谈判者过高地估计对手的实力而低估自己，不敢与对方正面交锋、据理力争。毛泽东曾经说过：在战术上要重视敌人，在战略上要藐视敌人。天下没有打不败的敌人，天下没有不可取胜的谈判。“高度重视——充分准备——方法得当——坚持到底”，这是取得谈判胜利的普遍法则。就算是面对强大的谈判对手，谈判人员也没有理由自我贬低、自我低估。在激烈的商务谈判中，如果缺乏求胜的信心，是很难取得谈判成功的。

2. 忌急于表现

在商务谈判中，有的谈判者急于表明自己的最低要求，急于显示自己的实力，急于展示自己对市场、对技术、对产品的熟悉，急于显示自己的口才等。这些行为很容易暴露自己，易陷于被动地位。

3. 忌感情用事

严格来讲，谈判是一件非常严肃的事情，它是企业实现经济利益的常见的业务活动。因此，对于谈判人员而言，谈判是代表企业去实现其经济利益的重大使命，谈判者切不可在谈判中感情用事。例如：在商务谈判中，有的谈判者把个人感情带入谈判中，或自己的喜怒哀乐受人感染，或脾气急躁、一触即跳，或太在乎对方的言语、态度等；有的谈判人员对对方过于热心、关怀过度等，这些行为表现都将给谈判带来致命的影响。此外，对于谈判对方提出的所有条件和问题，谈判人员都要冷静地分析，客观地判断，谨慎地做出答复，否则容易酿成大错，给企业带来经济损失，同时也给自己留下遗憾。

4. 忌只顾自己

只顾自己的谈判基本上都会是失败的谈判，双赢哲学是当今世界的基本谈判哲学。当然，双赢并不是指利益上的完全均衡，由此而导致的从“只顾自己”到“拒不妥协”，同样也是一种错误的观点。要知道，没有妥协就没有谈判，善于妥协是有智慧的表现。因此，理想的谈判应该是对双方都有利益的谈判。

5. 忌掉以轻心

谈判永远不可掉以轻心。谈判获胜前不能掉以轻心，获胜后更不能掉以轻心，否则，要么是功败垂成，要么是成而树敌。一般来讲，在谈判中一方设置陷阱的情况经常发生，有些商家在提出条件时含而不露，故意掩盖事情的真相。如果谈判者不能及时地发现问题，很容易被“糖衣炮弹”迷惑，为合同的履行埋下祸根。一旦情况发生了变化，对方以各种理由不执行协议，将导致前功尽弃。

6. 忌失去耐心

耐心是在心理上战胜谈判对手的一种战术，它在商务谈判中表现为不急于求得谈判的结果，而是通过自己有意识的言论和行动，使对方知道合作的诚意与可能。谈判也是一种耐力的竞赛，没有耐力的人不宜参与谈判。耐心是提高谈判效率、赢得谈判主动权的一种手段，让对方了解自己，又使自己详尽地了解对手。只有双方相互了解、彼此信任的谈判才能获得成功，所以，耐心是商务谈判过程中一个不可忽视的制胜因素。

（三）商务谈判心理挫折的预防

1. 心理挫折在商务谈判中的表现及不良影响

一个人在做任何事情时都不可能是一帆风顺的，总会遇到这样那样的问题和困难，这就是平常所说的挫折。而心理挫折不同于平常所说的挫折，心理挫折是人们的一种主观感受，它的存在并不能说明在客观上就一定存在挫折或失败，也就是说，心理挫折的存在并不一定意味着客观挫折的存在。反过来，客观挫折也不一定对每个人都会造成挫折感，因为每个人的心理素质、性格、知识结构、背景、成长环境等都不相同，所以他们对同一事物的反应也就各不相同。例如：在商务谈判中，当谈判双方就某一问题争执不下时，形成了活动中的客观挫折。对此，人们的感受是不同的。有人感到了困难，反而激起他更大的决心，要全力以赴把这一问题处理好；有人则感到沮丧、失望乃至丧失信心。在商务谈判中，心理挫折会造成人的情绪上的沮丧、愤怒，会引发与谈判对手的对立和对谈判对手的敌意，容易导致谈判的破裂，常见的商务谈判中的心理挫折表现主要有：

（1）攻击性行为。攻击性行为是谈判人员在受到挫折时最常见的一种行为方式。人们在感到挫折时，最容易产生也是最常见的反应就是生气、发泄愤怒的情绪等。在这种情况下，人们的言行就会超出其原有的正常范围，有时会说出一些极端的话。例如：“你买就买，不买就算了”“我不卖你了，你上别的地方去买”，或者做出一些挑衅性的动作，如动手推拉、打人等。而这种攻击性的行为的出现，往往会激化本来就处在谈判困境中的谈判双方的矛盾，容易导致谈判双方矛盾的升级。

（2）畏惧、退缩。这种行为主要是人在受挫折后对自己失去信心，消极悲观，缺乏勇气造成的。这种情况出现后，谈判者的敏感性和判断力都会下降，最终会影响谈判目标的实现。例如：一位刚毕业的律师与一位名律师打了一场官司，那么这位刚毕业的律师很容易产生心理挫折，缺乏应有的自信，在对簿法庭时，无论是他的谈判力，还是思辨能力，甚至语言表达能力都会受到影响，这实际上就为对手的胜利提供了条件。

（3）盲目、固执。这是指谈判者在受到心理挫折以后，不愿意面对现实去认真思考、判断，而是非常顽固地坚持一种错误的思想或意见，盲目地重复这种行为的表现。具体表现为心胸狭窄、思想不开明等。这种行为会直接影响谈判者对具体事物的判断、分析，最终导致谈判的失败。

以上是几种较为常见和普遍的心理挫折的行为表现。此外，不安、冷漠等也是心理挫折的表现。谈判者在心理挫折时的情绪反应都是一种非正常的状态，对于任何一位谈判者来讲都是一种不适的困扰，甚至是苦恼的折磨。但心理挫折对谈判者的行为的影响是因人而异的。并不是所有的谈判者在遭受心理挫折时，都会对行为产生消极、反面的影响。相反，对于一些非常振奋、善于在逆境中生存的人来讲，心理挫折以及客观的活动挫折都会更激发他的进取心，激励他不断前进，不断成功。这一点正是我们所追求的，也是谈判者应具备的心态。

2. 商务谈判中心理挫折的预防与应对

在商务谈判中，无论是什么原因引起的心理挫折，都会对谈判的圆满成功产生不利的影响。谈判是人与人之间斗智斗勇的一项交际活动，需要谈判者全力以赴，始终保持高度的敏感性和思辨能力。任何行为的心理挫折、情绪激动，都必然分散谈判人员的注意力，造成其反应迟钝、判断能力下降，而这一切都会使谈判人员不能充分发挥个人潜能，从而无法取得令人满意的谈判结果。因此，要克服心理挫折对商务谈判的不利影响，就必须积极采取措施来预防和化解心理挫折的出现。

（1）加强自身修养。一个人在遭受客观挫折时能否有效摆脱挫折，与他自身的心理素质有很大关系。一般来说，心理素质好的人容易对抗、弱化或承受心理挫折，相反，心理素质差的人在遇到挫折时，则很容易受挫折的影响，产生心理波动。因此，一个优秀的谈判者往往通过不断加强自身的修养，提高自身的应变能力。

（2）做好充分准备。挫折可以吓倒人，但也可以磨炼人。正确对待心理挫折的关键在于提高自己的思想认识，在商务谈判开始之前，谈判者应做好各项准备工作，对商务谈判中可能出现的各种情况事先应做到心中有数，这样就能及时、有效地避免或克服客观挫折的产生，减少谈判者的心理挫折。

(3) 勇敢面对挫折。常言道："人生不如意事十有八九。"对于商务谈判来说也是一样，商务谈判往往要经过曲折的谈判过程，通过艰苦的努力才能达到成功的彼岸。商务谈判人员对于谈判中所遇到的困难，甚至是失败要有充分的心理准备，以提高对挫折打击的承受力，并能在挫折打击下从容应对变化的环境和情况，做好下一步工作。

(4) 摆脱挫折情境。相对于勇敢地面对挫折而言，这是一种被动地应对挫折的办法。当挫折出现后，商务谈判人员无法面对挫折情境时，可以通过脱离挫折的环境或转移注意力等方式来使情绪得到修补，使自身能以新的精神状态迎接新的挑战。美国著名教育学家、心理学家戴尔·卡耐基就曾建议人们在受到挫折时，用忙碌来摆脱挫折情境，驱除焦虑的心理。

(5) 适当宣泄情绪。情绪宣泄是利用合适的途径、手段将挫折的消极情绪释放出去的办法。其目的是把因挫折引起的一系列生理变化所产生的能量发泄出去，消除紧张状态。情绪宣泄有直接宣泄和间接宣泄两种形式。直接宣泄包括大哭、大喊等，间接宣泄包括活动释放、找朋友诉说等。情绪宣泄有助于维持人的身心健康，形成对挫折的积极适应，并获得应对挫折的适当办法和力量。

案例 2-2

一天，美国陆军部长斯坦顿来到林肯的办公室，气呼呼地告诉林肯，一位少将用侮辱的话指责他，而那位少将所说的并非真有其事。林肯并没有安慰斯坦顿，而是建议斯坦顿写一封内容尖刻的信回敬那位少将。

斯坦顿立刻写了一封措辞激烈的信，然后拿给林肯看。

"对了，就这样。"林肯高声叫好，"要的就是这种效果！好好教训他一顿，真写绝了，斯坦顿。"

当斯坦顿把信叠好装进信封里时，林肯叫住他，问道："你想干什么？"斯坦顿有些摸不着头脑："寄出去呀。"

"不要胡闹。"林肯大声说，"这信不能发，快把它扔到炉子里去。凡是生气时写的信，我都是这么处理的。这封信写得很好，写的时候你已经消了气，现在感觉好多了吧，那么就把它烧掉，如果还没有完全消气，就接着写第二封吧。"

(6) 学会换位思考。换位也叫移情，就是站在别人的立场上，设身处地地为别人着想，用别人的眼睛来看这个世界，用别人的心来理解这个世界。当某人能积极地参与他人的思想感情，意识到自己也会有这样的时候，才能实现与别人的情感交流。"己所不欲，勿施于人"是移情的最根本要求。

二、商务谈判人员的思维素质

在商务谈判中，自始至终都是谈判人员的思维在发挥作用。思维是谈判的基础动力，而谈判语言知识是谈判人员思维表达的外在形式。谈判思维的正确与否，关系着谈判的成败，因此，谈判人员必须能够理解、掌握、灵活地运用一些基本的思维知识和技巧。

（一）商务谈判思维

商务谈判思维不是指常规的、习惯性的思维方式，而是指非常规的、创新性的思维方式。因为在商务谈判活动中，如果仅仅按照常规的思维定式去思考问题，往往不能达到预期的目的，甚至有可能会导致谈判的破裂或失败，所以就要求商务谈判人员掌握一些非常规的、创新性的思维方式，以便能在错综复杂的谈判中打破常规思维定式，寻找最佳的谈判角度，采取出人意料的方法，从而争取最佳的谈判结果，达到预期的谈判目的。

（二）商务谈判中的思维方式

1. 散射思维

散射思维是一种同时对谈判对象和谈判内容的各方面进行全方位扫描的思维活动形式。它的具体方法是对有关信息进行筛选、过滤、加工、整理和鉴别，筛除与谈判内容无关的信息，留下与谈判密切相关的可靠信息。散射思维贵在多角度出击，消除思维死角，使论题全部暴露在谈判桌上，以便各个击破，促进谈判的进行并大幅度地提高谈判成功的概率。例如：与某人谈判钢材销售问题时，一上谈判桌，对方单枪匹马对你好几个人，而且让你方门外等候多时。你该采取什么对策呢？从散射思维角度来看，思路的启动可能是考虑该人在公司中的地位、权力的大小、该公司是否还有其他谈判、谈判态度是否认真、议程是否完整、是否表达全部核心观点等问题。这种散射思维的目的在于从表面现象尽快掌握商务谈判可能的趋势，同时，也利于己方采取相应的对策，使谈判有尽可能大的进展。

优秀的谈判者在运用散射思维方式时善于转移“思路”，思维的触角犹如快速变频的雷达。如果做不到流畅地转移，思维就会呆滞，会出现“暂时的死角”，使对手有喘息的机会，最终影响谈判的顺利进行。

2. 超常思维

超常思维是超越常规、打破思维定式，用不同于一般思维的方式进行思考的思维形式。在谈判实践中，人们常常有这样的感觉，困难不是来自对方实力的威胁，而是来自自己谈判思路的枯竭或是感觉到谈判对手咄咄逼人的思维攻击。在对手的思维攻击下，你如果被动应答就会处处受制于人。而此时，超常思维便是进攻和防卫的最有效的谈判武器。运用超常思维，可以超出对手的想象，能有效地控制谈判局势，甚至能使对方立刻接受你的方案。

超常思维具有不同于一般性或逻辑性思维的特点，它的主要特征是机智、灵活、富于创造性。与超常思维相对的思维方式是常规思维，可以通过一个例子来体会它们之间的区别。例如：两个人面前有一条河，常规思维者认为自然要有桥，无桥则无路，思考如何建桥，而超常思维者一看建桥有难度，便考虑其他办法，如乘船等。因此，常规思维可能会使谈判陷入僵局，而超常思维则会使思维相互摩擦而产生思维的火花，结出谈判的累累硕果。

案例 2-3

世界上第一位女大使柯伦泰，曾任苏联驻挪威全权贸易代表。当时，苏联急需食品，委托她与挪威商人谈判购买鲜鱼事宜。挪威商人想趁机大捞一把，谈判时开价很高，柯伦泰则竭力与对方讨价还价，谈判出现僵局。后来，柯伦泰主动让步，慷慨地说："好吧！我同意你们提出的价格。如果我国政府不批准这个价格，我愿意用自己的工资来支付差额。但是，我的收入有限，自然要分期支付，可能要支付一辈子了。如果你们同意的话，就这么决定吧！"挪威商人听了她的话，个个面面相觑，他们无论如何也想不到柯伦泰会说出这样的话，他们被她的一片爱国之心打动了。最后，一致同意将鲜鱼的价格降到最低。

3. 动态思维

动态思维是一种依据客观世界的变动情况而不断地调整和优化思维的程序、方向和内容，以达到思维目标的思维活动。动态思维者在思维过程中与客观外部环境通过信息的交流与协调来不断地调整和修正思维的方向和目标，提高思维的正确性和有效性。

商务谈判的特点之一是其复杂性和多变性。随着谈判双方意见交流的展开，各种因素都在不断地变化，谈判人员的思维必须紧紧抓住这种变动，迅速地调整思维的方向、重点和角度，优化思维的过程和结构。例如：在一场设备出口谈判中，原先我方与对方一直在现汇支付的基础上进行谈判，但随着谈判的深入，各方面情况的逐渐变化，对方突然提出因外汇支付能力有限，希望用产品进行支付，即将现汇贸易改为补偿贸易。这一要求的提出必然打乱了我方原有对谈判的各种因素、关系的分析和谈判目标的设想。在这时，我方就应该迅速调整思维，考虑由现汇贸易改为补偿贸易的可能性，对我方的利与弊，以及我方在新的支付条件下应该考虑哪些因素，各因素之间的关系和目标。如果我方仍然抱着现汇支付条件下对谈判中的各种因素和关系的分析不放，不研究新的问题，那么我方势必会吃亏。

4. 跳跃思维

跳跃思维是指在谈判中把事物发展过程的某些内容跳过去，而迅速抓住自己想要说明的本质问题的思维方式。这种思维方式由于能在复杂的事物或大量的信息面前迅速抓住问题的本质，因此被谈判者普遍采用。跳跃思维方式的心理基础是找到要害一举成功。无论是在说明问题还是反击对方时，运用这种思维方式均能取得有利的效果。

5. 逆向思维

逆向思维是指从与对手立场及议题结果对立的角度思考、判断、推理的思维方式。逆向思维是一种违反常规思维的思维方式，是一种强迫性的思维方式，主要手段是反问、否定与反证，既可用于进攻，又可用于防守。在商务谈判中运用逆向思维方式容易发现一些在正常思维条件下不易发现的问题，利用这些问题可以作为与对方讨价还价的条件或筹码。

案例 2-4

一天，一个犹太人走进一家银行，来到贷款部，很自然地坐了下来。

“请问先生，我能为你做些什么？”贷款部经理边问边打量着来人。只见他身穿名贵西服，脚穿高级皮鞋，手戴昂贵的手表。“我想在这儿借些钱，不知怎样？”来人问道。“可以，你需要借多少钱，要借多久？”“1 美元，借一年。”“只要 1 美元？”“对，只借 1 美元。可以吗？”“当然，只要你有担保，多点也可以。”“好吧，这些担保可以吗？”犹太人说着，从豪华的皮包里取出一叠股票、债券等，放在经理的办公桌上。“这些总共是 50 万美元，应该够了吧？”“当然！不过，你当真只借 1 美元吗？”“是。”说着，犹太人接过了经理递来的钱。“年利息为 6%。一年后，只要您付出 6%的利息，我们就可以把抵押物还给你。”“谢谢。”

犹太人正准备离开银行。此时，一直在旁边观看的分行长，追上去对犹太人说：“啊，这位先生……”“你还有什么事情吗？”“我实在不明白，你拥有 50 万美元，为何只借 1 美元？你完全可以借更多一些，我们都会很乐意的……”“因为我来贵行之前，问了几家金库，他们保险箱的租金都很昂贵。所以，我就打算在贵行寄存这些债券，这样租金就很便宜了，一年只需花 6 美分。”

三、商务谈判人员的业务素质

商务谈判是人与人之间利益关系协调、磋商的过程，在这个过程中，除了基本的心理素质外，较好的业务素质是讨价还价、赢得谈判的重要条件。优秀的商务谈判人员应具备较好的业务知识以及出色的业务综合能力，以便在商务谈判中应对自如。

（一）商务谈判人员应具备的业务知识

出色的谈判者应具备丰富的知识。谈判对于专业要求十分高，既要求谈判人员具备广博的综合知识，又要求其具有很强的专业知识。否则，哪怕是一个细节的疏忽，也可能导致功亏一篑、前功尽弃。商务谈判人员应具备的业务知识主要包括：

1. 谈判策略与技巧知识

谈判是一门科学，也是一门艺术。因此，要求谈判人员必须掌握一些谈判的基本程序、原则、方式以及学会在谈判的不同阶段使用的不同策略技巧。例如：谈判前的相关筹划、组织；谈判开局时氛围的创造、谈判开场的陈述；谈判磋商阶段的报价还价策略、让步策略、僵局处理策略等；谈判签约阶段的签约技巧和策略等。

2. 谈判相关的法律、法规知识

参与商务谈判的工作人员必须充分了解有关谈判事项的法律、法规，否则很可能会使谈判因为不合法而产生无法执行的问题。只有具备了充分的法律和法规知识，才能在商务谈判中大大加强自己的地位，及时识破对方的诡计，以法律为武器保护自己的利益。

法律、法规除了包括当事人所在国的国内法及有关规定外，还包括国际公约和统一的惯例、有关国际交易的习惯和条约、统一的规则等。其种类因谈判事项的不同而不同，主要包括以下几个方面：

（1）关于买卖，有民法、商法、合同法、国际货物买卖公约、国际贸易方面的法规等；

（2）关于付款方式，有票据法、信用证统一条例、托收统一规则、契约保证统一规则等；

（3）关于运输，有海商法、国际货物运输法、国际货物运输公约、联运单据统一规则等；

（4）关于保险，有海商法、海上保险法、伦敦保险协会货物条款等；

（5）关于检疫，有商品检疫法、动植物检验法等；

（6）关于报关，有关税法、反倾销法等；

（7）关于知识产权，有专利法、商标法、工业产权法、知识产权公约等；

（8）关于经济合作，有有关技术合作条例、投资合作条例、税法、公司法等；

（9）关于消费者保护，有消费者权益保护法、包装标志条例、产品责任法、公平交易法等；

（10）关于外汇及贸易管理，有外汇管理条例、贸易法等；

（11）关于纠纷的处理，有民事诉讼法、商务仲裁法等。

3. 谈判相关的产品、服务、技术、市场、竞争者等知识

商务谈判总是以一定的产品（服务）或技术为谈判对象的，因此，谈判者必须掌握一些基本的产品的功能结构以及相关技术的知识，并能对整个行业的市场发展情况以及同类产品竞争对手的相关情况具有一定了解。

4. 各国、各地的风俗习惯、礼仪礼节等知识

随着经济全球化的不断发展，在商务谈判活动中，免不了要和来自不同地区、不同种族、不同国家的商务人员打交道。因此，在现代商务活动中，了解、尊重和迎合谈判对方

的各种不同的风俗习惯、礼仪礼节等，将有助于商务活动的顺利开展。例如：西方国家对“13”的忌讳，俄罗斯对“7”的情有独钟，保加利亚人的“点头不算摇头算”等。只有提前了解并掌握了这些不同的风俗习惯和礼仪礼节，才能在商务谈判中灵活运用谈判技巧，做到因人而异、有的放矢，最终取得良好的谈判效果。

案例 2-5

小李大学毕业后在南方某家公司工作。由于其踏实肯干、业务成绩突出，即将被提升为业务经理。最近小李正负责与美国一家跨国公司的交易谈判，双方在达成合同之后，决定举行一次正式的签约仪式。小李眼看成功在望，委派工作人员准备签约仪式。工作人员准备了签字桌、双方国旗等，并按照中国“以左为上”的做法把美国国旗摆放在签字桌的左侧，将中国国旗摆放在签字桌的右侧。当美方代表团来到签约场地时，看到这样的场景立即拂袖而去，一场即将达成的生意泡汤了。总经理很生气，小李的升职计划也被搁置。其实，签约仪式的场所布置有一定的礼仪规范，悬挂或摆放双方国旗时，右为客方国旗，左为本国国旗。

（二）商务谈判人员应具备的业务综合能力

谈判人员除具备基本的业务知识外，还应将知识转化成业务能力。谈判人员应具备的业务综合能力主要包括观察能力、估测能力、应变能力、语言表达能力、社交能力等。

1. 观察能力

在谈判之前，谈判人员并不十分了解对手，很多信息只有在谈判桌上才会发现。这就需要谈判人员具备良好的观察能力和思考能力。因此，对于一个杰出的谈判专家来讲，他们绝不会放弃对方语言、行动以及表情上的蛛丝马迹。

2. 估测能力

谈判人员要通过对方的第一次报价和一些行为，迅速做出判断和估测。谈判人员要明白，正确的假设将直接影响谈判的进程。但在这个过程中也要掌握一些基本的技巧。例如：要将假设的重点放在对方的想法上；假设要大胆，但要以事实为依据；不轻易放弃正确的假设等。

3. 应变能力

在商务谈判中，谈判人员除了要坚持原则外，也应有较强的应变能力，即一定的灵活性。这正如一个高明的船长航行于急流险滩时，他不仅要时刻铭记自己要达到的目标，而且应能灵活地处理各种面临的航行难题。同样，一个真正具有原则性的谈判者，往往也具有灵活性。他能够清楚地分析在什么时候该坚持原则，什么时候该加以变通，并在实际运用中使两者互为补充、相得益彰。

4. 语言表达能力

语言是传达信息、交流思想的工具。在谈判中必须依靠语言表达意思，因此语言能力的强弱将是决定谈判结果的基本要素。语言表达能力是指谈判中驾驭语言的能力。在国际商务谈判中，通常以英语为主要语言，谈判人员除具备一定的外语水平以外，文字表达的准确、严谨，口头表达得清楚、流利，语言精练，逻辑性强，讲究分寸，说服力强，这些都属于谈判者的语言表达能力。

当然，要求谈判人员具备良好的语言表达能力，能言善辩，并不是要求他能够滔滔不绝地演讲，甚至夸夸其谈、自吹自擂。谈判不是演讲比赛，也不是领导讲话，是双方意见、观点的交流。这就要求谈判者既能够在必要时清晰明了地说明个人的意见，又能够虚心地听取对方的意见。谈判中的语言文字必须严密、准确，即使口头用语也要层次分明、概念准确。谈判者准确地使用语言，不仅可以正确地表述自己的意思，而且也可以使对方正确地理解自己的意思。不仅如此，谈判者还要注意语言的艺术化，注意谈判语言的运用技巧，使谈判语言生动、鲜明、形象、具体，富有感染力。

5. 社交能力

社交能力是指人们在社会上与各类不熟悉的人进行交往、沟通的能力，是衡量一个现代人能否适应开放社会的标准之一。缺乏社交能力的人，往往会在自己与周围的人群之间形成一道无形的心理屏障，是不可能完成自己所担负的工作任务的。谈判实质上是人与人之间思想、观念、意愿、情感的交流过程，是重要的社交活动。谈判者应善于与不同的人打交道，也要善于应对各种社交场合，通晓和遵守各种社交场合的礼仪规范，这既是一种对自己和他人的尊重，也是一种知识和教养的体现，这就要求谈判者塑造良好的个人形象，掌握各种社交技巧，熟悉各种社交礼仪知识。

当然要做到以上所有这些并非一件容易的事情，可谓“冰冻三尺，非一日之寒”。知识与能力在于日积月累，这就要求谈判人员在平时多加以学习、训练和思考。

任务实施

一、了解优秀销售谈判人员应具备的素质要求

对销售谈判人员而言，良好的口才是必备的基本素质要求，除此之外，事业心和责任感、意志、诚意和态度以及心理调控能力是保证谈判成功的基本心理素质要求；散射、动态、逆向等非常规的、创新性的思维方式是现代商务谈判活动中促成谈判成功的有效影响因素，是优秀销售谈判人员应具备的思维素质；谈判、法律、市场、风俗礼仪等全方位的业务知识以及观察、应变、社交等业务综合能力也是促进销售谈判成功的不可或缺的业务素质。因此，张华、刘瑞和王丽应该通过自身比照，分析自己的不足和优势，在工作中充分发挥自己的优势，采取有效措施弥补自己的弱势，努力提升自己作为一名优秀销售谈判人员的整体素质。

二、对比分析自身不足，提升销售谈判人员素质

1. 作为大客户销售代表的张华在销售谈判中存在的自身问题分析

张华通过自我总结分析发现，作为大客户销售代表，自己在与大客户进行销售谈判时主要存在以下问题：

（1）对工作的事业心和责任感不够。由于祥和家具销售公司是自己毕业后进入的第一家企业，张华并不认为自己会长期在这家企业发展，因此，在与客户进行销售谈判时，往往没有投入自己全部的热情和精力，对工作的责任心不够，以致大大降低了谈判成功的概率。

（2）在谈判中缺乏耐心。张华作为大客户销售代表，主要客户是企业、政府或者学校等，多为企事业单位。这类客户的特点是购买量大，购买程序复杂。因此，在一单销售谈判中，可能要经历多轮谈判，并且有时还需要反复进行谈判，但张华却由于心太急往往在谈判中过于催促而丢掉了本来可以争取到的订单。

（3）谈判思维太过于定式，缺乏创新性。在已有的谈判中，张华经常会发现自己思维枯竭，不知道往下该说什么，并且在谈判陷入僵局、双方争执不下时，也无法快速找到有效的方法去突破，从而使得谈判终止或是破裂。

2. 作为小区推广专员的刘瑞在销售谈判中存在的自身问题分析

刘瑞发现，作为小区推广专员，自己在与客户进行销售谈判时主要存在以下问题：

（1）只顾自己，忽视客户的真实需求，不诚信。在与客户进行介绍洽谈的时候，刘瑞往往只考虑自身的利益，一心想着怎么样让客户多买，多下单，买贵的产品，自己能够拿到更多的提成，而往往不考虑客户内心真实的需求。为了让客户买单，在销售推广中，刘瑞有时故意隐瞒产品存在的缺陷事实或是夸大产品的品质，导致许多顾客的不信任，最终导致洽谈失败。

（2）受挫能力差。当一次洽谈失败后，刘瑞往往心情沮丧，备受打击，很难调整好心情进入下一次洽谈，最终形成恶性循环，影响长期销售。

（3）专业知识欠缺。在向小区家庭客户进行销售洽谈时，当顾客问及装修风格、布局及色调搭配等相关建议时，刘瑞明显感觉到自己对于这些方面的知识还非常有限，经常很难做出正确的判断，给出顾客满意的建议，导致难以成交。

3. 作为导购员的王丽在销售谈判中存在的自身问题分析

王丽认为，作为卖场导购员，自己在与顾客进行销售谈判时主要存在以下问题：

（1）太过于表现自己。王丽认为，自己最大的问题就是太能说，自认为口才好，因此，每当顾客走进卖场，王丽就一直滔滔不绝地向顾客介绍，也不留机会让顾客自己发表意见，因此，往往很难抓住顾客的真实需求去进行推介。

（2）观察能力较弱。王丽为卖场导购员，客户为光临店铺的所有顾客，客户类型不固定。由于人的职业、性格、购买目的及所处环境不同，会导致不同的人在购买家具时发生不同的行为，因此，作为卖场导购员，王丽应该具备察言观色的能力。但在实际的销售

中，王丽往往不能根据走进来的顾客的行为表现准确地判断出顾客的类型，进而也不能采取有效的沟通销售策略来吸引顾客，促成交易。

(3) 礼仪服务不到位。在卖场销售中，王丽经常不注意作为一个卖场销售人员的姿态礼仪以及与客户打交道时的基本文明用语，尤其是在当顾客表现出可能只是看看，不会马上购买的意思时，王丽的服务热情立即下降，对顾客爱答不理，导致许多顾客匆匆离去。

通过上述讨论分析，三人发现了各自在商务洽谈中存在的一些问题，他们计划从现在开始努力克服这些问题，不断提升自己的综合素质，让自己以一个全新的状态投入下一阶段的工作。

任务拓展

根据所学到的商务谈判人员心理挫折预防的相关知识，针对刘瑞在销售工作中遇到的谈判失败心理受挫问题，请找出帮其解决的方法。

知识检测

一、判断题

1. 在商务谈判中，人的心理素质比思维素质更重要。 (　　)

2. 出色的谈判人员应该既具备广博的知识，又要有很强的专业知识。 (　　)

3. 要求谈判人员具备良好的语言表达能力，就是要求他能够滔滔不绝地演讲，甚至夸夸其谈、自吹自擂。 (　　)

4. 在商务谈判中，谈判人员应不惜一切代价使己方利益达到最大化。 (　　)

5. 商务谈判人员需要掌握一些非常规的、创新性的思维方式，以便能在错综复杂的谈判中打破常规思维定式，争取最佳的谈判结果。 (　　)

6. 所谓诚信就是指在商务谈判中对谈判对方毫无保留。 (　　)

二、选择题

1. 成功的商务谈判人员应具备的基本心理素质主要包括(　　)。

A. 崇高的事业心、责任感　　B. 坚韧不拔的意志

C. 以礼待人的谈判诚意和态度　　D. 良好的心理调控能力

2. 同时对谈判对象和谈判内容的各方面进行全方位扫描的思维活动形式属于(　　)。

A. 散射思维　　B. 逆向思维　　C. 超常思维　　D. 动态思维

3. 在谈判中能做到“堤外损失堤内补，这次损失下次补”，说明谈判人员有很强的(　　)。

A. 预测能力　　B. 观察能力　　C. 语言表达能力　　D. 应变能力

4. 常见的预防商务谈判心理挫折的措施主要有(　　)。

A. 加强自身修养　　B. 做好充分准备

C. 勇敢面对挫折　　　　　　　　D. 适当宣泄情绪

5. 在某个行为活动过程中，人们自己认为或感觉遇到难以克服的障碍和干扰时，在心理上形成一种挫折感，并由此而产生的焦虑、紧张、激动、愤怒等的情绪性心理状态称为(　　)。

A. 心理挫折　　B. 客观挫折　　C. 主观挫折　　D. 心理失衡

三、简答题

1. 请举例说明谈判思维在商务谈判中的作用。
2. 常见的谈判人员的心理禁忌主要有哪些？
3. 在谈判中如何做到"在战术上重视敌人，在战略上藐视敌人"？
4. 商务谈判人员应具备哪些基本业务知识？
5. 举例说明优秀的谈判人员应该具备哪些业务综合能力。

四、案例题

一份500万元合资合同的谈判

谈判背景：

甲方：中国A制药公司（以下简称A公司）

乙方：美国B制药公司（以下简称B公司）

中国A制药公司因为技术、工艺落后，出口药品的结构极不合理。其中，利润极低的原料药高达90%，而利润较高的制剂药仅占10%。为了改变这一现状，A公司决定和美国B制药公司合资在中国成立一个新公司，以获得B公司的新技术、新工艺和成熟的管理模式，同时还可利用B公司的销售网络以打入国际市场。

而B公司是一家已有100多年历史的大型跨国制药公司，为了实现其全球战略，绕开贸易壁垒，占领中国这一较大的市场，同时利用中国低廉的成本和A公司的既得资源，也决定和A公司合资。双方接触后，决定合资500万美元成立新公司，双方就合资的具体事项进行了谈判。

[第一轮谈判]

B公司派出代表来到A公司，A公司代表对对方的到来表示了热烈的欢迎："在秋天这样一个代表收获的季节，我们迎来了B公司的各位代表，希望我们富有成效的会谈能使双方得到累累硕果。"B公司的代表说："谢谢A公司的热情接待，相信双方谈判的成功是我们共同的心愿。"经过一番寒暄与相互介绍后，会谈正式开始了。

会谈刚开始，双方就产生了分歧。原来，在B公司代表来之前，美方就草拟了一份合同交给A公司，要求作为谈判文本。但我方经过仔细研究后，认为这份合同并不适用，并电告美方要求谈判应以我方合同文本为基础，所以B公司代表谈判一开始就问："请问为什么要用你们的合同文本，而不是我们的？"A公司代表把两个合同文本摆放在桌上，不慌不忙地说："比较一下两个合同文本，我们发现贵公司的文本中有很多地方是不符合中国法律的，而且还有不少地方含混不清。为此，我方特地重拟了合同以避免这类问题。"

“真的吗？请举出具体的例子。”B公司代表表示质疑。

A公司代表表情沉着、端庄，不带一丝笑容，仍然不慌不忙地说：“作为最基本的常识，我们都知道，签订合同首先必须明确当事人，在贵公司提供的文本中，贵方一会儿是B公司，一会儿又是C制药厂，到底当事人是谁，由谁来承担权利和义务？”

“嗯！”对方不明不白地答应一声，停顿一下后又问：“还有吗？”

“还有贵方提出以工业产权进行投资，这当然可以。但《中华人民共和国中外合资经营企业法》第五条规定：投资价格（场地除外）由合营各方评议商定。而贵公司的合同文本中却单方面规定了价格和计价方法，这显然不符合商业惯例。此外，既然以工业产权作为投资，那么这个过程中的技术指导、咨询和检查应是投资方的固有责任，怎么还能另外计价？”

A公司的代表缓缓地放下文本，稍做停顿后，神情坦然地紧接着说道：“在贵公司的合同文本中，类似的问题有28处之多，以这样的合同文本作为谈判的基础显然对我们双方都没有实际意义了。”

中方代表说完，眼神平和地看着B公司的代表，等待对方的反应，对方迅速地躲开他的目光，低下头去看合同文本。过了片刻，才抬起头来，似笑非笑地说：“可能是我们对贵国的法律了解得不够，我也没有参加前一阶段双方的接触，所以……所以拟订的这份合同难免有不妥之处，那么……那么就以贵方的合同草案作为谈判的基础文本吧！”

A公司的代表微微一笑，目光敏锐地看了一下对方，而后说道：“那么，我们就遵照你的意见办吧！”

接着，双方就以中方的合同文本为基础对合资的实质性商业问题逐条逐项地进行交锋。

就这样，第一轮谈判结束了。

[第二轮谈判]

在第二轮谈判开始时，双方都翻开手中的合同文本与谈判笔记。B公司代表首先说道：“关于投资构成问题，我方要求以专利、专有技术和商标等知识产权作为合资企业的投资构成，我想对于此点贵方没有异议吧？”

中方代表并没有立刻回答，一边端起茶杯喝了口茶，一边思索着：如果遵照美方的要求，对方不但可以少拿出一笔相当可观的款项，而且仍然能够占有较大的合资份额。

美方代表看到中方代表没有回应，就继续振振有词地说：“我们公司的商标在国际上都是很有信誉的，采用我们的商标显然有助于合资公司产品的销售，更何况这个商标在中国已经注册了，受到贵国法律的保护，使用它自然应该付费。”

一时，中方代表沉默了。这个问题处理不当，无疑会使中方的利益受损。沉默中，双方各自翻阅着谈判文本。

过了一会儿，中方代表字斟句酌地说：“贵方商标既然已经在中国依法注册了，那么任何人没有经过贵方的授权就没有使用权，在这点上，我完全赞同贵方代表的意见。”

说到这儿，中方代表向美方代表投以赞同的目光，微微点头示意。紧接着，中方代表话锋一转："但是，这与本合同无关。我们在第一轮谈判中已经商定，合资公司产品的45%由贵方负责出口，剩下的由我们负责内销，而内销产品并不使用贵方的商标，自然谈不上付费的问题。至于外销部分采用什么商标，那完全是贵方的事。如果贵方为了销售的需要，采用了自己的商标，那怎么能由合资公司支付费用呢?"

中方代表讲完这番话后，扫视了一下对方人员。对方面无表情地端坐着。中方代表于是继续说："此外，如果贵方在外销时采用了合资公司的商标，还应该反过来付费给合资公司才合理。至于贵方的专利一事，据我们所知，大部分都已经过期了，属于免费使用的范畴。而贵方的专有技术的补偿问题，我们双方可以在后面的技术合作合同中进行研究。"

美方代表露出诧异的表情，随即向中方代表投来了无可奈何的目光，点点头后勉强地说："贵方的提议值得考虑，不过，这需要回国加以商讨和确认。"

"我们非常欣赏贵方的这种严格、谨慎的态度。同时我们还希望在提供先进设计、技术方面能看到贵方的实际行动。"中方代表不失时机地给对方以肯定，也提出了下面的议题。

然后双方就合同的技术与工艺的先进性展开了新的交锋。

第二轮谈判几经曲折，终于结束了。双方达成了书面意向。

[第三轮谈判]

又过了10天，美方代表又来到A公司。在谈判桌上，美方代表在一系列重大问题上推翻了前两轮谈判中所达成的一致意见，并提出新的要求。一时之间谈判陷入了僵局。

由于中方事先已做过相应的测算，认为B公司在意向书中的条款规定中已经取得了合理的利润，因此，中方代表神情极其严肃地说："坦率地说，也不止你们一家愿意与我方合作，他们的条件从某种角度上讲比你们更优惠。但我们是非常注重诚信、看重老朋友的，当然希望与你们合资。但贵方此次全面推翻以前达成的意向，我们有理由认为贵方完全缺乏合作的诚意。既然这样，我方觉得我们再浪费彼此的时间显得毫无意义。"中方代表说着便收拾好面前的合同文本，一副要离去的样子，美方代表一看不妙，赶紧说："我们还是再认真地谈谈吧。"于是在后面的谈判中，双方逐条逐句地对意向书中的条款进行争论，中方基本上保持了原有意向。

就这样，中美双方又经过了好几轮谈判，你来我往，讨价还价，最终正式签约。合资500万美元成立一个合资公司，合作期20年。

资料来源：周晓琛．商务谈判理论与实战[M]. 北京：知识产权出版社，中国水利水电出版社，2004.

问题：

1. 在此次合资合同谈判中，中方A制药公司能在谈判中取胜，主要体现了商务谈判中对谈判人员的哪些素质要求?

2. 除了案例中体现的素质要求外，作为一名合格的商务谈判人员还应具备哪些方面的素质要求?

项目实训

实训课题1　　谈判心理素质

实训目的:

掌握合格谈判者必备的心理素质。

实训题目:

根据自身实际情况，完善表2-1。

表2-1　谈判中常犯的错误

谈判中常犯的错误	你以前的做法	将如何改进
谈判前准备不充分		
不信任自己		
过分高估对手		
易受对方数字、先例、规则的蒙蔽		
易被对方的粗鲁或强硬态度吓倒		
谈判中急躁，情绪失控		
总想着自己要从谈判中得到什么，而忽视了对手的需要		

实训课题2　　谈判思维素质

实训目的:

学会在谈判中运用各种谈判思维。

背景资料:

美国一家电器公司的推销员阿里森谈过这样一件事。一天，他到一家不久前才发展的新客户那里，企图再推销一批新型的电机。一到这家公司，总工程师劈头就说："阿里森，你还指望我们多买你的电机吗?"一了解，原来公司认为刚刚从阿里森那里购买的电机发热超过正常标准。阿里森知道强行争辩没有任何好处，决定采取苏格拉底问答法来和对方论理并说服对方。他了解情况后，先故意说："好吧，斯宾斯先生！我的意见和你的相同，假如那电机发热过高，别说再买，就是买了的也要退货，是吗?""是的!"总工程师果然做出如其预料的反应。"自然，电机是会发热的，但你当然不希望它的热度超过全国电工协会规定的标准，是吗?""是的。"对方又说了一次。然后，阿里森开始讨论具体问题了，他问道："按照标准，电机的温度可比室温高72华氏度，是吗?""是的，"总工程师说，"但你们的产品却比这高得多，简直叫人没法摸，难道这不是事实吗?"阿里森也不与他争辩，反问说："你们车间的温度是多少?"总工程师略加思索，回答说："大约75华氏度。"阿里森兴奋起来，拍拍对方肩膀说："车间是75华氏度，加上应有的72华氏度，一共是140华氏度左右。如果你把手放进140华氏度的热水里，是否会把手烫伤呢?"总工程师虽然不情愿，但也不得不点头称是。阿里森接着说："那么，以后你就不要用手去摸电机了，放心！那完全是正常的。”这次谈判的结果是：阿里森不仅说服了对方，消除了对方的偏见，而且又做成了一笔生意。

实训题目：

（1）阿里森成功说服对方运用了什么思维方式？

（2）假如你是这家公司的推销员，你会采取什么样的谈判方式来说服对方？以小组为单位讨论，进行现场模拟演示。

扩展阅读

大师眼中的谈判者

1. 著名谈判大师弗雷德·查尔斯·艾克尔强调，一个完美的谈判者，应该具有以下特征：

（1）心智机敏，而且有无限的耐心；

（2）能巧言掩饰，但不欺诈行骗；

（3）能取信于人，而不轻信于人；

（4）能谦恭节制，但又刚毅果断；

（5）能施展魅力，而不为他人所惑；

（6）能拥有巨富，而不为钱财和女色所动。

2. 谈判大师卡罗斯认为理想的谈判者应该具有12个特质：

（1）有能力和公司里的人商谈，并赢得他们的信任；

（2）愿意并且努力地制定计划，能了解产品及一般的规则，同时还能找出其他可供选择的途径，勇于思索及核查所得到的资料；

（3）具有良好的商业判断力，能够洞悉问题的症结所在；

（4）有忍受冲击和面对暧昧字句的耐心；

（5）有组织冒险、争取更好的目标的能力；

（6）有智慧和耐心等待事情真相的揭晓；

（7）认识对方及其公司的人，并和他们交往，以助交易的进行；

（8）品格正直，并且能使交易双方都得到好处；

（9）能够敞开胸怀，听取各方面的意见；

（10）商谈时具有洞悉对方的观察力，并且能够注意到可能影响双方的潜在因素；

（11）拥有丰富的学识、良好的计划及公司对他的信任；

（12）稳健，即能够克制自己，不轻易并且不急于讨别人的喜欢。

第二篇 商务谈判过程

项目三 商务谈判前期准备

学习目标

知识目标

了解商务谈判组织的规模与构成原则

掌握商务谈判信息的基本内容和收集方法

掌握商务谈判方案的制定

能力目标

能够结合具体商务谈判任务组建谈判团队

能够结合具体商务谈判任务收集谈判信息

能够结合具体商务谈判任务制定谈判方案

知识结构图

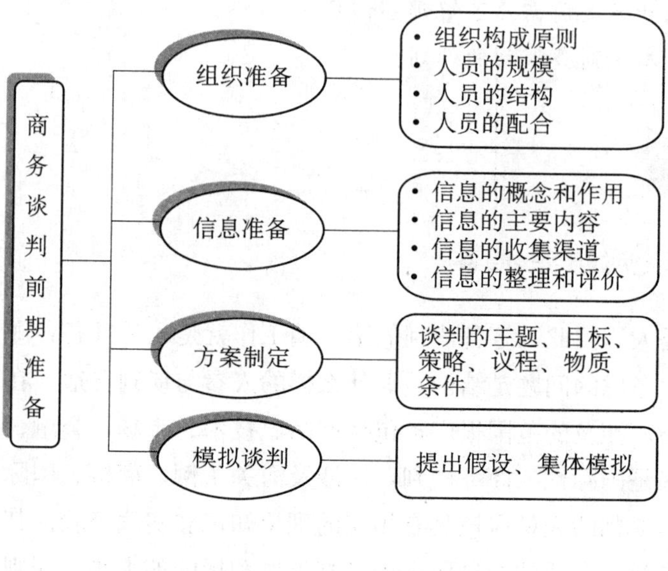

任务引入

【任务描述】

跟随有经验的销售人员经过一段时间的实践学习，张华已经能够很好地完成大客户的销售工作。公司得知常州某高校专业教学楼建成，要采购一批办公家具，就把这个重要的任务交给了张华。这是张华第一次独立负责的大客户的销售工作，心里不免有些紧张，他暗暗下定决心，一定要出色地完成此次任务，给自己树立工作的信心。紧张过后，张华开始冷静下来，思考该如何开展下一步的工作。前段时间的学习经验告诉他，大客户的销售不同于一般的销售，整个过程更加复杂、耗时长、竞争激烈。谁能与客户保持积极、有效的沟通，更早了解到顾客的需求，控制整个销售过程，让顾客在销售过程中感觉良好，谁就更容易在竞争中取胜。所以，张华积极与对方进行有效沟通，最终取得了与对方竞价谈判的资格。竞价谈判，又称商务谈判，是前期销售中最关键的一个环节，销售能不能成功以及企业获取的利益大小都与这个环节相关。在商务谈判开始前，该如何做好准备，张华又陷入了深深的思考中。

学习任务：张华在这次商务谈判开始前，要做好哪些方面的准备工作以及注意事项是什么？

【任务分析】

现在来思考一下，实施这个商务谈判项目前，应解决哪些问题？以下几个问题可以帮助你打开思路。

（1）谁来参与此次商务谈判活动？

（2）商务谈判开始之前需要了解哪些信息？

（3）怎样制定本次商务谈判的计划？

知识平台

一、商务谈判组织准备

谈判的主体是人，因此，筹备谈判的第一项工作就是人员准备，即谈判组织准备。谈判组织准备首先要考虑的问题是结构，即什么样的人参与谈判合适。在现代社会中，商务谈判往往比较复杂，涉及的范围很广，包括产品、技术、市场、金融、保险、物流和法律等许多方面，如果是国际性的商务谈判，还涉及海关条例、商检、国际商法、文化和外语等许多知识。参与谈判的人员应该具有相应的理论知识和实践经验。其次要考虑的问题是规模，即多少人参与是合适的。这取决于谈判议题和标的的大小、谈判规格的高低、有关技术的复杂程度等因素。

商务谈判的组织准备工作主要包括两个方面：商务谈判组织人员的结构和商务谈判组织人员的规模。

（一）商务谈判组织人员的结构

在一般的商务谈判中，所需的知识大体上可以概括为以下几个方面：一是有关专业技术方面的知识；二是有关价格、交货、支付条件等商务方面的知识；三是有关合同法律方面的知识；四是语言翻译方面的知识。

根据上述商务谈判中所需的专业知识，谈判组织应配备相应的人员。从实际出发，谈判组织还应配备一名有身份、有地位的负责人组织、协调整个谈判组织的工作，称为首席代表，另外还应配备一名记录人员。这样，不同类型和专业的人员就组成了一个分工协作、各司其职的谈判组织。所以，谈判组织的人员结构可以按照图 3－1 所示的组成情况来进行相关人员配备。

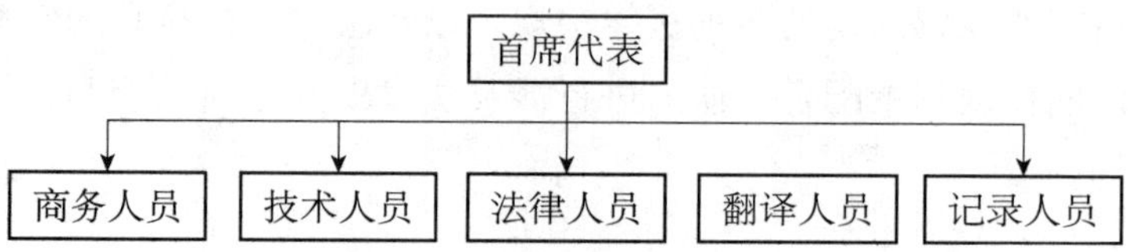

图 3－1 商务谈判组织人员的结构

1. 首席代表

首席代表，又称为谈判领导人或谈判组长，是交易一方在谈判桌上的领导者，他在谈判中拥有领导权和决策权，肩负交易一方对谈判目标实施的任务。

首席代表在谈判中的主要任务是领导谈判组织的工作，其主要职责有以下几点：

（1）监督谈判程序，掌握谈判进程；

（2）听取专业人员的意见、说明，协调谈判组织成员的意见；

（3）决定谈判过程中的重要事项，代表单位签约，汇报谈判工作。

首席代表应具有丰富的谈判经验，兼备领导才能，这样才能应付变幻莫测的谈判环境。必须具备如下素质：

（1）较全面的知识。首席代表本身除了具有较高的思想政治素质和业务素质外，还必须掌握整个商务谈判涉及的各个方面的知识。只有这样，才能针对谈判中出现的问题提出正确的见解，制定正确的策略，使谈判朝着正确的方向发展。

（2）果断的决策能力。当谈判遇到机遇或障碍时，首席代表能够敏锐地利用机遇解决问题，做出果断的判断和正确的决策。

（3）较强的管理能力。首席代表必须具备授权能力、用人能力、协调能力、激励能力、总结能力，使谈判组织成为具备高度凝聚力和战斗力的集体。

（4）一定的权威性。首席代表要具备权威性，有较大的权力，如决策权、用人权、否决权、签字权等；要有较高的领导威信，能胜任对谈判组织的管理。

首席代表一般应由高层管理人员或某方面的专家担任，最好与对方首席代表具有相对应的地位。在很多企业中，通常都是根据实际商务谈判标的的内容，由相应职能领域的副职领导人来担任首席代表。

2. 商务人员

商务人员是指熟悉商业贸易惯例、市场价格行情的人。他们在谈判中配合主谈人进行合同条款和合同价格条件的谈判，拟定合同文本，进行有关商务事宜的对外联络工作。

3. 技术人员

技术人员是指熟悉生产技术、产品标准和相关技术发展动态的工程技术人员。他们在谈判中配合主谈人进行有关生产技术、产品性能、质量标准、产品验收、售后服务等方面问题的谈判。

4. 法律人员

法律人员是指精通商贸活动的各种法律法规，以及法律执行事宜的专职律师、法律顾问等相关人员。他们在谈判中配合主谈人进行涉及法律事务方面的谈判，同时做好有关合同条款的把关工作。

5. 翻译人员

翻译人员一般由精通外语、了解业务的专职或兼职翻译担任，主要负责口头与文字翻译工作。在涉外商务谈判中，翻译人员的作用很重要：一方面，翻译人员可以起到沟通双方意图的作用，翻译人员的水平将直接影响谈判双方的有效沟通和磋商；另一方面，翻译人员还可以在谈判中配合主谈人执行有效的谈判战术。

6. 记录人员

记录人员负责对谈判内容进行记录，可以由上述除主谈人以外的人员兼任，也可以由专人担任。记录人员在谈判中的作用也很重要，由于双方在谈判桌上主要以语言交流，速度与思路的转换往往较快，谈判人员即便记忆力再好，也不可能对所有情况都过目不忘。记录人员正好可以起到如实反映谈判进展的作用。在谈判中，谈判人员可以随时查阅谈判记录，寻找驳斥对方的依据。谈判结束后，相关人员可以查阅谈判记录，分析与总结谈判的得失。

案例 3－1

主谈人是指在谈判的某一阶段针对某一个或某几个方面的议题阐述己方的立场和观点的人。这时其他人处于辅助的位置，称为辅谈人。主谈人既可以是谈判组织的首席代表，也可以是其他专业人员。他的作用是将在谈判桌下研究的谈判目标和策略在谈判桌上予以实现。主谈人应思维敏捷、深思熟虑、掌握谈判主动性、善于逻辑推理、具有较高的专业知识水平。若能具备这些条件，主谈人将可能使谈判达到最佳的效果。

此外，在大型项目的谈判中，如成套设备的引进谈判，主谈人还可能有两名，即一名商业主谈人，一名技术主谈人。这是因为大型项目涉及的谈判议题往往较多，而且内容也很细致。作为主谈人，如果他是一个商务专家，虽然可能对所谈项目的技术问题也有大致了解，但是面对这样大型的项目，他的能力毕竟有限，不足以担任谈判的重任。同样，对于技术背景的主谈人，也会面临类似的情况。所以在大型项目的谈判中，派遣商务和技术主谈人各一名，两位主谈人可以起到分工协调、互补的作用，从而更好地执行本方的谈判计划。

另外，上面提到的是在谈判桌上直接参与谈判的人员，他们被称为台前的谈判当事人。其实，一场谈判并不仅仅只有这几个人，还有很多人在台后为整个谈判做各种辅助服务或者参考咨询，这些人员被称为台后人员，他们是为台前人员出谋划策或准备文件资料的人员。谈判组织中的台后人员主要是指负责该项谈判业务的企业、公司或部门的领导，以及谈判组中不上谈判桌，但要为上谈判桌的人员准备资料或者提供后勤服务的二线人员。

（二）商务谈判组织人员的规模

根据谈判的规模，可将谈判分为一对一的个体谈判和多人参加的集体谈判。在具体确定谈判组织的规模时，并没有统一的模式，需要考虑三个主要因素：第一，谈判队伍的工作效率；第二，有效的管理幅度；第三，谈判所需专业知识的范围。

一般商品的交易谈判只需三四个人。国内外商务谈判的经验证实，一个谈判小组组长的最佳管理幅度为 3～4 人。因为在这种规模下，最容易取得一致意见，也最容易控制，因而最宜发挥小组人员的集体力量。如果谈判涉及的项目多、内容复杂，则可分为若干项目小组进行谈判，适当增加人员，但最多不应超过 8 人。

在一些重要的国际商务谈判中，会涉及更多、更广泛的专业知识，谈判人员不仅应具备商品知识、金融知识、运输知识，而且必须懂得国际法律知识、国外的风土人情等，有时还需要某些方面的国际问题专家。这种谈判组织规格高，人数也比较多，甚至超过 10 人。但是，这并不意味着每场谈判都需要所有相关专业的专家同时参加。为了控制人员规模，可采取人员轮换的方法，当某几个人完成某部分谈判任务，需要转换谈判内容时，可以调换相关的谈判人员，使总人数不会发生太大的变化。

（三）商务谈判组织构成原则

1. 知识互补

知识互补包含两层意思：

一是谈判组织成员具备各自专长的知识，能够处理不同领域的问题，在知识方面形成互补，发挥整体优势。例如：谈判人员分别精通商业、外贸、金融、法律、专业技术等知识，就会组成一支知识全面而又各自精通一门业务的谈判队伍。

二是谈判组织成员理论知识与工作经验的互补。谈判队伍中既要有高学历的成员，也要有身经百战、具有丰富实践经验的谈判老手。高学历成员可以发挥理论知识和专业技术特长，有实践经验的成员可以发挥见多识广、成熟老练的优势，这样知识与经验互补，才能提高谈判队伍的整体战斗力。

2. 性格协调

谈判组织中各个成员的性格要形成互补，从而将不同性格的人的优势发挥出来，互相弥补不足，构成整个团队的最大优势。例如：性格活泼开朗的人，善于交际、反应敏捷、处事果断，但可能比较急躁，看待问题也可能不够深刻，甚至会疏忽大意；性格稳重沉静的人，办事认真细致，说话比较谨慎，原则性较强，善于观察和思考，理性思维比较明显，但是往往不够热情，不善于表达，反应比较迟钝，处理问题不够果断，灵活性较差。如果这两类性格的人组合在一起，分别担任不同的角色，就可以发挥各自的性格特长，优势互补，协调合作。

3. 分工明确

谈判组织每个成员都应有明确的分工，担任不同的角色。要有主角和配角，要有台前和台后，要有红脸和白脸，要有中心和外围。各成员职责分明，通力合作，服从谈判领导成员的统一安排，共同的目标是为了谈判成功贡献自己的力量。

（四）商务谈判组织人员的配合

要使谈判取得成功，不仅需要建立一支优秀的谈判队伍，而且要通过有效的管理，充分发挥每个谈判成员的潜能，提高谈判组织的整体谈判力，使整个队伍朝着正确的方向有效地工作，最终实现谈判目标。

1. 主谈人与辅谈人的配合

在谈判组织中要确定不同情况下的主谈人和辅谈人的位置、责任与配合关系。主谈人的责任是将己方确定的谈判目标和谈判策略在谈判中得以实现，辅谈人的责任是配合主谈人，起到参谋和支持的作用。主谈人一旦确定，那么，本方的意见、观点都由他来表达，从一个口子对外，避免各唱各的调。实战中必须强调主谈人发言时自始至终都应得到本方其他人员的支持。例如：口头上“是的”“没错”“正是这样”等的附和。有时，辅谈人也可以做出赞同的姿势，如眼睛看着本方主谈人不住地点头等，辅谈人的这种附和对主谈人的发言是一个有力的支持，会大大增强主谈人说话的力量和可信度；如果己方主谈人在讲话时，其他成员东张西望、心不在焉，或者坐立不安、交头接耳，就会削弱己方主谈人在对方心目中的分量，影响对方的理解。

2. 台前、台后人员的配合

在比较重要的谈判中，为了确保谈判成功，可组织台后配合的班子。台后班子不直接参加谈判，而是为台前谈判人员出谋划策或准备各种必需的资料和证据。台后人员有时是负责该项谈判业务的主管领导，可以指导和监督台前人员按既定目标和准则行事，以维护己方利益；有时是具有专业水平的各种参谋。但是人员不宜过多，不能干扰台前人员的工作。

3. 不同性格人员的配合

不同性格的人在谈判中的配合也很重要。在配备谈判人员时，要充分考虑不同类型的性格的人的特点。例如：稳重的人一般做负责人比较适合，活泼性格的人充当调和者，暴躁性格的人主要充当“黑脸”，忧郁性格的人做记录员比较合适。在配备各种类型的谈判组成人员时，还要看对方人员的性格。例如：若对方人员中多数属暴躁性格，我方则应适当增加稳重、沉静性格的人员，以达到“以柔克刚”的效果；若对方人员中活泼性格的人较多，我方需增加暴躁型和稳重型性格的人员，做到双管齐下；若对方忧郁型性格的人占多数，我方则需要增加暴躁型和活泼型性格的人员，使对方在压力面前自动让步，当然在这点上要特别掌握分寸。

小结论：商务谈判就如同一场交响音乐会，谈判人员如同乐手，演奏不同的乐器，只有在一定的指挥和协调下，才能互相配合演奏出优美的乐曲。

案例 3－2

在管理团队的过程中，关键就是要以人为本，培养员工的团队精神，通过人与人之间的协作，充分调动员工的积极性和创造性，实现个体的全面发展和整个集体的健康发展。其一，团队是以个人利益为基础和前提的，尊重个人，根据成员的个性和能力合理地安排个人的工作，使人适合于工作，也使工作适合于人。其二，团队是个人利益得以实现的必要形式，团队首先是要保证并促进个人利益的实现，为个人的发展尽可能提供环境和机会，然后才是对个人损害集体与他人的行为的防范，以使个人离不开组织，也使组织离不开个人。其三，团队应通过团队成员民主参与团队事务来调动成员的“主人翁”意识，激发他们的积极性和创造性，从而提高个人工作效率。其四，团队作战，发挥的是协同效应，能够产生一种新的行为形态，其产生的效果会超过各个单独活动时的总和。这些就是组织在运作团队时应该吸收的核心理念，在实践中，某个部门或整个企业若能做到这些，那么这个部门或企业就能建设成一支高效的团队。其五，团队建设的一个最重要的目标就是创造团队精神，一个团队是否高效就看这个团队有没有团队精神，以及是怎样的一种团队精神。

二、商务谈判信息准备

信息准备是商务谈判决策的必要条件和谈判成功的重要基础，谈判信息就是调查、收集、整理、分析、筛选各种与商务谈判有关的信息资料。信息准备既是一项长期的经常性的工作，又是一项根据商务谈判项目的不同，需要临时集中力量进行的活动。

案例3-3

20世纪60年代中国开发大庆油田，唯独日本和中国谈成了征求设计的买卖。原因是别的国家的设计均不符合中国大庆油田的要求，而日本则事先按大庆油田的要求进行产品设计，等待中国人去购买。那么日本人是怎么知道大庆油田的产品设计要求呢？

我国开始大庆油田的建设时，有关大庆的一切信息几乎都是保密的。除了少数一些有关人员以外，一般外界连大庆油田的具体位置都不知道。但日本人不但知道，而且还掌握得非常准确。他们对大庆油田有关情报的收集，既没有派间谍、特务，也没有收买有关人员，完全依靠对我国有关大庆油田公开资料的收集与综合分析。原来，日本人在中国的公开刊物《中国画报》上看到铁人王进喜的照片，从照片上王进喜的穿着和背景，判断出大庆油田在东北地区，并根据《人民日报》关于工人从火车站将设备人拉肩扛运到钻井现场和王进喜在马家窑的言论报道，弄清楚了大庆油田的确切位置——东北平原一个人迹罕见的小地方。从王进喜出席全国人民代表大会，北京公共汽车上不带煤气包，判定大庆肯定出油了；之后又根据《人民日报》上一幅王进喜和钻塔的照片，估算出了油田的油井直径和产油量。在此基础上，日本人又分析出我国将在随后的几年中急需进口大量炼油设备，中国肯定会向国际招标。因此，日本石油化工设备公司立即组织人力、物力，并按照中国油井的特点设计了有关设备，并做好了投标的一切准备，从而在谈判中一举击败了技术力量雄厚的欧美各国的竞争对手，使其设备顺利进入中国市场。

(一) 谈判信息的概念和作用

谈判信息是指那些与谈判活动有着紧密联系的各种情况及其属性的一种客观描述。不同的谈判信息对谈判活动的影响作用是不同的，有的起着直接作用，有的起着间接作用。谈判信息在商务谈判中的作用主要表现在以下几个方面：

1. 谈判信息是制定谈判战略的依据

谈判战略是为了实现谈判的战略目标而预先制定的一套纲领性的总体设想，谈判战略正确与否，在很大程度上决定着谈判的成败。一个好的谈判战略方案应当是战略目标正确可行、适应性强、灵敏度高，这就必须有可靠的、大量的资料、信息作为依据。知己知彼，百战不殆。在商务谈判中，谁在谈判资料和信息上拥有优势，掌握对方的真正需要和谈判利益底线，谁就有可能制定正确的谈判战略，在谈判中掌握主动权。

2. 谈判信息是控制谈判过程的手段

要对谈判过程做到有效控制，必须先掌握“谈判的最终目标是什么，对手需要的究竟是什么”这一谈判信息，依据谈判战略和谈判目标的要求确定谈判的正确策略。为了使谈判过程始终指向谈判目标，使谈判能够按照己方的步骤进行，必须有谈判资料和信息作为保证。

3. 谈判信息是谈判双方相互沟通的中介

在商务谈判活动中，尽管各种谈判的内容和方式各不相同，但有一点是共同的，即都是一个相互沟通和磋商的过程。沟通就是通过交流有关谈判资料和信息以确立双方共同的经济利益和相互关系。没有谈判信息作为沟通中介，谈判就无法排除许多不确定的因素，就无法进一步磋商，也就无法调整和平衡双方的利益。因此，掌握一定的谈判信息，就能够从中发现机会与风险，捕捉达成协议的支撑点，使谈判活动从无序到有序，促使双方达成协议。

4. 谈判信息是商务谈判成败的决定性因素

对于每一场商务谈判，其主体、标的、议题都可能不一样，受影响和制约的因素也不一样，但都包含着三个影响谈判的决定性变数：权力、时间、信息。就一项商务谈判而言，不仅仅是价格的高低和结算方式问题，还涉及利益的变化、利率的变动、资金供求情况等，对这些信息的了解和掌握与否直接影响谈判结果。信息始终是商务谈判成败的关键因素之一。

案例 3-4

我国某厂与美国某公司进行设备购买谈判时，美商报价 218 万美元，我方没有还盘，美方降至 128 万美元，我方仍未还盘。美方诈怒，扬言再降 10 万美元，118 万美元不成交就回国，我方代表因为掌握了美方交易历史情报，所以不为美方威胁所动，坚持再降。第二天，美商果真回国，我方毫不吃惊，果然几天后美方代表又回到中国继续谈判。我方代表亮出在国外获取的情报，美方在两年前以 98 万美元将同样的设备卖给匈牙利客商。情报出示后，美方以物价上涨等理由解释一番后将价格降至合理水平。

（二）商务谈判信息的主要内容

1. 己方信息

（1）经济实力的评价。己方经济实力包括当前形势及环境状况，己方产品状况、财务状况、销售状况、采购状况、经营场地及设备、广告策略、服务项目等。己方经济实力的评价可以从己方经济组织的计划、经营、财务、履约等方面进行。掌握己方经济实力评价的信息，在商务谈判中能有针对性地发挥己方的优势，有备无患，当对方在谈判中提出有关问题时做到心中有数，从容应对。

（2）谈判策略与目标。己方谈判策略与目标包括此项谈判己方的最大让步限度，最高的目标，实现目标的最佳方案和预备方案，商务谈判的策略和准备使用的战术措施等。

（3）谈判人员的心理准备。商务谈判人员必须做好充分的心理准备。一是要有遇到强硬对手的心理准备；二是要有进行“马拉松”式谈判的心理准备，在设计谈判方案时应尽量把困难考虑得多一些，把谈判过程考虑得复杂一些，把谈判时间考虑得长一些；三是做好谈判破裂的心理准备，以便应付各种突然的变化，事先准备好应对各种变化的预备方案。

（4）谈判的有关资料。对本次谈判的资料要在谈判前进行充分的收集、整理和分析。同时，必须携带谈判中可能需要的各种资料，包括产品的价格表、产品目录、产品样本等。

2. 对方信息

（1）经济实力和资信。对方的经济实力和资信包括对方的财务状况、流动资金状况、盈亏状况以及经营管理状况，产品的生产、销售、售后服务状况，合同的履约情况、收付款期限和方式，竞争对手的市场目标和竞争方式等。只有掌握了对方的经济实力与资信信息，才能确定交易的可能规模，判定是否与对方建立长期的商务关系。

（2）真正的需求。对方真正的需求包括此次谈判的真正目的，通过谈判想要达到的目的，可能接受的最高、最低交易条件等。当然，对方的需求可能有许多方面，所以还要分析对方需求的差异性。掌握对方真正需求的信息，才能有针对性地采取各种策略，有针对性地围绕对方的需求和交易条件进行协商，促使交易成功。

（3）谈判人员的权限。如果对方参加谈判的是主要决策人物，说明其很重视此次谈判。如果对方参加谈判的人员地位较低，我方就应了解对方是否得到授权以及在多大程度上能够独立做出决定等。在商务谈判中要切记，与没有任何决定权的人谈判等同于浪费时间，而且可能会泄露己方的商业信息。

（4）谈判的诚意。判断对方谈判的诚意，需要了解对方是否将我方视为唯一的谈判对手，对方对我方的评价和信任程度等。掌握这些信息可以更好地设计商务谈判方案，争取主动。

（5）谈判的期限。谈判期限的压力常常迫使谈判者不得不采取快速行动，甚至立即做出决定。掌握这些信息，可以利用对方的压力促使对方接受有利于我方的条件，所以实战中我们强调一般不能事前泄露谈判的期限。

（6）谈判的风格。谈判的风格是谈判人员在多次商务谈判中反复表现出来的一贯风格，包括个人的性格、品德、价值取向、经验和情绪等。了解对手的谈判风格，有助于我方更好地采取相应的对策，争取有利地位。

3. 市场信息

（1）市场分布。市场分布情况包括有关商品购销的市场分布、地理位置、运输条件、市场的配套设施和相关的政策和法规等。

（2）市场需求。市场需求情况包括有关商品的市场容量、消费者的数量及构成、消费的需求特点、需求的波动情况、商品的需求趋势、用户的要求等。

（3）市场供给。市场供给情况包括商品的生产状况、可供市场销售的商品量、商品的库存情况、运输能力及变化、商品的进出口情况、替代产品的情况等。

（4）市场销售。市场销售情况包括有关商品的市场销售量、市场份额、销售价格、商品的寿命周期、经销途径、促销措施与效果等。

（5）市场竞争。市场竞争情况包括竞争对手的数量、竞争产品的质量和成本、竞争对手的市场占有率和营销策略、竞争对手的销货渠道和采购途径等。

4. 竞争者信息

（1）现有竞争者情况。现有竞争者情况包括现有竞争对手的产品情况，产品的数量、品种、性能、包装等方面的优缺点；现有竞争对手的价格情况，如价格策略、让价的措施、付款方式；现有竞争对手的销售途径，如有关销售网点、储运能力；现有竞争对手的信用情况，如企业的成长史、履约、资信等级；现有竞争对手的促销措施，如人员推销、广告宣传、营业推广、公共关系等。对现有竞争者情况的分析，可以让我方清楚地知道双方的优势和劣势，并制定出相应的竞争策略。

（2）未来竞争者情况。未来竞争者情况是指未来可能出现的竞争情况，包括可能出现的竞争对手、替代产品等，包括本行业的市场特点和将来的发展趋势。分析未来竞争者的情况，有利于让我方明白将来面临的机遇和挑战，掌握这些信息，有利于让我方正确认识在竞争中所处的地位，把握谈判的主动权。

5. 相关环境信息

（1）政治状况。主要是掌握和了解对商务谈判产生影响的国家和地区的有关方针、政策、法令等。具体包括：一是对方国家和地区政府与经济组织的关系，包括国有资本介入企业的程度、国家对企业的干预方式、谈判项目是否与政府有关等；二是对方国家和地区政局的稳定状况，包括政府首脑机构的更替、政治体制的改变、社会动荡或战争爆发、政府经济政策的变化、国家关系的发展变化等。

（2）宗教信仰。主要掌握和了解对方国家和地区占主导地位的宗教信仰，该宗教信仰是否对政治、经济、法律、社会交往、个人行为、节假日、工作时间等产生重大影响，这些对谈判也很重要。

（3）法律制度。主要了解：该国的法律制度是什么；在现实生活中，法律的执行程度如何；该国法院受理案件的时间长短；该国对执行国外的仲裁决议或法院的判决时需要履行什么程序；该国是否有完全脱离谈判对手的可靠的律师；等等。

（4）社会习俗。谈判者必须了解和尊重对方国家和地区的社会风俗习惯，社会习俗会对人们的行为产生影响和约束力，我方必须利用这些社会习俗为己方服务。例如：该国和地区的人们在称呼和衣着方面的社会规范和标准如何？是否只能在谈判桌上谈业务？社交场合娱乐活动的习惯有哪些？妇女的地位如何？赠送礼品有哪些习俗？对待名誉、批评的态度如何？

（5）商业惯例。商业习惯的不同会使商务谈判在语言使用、礼仪、效率、报价、投票重点等方面存在极大的差异。谈判人员要了解对方国家和地区经济组织的经营方式、谈判和签约的方式与习惯、商业间谍的活动状况、商务活动中的行贿、索贿情况等惯例。特别强调的是，在国内外市场竞争日趋激烈的情况下，有些公司在商务谈判中可能采用间谍手段，谈判人员应提高警惕，防止造成被动局面。

（6）财税、金融。主要是了解我国和对方国家及地区的财税、金融政策。主要包括外汇储备及获取外汇的主要产品、外债情况、货币的自由兑换程度、国际支付方面的信誉、外汇付款的环节、征免税收的条件、该国适用的税法、银行利率的调整等情况。

（7）基础设施。基础设施信息主要是了解当地的人力、物力和配套设施情况。是否有足够的必要的熟练工人和有经验的专业技术人员，能否保证水、电以及能源的供应，公路、铁路、航空等运输能力如何，土地使用费是否便宜，有没有资金雄厚、实力相当的承包商，建筑材料、设备是否合乎要求等。

（8）气候因素。气候因素对谈判也会产生多方面影响。例如：该国雨季的长短，冬季的冰雪、霜冻情况，夏季的高温情况，以及台风、风沙、地势等情况，这些气候状况因素对商务谈判标的的物流环节会产生巨大的影响。

（9）科技信息。主要是要在谈判前收集与谈判标的在专利转让或应用方面的资料，收集该产品开发前景和开发费用方面的资料，收集该产品与其他产品在性能、质地、标准、规格等方面的资料，收集有关对该产品的品质或性能进行鉴定的重要数据或指标及各种鉴定方法和鉴定机构等信息。

小结论：谈判之前要尽量多地去搜集对方的信息，尽量少地暴露自己的信息。当然，有时候也可以故意暴露一些自己的信息。

案例 3-5

在某次交易会上，我方外贸部门与一客商洽谈出口业务。在第一轮谈判中，客商采取各种招数来摸我们的底，罗列过时行情，故意压低购货的数量。我方立即中止谈判，收集相关的情报，了解到日本一家同类厂商发生重大事故停产，又了解到该产品可能有新用途。在仔细分析了这些情报以后，谈判继续进行。我方根据掌握的情报后发制人，告诉对方：我方的货源不多，产品的需求很大，日本厂商不能供货。对方立刻意识到我方对这场交易背景的了解程度，甘拜下风。在经过一些细节的交涉之后，接受了我方的价格，购买了大量该产品。

（三）谈判信息的收集渠道

商务谈判信息的收集渠道通常有以下几个方面：

1. 印刷媒体

主要通过报纸、杂志、内部刊物及专业书籍中登载的消息、图表、数字照片等来获取信息。这个渠道可以提供比较丰富的各种环境信息、竞争对手信息和市场行情信息。

2. 计算机网络

在计算机网络上可以非常方便、快捷地查阅国内外的公司信息、产品信息、市场信息以及其他多种信息。

3. 电波媒介

主要是指通过广播、电视播放的有关国内外的新闻资料，如政治新闻、经济动态、市场行情、广告等。

4. 统计资料

主要是指各类公共机构提供的已出版和未出版的资料。这些公共机构可能是官方的，也可能是私营的。其中主要的公共机构包括：

(1) 各国政府或国际组织的各类统计资料。例如：各国统计年鉴、工业普查资料、统计资料汇编、商业地图等。

(2) 行业协会发布的行业资料。

(3) 图书馆里保存的大量商情资料。例如：贸易统计数字、有关市场的基本经济资料、各种产品交易情况的统计资料，以及各类买卖机构的翔实资料等。

(4) 出版社出版的工商企业名录、商业评论、产业研究等。这些资料上常常会刊登一些市场行情及其分析报道。

(5) 许多研究所和从事商业调研的组织，如信息咨询公司、专业调查公司等。它们可以为委托人完成信息收集工作，也会为提高自身的知名度而发表市场报告和行业研究论文等。

5. 知情人员

通过朋友、客户、消费者、谈判对方现在或过去的雇员、对方内部受排挤的人员等了解所需要的资料。

6. 各种会议

参加各种会议，诸如各类商品交易会、展览会、订货会、博览会、企业界联谊会、各种经济组织专题研讨会等来获取信息、资料。

7. 各种专门机构

随着经济的发展，出现了许多专业性的组织。例如：消费者组织、质量监督机构、股票交易所等专业组织，这些专门机构也会发表有关统计资料和分析报告。

8. 驻外机构

对于涉外商务谈判，还要了解有关国际商务方面的资料。可以通过驻当地使领馆、商务代办处，我国金融机构在国外的分支机构，本行业在国外开设的营业、分支机构，各大企业驻外商务机构和地方贸易团体等了解相关信息。

（四）谈判信息的整理和评价

对收集来的谈判信息、资料还要进行整理和评价，其主要目的：一是鉴别资料的真实性与可靠性，即去伪存真。因为在实际情况下，由于各种各样的原因，在收集的资料中客观地存在片面性、不完全性，有的甚至是虚假的、伪造的，因此必须进行整理、分析和评价。二是在资料具备真实性与可靠性的基础上，结合谈判项目的具体内容，分析各种因素与谈判项目的关系，并根据它们对谈判的重要性和影响程度进行排序。通过分析，制定出具体的谈判方案与对策。

对谈判信息的整理一般分为以下几个阶段：

1. 信息的评价

对信息的评价是信息整理的第一步。现实中，收集起来的各种信息，其重要程度不同，有些可以马上使用，有些到后来才会派上用场，而有些信息可能自始至终都用不上。如果把收集起来的信息不加区别地积存起来，便会使信息的使用十分困难。因此，必须首先对收集到的信息进行评价，没用的就应毫不犹豫地加以舍弃。对认为有用的需要保存的信息，也要根据其重要性的不同，将其分为三类，即可立即利用的信息、将来肯定会利用的信息和将来可能派上用场的信息。只有如此，才能为信息的筛选奠定基础。

2. 信息的筛选

对于好不容易收集到的信息，人们往往总是不愿意将其舍弃，这是可以理解的。但是，如果不把不要的或用处较小的信息逐渐舍弃，那么信息的整理工作将变得越来越费时、费力。特别是对于过时的信息，如果不及时地彻底抛弃，既不便于查找有用的信息，又会因其占用空间而耗费大量的费用。因此，应不断地对收集起来的信息进行筛选。方法主要有：

（1）查重法。即剔除重复资料，但是重要资料只要不是完全相同，可以保存一部分。

（2）时序法。即按时间顺序排列，在同一时期内，较新的取，较旧的舍，这样可能使信息、资料在时效上更有价值。

（3）类比法。将信息、资料按产品、业务、空间或地区分类对比，接近实质的保留，否则舍弃。

（4）评估法。即由专业人员或资深人员对资料进行评估后，来决定资料的取舍。这种方法需要评估人员有比较扎实的市场专业知识。

3. 信息的分类

在信息整理阶段，对筛选以后的信息资料认真地分类，是最耗费时间的一项工作，但也是极其重要的环节，可以说，不做好分类，就不可能充分利用信息、资料。信息分类的方法大致有三种：

（1）项目分类法。是指在分类过程中，可以根据数据资料的使用目的、数据资料的内容、数据资料的性质等，对现有的数据资料进行分类。如按不同的使用目的可以分为商务开发信息、销售计划信息、市场预测信息、价格信息等。

（2）从大到小分类法。也称分层分类法，即从设定大的分类项目开始（大项目最好不要超过10项），经过一段时间的使用后，如觉得有必要再细分时，可以把大项目再进行细分，但不要分得太细，特别是要避免出现重复。

(3) ABC 分类法。是指按信息对谈判项目的重要性程度进行分类。如果资料对谈判项目有着重要的作用，在谈判时肯定会用上，那么将它定位为 A 级，进行重点整理与保存；如果资料对谈判可能有用，那么就将它定位为 B 级，需要较重点地进行整理与保存；如果资料对谈判虽有一定的价值但目前不会使用，定位为 C 级，进行一般处理即可。

4. 信息的保存

企业应把分类好的信息、资料妥善地保存起来，即使是经常使用的信息资料，也不能随便摆放，要按分类要求，放到专门的资料架或卡片箱中，以便随时查找该资料或加放同类资料。同时，还要注意信息的保密工作，如果是在计算机中进行电子文档的存放，要设置分层文件夹进行保存，必要的文件加密。关键的谈判信息的泄露有时会导致谈判全局的失败。

三、商务谈判方案制定

在正式谈判前，必须制定具体的谈判方案。制定周密、细致的谈判方案可使谈判人员各司其职，协调工作，有计划、有步骤地展开谈判。同时，谈判方案也是保证谈判顺利进行的必要条件，是取得谈判成功的基础。所以任何一方都不应忽视谈判方案的制定，必须认真对待，确保谈判方案的严谨、周密、明确、具体。

(一) 制定商务谈判方案的要求

尽管各种商务谈判的规模、重要程度不同，谈判的内容有所差别，但对谈判方案的要求都是一样的。一个好的谈判方案应做到以下几点：

1. 简明扼要

要使谈判人员能容易地记住其主要内容与基本原则，在谈判中能随时根据方案要求与对方周旋。谈判方案越是简单、明了，谈判人员照此执行的可能性就越大。

2. 具体

方案要与具体内容相结合，以具体内容为基础。谈判方案的内容虽有具体要求，但要注意，不要把有关谈判的细节都包括在内。如果方案过细，执行起来必然困难。

3. 灵活

由于谈判过程千变万化，方案只是谈判前某一方的主观设想或各方简单磋商的产物，不可能把影响谈判过程的各种随机因素都估计在内，因此谈判方案还必须具有灵活性，要考虑一些意外事件的影响，使谈判人员能在谈判过程中根据具体情况灵活运用。

(二) 制定商务谈判方案的内容

1. 确定谈判主题

谈判主题是指参加谈判的目的，对于谈判的期望值和期望水平，不同内容和类型的谈判有不同的主题。一次谈判一般只为一个主题服务，因此在制定谈判方案时也多以此主题为中心，谈判主题必须简单、明确，最好能用一句话加以概括和表述。例如："以最优惠的条件引进某项技术"，至于什么样的条件才算优惠，那是谈判目标的问题。另外，谈判主题是我方公开的观点，不一定非得和对方经过磋商。

2. 确定谈判目标

在谈判主题确定以后，接下来的工作就是这一主题的具体化，即制定谈判目标。谈判目标就是谈判主题的具体化，体现着参加谈判的基本目的，整个谈判活动都必须紧紧围绕这个具体目标来进行，都要为实现这个目标服务。

由于谈判的类别、谈判各方的需求不同，商务谈判目标的内容也有所不同。一般包括技术要求、验收标准、技术培训要求、售后维护、价格水平等。如果谈判是为了取得资金，那么就以可能获得的资金数额作为谈判目标；如果谈判是为了销售产品，那么就以某种和某几种产品可能的销售数量、质量和交货日期作为谈判目标；如果谈判是为了获取原材料，那么就以能满足本企业对原材料的需求数量、质量和规格等作为谈判目标。还有一些以实际价格水平、经济效益水平等作为谈判目标，总之，商务谈判的目标应根据谈判的具体内容不同而有所不同。

一般说来，谈判目标是一种主观的预测性和决策性目标，它的实现还需要根据谈判各方自身利益的需要，这就要求谈判目标具有弹性，如果在谈判中缺乏回旋余地，那么稍遇分歧就会使谈判流产。因此，通常谈判目标分为最高目标、可接受目标和最低目标三个层次。

（1）最高目标。也叫最优期望目标，是一个理想的目标境界，是谈判者希望达成的目标，应努力争取，但必要时也可以放弃。在谈判实践中，这一目标往往很难实现，但是这不是说这种最高目标在谈判桌上没有积极意义，它往往是谈判进程开始时的话题。

（2）可接受目标。是力求争取实现的期望值，也是谈判者乐于达成的目标，是谈判人员根据对各种客观情况的分析，经科学论证、预测、决策后所确定的谈判目标，是一种保证基本利益的目标，只有在迫不得已的情况下才能放弃此目标。在谈判桌上，双方一开始往往都会提出己方的最优目标。实际上这是一种谈判策略，其目的完全是为了可接受目标和最低目标，这样做的实际效果是往往超出了谈判者的最低限度要求，通过双方讨价还价，最终选择一个最低与最高之间的中间值，即可接受目标。

（3）最低目标。是达成交易的最低期望值，在谈判中必须保证最低目标的实现，否则，宁愿谈判破裂，放弃合作项目，也不愿接受比最低目标更低的条件。可以说，最低目标是谈判者必须坚守的最后一道防线。

当然，要具体确定某个项目的谈判目标是一件复杂的事情，要综合分析许多因素后才能做出判断。首先要对谈判双方各自优势、劣势进行分析。例如：如果对方是我方唯一选择的合作伙伴，则对方处于十分有利的地位，我方的目标水平就不要定得太高；反之，如果我方有许多潜在的买主（或卖主），那么对方显然处在较弱的地位，我方的目标水平就可相应定高些。其次，要考虑今后是否会与谈判对手保持长期的业务往来。如果这种可能性很大，就要着眼于与对方建立友好、持久的关系，对于谈判目标的确定应本着实事求是的态度，确定合理的水平。此外，交易本身的性质与重要程度、谈判与交易的时间限制等因素，在制定具体谈判目标时也是必须考虑的。

> 小结论：谈判目标要有一点弹性，定出上、中、下限目标，并在谈判目标范围之内争取尽可能大的利益。

3. 制定谈判策略

谈判目标明确以后，就要拟定实现这些目标所要采取的基本途径和策略。谈判策略是指谈判者为了达到和实现自己的谈判目标，在对各种客观情况充分估量的基础上，确定采用的基本途径和方法。如开局策略、报价策略、磋商策略、成交策略、让步策略、打破僵局策略等。制定谈判策略时，应根据谈判过程中可能出现的情况，使谈判人员事先有所准备，心中有数，在谈判中灵活运用。制定谈判策略的过程可以分三步走：

第一步：确定双方在谈判中的目标是什么，包括最高、最低、可接受目标的目标体系；在交易的各项条款中，哪些条款是对方重视的，哪些是他们最想得到的，哪些是对方可能做出让步的，让步的幅度有多大等。

第二步：确定在我方争取最重要条款的时候，将会遇到对方哪些方面的阻碍，对方会提出什么样的交换条件等。

第三步：针对以上情况，我方采取怎样的策略。

4. 安排谈判议程

安排谈判议程对谈判双方非常重要，议程本身就是一种谈判策略，谈判者必须高度重视这项工作。谈判议程是对谈判议题、谈判程序和谈判时间的预先安排。谈判议程可由一方准备，也可双方协商确定。在谈判实践中，一般以东道主为先，经协商后确定，或双方共同商议。谈判者应尽量争取谈判议程的拟定，这样对己方来讲是很有利的。安排谈判议程的主要流程如下。

（1）确定谈判时间。确定谈判在何时举行，期限多久。若是一系列的谈判，则分几场谈判，每场持续多久等。选择商务谈判时间时需要考虑以下几个因素。

1）谈判准备的程度。凡事预则立，不预则废。如果已经做好参加谈判的充分准备，谈判时间安排得越早越好，而且无须担心马拉松式的长时间谈判；如果没有做好充分准备，不宜匆匆忙忙开始谈判，一个重要信息的疏漏都可能导致谈判全局的失败。

2）谈判人员的身体和情绪状况。如果参加谈判的多为中年以上的人员，要考虑他们的身体状况能否适应较长时间的谈判。如果他们的身体状况不太好，可以将一项长时间谈判分割成几个较短时间的阶段谈判。另外，谈判人员的个人情绪有时也会或多或少地带到谈判中，尽量避免不良情绪的谈判者参加谈判。

3）市场形势的紧迫程度。如果所谈项目与市场形势密切相关，瞬息万变的市场形势不允许长时间谈判，特别是当可能出现搅局的潜在竞争对手较多的情况下，我们主张要及早、及时谈判。

4）谈判议题的需要。对于多项议题的大型谈判，不可能在短时间内解决问题，所需时间相对长一些；对于少项议题的小型谈判，没有必要耗费很长时间，力争在较短时间内达成协议。

（2）确定谈判议题。谈判议题是谈判双方希望解决的问题，是双方讨论的对象。一项商务谈判活动包括的议题较多，凡是需要双方展开讨论的问题，都是谈判的议题。例如：在商品买卖谈判中，商品的质量、价格、交易数量、交货时间、交货地点、运输、保险、货款支付方式、违约责任等都是谈判的议题。这些议题有些对谈判者来说非常重要，有些则并不是那么重要，甚至有一些可以不予讨论。我们在确定谈判议题时，要根据自己企业所处的环境，分清主要议题和次要议题。主要议题是需要己方认真对待、全力以赴去解决的；次要议题是可以根据情况做出让步的。

（3）确定谈判议题的顺序。在确定了谈判议题后，我们就要安排议题讨论的先后顺序。一般有先易后难、先难后易和混合型等几种安排方式，可以根据具体情况加以选择。

一般来说，有经验的谈判者在谈判前便能估计到，哪些问题双方不会产生分歧意见，较容易达成协议，哪些问题可能有争议。有争议的问题最好不要放在开头，可能会影响双方的情绪以及谈判进程；也不要放在最后，可能时间不充分，而且在谈判结束前可能会给双方都留下一个不好的印象；最好安排在谈判的后半程时提出来，这样既有一定程度的意见交换，又不会拖得太晚而显得仓促，容易达成一致。对于不太重要的议题、容易达成一致意见的议题，可以放在谈判的开始阶段，以便创造一个良好的谈判气氛，有利于谈判的进行；也可以放在即将结束阶段，以便在谈判结束时给双方留下良好印象。

（4）确定谈判的通则议程与细则议程。

1）通则议程。是谈判双方共同遵照、使用的日程安排，一般要经过双方协商同意后方能正式生效，通常包括以下内容：a. 谈判总体时间及各分阶段时间的安排；b. 双方谈判讨论的中心议题，尤其是第一阶段谈判的安排；c. 列入谈判范围的各种问题及问题讨论的顺序；d. 谈判中各种人员的安排，谈判地点及招待事宜。

2）细则议程。是对己方谈判策略的具体安排，只供己方人员使用，具有保密性。其内容一般包括以下几个方面：a. 谈判中的统一口径，如发言的观点、文件资料的说明等；b. 对谈判过程中可能出现的各种情况的对策安排；c. 己方发言的策略，即何时提出问题，提什么问题，向何人提问，谁来提问，谁来补充，谁来回答对方问题，谁来反驳对方问题，什么情况下要求暂时停止谈判等；d. 谈判人员更换的预先安排；e. 己方谈判时间的策略安排、谈判时间期限。

谈判议程的制定主要包括上述四个方面的内容，要注意的是重点突出、简明扼要、富于弹性，在计划中规定的原则不要过于细致、具体。这样谈判人员可以在实际工作中进行调整，而不至于让计划束缚谈判人员的手脚。

5. 准备谈判的物质条件

（1）商务谈判场所的选择。谈判场所的选择包括两个方面：一是国家、地区的选择；二是谈判场所的选择。一般说来，前者的选择应以通讯方便、交通便利为首要条件；后者的选择要根据谈判的性质而定，正式谈判应选择安静和方便的场所，非正式谈判则不受限制。可供选择的谈判地点有三种，即主场谈判、客场谈判、第三地谈判。对谈判人员来说，选择不同的场所会产生不同的影响。谈判专家认为，谈判地点不论设在哪一方都各有利弊。

（2）商务谈判场所的布置。较为正规的谈判场所可以有三类房间：一是主谈判室，二是密谈室，三是休息室。

1）主谈判室的布置。为了使谈判双方能心情愉快、精神饱满地参加谈判，主谈判室应当宽大舒适，光线充足，色调柔和，空气流通，温度适宜。谈判桌居于房间中央，主谈判室一般不宜安装电话，以免干扰谈判进程，泄露有关秘密。主谈判室也不宜安装录音设备，录音设备对谈判双方都会产生心理压力，难以畅所欲言，影响谈判的正常进行。

2）密谈室的布置。密谈室是供谈判双方内部协调机密问题单独使用的房间，它最好靠近主谈判室，有较好的隔音性能，室内配备黑板、桌子、笔记本等物品，窗户上要有窗帘，光线不宜太亮。作为东道主，决不允许在密谈室安装微型录音设备偷录对方密谈信息。作为客户在外地对方场所谈判时，使用密谈室一定要提高警惕。

3）休息室的布置。休息室是供谈判双方在紧张的谈判间隙休息用的，休息室应该布置得轻松、舒适，以便能使双方放松紧张的神经。室内最好布置一些鲜花，放一些轻柔的音乐，准备一些茶点，以便于调节心情，舒缓气氛。

（3）商务谈判桌的摆放及座次安排。谈判双方座位的安排对谈判气氛、内部人员之间的交流、谈判双方便于工作都有重要的影响。谈判座位的安排应遵循国际惯例，讲究礼节。通常可以安排三种方式：

1）长方形或椭圆形。双边谈判一般采用长方形或椭圆形谈判桌。通常主方、客方各坐一边，若谈判桌横放，则正面对门为上座，应属于客方；背面对门为下座，应属于主方。这种座位安排方法适用于比较正规、比较严肃的谈判。它的好处是双方相对而坐，中间有距离相隔，有利于己方信息的保密；各方谈判人员相互接近，便于商谈和交流意见，也可形成心理上的安全感和凝聚力。它的不利之处在于人为地造成双方对立感，容易形成紧张、呆滞的谈判气氛，对融洽双方关系有不利的影响，需要运用语言、表情等手段缓和这种紧张、对立的气氛。图 3－2 和图 3－3 分别为横桌式会谈排位和竖桌式会谈排位。

2）圆形。多边谈判一般采用圆形谈判桌，国际惯例上称为“圆桌会议”。采用圆桌谈判，谈判各方围桌交叉而坐，尊卑界限被淡化，彼此感到气氛较为和谐、融洽，容易达成共识。不利之处是双方人员被分开，每个成员有一种被分割、被孤立的感觉。同时也不利于己方谈判人员之间协商问题和资料保密。图 3－4 为圆形式会议排位。

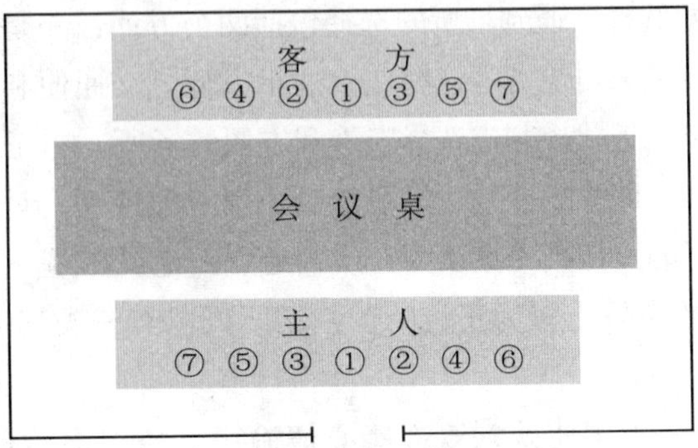

图 3-2 横桌式会谈排位

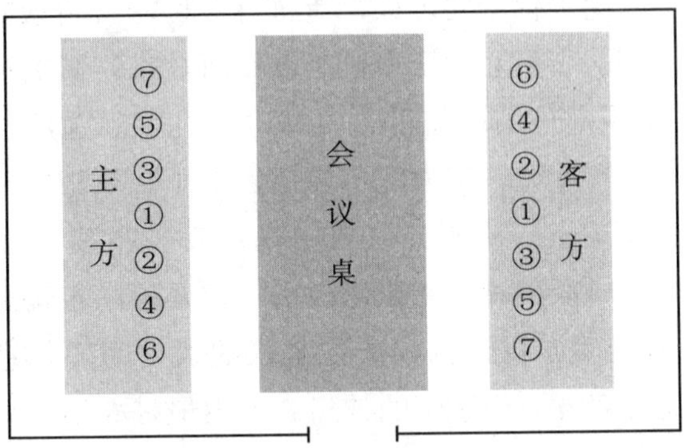

图 3-3 竖桌式会谈排位

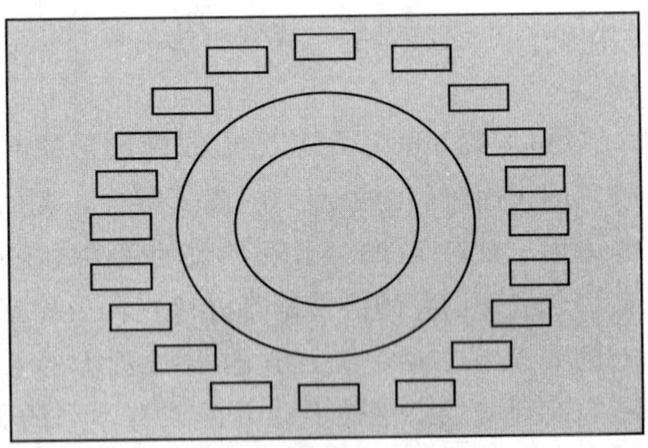

图 3-4 圆形式会议排位

3）马蹄形。小型的谈判，也可不设谈判桌，直接在会客室沙发上进行，双方主谈人在中间长沙发就座，“主左客右”，译员在主谈人后面，双方其余人员分坐两边，呈马蹄形，这样双方交谈比较随和、友好。但较正式的谈判，不宜采用这种方式。图 3-5 为马蹄形式会议排位。

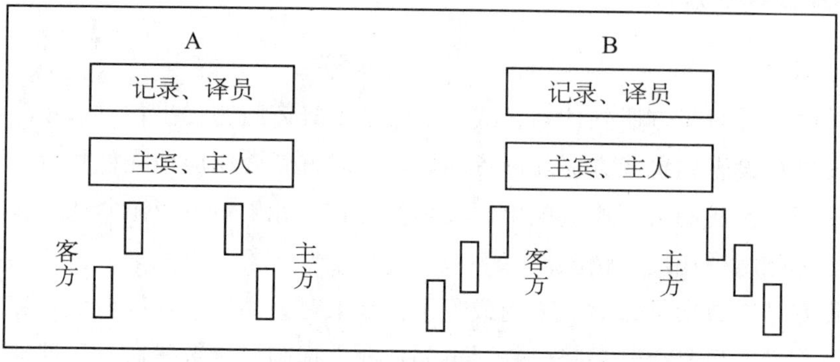

图 3-5 马蹄形式会议排位

（4）食宿的安排。谈判是一项艰苦复杂、体力消耗大、精神高度紧张的工作，对谈判人员的脑力及体力有较高的要求。因此，东道主一定要妥善安排谈判人员的食宿问题，应体现周到细致、方便舒适的原则。要根据谈判人员的饮食习惯，尽量安排可口的饭菜。本着友好的态度，尽量提供方便、安全的住宿条件，这样才有利于谈判者精力、体力的恢复，这也是东道主应持的态度。

（5）交通的安排。谈判后台工作人员要为其他谈判小组成员妥善安排交通问题，确保旅途的舒适和安全。另外要强调的是，从住宿地赴谈判地的线路选择要十分注意，在实际工作中，经常会出现由于没有选择合适的出行时间和线路造成交通拥堵事故，影响谈判人员的情绪，甚至被迫推迟或取消谈判的情况。

四、模拟谈判

（一）模拟谈判的概念及意义

模拟谈判是在谈判正式开始前，按照既定的谈判计划先进行预演，并对在谈判中可能遇到的问题提出各种设想，总结经验、发现问题，以便在实战中取得更好的结果。

在谈判之前我们往往都会根据掌握的信息资料进行谨慎地决策，并事先制定谈判目标和计划。但是谈判的过程是动态发展的，影响谈判进程的因素有可能发生变化，谈判对手的决策与行为有很大的不可预知性。同时，我们手头掌握的信息资料也不一定完全准确、全面。所以，没有经过实践检验的谈判计划也可能较大程度地偏离实际，在进行中大型谈判之前，模拟谈判是十分必要的。

首先，它可以帮助我们纠正谈判计划中的一些错误，因为通过模拟预演，我方人员有可能发现谈判计划中的疏漏之处；其次，模拟谈判还能帮助本方的谈判人员积累一定的经验，提高谈判能力，这是由于我们在谈判计划中提出的构想，可能我方的谈判人员原先也没有实施过，通过模拟真实环境的演练，可以帮助我们在这方面积累经验。

(二)模拟谈判的过程

1. 提出假设

提出假设就是针对我方谈判计划、战术中的某个具体问题提出各种假设。例如:我方原先的战术安排是设想如果我方提高订货的数量,对方就会相应地降低售价。那么这个设想是否站得住脚呢?我们可以通过提出假设来检验它。如果对方货源紧张,我方提高订货数量,甚至有可能出现相反的情况。

又如:我方订货数量是否对对方构成吸引?如果对方的“胃口”较大,那么不把订货数量提高数倍,对方是不会轻易降价的。再如:我方提高订货数量后是否能够完成销售任务?国内市场的销售状况如何?如果我方提高订货量,国内市场出现滞销现象,那么对我方将是不利的。

我们可以通过上述的类似方法,针对谈判计划中的一些具体问题提出假设,再通过相关的信息资料分析对这些假设进行评判。如果假设不能够成立,那么我们就有必要修正原先的谈判计划。此外,应当注意的是,在针对某个问题提出假设的时候要思路开阔,能够举一反三,这样才能够帮助我们发现原先计划中的疏漏之处。

2. 集体模拟

仅仅针对谈判计划中的某些具体问题提出假设、进行探讨,只是一种局部性的行为,要能够从宏观角度考虑本方的谈判计划是否恰当,还需要通过集体模拟来实现。

集体模拟就是我方人员分成两组,分别扮演真实谈判中的我方与对方,按照事先制定的谈判计划进行模拟演练。集体模拟的情形接近于真实,能够更有效地检验谈判计划、战术中的不足。因为提出假设的环境与进行集体模拟谈判有较大的不同,在更接近于真实的环境下,更有利于我方人员开阔思路,针对谈判计划中的某些议题提出对抗性措施。此外,集体模拟还有助于我方谈判人员积累相关战术应用的经验,这主要是指集体模拟可以帮助我方谈判人员熟练操练战术,从而在真实的运用中做到不慌不忙、心中有数。

任务实施

根据对谈判内容的分析,张华决定由公司派出一位副总经理作为谈判的首席代表,带领自己和公司一个刚刚从那所学校毕业的商务人员前去完成此次谈判项目。他们三人组成了谈判小组,进行了周密的前期准备。

一、了解双方的背景

1. 我方背景资料

常州祥和家具销售公司是一家经营中高档家具的大型连锁销售企业,在长三角地区的红星美凯龙、月星家居广场等大型家具销售中心设有卖场,该公司凭借区域优势以及品牌优势,赢得了广大消费者的信赖,近年来销售量居同类行业前列,在本地区有一定的知名度。

2. 对方背景资料

该所高校是省教育厅主管的公办全日制普通高等学校，坐落在该省示范性高职教育园区内，与其他5所高校毗邻。占地800多亩，建筑面积近30万平方米，全日制在校生10 000余名。该校“十三五”的发展目标是扩大全日制在校生到11 000余名，增设符合产业升级需要的新专业8～10个，建设国家级、省级以及院级实训基地若干个，还有部分“校中厂”，现在在建一栋专业教学楼。

二、对双方利益及优劣势进行分析

1. 我方利益

（1）取得该所高校在建专业教学楼办公、教学家具的采购订单，获得利润。

（2）与该所高校维持合作关系，在共同的协作下，赢得祥和家具的良好声誉。

（3）若与该所高校达成长期合作，也可以增加该省示范性高职教育园区内其他高校对祥和家具的信心。

2. 对方利益

与我方达成销售协议，以最低的价格获得质量上乘的家具用品。

3. 我方优势

（1）常州祥和家具销售公司近年来销售量居同类行业前列，在本地区有一定的知名度，获得了广大消费者的信赖，信誉度高，实力雄厚。

（2）常州祥和家具销售公司与该所高校处在同一地区，而且越过各类家具代理商，直接与该高校进行洽谈，使得自己成为该高校采购的较优选择，从而增强了我方谈判过程中的竞争力。

（3）在时间和谈判上掌握主动权，可以有足够的时间与对方进行谈判和斡旋，以达到我们的谈判目的。

4. 我方劣势

（1）电子商务的发展以及其他家具生产企业，可能影响我方。

（2）事业单位的回款速度较慢，对我们的资金流转产生一定影响。

5. 对方优势

（1）该高校本次家具采购，所需数量大。

（2）处于示范园区内，可以增加其他高校对祥和家具的购买信心。

6. 对方劣势

（1）如若此次谈判不顺利，使得该高校采购成本上升，会造成一定的经济损失。

（2）若该高校选择其他的企业，由于地理位置或品牌的不熟悉，可能冒一定的风险。

三、明确本次谈判目标

通过分析，本次谈判应把握好谈判重点（即销售量）和难点（即销售价格），在尽量保证销量的基础上对其他项目可进行适当的妥协。常州祥和家具销售公司为了有步骤、有策略地磋商，实现双赢，特制定了三个层次的利益目标方案（见表3-1）。

表 3-1 谈判目标

1. 价格	办公桌椅	教学桌椅（两座）	文件柜（铁皮双节）
最高目标	1 300 元/每套	180 元/每套	380 元/每套
可接受目标	1 100 元/每套	150 元/每套	350 元/每套
最低目标	1 000 元/每套	130 元/每套	310 元/每套
2. 数量			
最高目标	9 000 套		
可接受目标	8 000 套		
最低目标	7 000 套		

四、制定谈判程序及具体策略

1. 开局

方案一：一致式开局策略

在谈判开始时，先以暖场的局势来开场，在对方表达意见之后，针对他们提出来的条件加以协商，同时提出我方的看法。在融洽的氛围中，达成这次协作的共识，尽可能地为我方获得更多的利益。

方案二：进攻式开局策略

在缓和的气氛中，指出因为我方免安装费等一系列费用可以为对方节省更多的费用这一对我方极为有利的条件。这样可以更加巩固我方谈判的主动权，给对方一种心理上的压力，让他们在采购数量和价格上让步，使局势更加有利于我方。

方案三：坦诚式开局策略

在谈判过程中，对方会根据自己的实力来突显自己的优势。我方也可以接过其话题，让对方了解我方的优势。这样开诚布公后，我方可以就双方的强强联合达成双赢局面做一定的商议，并且围绕双方的最大利益点来展开讨论，争取更大的利润。

2. 磋商

（1）对方在价格问题上坚持不肯让步

应对策略：利润问题一直是谈判中的重点，在价格上面也许会出现因我方的要求过高而对方不肯答应的情况。这样，我方根据祥和家具在常州家具行业的地位以及免安装费的优势，可以为对方提供更好的产品和服务。再者，安装费等一系列的费用对于任何一个单位来说都节省了很大一笔费用。这对我方来说都是很好的谈判条件。

1）如若对方用其他地区的企业报价来作为争取价格的手段，我方也可以提出关于“运费”和“售后”的条件，凸显我方的地理优势。

2）如若对方提出本地区其他家具企业与祥和家具对比，我方就以品牌优势、消费者的信赖度、近年来销售量居行业前列回应。

（2）对方使用借题发挥策略，对我方某一次要问题抓住不放

应对策略：给出充分的解释，但是做到言简意赅，避免浪费时间，避免僵局，尽量营造一种和谐的谈判气氛，必要时可向对方指出其策略本质，声明对方影响谈判进程。

任务拓展

同期进入公司的刘瑞遇到了一对刚刚装修完婚房的小夫妻打算购买家具，根据你学到的商务谈判准备阶段的相关知识，结合刘瑞的工作内容，你能给刘瑞提出哪些商务谈判准备阶段的建议？

知识检测

一、判断题

1. 商务谈判前期不仅要重视己方信息，也要重视对方的信息。（　　）
2. 为了提高信息的利用效率，对收集到的谈判信息必须进行必要的筛选。（　　）
3. 一般来讲，商务谈判小组的成员为 3～4 人。（　　）
4. 谈判后台人员一般是地位较低的二线人员，在谈判中主要做些辅助工作。（　　）
5. 对信息的评价是信息整理的第一步。（　　）
6. 在商务谈判中，东道主一定要妥善安排谈判人员的食宿问题。（　　）
7. 在主谈判室里为了沟通方便，一般要设置固定电话。（　　）
8. 纵向谈判的优点之一是有利于谈判人员创造力和想象力的发挥，便于谈判策略和技巧的使用。（　　）

二、选择题

1. 谈判组织构成的原则主要有（　　）。

A. 知识互补　　B. 强调个性　　C. 分工明确　　D. 重视权威

2. 制定商务谈判方案的要求是（　　）。

A. 简明扼要　　B. 具体　　C. 严谨　　D. 灵活

3. （　　）是商务谈判必须实现的目标，是谈判的最低要求。

A. 最低目标　　B. 可接受目标　　C. 最高目标　　D. 谈判目标

4. 在商务谈判中，（　　）的谈判桌通常使双方谈判人员感到一种和谐、一致的气氛，交谈起来比较方便和容易。

A. 长方形　　B. 圆形　　C. 马蹄形　　D. 无谈判桌

5. 谈判组织由（　　）构成。

A. 商务人员　　B. 技术人员　　C. 首席代表　　D. 法律人员

E. 翻译人员

6. 较为正规的谈判场所可以有（　　）。

A. 主谈判室　　B. 密谈室　　C. 休息室　　D. 会客室

7. 能直接或间接影响商务谈判的信息有（　　）。

A. 政治状况　　B. 宗教信仰　　C. 法律制度　　D. 社会习俗

E. 商业惯例　　F. 气候条件

8. 选择商务谈判时间的长短需要考虑的因素有（　　）。

A. 准备程度　　B. 谈判重要程度

C. 议题的需要　　D. 服从对手安排

三、简答题

1. 商务谈判的准备工作包括哪些内容?
2. 商务谈判组织构成的原则是什么?
3. 商务谈判的目标层次内容在谈判中应该如何把握?
4. 谈判方案的主要内容是什么?
5. 模拟谈判的基本过程是什么?

四、案例题

2007年铁矿石谈判中方看跌　中方希望价格保持稳定

在2006年年底举办的中国制钢原料及钢材大会上，2007年的铁矿石长期价格协议谈判也自然成为主要议题。宝钢与铁矿巨头巴西淡水河谷公司的预先谈判已于11月底在上海开始。记者从协会组织和大型钢铁企业掌握的情况来看，中方普遍认为今年谈判结果出现价格大幅上涨的可能性不大，极有可能小幅波动，甚至出现略有下降的趋势。但从国内进口铁矿石依然保持增长的态势来看，三大铁矿巨头不会轻易妥协。

此前，中国钢铁工业协会负责人就明确表示，由于中国进口铁矿石已由过去五年的高速增长转变为今年的稳定增长，且国内钢铁产能的扩张放缓，因此预期明年铁矿石价格将保持稳定，并有可能出现小幅下调的现象。首钢集团董事长朱继民对此也持相同的看法。

日前，国内进口铁矿石位居前列的中钢集团总裁黄天文也表示了相同意见：铁矿石价格小幅波动的可能性较大。对记者提出的此次谈判将主要采取“16+2”（即16家大型钢铁生产企业加上中钢和五矿两家大型贸易商）的模式，黄天文也表示认可。他说，这只是谈判的一种方式，并不起决定性作用。而唐钢集团总经理王义芳则表示，2007年铁矿石价格不会大涨，应该保持稳定，但降价也未必能成功。目前，国内矿和进口矿的价格有小幅波动，由于多数钢厂要进行冬储，2007年初的铁矿石进口及现货价格小幅度上涨是正常的现象。也有业内人士认为，国内进口铁矿增速放缓以及国产矿的激增都可能成为中方谈判的筹码，但从简单的供求关系看，需求继续增长使价格上涨有其合理性，除非需求持平或者下降才可能出现降价。

为了缓和新一年度谈判的气氛，矿业巨头们事先也做足了工作，澳大利亚必和必拓、力拓和巴西淡水河谷三大巨头的高管近期频频造访中国，会晤政府高官、行业协会负责人、大型钢铁企业领导，甚至又谈下几个大单。近期在青岛举行的钢铁原料研讨会上，矿业巨头首次给予赞助。

但从国外媒体报道及三大铁矿石巨头高管的言论分析，外方对中国的需求估计较为充分，表态也是软中带硬，甚至把铁矿价格与铜矿价格相比较，认为铁矿价格并未触顶，铁矿石供需形势仍然偏紧，上涨价格的意愿依然十分强烈。

据了解，谈判开始前外方对中国市场的情报收集工作早已经在三大巨头驻中国代表处开展。虽然近年来中国在西藏、新疆等地发现并评价了一批富铁矿床，累计探明铁矿石资源量7.63亿吨，远景资源量20亿吨以上，有望缓解中国铁矿资源紧缺压力。但海外一些机构分析师也对此提出看法，认为目前中方的资源开采率极低，由于中国铁矿产量增加而产生的降价预测“还为时过早”。

中国五矿化工进出口商会会长陈浩然昨日则对宝钢的谈判代表深表同情，因为其承受了国内外的巨大压力。陈浩然说，目前铁矿石价格谈判不能只说不涨或一定要降，既违背规律又不现实。而且目前的定价机制存在一定缺陷和不合理性，值得探讨。而且游戏规则也不是一成不变的，去年巴西淡水河谷就绕过规则，除非谈判企业先确定价格，不然会瓦解钢铁企业的谈判阵线。

资料来源：徐虞利.2007年铁矿石谈判中方看跌［N］.上海证券报，2006-12-05.

问题：

1. 中方希望保持2007年铁矿石的价格稳定，请结合谈判目标的相关知识，阐述谈判目标的层次。

2. 面对2007年的铁矿石谈判，中方应该做哪些前期的信息准备工作？又应采取哪些方法去收集前期信息？

项目实训

实训课题1　收集商务谈判信息

实训目的：

掌握商务谈判前期的信息准备的内容和信息收集的方法。

背景资料：

2012年4月，江苏省常州市运管处消息，目前常州市出租车万人拥有量仅为13.19辆，低于全省16.1辆的平均指标。许多市民反映，现有出租车主要集中在主城区的中心区经营，但是中心区上下班高峰、节假日、恶劣天气仍然打的难，中心区边缘的居住小区打的更是难上加难。而出租车数量少、覆盖面小，也成为“黑车”、摩托车载客猖獗的重要因素之一。在这种情况下，常州市运管处明确了计划扩容200辆出租车的指标，这个消息对常州的广大汽车经销商而言无疑是一个商机，上海大众、一汽大众、红旗、雪铁龙等原有出租车强势品牌更是希望在这次扩容中抢得先机，扩大自身品牌的市场份额。

实训题目：

假如你是上海大众常州特约经销商，事前需要掌握哪些信息，以便在这次出租车扩容计划中扩大上海大众汽车的销量？为了获得这些信息，你准备采取哪些方法？

实训课题2 制定商务谈判方案

实训目的:

掌握商务谈判方案相关要素的制定。

背景资料:

在实训课题1背景资料下,经常州运管处和出租车公司协商,并经过市民听证会最终确定,这次扩容的200辆出租中的180辆是桑塔纳3000、20辆是红旗明仕车型。并决定由常州运管处负责统一采购,统一安装出租车顶灯和计价器,统一进行重新喷漆。目前常州红旗特约经销商只有一家,所以对红旗经销商而言,这20辆汽车销售任务已经确定了。但对桑塔纳3000来讲,竞争非常激烈,因为目前常州有城北、城中、城南三家上海大众汽车特约经销商,这180辆汽车的市场份额争夺将是怎样的结果,事前谁也不清楚。

实训题目:

假如你是城南的上海大众常州特约经销商,你如何制定商务谈判方案?

扩展阅读

关于引进美国电子芯片生产流水线的谈判方案

由于我公司产品更新换代、提高竞争力的需要,经公司董事会临时会议决定,公司拟从美国××公司引进全套自动化电子芯片生产流水线及有关部件的生产技术。双方定于×月×日在北京××大厦举行正式洽谈。

1. 谈判主题

以合适的价格引进这条具有先进水平的自动化电子芯片生产流水线及有关部件的生产技术。

2. 总体目标

(1) 技术要求。

1) 该流水线要求使用中国工业用电标准,不再需要相应的电压转换系统;

2) 该流水线在正常工作条件下每小时可生产芯片××个,合格率保证在95%以上。

(2) 试用期考核指标。

1) 试用周期为6个月;

2) 使用温度在−10℃~60℃;

3) 电子焊头在正常使用下,使用寿命为不低于××个工作日。

(3) 生产技术转让。

1) ××公司应该无偿提供机车的部分技术;

2) ××公司应提供相应的技术图纸、工艺流程图、专用手册等。

(4) 购买价格。

1) 购买交易以美元结算;

2）全套设备及有关部件的生产技术××公司 FOB 报价为 3 400 万美元；

3）我公司最高能接受的价格为 2 800 万美元；

4）按照当日的美元汇率，允许上下 10%的价格浮动。

3. 谈判程序（略）

4. 具体日程安排（略）

5. 谈判地点

北京××国际大厦　　北京市××区××路××号，电话：×××××××××

6. 人员分工

主谈：田××，公司的首席代表；

辅谈：李××，配合主谈工作，并及时作补充和纠正；

成员：赵××，负责翻译；张××，负责记录和技术条款；何××，负责法律和财务支持。

公司谈判小组

×年×月×日

项目四 商务谈判开局定调

学习目标

知识目标

了解商务谈判开局的程序

明确商务谈判开局的任务

掌握商务谈判开局的策略与技巧

能力目标

能够营造恰当的谈判气氛

能够巧妙地运用开局策略

能够充分协商好谈判议程

能够结合具体商务谈判任务拟定谈判方案

知识结构图

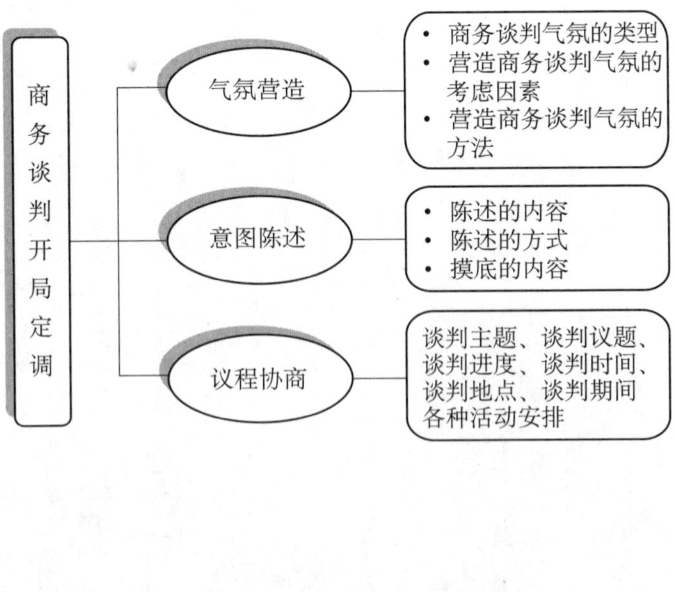

任务引入

【任务描述】

根据常州祥和家具销售公司的发展规划，公司未来计划进军儿童家具市场，因此开发了儿童家具新品牌——“快乐年华”。该品牌突出安全耐用、简洁时尚、绿色环保，给孩子打造一个有趣、富于想象力和创造力的游戏空间。祥和家具销售公司一直与红星美凯龙有着不错的合作关系，欲将这个新品牌进驻红星美凯龙江苏各分店，在红星美凯龙各分店展销“快乐年华”的产品。

这项艰巨的任务又落在了已经是大客户部经理的张华身上。尽管红星美凯龙和祥和家具销售公司以前合作过，而且关系还不错，但是面对如此重要的销售任务，张华也不敢掉以轻心，毕竟关系着企业的利益以及新产品的上市推广效果。红星美凯龙已经取消了进场费等系列费用的收取，其中包括条码费、赞助费、管理费、DM 广告费、促销费、店庆费、节庆费等。但是作为一家家具零售企业，红星美凯龙的利润来源很大一部分是产品供应商所支付的选位费和零售利润的返点。祥和家具销售公司此次谈判的主要内容就是与红星美凯龙公司在合约期内关于进场位置、选位费、销售量与返利等一系列问题进行谈判。面对谈判任务，张华做了充分的前期准备，并与红星美凯龙的谈判代表约定好了谈判的时间和地点。接下来张华该如何开这个局，为后续的谈判奠定一个好的基础至关重要。

学习任务：张华在这个商务谈判开局定调阶段该如何营造谈判气氛，使后续的谈判更顺利？该如何进行开场陈述，既表达了己方的观点与立场，又不被对方抓住弱点？如何与对方协商确定一个有利于自己的谈判议程？

【任务分析】

俗话说“美好的开端是成功的一半”，只有在起始阶段处理好双方之间的关系，初步了解对方谈判人员的特点、对方的基本情况以及真实的意图，才能为下一步谈判做好准备工作。所以要完成本任务，首先，双方人员要互相交流，创造良好的谈判气氛；其次，分别表明自己的立场与观点，摸清对方的情况和态度；然后，对后续谈判程序和相关问题达成共识，为后续谈判打下良好基础。

谈判的开局阶段是指谈判双方见面后，在进入具体交易内容之前，相互介绍、寒暄以及就谈判内容以外的话题进行交谈的那段时间和过程。

开局阶段中的谈判双方对谈判尚无实质性的感性认识，各项工作千头万绪，无论准备工作做得如何充分，都免不了遇到新情况，碰到新问题。由于在此阶段，谈判各方的心理都比较紧张，态度比较谨慎，都在调动一切感觉功能去探测对方的虚实及心理状态。因此，在这个阶段一般不进行实质性谈判，而只是进行见面、介绍、寒暄，以及讨论一些不很关键的问题。这些非实质性谈判从时间上来看，只占整个谈判程序中很小的部分。从内容上来看，似乎与整个谈判主题无关或关系不太大，但它却很重要，因为它为整个谈判定下了一个基调。如果谈判开局处理不好，会导致两种结果：一是目标过高，使谈判陷入僵局；二是要求太低，达不到谈判预期的目的。因此，在谈判开局阶段，我们应做好充分的准备工作，确保谈判的顺利进行。

知识平台

一、商务谈判气氛营造

谈判气氛是谈判对手之间的相互态度，它能够影响谈判人员的心理、情绪和感觉，从而引起相应的反应。因此，谈判气氛对整个谈判过程具有重要的影响，其发展变化直接影响整个谈判的前途。由于谈判双方的立场不同，所追求的具体目标也各异，因此谈判过程充满了复杂的利害冲突和矛盾。不过谈判的目的是协调利害冲突，谋求妥协，实现共同利益，达到双赢的结果。这就要求谈判双方应当共同努力，在谈判开始前建立一种合作的气氛，有一个顺利的开端，为双方融洽的工作奠定良好的基础。

商务谈判一般都是互惠式谈判，成熟的双方谈判人员都会努力寻求互利互惠的最佳结果。因为良好的气氛具有众多的良好效应：

(1) 为即将开始的谈判奠定良好的基础；

(2) 传达友好合作的信息；

(3) 能减少双方的防范心理；

(4) 有利于协调双方的思想和行动；

(5) 能显示主谈人的文化修养和谈判诚意。

(一) 商务谈判气氛的类型

谈判内容、形式、地点不同，其谈判气氛也不同，一般而言，根据谈判气氛的高低，可以把商务谈判的开局气氛分为高调气氛、低调气氛和自然气氛。

1. 高调气氛

高调气氛是指谈判情势比较热烈，谈判双方情绪积极、态度主动，愉快因素成为谈判情势主导因素的谈判开局气氛。在这种气氛下，双方代表的表现是：双方见面时话题活跃，口气轻松，目光和善，情感愉快，双方显得精力充沛，兴致勃勃；谈判人员服装整洁，举止大方；见面相互让座，欣然落座，互相问候，互敬烟茶等。这种谈判气氛对谈判的开展起着积极促进的作用。

2. 低调气氛

低调气氛是指谈判气氛十分严肃、低落，谈判的一方情绪消极、态度冷淡，不快因素构成谈判情势的主导因素。这是谈判双方代表处于不信任和对立情绪之中而出现的一种谈判气氛。在这种气氛下，双方代表的表现是：谈判双方见面不相互表示关心、不热情；目光不相遇，相见不抬头，相近不握手；以衣着、言语等方面企图压倒对方，交谈时带双关语，甚至带讥讽口吻等。

3. 自然气氛

自然气氛是指谈判双方情绪平稳，谈判气氛既不热烈，也不消沉。在这种气氛下，双方代表的表现是：见面不热情，握手一触即弃；入座不相让；抽烟、喝茶也不互让；讲话时语言简练，语速适中；双方目光对视时，面带微笑只一闪而过；双方自信而检点，平静如水而不声张；进入谈判场所速度适中。自然气氛无须刻意地去营造，许多谈判都是在这种气氛中开始的。这种谈判开局气氛便于对对手摸底，因为谈判双方在自然气氛中传达的信息往往要比在高调气氛和低调气氛中传达的信息要准确、真实。当谈判一方对谈判对手的情况了解甚少，对手的谈判态度不甚明朗时，谋求在平缓的气氛中开始对话是比较有利的。

（二）营造商务谈判开局气氛的考虑因素

不同的谈判内容、不同的谈判类型需要建立不同的谈判气氛。在考虑究竟应建立什么样的谈判气氛时，通常会考虑下面的因素。

1. 谈判双方的业务关系

双方的业务关系主要有以下四种情况，要根据具体情况灵活运用。

（1）谈判双方有过良好的业务合作。在这种情况下，要营造高调的气氛，谈判双方应把这种友好的业务关系作为谈判的基础。谈判双方开始的语言应是热情洋溢的；内容上可以畅叙双方的友好合作关系，也可以适当地称赞对方企业的发展和进步；姿态上应比较自由、放松而亲切。

（2）谈判双方有过一般的业务往来。此时的目标仍是要争取营造高调的气氛。但谈判人员在语言的热情度上应有所控制；内容上可以简要地说说双方过去的业务往来，也可以谈一些双方在日常生活中的兴趣、爱好；姿态可以随和、自然。

（3）谈判双方有过不尽如人意的业务往来。在这种情况下，要营造低调的气氛，给对方施加压力。谈判开始的气氛应严肃，甚至带一点冷峻；内容上可以对过去双方业务关系表示遗憾，以及希望通过本次磋商来改变这种状况。也可以谈一些途中见闻、体育比赛等中性话题；姿态上应该充满正气，注意与对方保持一定的距离。

（4）谈判双方从未有过业务往来。在这种情况下，应力争创造一个友好、真诚的高调氛围，以淡化和消除双方的陌生感，为后面实质性的谈判奠定基础。谈判人员在语言上应表现得礼貌、友好，但又不失身份；内容上以旅途见闻、体育消息、天气状况、个人业余爱好等比较轻松的话题为主，也可以就个人在企业任职时间、负责范围、专业经历等进行一般性的询问和交谈；姿态上应是不卑不亢，沉稳中不失热情，自信但不骄傲。

小结论：在一般情况下，商务谈判建议营造高调气氛。双方关系越一般，用来营造气氛的时间越长。但如果在以往的合作中对方出过问题，建议营造低调气氛，给对方施加压力，以便对方在本次谈判中做出更多让步。

2. 谈判双方的个人感情

谈判是人们相互交流思想的一种行为，个人感情交流的过程和效果对其会产生很大的影响。如果双方谈判人员过去有过交往和接触，并结下友谊，就应畅谈友谊，回忆过去交往的情况，以增进相互间的个人感情。个人感情的增进会对谈判进程有积极的影响。

3. 谈判双方的谈判实力

就谈判双方的实力而言，分以下三种情况。

（1）双方谈判实力相当。为了防止一开始就强化对方的戒备心理和激起对方的敌对情绪，并使这种气氛延伸到实质性谈判阶段，从而导致双方为了一争高低，造成两败俱伤的结局，在开局阶段，要力求营造一个友好、轻松、和谐的高调气氛。因此，己方谈判人员在语言上要做到轻松而不失严谨、礼貌而不失自信、热情而不失沉稳。

（2）己方谈判实力明显强于对方。为了使对方能够清醒地认识到这一点，并且在谈判中不抱有过高的希望，己方在产生威慑作用的同时又不至于把对手吓跑，在开局阶段，在语言和姿态上，己方既要表现得礼貌、友好，又要充分显示出己方的自信和气势。

（3）己方谈判实力明显弱于对方。为了不使对方在气势上占上风，从而影响后面的实质性的谈判。在开局阶段，在语言和姿态上，一方面表示出友好、积极合作的姿态；另一方面也要充满自信，举止沉稳、谈吐大方，使对手不至于歧视己方。

4. 谈判双方的见面形式

谈判双方见面的形式会直接影响谈判气氛。如果谈判主方主动到机场、车站去迎接客方，或双方第一次见面是在宾馆或酒桌上，就容易建立起热烈、积极、友好的高调谈判气氛；反之，如果双方是在主方的洽谈室见面，就容易建立起平静、严肃、严谨的自然谈判气氛。

5. 谈判双方的问候方式

谈判双方见面后，问候的方式对谈判开局的气氛也会产生很大的影响。一般而言，双方见面后会寒暄几句，例如：问对方一些旅途见闻、到本地是否习惯等关心对方生活方面的话题，能够迅速消除彼此间的陌生感，建立起热烈、积极、友好的高调谈判气氛。如果双方一见面，就直奔谈判主题，甚至直奔双方矛盾冲突点，就会出现平静、严肃、严谨的自然谈判气氛，情况严重时还会出现冷淡的、对立的、紧张的低调谈判气氛。

6. 谈判者的仪态

谈判者的仪态包括谈判者的语言、举止、服饰。如果谈判者语言热情洋溢、举止端庄高雅、服饰干净整齐就容易给对方留下良好的印象，有利于形成真诚、友好、积极的谈判气氛。如果谈判者语言冷漠无情、举止粗劣低俗、服饰不洁邋遢就会给对方造成不良印象，从而可能造成平静、严肃、严谨的自然谈判气氛甚至低调的谈判气氛。

（三）营造商务谈判气氛的方法

1. 营造高调气氛的方法

（1）感情攻击法。感情攻击法是指通过某一特殊事件来引发普遍存在于人们心中的感情因素，并使这种感情迸发出来，从而达到营造高调气氛的目的。

案例 4-1

中国一家彩电生产企业准备从日本引进一条生产线，于是与日本一家公司进行了接触。双方分别派出一个谈判小组就此问题进行谈判。谈判那天，当双方谈判代表刚刚就座，中方的首席代表（副总经理）就站了起来，他对大家说："在谈判开始之前，我有一个好消息要与大家分享。我的太太在昨天夜里为我生了一个大胖儿子！"此话一出，中方职员纷纷站起来向他道贺。日方代表于是也纷纷站起来向他道贺。整个谈判会场的气氛顿时高涨起来，谈判进行得非常顺利。中方企业以合理的价格顺利地引进了一条生产线。

这位副总经理为什么要提自己太太生孩子的事呢？原来，这位副总经理在与日本企业的以往接触中发现，日本人很愿意板起面孔谈判，造成一种冷冰冰的谈判气氛，给对方造成一种心理压力，从而控制整个谈判，趁机抬高价码或提高条件。于是，他便想出了用自己的喜事来打破日本人的冰冷面孔，营造一种有利于己方的高调气氛。

（2）称赞法。称赞法是指通过称赞对方来削弱对方的心理防线，从而激发对方的谈判热情，调动对方的情绪，营造高调气氛。

采用称赞法时应该注意以下几点：

1）选择恰当的称赞目标。选择称赞目标的基本原则是：投其所好。即选择那些对方最引以为豪的，并希望己方注意的目标。

2）选择恰当的称赞时机。如果时机选择得不好，称赞法往往适得其反。

3）选择恰当的称赞方式。称赞方式一定要自然，不要让对方认为你是在刻意奉承他，否则会引起其反感。

案例 4-2

东南亚某个国家的华人企业想要成为日本一著名电子公司在当地的代理商。双方几次磋商均未达成协议。在最后的一次谈判中，华人企业的谈判代表发现日方代表喝茶及取放茶杯的姿势十分特别，于是他说道："从××君（日方的谈判代表）喝茶的姿势来看，您十分精通茶道，能否为我们介绍一下？"这句话正好点中了日方代表的兴趣所在，于是他滔滔不绝地讲起来。结果，后面的谈判进行得异常顺利，那家华人企业终于拿到了所希望的地区代理权。

(3) 幽默法。幽默法是指用幽默的方式来消除谈判对手的戒备心理，使其积极参与到谈判中来，从而营造高调的谈判开局气氛。

采用幽默法时要注意以下几点：

1) 选择恰当的时机。

2) 采取适当的方式。

3) 要收发有度。

案例 4-3

电影《中国合伙人》中有一个场景，王阳在一场谈判开场之前，拿出一盒中国月饼作为礼物，送给谈判对方，并且幽默地说下个礼拜就是中秋节了，还有，等会儿如果打起来，还可以拿它来扔对方，惹得对方哈哈大笑。一场商务谈判，不论是主场还是客场，都应该塑造利于己方谈判的氛围，将谈判内容之外的分歧降到最低，这样才利于实现最终目的。王阳在谈判前很友好地送对方礼物，不仅符合美国人的习俗，还不违反规则，最重要的是利用有幽默感的玩笑为己方谈判创造了良好的客场氛围。

(4) 问题挑逗法。问题挑逗法是指提出一些尖锐问题诱使对方与自己争辩，通过争辩使对方逐渐进入谈判角色。这种方法通常是在对方谈判热情不高时采用，有些类似于激将法。但是，这种方法很难把握好火候，在使用时应慎重一些，要选择好退路。

案例 4-4

电影《中国合伙人》中还有一个场景讲述了一场入美谈判，其背景为：成东青的新梦想学校帮助很多中国学生在留学考试中拿到高分。美国方面不相信这是实力所至，认为一定是新梦想盗取了试题，欲以此控告新梦想侵权。成东青一开场就主动做出道歉，承认我们确实存在侵权行为，并同意为此付出代价，但不是1 500万美元。他当场拿出一本厚厚的版权公约，请谈判对手随便挑选里面任何一条内容，他全都能一字不错地背诵出来。在与美国人的谈判桌上，成东青对于美国人看低中国人的做法没有用言语相争，而是通过背诵法律条文的记忆能力展示，让美国人叹为观止。这样展示的冲击力是巨大的，而成东青只为此说明，资质平庸的自己尚且能做到如此，比自己更优秀的中国学生付出了怎样的艰辛是美国人无法想象的。他开口承认己方的侵权行为，并致以歉意，道歉的姿势非但没有减少谈判的气势，反而增加了成东青的气度：主动担当与有理有据地争取，真切地反击美方的不公平待遇。

2. 营造低调气氛的方法

(1) 感情攻击法。这里的感情攻击法与营造高调气氛的感情攻击法性质相同，即都是以情感诱发作为营造气氛的手段，但两者的作用方向相反。在营造高调气氛的感情攻击中，是激起对方产生积极情感，使得谈判开局充满热烈的气氛；而在营造低调气氛时，要诱发对方产生消极情感，致使一种低沉、严肃的气氛笼罩在谈判开始阶段。

（2）沉默法。沉默法是以沉默的方式来使谈判气氛降温，从而达到向对方施加心理压力的目的。注意这里所讲的沉默并非是一言不发，而是指本方尽量避免对谈判的实质问题发表议论。

采用沉默法要注意以下两点：

1）要有恰当的沉默理由。通常人们采用的理由有：假装对某项技术问题不理解，假装不理解对方对某个问题的陈述，假装对对方的某个礼仪失误表示十分不满。

2）要沉默有度，适时进行反击，迫使对方让步。

案例 4－5

“沉默是金”，犹太人拉瓦对这句话的理解可真是太深刻了。拉瓦拥有一家小印刷厂，由于经营有方，他每年可以获得一笔不菲的收入。但是，拉瓦年纪大了，儿女又不想继承自己的事业，于是他决定把印刷厂转让给别人。拉瓦估算了一下，连机器带场地大约值 350 万美元，于是他打定主意，如果买主出的钱少于 350 万美元，自己绝不能同意这笔买卖。

不久，一位买主上门了，这个人一看就非常精明，尤其是检查工厂和机器的时候，总是不断地说这儿不好，那儿有毛病。老实的拉瓦有些着急，因为那买主显然是为了压低价格故意贬低自己的工厂。他几次想开口反驳，但买主根本就不给自己反驳的机会。拉瓦一想：“我也懒得跟你争论了，只要你报的价格低于 350 万美元，这笔生意就算是完了。”这位买主见拉瓦一副张口结舌说不出话来的样子，心中暗自得意，于是故意装出一副为难的样子说道：“你的工厂这么破旧，机器的毛病这么多，我想我最多只能给你 400 万美元，如果你答应，我们就签合同，如果你不答应，我只能说抱歉了。”拉瓦一听，居然比自己预想的还多 50 万美元，于是也装出一副十分心疼的样子，跟买主签了买卖合同。

（3）疲劳战术。疲劳战术是指使对方对某一个问题或某几个问题反复进行陈述，从生理和心理上使对手疲劳，降低对手的热情，从而达到控制对手并迫使其让步的目的。一般来讲，人在疲劳的状态下，思维的敏捷程度下降，容易出现错误，降低热情，工作情绪不高，比较容易屈从于别人的看法。

采用疲劳战术应注意以下两点：

1）多准备一些问题，而且问题要合理，每个问题都能起到使对手疲劳的作用。

2）认真倾听对手的每一句话，抓住错误并记录下来，作为迫使对方让步的筹码。

(4) 指责法。指责法是指对对手的某项错误或礼仪失误严加指责，使其感到内疚，从而达到营造低调气氛、迫使谈判对手让步的目的。

3. 营造自然气氛的方法

营造自然气氛要做到以下几点：

(1) 注意自己的行为、礼仪。

(2) 要多听、多记，不要与谈判对手就某一问题过早发生争执。

(3) 要同时准备几个问题，询问方式要自然。

(4) 对对方的提问，能做正面回答的一定要正面回答。不能回答的，要采用恰当方式进行回避。

> 小结论：营造商务谈判开局气氛阶段，其实就是解决两个问题：一是营造什么样的气氛，二是用什么方法去营造。

谈判气氛并非是一成不变的。在谈判中，谈判人员可以根据需要来营造适合自己的谈判气氛。但是，谈判气氛的形成并非完全是人为因素的结果，客观条件也会对谈判气氛有重要的影响，如节假日、天气情况、突发事件等。因此，在营造谈判气氛时，一定要注意外界客观因素的影响。

二、商务谈判意图陈述

商务谈判意图陈述是指在开始阶段双方就本次洽谈的内容，陈述各自的观点、立场及其建议。它的任务是让双方能把本次谈判所要涉及的内容全部提示出来；同时，使双方彼此了解对方对本次谈判内容所持有的立场与观点，并在此基础上，就一些原则性分歧发表建设性意见或倡议。

(一) 己方意图的陈述

1. 陈述的内容

(1) 己方的立场。即己方希望通过洽谈取得的利益，及准备采取何种方式为双方共同获得利益做出贡献；今后双方合作中可能会出现的成效或障碍，以及己方洽谈的方针等。

(2) 己方对问题的理解。即己方认为本次会谈应涉及的主要问题以及对这些问题的看法、建议或想法等。

(3) 对对方各项建议的回答。如果对方开始陈述或者提出某些建议，己方必须对其建议或陈述做出应有的反应。

2. 陈述的方式

(1) 书面形式。这通常表明己方的意图是明确的、终局的，不容讨价还价的，对方除了接受或拒绝之外没有进行磋商的余地。这是一种局限性很大的方式，极少情况下运用。

例如：向某政府部门投标，该部门规定在裁定期间不会与投标者进行磋商。

（2）书面表达，并做口头补充。己方先就某些较复杂或较关键的细节，以书面形式提交给对方，并在口头上进行详细、透彻的解释和说明。这种方法的优点很多，书面交易条件内容完整，能把复杂的内容用详细的文字表达出来，对方可一读再读，全面理解；口头补充可以避免文字条款形成的理解错误，特别是在不同语种之间。

（3）口头表达形式。这种形式是事先不提交任何书面形式的文件，仅仅在会谈时口头上表明己方谈判意图。口头表达具有很大的灵活性，谈判者可以根据谈判中所出现的各种情况及时调整己方的谈判条件，并对谈判的计划、策略进行修改。可以进一步通过磋商、接触、逐步摸清对方的意图，再做出相应的允诺，承担义务。口头表达，实际上是双方交流感情的过程，己方可以利用这种感情因素来陈述与强调自己的谈判条件和要求，有时会使对方不好意思提出异议。但是，这种形式也存在某些缺点，如容易陈述不全面；阐述复杂的统计数字与图表等相当困难；由于语言不同，可能会产生误会等。

（二）对对方意图的摸底

1. 了解谈判对手对谈判议题的看法

谈判各方所处的地位、立场、利益需要都存在差异，对同一个问题必然会有各自的观点，掌握对方的观点有助于己方以后采取的谈判策略能够有的放矢。

2. 了解谈判对手的诚意

在商务谈判中，谈判对手千差万别，不能排除有些资信较差的客商进行恶意磋商，其目的可能只是通过谈判刺探己方的商业情报，而没有签约的意图；或者通过接触了解己方是否能够给他们带来最大利益，而在签约时却退却。所以，有必要调查对手的谈判诚意，以避免造成不必要的经济损失和时间浪费。

3. 了解谈判对手的利益目标

企业应像明确自己的目标一样确定对手的目标。将假定的对手目标列一个清单，并确定优先等级，按优先等级分类。最高优先级：那些你认为对手志在必得的目标；中间优先级：那些你认为对手想要争取的目标；最低优先级：那些你认为对手会当作额外收益的目标。除此之外，还应了解：对手的需求与诚意如何？对方同我方合作的意图是什么？合作愿望是否真诚？他们对实现这种合作的迫切程度如何？但要记住，以上这些只是猜测，要随着谈判的进行，通过观察来检验自己的判断是否正确。

4. 了解谈判对手的弱点

就像必须了解对手的优势一样，也必须清楚他们的弱点，包括其论点、论据及个人能力。例如：如果谈判对手是一个小组，分析是否有机会分而治之，如提出一个取悦一些人而惹怒另一些人的方案。也可以事先研究他们意图陈述中的弱点，充分发掘他们的陈述中有悖于道德和有政治问题的地方。再如：电器批发部的销售主任以高折扣销售一些损坏了的电器，将会产生有关职业道德和法律方面的问题。

案例 4-6

买方：我们对贵方所能提供的原材料很感兴趣。我们准备大宗购进一批，生产一种新产品。我们曾与其他厂家打过交道，但关键的问题是时间，我们想以最快的速度在这个问题上达成协议。为此，我们希望开门见山，并简化谈判的程序。虽然我们以前从未打过交道，不过据各方面反映，贵方信誉好，相信本次我们的交易也能够顺利达成。

卖方：我们非常高兴贵方对我们的产品感兴趣，并愿意向贵方出售我们的产品。但是，我们的产品数量有限，而目前市场上这类产品又比较紧缺。当然，这一点是灵活的，我们关心价格问题。正因为如此，我们才不急着出售数量有限的产品。

从上述关于原材料采购开场陈述来看，双方都表明了己方的观点和态度。从中我们可以了解一些主要信息：一是买方对于谈判时间限制很严格，二是买方将大批量采购，而且买方是新客户；卖方陈述的内容合作态度明确，但产品数量有限，不急于出售。但卖方的陈述留有余地，表明价格是重点，只要价格合适，就有合作空间。

(三) 陈述意图时的注意事项

1. 在开场陈述阶段应该尽量做到的

(1) 仔细倾听对方的谈话。首先，在对方讲话时，要注视他们，面带微笑而且不断点头称是（如果这样合适的话）。不仅要认真地听对方讲些什么，而且更能体察对方想说些什么。其次，要允许他们以自己特有的方式来讲事情，即使有时跑题或漫无目的。不要打断对方的发言，在聆听时控制自己的主观意见和想法，并且能够设身处地地从对方的角度出发，为对方着想。最后，不要把时间浪费在与对手进行无休止的争论和辩论中，因为即使你可能在与他们的争论中占了上风，甚至最后取得了胜利，但这种胜利可能会导致谈判的最终破裂。

(2) 在提议中留有充分余地。这样在能做出让步的前提下，你就表示出了更多的合作意向，而且随着谈判的进展，双方会向中间要求靠拢，找到双方都能接受的解决方法，创造一种双赢的局面。

(3) 坦然自若地拒绝第一个提议。因为如果接受，会使对方自然而然地产生两种想法：一是我应该能做得更好，二是一定有什么问题。这两种想法都会使谈判变得不愉快，甚至会影响到协议的最终签订。

(4) 有条件地提供服务（如果你做这个，我们会做那个）。一方面表示出己方谈判的诚意，另一方面又向对方传达了一个信息："我是一个有原则的人。"

(5) 试探对方的态度（如果……你会怎么想）。通过这种试探可以掌握对方的底线，了解对手的谈判诚意以及风格等信息。

2. 在开场陈述阶段绝对不应该做的

(1) 在谈判早期不要做过多的让步；

（2）开场的提议措辞不要讲得太极端，以免在不得不退让时下不了台；

（3）不要轻易说“绝不”，不要使用威胁的语言；

（4）不要只用“可以”或者“不可以”来回答问题；

（5）不要被第一印象及身份、地位左右，过度以自我为中心，不信任对方。

> 小结论：在谈判意图陈述中，必须把己方对本次谈判涉及的内容所持有的观点、立场和建议向对方做出一个基本的陈述。所采用的陈述方法往往是“横向铺开”，而不是“纵向深入”地就某个问题深谈下去。在陈述中，要给对方充分搞清己方意图的机会，然后听取对方的全面陈述并搞清对方的意图，为谈判的顺利进行打下良好的基础。

三、商务谈判议程协商

开局阶段的最后一项工作，也是一项非常重要的工作，就是通过双方协商共同确定谈判议程。谈判双方在谈判准备阶段都各自根据自身情况制定了明确的谈判议程，包括谈判的时间、谈判的主要议题、议题的顺序、议事日程的安排、进展速度和谈判人员组成情况等。但双方拟定的谈判议程并不一定会完全一致，因此，在开始正式谈判之前，双方有必要协商共同的谈判议程。

谈判议程主要包括：谈判主题的确定和谈判各项议题的确定；谈判进度的确定，即先谈判什么，后谈判什么；谈判时间的安排，如总时间长度，分几场谈和每场的具体时间；谈判具体地点的安排。此外，还有谈判期间各种活动安排等内容。

双方对谈判议程的设计在一定程度上也会透露其关注的利益和重要问题。因此，在协商议程时，尽量让对方先发表意见，陈述其对谈判议程的设计，以便了解对方的谈判意图，并根据对方的方案对己方原有的计划进行调整，争取谈判的主动权，使整个谈判议程向有利于双方合作的方向发展。

如果双方都不想先发表看法，一般可让东道主先发言。但是，这并不意味着客方处于被动地位。实际上双方的地位是平等的，享有均等的发言机会，且在商议时双方一定要有合作精神，给对方足够的机会发表不同意见，提出不同设想，这样最终才能使双方达成一致的意见。

任务实施

在本次谈判中，张华与红星美凯龙代表约好到对方公司的会议室进行洽谈。张华一行人身着正装准时到达对方的公司，红星美凯龙招商部门的总经理亲自迎接，双方进行了短暂的寒暄，便步入了公司的会议室，人员按序落座后，谈判正式开始。张华由于做了充分的前期准备，显得非常轻松自信。

一、营造合适的谈判气氛

张华在来谈判之前，对双方的关系进行了仔细的分析。双方过去有过业务往来，而且合作关系还不错，应把这种友好关系作为谈判基础，所以决定营造热情、真诚的高调谈判气氛。由于双方比较熟悉，因此营造气氛的时间可以缩短，将话题较快转入实质性谈判，节约谈判成本。决定营造高调气氛后，张华又了解到负责这次谈判的招商部经理十分爱喝茶，并且精通茶道。张华就派人购买了上等的常州溧阳白茶以及宜兴的紫砂茶具，打算利用称赞法引起对方的好感，继而达到营造高调气氛的目的。

到达谈判现场后，张华把准备的茶叶和茶具拿了出来，说是自己当地的特产，送给了对方。果不其然，那位招商经理显得非常高兴，张华趁机要人现场泡茶给每位人员分享，并谦虚地向招商部的经理请教白茶的饮用方法以及一些茶道，那位经理非常高兴地向张华和在座的人员分享了他的饮茶心得。就在这“一喝、一谈”中，初次见面的尴尬、陌生感觉顿时没有了，友好、热情的高调气氛马上营造出来。

二、进行开场陈述及摸底

谈判气氛出来后，张华就较快地转移了话题。为了给对方真诚的感觉，张华决定己方先进行开场陈述。张华说：“诸位先生，我们两个公司合作已经很多年了，关系一直不错，这次我们快乐年华新产品上市，首先想到的就是你们。不瞒你们说，我方也收到了其他几个公司的谈判邀请，都知道现在儿童家具市场很火爆，但我们还是最希望与你们合作。我们现在考虑的问题主要是取得一个好的进场位置（新产品上市），时间要快，我们希望你们能认真考虑我方的要求，尽快给我们确定一个好的进场位置。我们双方是老朋友了，彼此有着很愉快的合作经历，希望这次洽谈会进一步加深双方的友谊。这就是我方的基本想法。”张华这番话即表达了己方的首要利益，又让对方感觉出一定的竞争氛围。

随后，对方的招商经理也陈述了自己的观点，张华从他的陈述中了解到，他们最关心的是选位费和返利，还希望能够在店庆的时候给予一定的支持。虽然红星美凯龙取消了固定的店庆费，但是当前家具零售的竞争非常激烈，各个企业都把店庆作为销售的关键点，他们也希望得到家具企业的支持。张华考虑在这点上自己的企业还是可以给予一定支持的，这可以大大增加自己拿到一个好的进场位置的机会。综合考虑两个公司关注的首要利益可以互补，这场谈判成功的概率应该比较大，关键点还是在选位费和返利上。

三、商议后续谈判议程

最后，双方对后续的谈判议程进行了协商。确定本次谈判的主要议题是进场位置、选位费、销售量与返利以及店庆支持上，至于条码费、赞助费、管理费、DM广告费、促销费、店庆费、节庆费等，不在谈判的范围内。谈判分两场，当天这场主要是进行初步的报价，明确双方的分歧；两天后进行第二场谈判，地点不变，进行具体的磋商，达成一致意见；其间，红星美凯龙公司负责安排一些娱乐节目。

任务拓展

面对刘瑞和刚刚装修完婚房打算购买家具的小夫妻之间的谈判，根据你学到的商务谈判开局阶段的相关知识，你能给刘瑞提出哪些商务谈判开局阶段的建议？

知识检测

一、判断题

1. 在谈判开场阶段，可适当谈论些轻松的、非业务性的话题，切忌涉及个人隐私。（　　）

2. 在谈判的开局阶段，双方的注意力都不太集中，不适合进行实质性的谈判。（　　）

3. 在做开场陈述时一定要明确、具体地提出己方的利益重点。（　　）

4. 对于对方的陈述，己方一要倾听，听的时候要思想集中，同时要积极思索、寻找相应的对策。（　　）

5. 谈判气氛的形成完全是人为因素的结果，客观条件不会对谈判气氛造成什么影响。（　　）

6. 在口头谈判中，决策问题往往受主谈人一个人的意志和判断力的影响，虽然很灵活，但其严密性却难以保证。（　　）

7. 在谈判意图陈述中，不要盲目地对任何一个交易条件都进行讨价还价，有些条件对方是不肯让步的。（　　）

8. 谈判是一个逐步从分歧走向一致或妥协的过程。（　　）

9. 在自然气氛中，谈判对手往往只注意到他自己的有利方面，而且对谈判前景的看法也倾向于乐观。（　　）

10. 在谈判之初最好提示对方先说，不要急于表态，以免陷入被动。（　　）

二、选择题

1. 协商式开局策略适用于(　　)。

A. 高调气氛或低调气氛　　B. 高调气氛或自然气氛

C. 低调气氛或自然气氛　　D. 高调气氛、低调气氛或自然气氛

2. 在谈判双方座位安排的各种方式中，容易造成双方的对立感和冲突感的方式是(　　)。

A. 双方各坐谈判桌的一方，相对而坐　　B. 任意就座

C. 不设谈判桌　　D. 不就座

3. 在商务谈判中，摸清对方需要、掌握对方心理的手段是(　　)。

A. 问　　B. 听　　C. 看　　D. 说

4. 坦诚式开局策略适用于(　　)。

A. 高调气氛　　B. 低调气氛
C. 自然气氛　　D. 高调气氛、低调气氛和自然气氛

5. 开局阶段奠定谈判成功基础的关键是(　　)。
A. 良好的谈判气氛　　B. 合理的报价
C. 反复磋商　　D. 确定谈判目标

三、简答题

1. 简述影响开局气氛的几种因素。
2. 简述如何营造自然气氛。
3. 谈判意图陈述的内容包括哪些?
4. 简述陈述意图时的注意事项。

四、案例题

日、美两家公司的谈判开局

日本一家著名汽车公司刚刚在美国“登陆”，急需找一个当地代理商来为其推销产品，以弥补他们不了解美国市场的缺陷。当日本公司准备同一家美国公司谈判时，谈判代表因为堵车迟到了，美国谈判代表抓住这件事紧紧不放，想以此为手段获取更多的优惠条件，日本代表发现无路可退，于是站起来说：“我们十分抱歉耽误了您的时间，但是这绝非我们的本意，我们对美国的交通状况了解不足，导致了这个不愉快的结果，我希望我们不要再因为这个无所谓的问题耽误宝贵的时间了，如果因为这件事怀疑我们合作的诚意，那我们只好结束这次谈判，我认为，我们所提出的优惠条件在美国肯定会找到合作伙伴的。”日本代表的一席话让美国代表哑口无言，美国人也不想失去一次赚钱的机会，于是谈判顺利进行下去了。

资料来源：王希琼，高新宏．商务谈判实务［M］．天津：天津大学出版社，2010.

问题：

1. 美国公司的谈判代表在谈判开始时试图营造何种开局气氛?
2. 日本公司的谈判代表是如何应对的?

项目实训

实训课题1　　创造良好的开局气氛

实训目的：

通过实训，学习运用营造谈判气氛的技巧，保证商务谈判的顺利进行。

背景资料：

中国××公司到美国采购一套大型设备。中方谈判小组人员因交通堵塞耽误了时间，当他们赶到谈判会场时，比预定时间晚了近半个小时。美方代表对此大为不满，花了很长时间来指责中方代表的这一错误，中方代表感到很难为情，频频向美方代表道歉。谈判开

始以后，美方代表似乎还对中方代表的错误耿耿于怀，一时间弄得中方代表手足无措，无心与美方讨价还价。等到合同签订以后，中方代表才发现自己吃了一个大亏。

实训题目：

（1）在中方和美方的谈判中，美方代表运用了何种方法来营造有利于他们的谈判气氛？

（2）假如你是中方的谈判代表，在美方代表指责我方时将如何应对呢？

分成两个小组，模拟案例里的谈判情景，要求根据具体情况，尝试运用营造气氛的各种技巧。

实训课题 2　　谈判意图的陈述

实训目的：

通过本次实训，使学生学会使用正确的方式进行谈判意图的陈述。

背景资料：

在某次交易会上，我方外贸部门与一客商洽谈黄豆出口业务。客商方面的目标是以每吨 800 元的价格购买 50 万吨黄豆，我方的目标是以每吨 1 200 元的价格出售 70 万吨黄豆。

实训题目：

将学生分成相对的两个小组，根据以上的情节，进行谈判意图的陈述，练习陈述的各种技巧。

扩展阅读

商务谈判七大禁忌

1. 忌欺诈隐骗

有些人把商务谈判视为对立性的你死我活的竞争，在具体洽谈时，不顾客观事实，欺、诈、隐、骗，求得自身的谈判优势。例如：在一次销售洽谈中，卖方代表在介绍自己产品质量时声称已经获得“省优”和“部优”称号，而买方查证后发现这种商品既非“省优”也不是“部优”，立刻对卖方产生了信任危机，一桩生意告吹。可见欺骗性的语言一旦被对方识破，不仅会破坏谈判双方的友好关系，使谈判蒙上阴影或导致谈判破裂，而且也会给企业的信誉带来极大损失。所以说，谈判语言应坚持从实际出发，应给对方诚实、可信的感觉。

2. 忌盛气凌人

有的谈判者由于自身地位、资历“高人一等”，或者谈判实力“强人一等”，在谈判中往往盛气凌人。这种行为易伤害对方感情，使对方产生对抗或报复心理。所以，参加商务谈判的人员，不管自身的行政级别多高、资历多老、所代表的企业实力多强，只要和对方坐在谈判桌前，就应坚持平等原则，平等相待、平等协商、等价交换。

3. 忌道听途说

有的谈判者由于与社会接触面大，外界联系多，各种信息来源渠道广，在谈判时往往利用一些未经证实的信息，作为向对方讨价还价的依据，缺乏确凿证据的实际材料，其结果很容易使对方抓住你的谈话漏洞或把柄向你进攻。就个人形象来讲，也会使对方感觉到你不认真、不严谨、不严肃，不值得充分信赖。因此，特别在商务谈判中，更应避免用“据说”之类的字眼。

4. 忌攻势过猛

某些谈判者在谈判桌上争强好胜，一切从“能压住对方”出发，说话锋利刻薄，频繁地向对方发动攻势，在一些细枝末节上也不甘示弱，有些人还以揭人隐私为快事。遇到生性懦弱的人可能一时得逞；遇到涵养较深的人，尽管暂时忍让，让你尽情表演，但他欲擒故纵，到关键时刻将迫使你付出代价；遇到强硬、进攻性很强的对手，小的进攻就会惹起更大的反击，反而对自己不利。因此，在谈判中说话应该委婉，尊重对方的意见和隐私，不要过早地锋芒毕露，表现出急切的样子，避免言语过急过猛，伤害对方。

5. 忌含糊不清

有的谈判者由于事前缺乏对双方谈判条件的具体分析，加之自身不善表达，当阐述自身立场、观点或回答对方提出的某些问题时，或者语塞，或者含含糊糊、模棱两可，或者前言不搭后语、相互矛盾。模棱两可的语言容易给对方留下一种“不痛快”“素质不高”的感觉，也容易使对方钻空子，使自己陷入被动挨打的境地。所以，谈判者事前应做好充分的思想准备和语言准备，对谈判条件进行认真分析，把握住自身的优势和劣势，对谈判的最终目标和重要交易条件做到心中有数。同时做一些必要的假设，把对方可能提出的问题和可能出现的争议想在前面，这样，在谈判中不管出现何种复杂局面，都能随机应变，清楚地说明自己的观点，准确、明了地回答对方的提问。尤其是在签订谈判协议时，能够把握关键，使合同条款订得具体、完善、明确、严谨。

6. 忌以我为主

在商务谈判中，有些人随意打断别人的话；有些人在别人说话时不够专注；有些人自己说个滔滔不绝、没完没了，而不考虑对方的反应和感受。尤其当洽谈某些交易条件时，只站在自己的立场上，过分强调自身的需要，不为对方着想，这种做法是很不礼貌的，极容易引起对方的反感。

所以，谈判者应学会倾听别人谈话的艺术，对别人的谈话应表现出浓厚的兴趣，多进行一些角色互换，语言应委婉，留有商量的余地。这样既表明自己有修养，容易赢得对方的喜爱，同时也能更好地了解对方，摸清对方的底细和意图，一举多得。

7. 忌枯燥呆板

某些人在谈判时非常紧张，如临大战，说起话来表情呆板，过分地讲究针对性和逻辑性。这对谈判也是很不利的。商务谈判不同于某些对抗性很强的政治谈判，它是一种合作性的交往，应该在一种积极、友好、轻松、融洽的气氛中进行。因此，谈判者在正式谈判开始前应善于建立一种良好的谈判气氛，在正式谈判过程中也应恰当地运用一些比喻，善于开一些小玩笑，使说话生动、形象、诙谐、幽默、有感染力。通过活泼的语言创造并维持一种良好的谈判气氛，这对整个谈判格局及前景会起到重要的促进作用。

资料来源：http：//www. youshang. com/content/2010/08/04/34746. html.

项目五 商务谈判报价磋商

学习目标

知识目标

了解商务谈判中报价的原则和方法

掌握商务谈判中报价时运用的策略和技巧

掌握商务谈判磋商中常用的策略和让步方式

了解商务谈判磋商中僵局产生的原因

能力目标

能够根据谈判项目制定明确的报价表

能够运用恰当的报价策略和技巧进行报价

能够运用各种策略进行有效磋商

能够准确分析产生僵局的原因并正确处理僵局

知识结构图

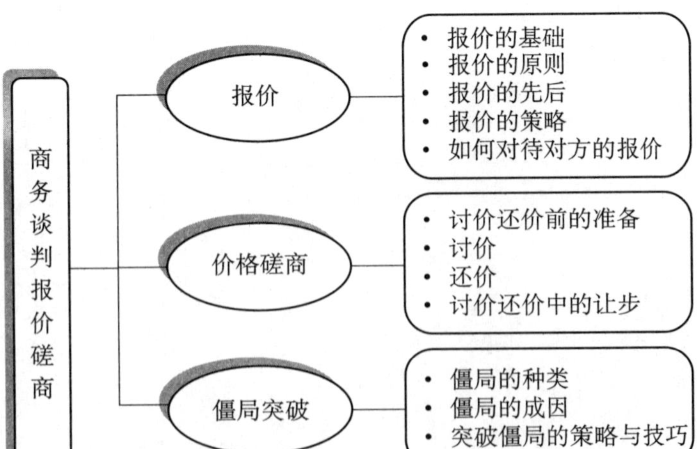

任务引入

【任务描述】

常州祥和家具销售公司与红星美凯龙关于“快乐年华”品牌儿童家具入驻的谈判还在进行中，经过前面短暂的开局阶段，张华已经营造了相对比较有利的高调气氛，向对方陈述了己方的观点，并从对方的言谈中揣摩到了部分意图，判断了谈判的关键点是在选位费和返利上。接下来双方就要围绕选位费和返利进行详细的磋商。

由于是新产品上市，祥和家具销售公司给张华的任务首先是最好能把位置选在整个商场最好的黄金地段（一楼正门的位置），选位费最高能出到 50 万元/每年；其次是接近黄金地段的二楼楼梯口位置，选位费最高能出到 43 万元/每年。如果这两个位置都选不到，至少要在一楼正门的侧面，选位费最高能出到 36 万元/每年。至于销售额与返利，以同类产品的年销售量为基准，返利不超过 5%，最好能够谈到 4%。

接下来张华就要与对方转入实质性谈判阶段了，这是整个谈判过程的核心和最重要的环节，决定了这笔生意能否成交，或者一旦成交，盈利能有多少。

学习任务：张华在商务谈判报价磋商阶段该如何进行报价？针对双方的价格分歧如何与对方进行磋商，既要消除分歧，又要实现己方的利益？如果在谈判中双方对某一问题都不让步，出现僵局该怎么办？

【任务描述】

报价以及随之而来的磋商是谈判双方面对面讨论、说理及论战，甚至演变为争吵的阶段。这一阶段决定了谈判能不能成功，以及盈利的多少，要注意三方面的问题。

（1）报价是开局后的第一个重要环节，开盘价的高低决定了成交价以及整个谈判价格的走势。因此，张华认真选择报价方式，遵循报价原则，巧妙运用各种报价策略。

（2）在磋商环节，一定不能性急，要把握好节奏，控制好进度，使用好策略。

（3）在磋商中，如果双方由于某种原因相持不下，出现僵局，要积极地探究其原因，主动地寻找解决方案，切勿因一时僵局而终止谈判。

谈判双方在结束了非实质性交谈之后，就要将话题转向有关交易内容的正题，即报价磋商。报价以及随之而来的磋商是谈判双方实质性的协调或较量阶段，是整个谈判过程的核心和最重要的环节，决定了这笔生意能否成交，或者一旦成交，盈利能有多少。因此，处理好商务谈判的报价磋商是至关重要的。

知识平台

一、商务谈判报价

报价，并不仅指产品在价格方面的要价，而是泛指谈判的一方对另一方提出的所有要求，包括商品的数量、质量、包装、价格、装运、保险、支付、商检、索赔、仲裁等交易条件，其中价格条件具有重要的地位。商务谈判虽然多种多样，但一般情况下，都是围绕着价格进行的。

(一) 报价的基础

报价的基础有两个，即企业的产品成本和市场行情，前者制约着企业的最低价格，后者制约着企业的成交价格。在市场交易中，对于买方来说，都希望购买的商品价格越低越好，追求物超所值、物美价廉；而对于卖方而言，则希望自己所卖的商品价格越高越好。但是价格水平的高低，并不是由任何一方随心所欲决定的，它要受到产品自身成本、市场供求关系和竞争等多种因素的影响。报价过高或过低，结果或是蒙受损失，或是失去成交的机会。这就要求谈判人员在收集有关信息情报的基础上，注意分析和预测市场动向，研究有关商品的市场供求和价格动态。

案例 5-1

从“蒜你狠”到“姜你军”，再从“糖高宗”到“油你涨”，网络新词层出不穷。反映出人们日常生活保障产品价格的上涨趋势，也反映出人们对此颇为关注和焦虑的心态。之所以出现这样的物价上涨，除了通货膨胀的原因之外，主要是气候因素导致这部分产品产量减少，成本上涨以及金融危机后各类游资囤货炒作，造成市场供不应求，引发市场价格疯涨。普通老百姓却不得不为此买单，影响了正常生活。所以说，交易价格受到产品成本和市场行情的制约。

(二) 报价的原则

1. 报价的首要原则

(1) 对于卖方来讲，开盘价必须是“最高的”，相应地，对买方来讲，开盘价必须是“最低的”，这是报价的首要原则。若我们为卖方，开盘价为我方的要价确定了一个最高限度。一般来讲，除特殊情况外，开盘价一经报出，就不能再提高或更改了。最终双方成交的价格肯定是在此开盘价格以下。若我们为买方，开盘价为我方的要价确定了一个最低限度。一般来讲，没有特殊情况，开盘价也是不能再降低的，最终双方成交的价格肯定在此开盘价格之上。

案例 5-2

A 公司得知一家国际性的销售终端向每一个供货商收取销售额的20%作为交易条件时，立即毫不犹豫地在他们原有报价的基础上提高了25%，对方在谈判前也调查了 A 公司的价格体系，当然对报价提出了异议，经过了艰难的协商，A公司做出了5%的让步，并且提供了一套大型促销方案支持他们的报价，最终成交。对方收取的和A公司提高的比例相同，A公司没有受到任何损失，至于那套大型促销方案，假如A公司不提高报价也一样会做。

（2）从人们的观念上来看，“一分钱、一分货”是多数人信奉的观点。因此，开盘价较高，会影响对方对我方提供的商品或劳务的印象和评价。

（3）开盘价较高，能够为以后的讨价还价留下充分的回旋余地，使本方在谈判中更富有弹性，便于掌握成交时机。

（4）开盘价的高低往往对最终成交水平具有实质性的影响，即开盘价高，最终成交价的水平也就比较高；开盘价低，最终成交价的水平也相应地比较低。

2. 开盘价必须合情合理

开盘价要报得高一些，但绝不是指漫天要价、毫无道理、毫无控制，恰恰相反，高的同时必须合乎情理，必须能够讲得通才行。可以想象，如果报价过高，又讲不出道理，对方必然会认为你缺少谈判的诚意，或者被逼无奈而中止谈判，扬长而去；或者以其人之道，还治其人之身，相应地来个“漫天要价”；抑或一一提出质疑，而我方又无法解释，其结果只好是被迫无条件地让步。在这种情况下，有时即使你已将交易条件降低到较为公平、合理的水平上，对方仍会认为尚有“水分”可挤，因而还是穷追不舍。可见，开盘价脱离现实，便会自找麻烦。在20世纪70年代的某届秋季广交会上，我国大豆的成交价为800元人民币/吨，比当时国际商场行情高了200元人民币，结果大多数客户都惊呆了，他们弄不明白中方的意图，只好选择放弃。一场交易会下来，除了个别客户考虑到长远关系，买了几百吨外，大多数客户都未能成交。

案例5-3

一家光缆供应商，想与本地有线电视台的老板约会，对方总是以太忙为由难以安排。几经延迟以后，对方叫这个供应商在当天晚上马上去机场值机处，在他等待办理登机手续的时间里与供应商见面。这对供应商来说是一个难得的机会！有线电视台的老板边向值机柜台走边与供应商交谈，可以与供应商签订一份够公司生产半年的光缆供货合同，但要供应商开一个“最好价”。这时供应商考虑到谈判的情势，如果不能吸引住有线电视台的老板，那自己就失去了与其讨价还价的机会。所以他开出比最低价略高一些的价码，成功吸引了马上要登机的电视台的老板，同时，也给自己留下了一些议价的空间。最后，成功地拿到了有线电视台的光缆合同。

3. 报价应该坚定、明确、完整，且不加任何解释和说明

开盘价的报出要坚定、果断，不保留任何语尾，并且毫不犹豫。这样做能够给对方留下我方是认真而诚实的好印象。要记住，任何欲言又止、吞吞吐吐的行为，必然会导致对方的不良感受，甚至会产生不信任感。

开盘报价要明确、清晰而完整，以便对方能够准确地了解我方的期望。实践证明，报价时含糊不清最容易使对方产生误解，从而扰乱我方的既定步骤，对我方不利。

报价时不要对我方所报价格做过多的解释、说明和辩解，因为无论我方报价多少，对方都会提出质疑。如果在对方还没有提出问题之前，我方便主动加以说明，会提醒对方意识到我方最关心的问题，而这种问题有可能是对方尚未考虑过的问题。因此，有时过多的说明和解释，会使对方从中找出破绽或突破口，向我方猛烈地反击，有时甚至会使我方十分难堪，无法收场。

4. 报价的解释应坚持不问不答、有问必答、避虚就实、能言不书的原则

在通常情况下，一方报价完毕之后，另一方会要求报价方进行价格解释。那么在进行价格解释时，必须遵循不问不答、有问必答、避虚就实、能言不书的原则。

不问不答是指买方不主动问及的问题不要回答。其实，买方未问到的一切问题，都不要进行解释或答复，以免造成言多必失的结果。

有问必答是指对对方提出的所有有关问题，都要一一进行回答，并且要很流畅、清楚地予以回答。经验告诉人们，既然要回答问题，就不能吞吞吐吐、欲言又止，这样极易引起对方的怀疑，甚至会提醒对方注意，从而穷追不舍。

避虚就实是指对本方报价中比较实质的部分应多讲一些，对于比较虚的部分，或者说水分含量较大的部分，应该少讲一些，甚至不讲。

能言不书是指能用口头表达和解释的，就不要用文字来书写，因为当自己表达有误时，口述和笔写的东西对自己的影响是截然不同的。有些国家的商人只承认笔上的信息，而不重视口头信息，因此要格外慎重。

(三) 报价的先后

谈判双方中谁先报价是个微妙的问题。由哪一方先报价不是固定的，报价的先后次序应视情况而定。

1. 先报价的好处

首先，己方首先报价就为以后的讨价还价树立了一个界碑，实际上等于为谈判划定了一个框架或基准线，最终谈判将在这个范围内达成，先报价对谈判的影响较大。例如：你报价 1 万元，那么，对手很难奢望还价至 1 000 元。南方一些地区的服装商贩，就大多采用先报价的方法，而且他们报出的价格，一般要超出顾客拟付价格的 1 倍乃至几倍。1 件衬衣如果卖到 60 元的话，商贩就心满意足了，而他们却报价 160 元。考虑到很少有人好意思还价到 60 元，所以，一天中只需要有一个人愿意在 160 元的基础上讨价还价，商贩

就能盈利。

其次，在一定程度上影响对方的期望水平，进而影响对方的谈判行为。例如：卖方报价1 000元/箱的产品，买方预计的价格只有200元，与卖方的报价相差太多，即使经过磋商也很难达成协议，因此只好改变原战略，要么提价，要么放弃交易。总之，先报价在整个谈判中会持续地起作用，因此先报价比后报价的影响要大得多。

2. 先报价的弊端

反过来，先报价也有一定的弊端。一方面，可能会使己方丧失一部分原本可以获得的利益。例如：如果买方预先准备的报价是1 100元，而卖方仅报价1 000元，在这种情况下，买方会马上修改其原来准备的报价条件，其报价肯定会低于1 000元，那么对买方来讲，后报价至少可以使他获得100元的好处。另一方面，对方会采取一切手段，调动一切积极因素，集中力量，攻击我方报价，逼迫我方一步一步降价，而并不透露他们自己究竟肯出多高的价格。

案例5-4

美国加州一家机械厂的老板哈德罗准备出售他的3台设备更新后淘汰的数控机床，有一家公司闻讯前来洽购。哈德罗先生十分高兴，准备开价360万美元，即每台120万美元。当谈判进入实质性阶段时，哈德罗先生正欲报价，却又突然停住，暗想：可否先听一听对方的想法？结果，对方在对这几台机床的磨损情况做出一系列的分析评价后说："我们公司最多以每台140万美元买下这3台机床，多一分钱也不行。"哈德罗先生大为惊喜，竭力掩饰内心的喜悦，还装作不满意的样子，讨价还价了一番，最后自然是顺利成交。

3. 先报价的适用条件

既然先报价有利也有弊，那么己方究竟应先于对方报价，还是让对方先报价呢？也就是说，在什么时候、什么情况下己方先报价利大于弊呢？一般来说，通过分析比较谈判双方的谈判实力，可以采取不同的策略。具体来讲，有以下几种情况：

(1) 如果预期谈判会出现你争我斗、各不相让的气氛，那么"先下手为强"策略就比较适用。通过先报价来规定谈判过程的起点，并由此来影响之后的谈判过程，从一开始就占据主动是比较有利的。

(2) 如果己方的谈判实力强于对方，或者说与对方相比，己方在谈判中处于相对有利的地位，那么，己方先报价是有利的。尤其是在对方对本次交易的市场行情不太熟悉的情况下，先报价的好处就更大。因为这样可以为谈判划定一个基准线。同时，由于己方了解行情，还会适当掌握成交的条件，对己方无疑利大于弊。

(3) 如果谈判对方是老客户，同己方有较长的业务往来，而且双方合作一向较愉快，在这种情况下，谁先报价对双方来说都无足轻重。

（4）就一般惯例而言，发起谈判的人应带头先报价。

（5）如果谈判双方都是谈判行家，则谁先报价均可。如果谈判对方是谈判行家，而自己不是谈判行家，则让对方先报价可能较为有利。

（6）如果对方是外行，暂且不论自己是不是外行，自己先报价可能较为有利，因为这样做可以对对方起一定的引导或支配作用。

（7）按照惯例，由卖方先报价。卖方先报价的目的不是扩大影响，而只是投石问路，用报价的方法直接刺探对方的思路、反应。卖方报价是一种义务，买方还价也是一种义务。

（四）报价的策略

1. 价格起点策略

（1）西欧式报价策略。西欧式报价策略与我们前边所讲到的有关报价原则是一致的。其一般的模式是：首先提出留有较大余地的起点价格，然后根据买卖双方的实力对比和该笔交易的外部竞争状况，通过给予各种优惠，如数量折扣、价格折扣、佣金和支付条件上的优惠（如延长支付期限、提供优惠信贷等）来逐步软化和接近买方的市场和条件，最终达成成交的目的。

一位美国商业谈判专家曾对2 000位主管人员做过调查，结果发现这样的规律：如果买主出价较低，则往往能以较低的价格成交；如果卖主喊价高，则往往也能以较高的价格成交；如果卖主喊价出人意料的高，则在谈判不致破裂的情况下，只要能坚持到底，往往会有很好的收获。可见，西欧式报价策略能使自己处于有利的地位，有时候甚至会收获意想不到的效果。

小结论：运用这种策略时，喊价要狠，让步要慢。凭借这种方法，谈判者一开始便可削弱对方的信心，同时还能趁机考验对方的实力并确定对方的立场。

（2）日本式报价策略。日本式报价策略一般的做法是：将最低价格列在价格表上，以求首先引起买主的兴趣。由于这种低价格一般是以对卖方最有利的结算条件为前提的，并且在这种低价格交易条件下，各个方面都很难全部满足买方的需求，如果买主要求改变有关条件，则卖主就会相应提高价格。因此，买卖双方最后成交的价格，往往高于价格表中的价格。

案例5-5

“低于成本价”是团购中的常见字眼，低至几元钱的团购也屡见不鲜。“原价688元的生态烫发团购只需68元”，某团购网推出的超值优惠吸引了家住井儿街的李女士。然而走进美发店后，李女士被告知，她团购的只是烫发项目，洗发、吹发、剪发都需要另外收费，而且服务人员说，因为她团购的生态烫对头发有损伤，烫后需要进行护理，护理的价格为最低100元。“可以只烫发不护理吗?”李女士并不想额外花钱。但店家一本正经地告诉她：“让你做护理是对你负责，如果不做，头发出了问题我们不负责任。”不烫发的话，团购券就只能作废，为了不浪费，李女士最终花掉200多元。

资料来源：http：//www.chinanews.com/cj/2011/08-26/3286185.shtml.

在面临众多外部对手时，日本式报价是一种比较有效的报价策略。一方面，可以排斥竞争对手而将买主吸引过来，取得与其他卖主竞争中的优势和胜利；另一方面，当其他卖主败下阵来纷纷走掉时，这时买主原有的买方市场的优势不复存在了，原来是一个买主对多个卖主，谈判中显然优势在买主手中，而当其他卖主不存在的情况下，变成了一个买主对一个卖主的情况，双方谁也不占优势，从而可以坐下来仔细商谈，而买主这时要想达到一定的需求，只好任卖主一点一点地把价格抬高才能实现。

聪明的谈判人员是不愿陷入日本式报价的圈套的。避免陷入日本式报价的最好做法就是：把对方的报价内容与其他客商的报价内容进行仔细的比较，看看它们所包含的内容是否一样，从而判断其报价与其他客商的报价是否具有可比性。不可只看表现形式，不顾实质内容，而误入圈套。如果在对比中发现内容不一致，即从中判断其内容与价格的关系，不可盲目行事。需要指出，如果报价内容不具备直接的可比性，那就要进行相应地调整，使之具有可比性，然后再作比较和决策。切忌只注意最后的价格，在对其报价所包含的内容没有进行认真地分析、比较的情况下，匆忙决策，造成不应有的被动和损失。另外，即使某个客商的报价的确比其他厂商优惠，富有竞争力，也不要完全放弃与其他客商的接触与联系，要知道这样做实际上就是要给对方一个持续的竞争压力，迫使其继续做出让步。

2. 价格分割策略

(1) 除法报价策略。除法报价策略是一种价格分解术，以商品的数量或使用时间等概念为除数，以商品价格为被除数，得出一个数字很小的价格，使买主对本来不低的价格产生一种便宜、低廉的感觉。

案例 5-6

省保险公司为动员液化石油气用户参加保险，宣传道：“参加液化气保险，每天只交保险费1元，若遇到事故，则可得到高达1万元的保险赔偿金。”这种说法用的是除法报价的方法。它是一种价格分解术，以商品的数量或使用时间等概念为除数，以商品价格为被除数，得出一种数字很小的价格，使买主对本来不低的价格产生一种便宜、低廉的感觉。如果说每年交保险费365元的话，效果就差得多了。因为人们觉得365是个不小的数字。而使用除法报价法说成每天交1元，人们听起来在心理上就容易接受了。

(2) 加法报价策略。加法报价策略是指在商务谈判中，有些成套设备或者可组装的商品如果以整体为单位，报价会显得很高，可能会吓跑客户，就把价格分解成若干层次渐进提出，使若干次的报价，最后加起来仍等于当初想一次性报出的高价。例如：顾客要组装一台计算机，商家可以按主板、显卡、内存条等分别报价。

小结论：商务谈判中的报价阶段，要根据谈判形势做出两项决策：一是先报价还是后报价，二是报高价还是报低价。

案例 5－7

某文具商向一位画家推销一套笔墨纸砚，如果他一次报高价，画家可能根本不买。文具商选择了先报笔价，要价很低；成交之后再谈墨价，要价也不高；待笔、墨卖出之后，接着谈纸价，再谈砚价，抬高价格。画家已经买了笔和墨，自然会购买纸和砚，在谈判中便在价格方面做出让步。

采用“加法报价法”，卖方依据的多半是所出售的商品具有系列组合性和配套性。买方一旦买了组件 1，就无法割舍组件 2 和组件 3 了。针对这一情况，作为买方，在谈判前就要考虑商品的系列化特点，谈判中及时发现卖方“加法报价”的企图，挫败这种“诱招”。

(五) 商务谈判中如何对待对方的报价

1. 倾听、询问、复述

在对方报价过程中，要认真倾听并尽力完整、准确、清楚地把握住对方的报价内容。在对方报价结束之后，对某些不清楚的地方可以要求对方予以解答。同时，应尽可能地将本方对对方报价的理解进行归纳和总结，并力争加以复述，以便对方确认自己的理解是正确无误的之后，方可进行下一步。

2. 要求对方进行价格解释

在对方报价完毕之后，不急于还价，而是要求对方对其价格的构成、报价依据、计算的基础以及方式、方法等做出详细的解释，即价格解释。通过对方的价格解释，可以了解对方报价的实质、态势、意图及其诚意，以便从中寻找破绽，从而动摇对方报价的基础，为我方争取更多的利益。

3. 反复压价直至提出己方报价

在进行完价格解释之后，针对对方的报价，有两种行动选择：一是要求对方降低其要价。这是一种比较有利的选择，因为这实质上是对对方报价的一种反击，如果反击成功，即可争取到对方的让步，而本方既没有暴露自己的报价内容，也没有做出任何相应的让步。二是提出自己的报价。除非特殊情况，否则采用此法对己方不利。

二、商务谈判价格磋商

谈判的磋商阶段是指谈判开始之后到谈判终局之前，谈判各方就实质性事项进行商谈的全过程，是谈判的实践阶段，这不仅是谈判主体间的实力、智力和技术的具体较量阶段，而且也是谈判主体间求同存异、合作、谅解、让步的阶段。此阶段是全部谈判活动中最重要的阶段，故其投入精力最多、占用时间最长、涉及问题最多。如果谈判缺少了磋商过程，直接达成协议，就会给双方留下许多遗憾，甚至为以后的合作留下阴影。

案例 5-8

一对夫妻在浏览杂志时看到一幅广告中当作背景的老式座钟非常漂亮。妻子说："这座钟是不是你见过的最漂亮的一个？把它放在我们的过道或客厅中，看起来一定不错吧？"丈夫答道："的确不错！我也正想找个类似的钟摆在家里，不知道多少钱？"研究之后，他们决定在古董店里找寻那座钟，并且商定只能出500元以内的价钱。

经过三个月的搜寻后，他们终于在一家古董店的橱窗里看到那座钟，妻子兴奋地叫了起来："就是这座钟！没错，就是这座钟！"丈夫说："记住，我们绝对不能超出500元的预算。"他们走近那座钟。

"哦！"妻子说道："座钟上的标价是750元，我们还是回家算了，我们说过不能超过500元的预算，记得吗？""我记得，"丈夫说，"不过还是试一试吧，我们已经找了那么久，不差这一会儿。"夫妻私下商量，由丈夫作为谈判者，争取以500元买下。随后，丈夫鼓起勇气，对售货员说："我注意到你们有座钟要卖，定价就贴在座钟上，而且蒙了不少灰，显得有些旧了。"之后，又说："告诉你我的打算吧，我给你出个价，只出一次价，就这么说定了。想你可能会吓一跳，你准备好了吗？"他停了一下以增加效果。"你听着……250元。"那座钟的售货员连眼也不眨一下，说道："卖了，那座钟是你的了。"

那个丈夫的第一个反应是什么呢？得意扬扬？"我真的很棒！不但得到了优惠，还得到了我想要的东西。"不！绝不！他的最初反应必然是："我真蠢！我该对那个家伙出价150元才对！"他的第二反应是："这座钟怎么这么便宜？一定是有什么问题！"

然而，他还是把那座钟放在客厅里，看起来非常不错，好像也没什么毛病。但是他和太太却始终感到不安。那晚他们休息后，半夜曾三度起来，因为他们没有听到时钟的声响。这种情形持续了无数个夜晚，他们的健康状况迅速恶化，开始感到紧张过度，并且都有了高血压的毛病。

为什么会这样？就因为那个售货员不经过价格磋商就以250元把钟卖给了他们……

资料来源：李昆益．商务谈判技巧［M］．北京：对外经济贸易大学出版社，2007.

(一) 讨价还价前的准备

己方在清楚了解对方报价的全部内容后，就要透过其报价的内容，来判断对方的意图，在此基础上可以分析出，怎样能使交易既对己方有利，又能满足对方的某些要求。将双方的意图和要求逐一进行比较，弄清双方分歧之所在，估计什么是对方的谈判重点。

谈判双方的分歧可分为实质性分歧和假性分歧两种。实质性分歧是原则性的根本利益的分歧；假性分歧是由于谈判中的一方或双方为了达到某种目的人为设置的难题或障碍，是人为制造的分歧，目的是使自己在谈判中有较多的回旋余地。其实，要区分这两种分歧并不困难，只要谈判人员细心观察和分析，是可以发现的，然而当双方都用同一种方法时，假的就当真的来对待，但是这也只是一种过渡性的手段，不影响谈判的最后结局。因此，对待假性分歧，只要认真识别，看出对方虚张声势时，不要被对方的气势吓倒，只要坚持说理，就一定会取得最后的成功。

对待实质性分歧要认真，要反复研究做出某种让步的可能性，并做出是否让步的决定。同时，根据预期的目标决定让步的阶段和步骤。当然，谈判人员的这种分析受到经验和水平的限制，不一定正确，但允许在谈判的过程中不断地修正。

经过分析，勾勒出一个大体的谈判进程，规定出每个议题中双方较量的实力。通过分析得出：若己方还价，还价的幅度应如何掌握；在其他各项交易条件上所做的针对原报价的变动、补充和删减中，估计哪些能为对方所接受，哪些又是对方急于讨论的问题。以此为基础，设想出双方最终可能签订的合同的大致框架。这样，在谈判中，就可据此把握谈判的总体方向和讨论范围。

(二) 讨价

讨价是指要求报价方改善报价的行为。在谈判中，一般卖方在首先报价并进行价格解释之后，买方如认为离自己的期望目标太远，或不符合自己的期望目标，必然在价格评论的基础上要求对方修改报价。如果说，报价后的价格解释和价格评论是价格磋商的序幕，那么，讨价便是价格磋商的正式开始。

讨价一般分三个阶段，不同阶段采用不同的讨价方法。在第一阶段，由于讨价刚刚开始，对买方价格的具体情况缺乏了解，因此讨价的方法是全面讨价，即要求对方从总体上修改价格。在第二阶段，针对具体内容讨价，具体的讨价方法是针对性讨价，即在分析对方价格的基础上，找出水分较大的项目，有针对性地讨价。第三阶段是讨价的最后阶段，讨价方法又是全面讨价，因为经过针对性讨价，含水分大的项目已经减少，这时只能从总体上要求对方修改价格。

讨价过程尽管从理论上讲可以分成三个阶段，但从时间上看却不是很长，只要对方能及时修改自己的报价，就可以很快结束。讨价的次数要取于讨价方对报价方的价格评价，只要讨价方对报价方的报价分析还有降价的依据，讨价过程就不能结束。因此，讨价的次数没有统一标准，但一般不止一次，多数谈判的讨价在 2～3 次。

从报价方的角度来讲，作了两次价格修改后就会要求对方尽快还价。这时，讨价方只要觉得报价方的价格没有明显改善，就不能停止讨价。报价方总会为自己留有一定的余地，在价格改善到一定程度后便会停止，这时，讨价方就可以停止讨价而开始还价。

（三）还价

还价，也称“还盘”，一般是指买方针对卖方的报价做出的反应性报价。还价是商务谈判中交易磋商的一个必备环节，它是整个谈判的中心，还价要力求给对方造成较大的压力，影响或改变对方的期望。同时，又应着眼于使对方有接受的可能，并愿意向双方互利性的协议靠拢。因此，还价前的筹划，就是要通过对报价内容的分析和计算，设计出各种相应的方案和对策，使谈判者在还价过程中得以发挥“后发制人”的威力。

案例 5－9

多年前，北京服装检测中心的工作人员曾表示，北京市场上的服装售价往往是进价的 3～10 倍。如果一套衣服进价 100 元，标价 900 元，请问购买者还价会还到多少呢？还到 800 元、700 元很常见；还到 600 元的，算是很有勇气了；买主很少敢还到 500 元、400 元，他们怕被卖主骂，怕被人瞧不起，所以，宁可不还价而转身一走了事，免得招惹是非。而卖主往往在 500 元、400 元的价位上就愿意成交了。所以说，必须针对对方的首次报价做出合理性的反应性报价。

1. 还价的方式

在还价时，谈判者要确保自己的利益和主动地位，首先就应善于根据交易内容、所报价格以及讨价方式，采用不同的还价方式。

（1）按照谈判中还价的依据，还价方式可分为可比价还价和成本还价。

可比价还价是指己方无法准确掌握所谈商品本身的价值，而只能以相似的同类商品的价格或竞争者商品的价格作为参照进行还价。这种方式的关键是所选的用以参照的商品的可比性以及价格合理性，只有可比价格合理，还价才能使对方信服。

成本还价是指己方能计算出所谈商品的成本，以此为基础再加上一定比率的利润作为依据进行还价。这种还价方式的关键是所计算成本的准确性，成本计算越准确，还价的说服力就越强。

（2）按照谈判中还价的项目，还价方式可分为总体还价、分别还价和单项还价。

总体还价，即一揽子还价，是与全面讨价对应的还价方式。

分别还价是分别讨价后的还价方式，是指把交易内容划分成若干类别或部分，然后按各类价格中的虚报部分或按各部分的具体情况逐一还价。

单项还价一般是与针对性讨价相应的还价方式，是指按所报价格的最小单位还价，或者对某个别项目进行还价。

2. 还价起点的确定

还价方式确定后，关键的问题是要确定还价起点。还价起点即买方的初始报价，它是买方第一次公开报出的打算成交的条件，其高低直接关系到自己的经济利益，也影响价格谈判的进程和成败。

（1）还价起点确定的原则：

1）还价起点要低。还价起点低能给对方造成压力，并影响和改变对方的判断及盈余的要求，能利用其策略性虚报部分为价格磋商提供充分的回旋余地和准备必要的交易筹码，对最终达成成交价格和实现既定利益目标具有不可忽视的作用。

2）还价起点要接近成交目标，至少要接近对方的保留价格，以使对方有接受的可能性。否则，太低的话，对方会失去交易兴趣而退出谈判，或者己方不得不重新还价而陷入被动。

（2）还价起点确定的参照因素：

1）报价中的含水量。在价格磋商中，虽然经过讨价，报价方对其报价做出了改善，但改善的程度各不相同，因此，重新报价中的含水量是确定还价起点的第一项因素。对于含水量较少的报价，还价起点应当较高，以使对方同样感受到交易的诚意；对于含水量较多的报价，还价起点就应该较低，以使还价与成交价格的差距同报价中的含水量相适应。同时，在对方的报价中，会存在不同部分含水量的差异，因而，还价起点的高低也应有所不同，以此可增强还价的针对性并为己方争取更大的利益。

2）成交差距。对方报价与己方准备成交的价格目标的差距是确定还价起点的第二项因素。对方报价与己方准备成交的价格目标的差距小，其还价起点应当较高；对方的报价与己方准备成交的价格目标差距大，还价起点就应较低。当然，不论还价起点高低，都要低于己方准备成交的价格，以便为以后的讨价还价留下余地。

3. 还价的基本要求

（1）做好还价前的准备。还价不是一种简单的压低价格的过程。它必须建立在企业的利益分析、市场调查和货比三家的基础上，在此基础上确定自己的还价。

（2）明确对方报价的具体含义。己方在清楚了对方报价的全部内容后，就要透过其报价的内容来判断对方的意图，在此基础上可以分析出，怎样能使交易既对己方有利，又能满足对方的某些要求。也就是说，谈判人员要将双方的意图和要求逐一进行比较，弄清双方分歧所在，估计什么是对方的谈判重点等相关内容。

（3）统筹兼顾。由于价格既涉及技术问题，又涉及策略问题，包含的内容非常广泛，因此，在还价中，不能仅仅只把目光集中在价格上，应当通盘考虑，把价格与技术、商务等各个方面结合起来，统筹兼顾，这样才能使谈判更加富有意义，同时也可以缓和还价中存在的难度和矛盾。

（四）讨价还价中的让步

1. 让步的原则

在商务谈判过程中，在准确理解对方利益的前提下，努力寻求双方各种互利的解决方案是一种正常渠道达成协议的方式，但在解决一些棘手的利益冲突时，如果双方就某一个利益问题争执不下，如房东与承租人之间的房租问题，在国际贸易中的交货期长短问题，最终的价格条款的谈判问题等，恰当地运用让步策略是非常有效的。在利益冲突不能采取其他的方式协调时，客观标准的让步策略的使用在商务谈判中会起到非常重要的作用。成功让步的策略和技巧表现在谈判的各个阶段，但是要准确、有价值地运用好让步策略，总体来讲必须服从以下原则：

（1）目标价值最大化原则。应当承认，商务谈判中的很多情况下并非是一个目标，在谈判中处理这些多重目标的过程中不可避免地存在目标冲突现象，谈判的过程事实上是寻求双方目标价值最大化的一个过程，但这种目标价值的最大化并不是所有目标的最大化，如果是这样，就违背了商务谈判中的平等、公正原则，因此也避免不了在处理不同价值目标时使用让步策略。不可否认，在实际过程中，不同目标之间的冲突时常发生，但是在不同目标中的重要价值及紧迫程度也不相同的，所以在处理这类矛盾时所要掌握的原则就需要在目标之间依照重要性和紧迫性建立优先顺序，优先解决重要及紧迫的目标，在条件允许的前提下适当争取其他目标，其中的让步策略首要就是保护重要目标价值的最大化，如关键环节——价格、付款方式等。

成功的商务谈判者在解决这类矛盾时所采取的思维顺序是：

1）评估目标冲突的重要性，分析自己所处的环境和位置，在不牺牲任何目标的前提下冲突是否可以解决。

2）如果在冲突中必须有所选择的话，区分主目标和次目标，以保证整体利益的最大化，但同时也应注意目标不要太多，以免顾此失彼，甚至自相混乱，留给谈判对手可乘之机。

（2）刚性原则。在谈判中，谈判双方在寻求自己目标价值最大化的同时，也应对自己最大的让步价值有所准备，换句话说，谈判中可以使用的让步资源是有限的，所以，让步策略的使用具有刚性，其运用的力度只能是先小后大，一旦让步力度下降或减小，则以往的让步价值也失去意义。同时，谈判对手对于让步的体会具有“抗药性”，一种方式的让步使用几次就失去效果，同时也应该注意到谈判对手的某些需求是无止境的。谈判人员必须认识到，让步策略的运用是有限的，即使你所拥有的让步资源比较丰富，但是在谈判中对手对于你的让步的体会也是不同的，并不能保证取得预先期望的价值回报。

因此，在使用刚性原则时必须注意到以下几点：

1）谈判对手的需求是有一定限度，也具有一定层次差别，让步策略的运用也必须是有限的、有层次区别的。

2）让步策略运用的效果是有限的，每一次的让步只能在谈判的一定时期内起作用，是针对特定阶段、特定人物、特定事件起作用的，所以不要期望满足对手的所有意愿，对于重要问题的让步必须给予严格的控制。

3）时刻对让步资源的投入与你所期望效果的产出进行对比、分析，必须做到让步价值的投入小于所产生的积极效益。在使用让步资源时一定要有一个所获利润的测算，你需要投入多大比例来保证你所期望的回报，并不是投入越多，回报越多，而是寻求二者之间的最佳组合。

（3）时机原则。让步策略中的时机原则就是在适当的时机和场合做出适当、适时的让步，使谈判让步的作用发挥到最大、所起到的作用最佳。虽然让步的正确时机和不正确时机说起来容易，但在谈判的实际过程中，时机是非常难把握的，常常存在以下问题：

1）时机难以判定。例如：认为谈判的对方提出要求时，就认为让步的时机到了，或者认为让步有一系列的方法，谈判完成是最佳的时机。

2）对于让步的随意性导致时机把握不准确。在商务谈判中，谈判者仅仅根据自己的喜好、兴趣、成见、性情等因素使用让步策略，而不顾及所处的场合、谈判的进展情况及发展方向等，不遵从让步策略的原则、方式和方法。这种随意性导致让步价值缺失、让步原则消失，进而促使对方的胃口越来越大，己方在谈判中丧失主动权，导致谈判失败，所以在使用让步策略时千万不得随意而为之。

（4）清晰原则。在商务谈判的让步策略中的清晰原则是指让步的标准、让步的对象、让步的理由、让步的具体内容及实施细节应当准确、明了，避免因为让步而导致新的问题和矛盾。常见的问题有：

1）让步的标准不明确，使对方感觉自己的期望与你的让步意图错位，甚至感觉你没有在关键问题上让步而是含糊其词。

2）方式、内容不清晰，在谈判中你所做的每一次让步必须是对方能明确感受到的。也就是说，让步的方式、内容必须准确、有力度，对方能够明确感觉到你所做出的让步，从而激发对方的反应。

（5）弥补原则。如果迫不得已，己方再不做出让步就有可能使谈判夭折的话，也必须把握住"此失彼补"这一原则。即这一方面（或此问题）虽然己方给了对方优惠，但在另一方面（或其他地方）必须加倍地、至少均等地获得补偿。当然，在谈判时，如果发觉对于某一问题，己方若是让步可以换取彼处更大的好处时，也应毫不犹豫地做出让步，以保持全盘的优势。

小结论：商务谈判中没有无理由、无价值的让步。

2. 让步的策略

在商务谈判中，为了达成协议，让步是必要的。但是，让步不是轻率的行动，必须慎重处理。成功的让步策略可以起到以局部小利益的牺牲来换取整体利益的作用，甚至在有些时候可以达到“四两拨千斤”的效果。但是，不同的让步策略给对方传递不同的信息，选择、采取哪种让步策略，取决于以下几个因素：谈判对手的谈判经验，准备采取什么样的谈判方针和策略，期望让步后对方给予我们何种反应。

（1）予远利、谋近惠的让步策略。就问题的实质来看，谈判中的让步就是给对方一种利益需求上的满足，这种满足不外乎表现为两种形式，即现实的满足和未来的满足。而对未来的满足程度完全凭借谈判人员自己的感觉：有的对未来很乐观；有的则很悲观；有的希望马上完成交易，获取利益；有的却希望能够获得更大的收益。对于有些谈判人员来说，可以通过给予其期待的满足或未来的满足而避免给予其现实的满足，即为了避免现实的让步而给予对方以远利。当对方感觉较好时，即可放弃现实的利益而对未来持有希望。

案例 5－10

一位买家进入一家橱柜销售门店，想要为自己的新家订制一套橱柜。橱柜店的老板非常热情地进行了介绍和报价，双方经过一番讨价还价后，橱柜店的老板亮出了自己最后的价格，并且表示不可能再次降价了。这时的价格与买家的心理价位还有一点差距，于是，买家向橱柜店的老板表示，自己还有两个朋友的新房马上也要买橱柜了，并会到自己的家里来参观，如果这次的价格优惠，可以向自己的朋友推荐他们的橱柜。橱柜店的老板一听，非常高兴，立刻表示可以再给予一定的价格让步，最后的成交价让买家非常满意。

当对方在谈判中要求我方在某一问题上做出让步时，我方即可通过强调保持与我方的业务关系，将能给对方带来长期的利益，而且本次交易对于是否能够成功地建立和发展双方之间的这种长期业务关系是至关重要的。在运用予远利、谋近惠的让步策略时，重点是能够说服对方，像这种交易，远利比近利更重要。如果对方采取弃近惠取远利的做法，就避免了我方现实的让步。日本商人较注重远期利益，而港商则往往比较注重近惠。其实，对于我方来讲，采取了予远利、谋近惠的让步策略，并未付出什么现实的东西，却获得了近惠，因此，何乐而不为。

（2）互利互惠的让步策略。互利互惠的让步策略是指以己方的让步，换取对方在某一问题上的让步的策略。从理论和实践的综合角度来看，能否争取到这种互利互惠的让步方式，很大程度上取决于谈判双方商谈的方式：一种是横向式商议，即采取横向铺开的方法，将几个谈判议题同时加以讨论，也就是每个议题同时取得进展，然后再统一向前推进；另一种是纵向深入式商谈，即先集中谈判重要的原则，再开始解决其他议题的纵向前进的方式。很显然，采用纵向商谈方式，比较容易出现双方对某一问题的纠缠，容易争执不休，可在经过一番努力之后，往往会出现单方让步的局面。相应地，如果我们采用横向商谈方式，因为该种方式把整个谈判的内容、议题集中在一起同时展开商谈，所以双方很容易在各个不同的议题上进行利益交接，从而达到互利互惠的让步策略。

争取互利互惠的让步，不仅要看谈判议题的商议方式，而且需要谈判者有开阔的思路和视野。除了某些本方必须得到的利益必须坚持以外，不要太固执于某一个问题的让步，在一个问题上卡死。要将谈判看成一盘棋，即整个合同的各个具体问题更加重要。要分清楚利害关系，向对方阐明各个问题上所有的让步时要视整个合同是否令人满意而定。因此在进行让步时，要灵活地使本方的利益在其他方面能够得到补偿。

为了能够顺利地争取到互利互惠的让步，从商务谈判的实践来看，通常采用的技巧是：

第一，如果对方要求我方让步，我方谈判人员首先表示在某个问题上可以让步，但这种让步的做出是与本公司的政策、规定或公司主管本次谈判的领导的愿望与指示是相矛盾的，因此我方所做的这次让步是有条件的，即对方在接受我方让步的同时应该给予相应的回报，以便我方在谈判结束后对公司有个交代，这也是在情理中的事情，想必对方是会接受的。

第二，如果双方同时要求对方做出让步，可以把我方的让步和对方的让步直接联系起来，即当对方要求我方做出让步时，我方可以表示让步是没有太大障碍的，只是在我方要求对方的让步上双方能够意见统一，一切都不成问题。

这是两种最为常用的技巧。在实际运用中，第一种方法比较容易取得对方的理解，因为给人的感觉是言之有理，且言中有情，因此比较容易取得成功。第二种方法则给人以坦实、交易色彩浓厚，并且比较生硬、人情不足之感，运用起来技巧性较第一种差些，但在环境及谈判气氛适当时运用，也会起到较好的效果。

(3) 己方丝毫无损的让步策略。丝毫无损的让步是指在谈判过程中，当谈判的对手就其中一个交易条件要求我方做出让步时，在我方看来，其要求的确有一定道理，而且对方又不愿意在这个问题上做出实质性的让步，这时可以采取这样一种处理办法，即首先认真倾听对方的诉说，并向对方表示这样一个意思：我方已充分理解了贵方的愿望和要求，也认为贵方的要求具有一定的合理性，但是根据我方目前的状况，因为受到种种原因的限制，实在难以接受贵方的要求，不过我们能够保证，我们给贵方在这个问题上的交易条件一定是最优越的，不会有任何一个其他用户会享受比贵方更好的待遇，这点请贵方放心，同时也请贵方能够谅解我们。通常情况下，如果不是什么原则性很强的问题，对方往往会通情达理，接受我方的想法而放弃让步的要求。

人们之所以能够通过上述技巧达到己方丝毫无损的让步，道理也比较简单。因此，人们对自己争取某个事物的行为的评价，往往并不完全取决于最终行为的结果，还取决于人们在争取过程中的感受，有时感受可能比结果更为重要。当我们认真倾听对方的诉说和要求，肯定其要求合理性的时候，这实际上是对对方的一种尊重，或者说是对其受人尊敬的要求的满足。同时，我们又向对方保证给其的待遇不低于其他客户，这又进一步强化了这种受人尊敬的需求的效果。这样一来，就会使对方觉得与其他客商相比，自己本身并没有吃亏。这就迎合了人们普遍存在的一种心理：互相攀比、横向比较。以此来避免让步，实可谓艺术。

3. 让步的方式

在商务谈判实践中人们总结出了八种常见的让步方式，如表 5-1 所示。每一种方式传递的信息不同，对不同的对象也就有不同的结果。选择、采取哪一种让步方式，取决于以下几个因素：谈判对手的经验，准备采取什么样的谈判方针和策略，让步后期望对方给予我们何种反应。

表 5-1　八种常见的让步方式

让步方式	预定让步	第一期让步	第二期让步	第三期让步	第四期让步
一	60	0	0	0	60
二	60	15	15	15	15
三	60	13	8	17	22
四	60	22	17	13	8
五	60	26	20	12	2
六	60	49	10	0	1
七	60	50	10	−1	1
八	60	60	0	0	0

下面具体地探讨这八种常见的让步方式的特点、优点、缺点及适用情况。

（1）方式一：在让步的最后阶段一步让出全部可让利益。该方式让对方感觉一直没有什么妥协的希望，因而被称作坚定的让步方式。如果买方是一个意志比较弱的人，当卖方采用此方式时，买方可能早就放弃讨价还价了，因而得不到利益；如果买方是一个意志坚强、坚持不懈、不达目的不罢休的人，那么买方只要不断迫使对方让步，即可达到目的，获得利益。在运用这种方式时，买卖双方往往都要冒着形成僵局的危险和可能。

特点：让步方态度比较果断，往往被人认为有大家风度。这种方式是：卖方在开始时寸步不让，态度十分强硬；到了最后时刻，则一次让步到位，促成和局。

优点：在起初阶段寸利不让，坚持几次“不”之后，足以向对方传递己方坚定信念。如果谈判对手缺乏毅力和耐性，就有可能被征服，使己方在谈判中获得较大的利益，对方会有险胜感，因此会特别珍惜这种让步，不失时机地握手言和，并且会给对方既强硬、又出手大方的印象。

缺点：由于谈判让步的开始阶段一再坚持寸步不让的策略，则可能失去合作伙伴，具有较大的风险性；同时，易给对方造成己方缺乏谈判诚意的印象，进而影响谈判进行。

适用情况：适用于对谈判投入少、依赖性差，因而在谈判中占有优势的一方。实践证明，谁在谈判中投入少、依赖性差，谁就有承担谈判失败风险的能力，或在某种意义上说，不怕谈判的失败。

（2）方式二：是一种等额地让出可让利益的让步方式。此种方法只要遇到耐心等待的买方，就会鼓励买方期待进一步的让步。

特点：卖方态度谨慎，步子稳健，极富商人气息。在商务谈判让步的过程中，不断地讨价还价，像挤牙膏一样，挤一步让一步，让步的数量和速度都是均等、稳定的，国际上称这种让步方式为“色拉米”香肠式谈判让步方式。

优点：首先，此种让步方式平稳、持久，本着步步为营的原则，因此不易让对方轻易占到便宜；其次，对于双方充分讨价还价比较有利，容易在利益均享的情况下达成协议；再次，当遇到性情急躁或无时间长谈的对手时，往往会占上风，削弱对方的还价能力。

缺点：首先，每次让步的数量相等、速度平稳，给人的感觉很平淡无奇，容易使人产生疲劳、厌倦的感觉；其次，谈判效率极低，通常会浪费大量的精力和时间，因此，谈判成本较高；再次，对方每次讨价还价一次，都有等额利润让出，这样会给对方传递一种信息，即只要耐心等待，总有希望获得更大的利益。

适用情况：等额让步方式目前使用极为普遍。在缺乏谈判知识或经验的情况下，以及在进行一些较为陌生的谈判时运用，效果往往比较好。对于一些商务性质的谈判，讨价还价比较激烈，分利必争，对于价格的谈判，应采取步步为营的原则。

(3) 方式三：是一种先高后低，然后又拔高的让步方式。

特点：比较机智、灵活、富有变化。在商务谈判的让步过程中，能够正确处理竞争与合作的尺度，在较为恰当的起点上让步，然后缓速减量，给对方传递一种接近尾声的信息。这时，如果买方已知足，即可收尾；如果买方仍要穷追不舍，卖方再大步让利，在一个较高的让步点上结束谈判。

优点：首先，起点恰当、适中，能够向对方传递合作、有利可图的信息；其次，使谈判富有变化，如果谈判不能在减缓中完成，则可采取大举让利的方法，使谈判易于成功；再次，在第二期让步中减缓一步，可以给对方造成一种接近尾声的感觉，易促使对方尽快拍板，最终能够保住己方的较大利益。

缺点：首先，这种让步方式是一种由少到多、不稳定的让步方式，容易鼓励对方继续讨价还价；其次，由于第二期让步就已向对方传递了接近尾声的信息，而后来又做了大幅让利，让人感觉不诚实，因此，对于基于友好合作关系的谈判来说往往不利；再次，由于初期让步比较适当，给对方留下了很好的印象，可第二期让步却向对方传递了一个不真实的信息，因此，影响了初期留下的好印象。

适用情况：这种方式适用于竞争性较强的谈判，由谈判高手来使用。该策略在运用时要求技术性较强，又富有变化性，同时，又要时时刻刻观察谈判对手对己方让步的反应，以调整己方让步的速度和数量，实施起来难度较大。

(4) 方式四：是一种小幅度递减的让步方式，即先让出较大的利益，然后再逐期减让，到最后一期让出较小的利益。

特点：比较自然、坦率，符合商务谈判中讨价还价的一般规律。以较大的让步作起点，然后依次下降，直到可让的全部利益让完为止，因此，这种让步策略往往给人以和谐、均匀、顺理成章的感觉，是谈判中最普遍采用的一种让步方式。

优点：首先，易为人们所接受，给人顺其自然的感觉；其次，由于让步采取先大后小的方式，这往往有利于促成谈判的结局；再次，让步的程度是一步较一步更为谨慎，一般不会产生让步上的失误；最后，达成协议是在等价交换、利益均享的条件下完成的。

缺点：首先，让步由大到小，对于买方来讲，越争取利益越小，因而往往使买主感觉不是很好，故终局情绪不会太高；其次，这是谈判让步中的惯用方法，缺乏新鲜感。

适用情况：此种谈判让步方式一般适用于商务谈判的提议方。原因是谈判方对谈判的和局更为关切，理应做出较大的让步，以诱发对方从谈判中获利的期望。

（5）方式五：是一种幅度稍大的递减让步方式，表现出卖方强烈的妥协意愿，但同时也告诉买方减价是有限的。这种让步方式往往显示出卖方的立场越来越坚定，表示卖方愿意妥协，但不会轻易让步，也告诉对方，让步的余地越来越小，到谈判的最后阶段，以一个适中让步结束谈判。

特点：合作为主，竞争为辅，诚中见虚，软中带硬。在初期以高姿态出现，并做出较高的礼让，然后让步幅度逐轮减小，以向对方传递无利可让的信息。

优点：它既向对方显示出谈判的诚意和己方强烈的妥协意愿，又向对方巧妙地暗示出己方已尽了最大的努力，做出了最大的牺牲，因此进一步的退让几乎不可能，从而显示出己方的坚定立场。

缺点：让步策略的一开始让步很大，容易造成己方软弱可欺的不良印象，加强对方的进攻性。

适用情况：适用于以合作为主、以互惠互利为基础的谈判，在开始时做出较大的让步，有利于创造出良好的合作气氛和建立友好的伙伴关系。

（6）方式六：是一种开始时大幅度递减，但又出现反弹的让步方式。此种方式在初期让出绝大部分可让的利益，目的是表示己方的诚意。

特点：给人以软弱、憨厚、老实之感，因此成功率较高。这种方式是卖方在让步初期即让出绝大部分利益，第二期让步即达己方可让利益的边际，到第三期拒绝让步，这就向对方传递了该让的利已基本让完了的信息。如果对方仍一再坚持，再让出最后一步，以促成谈判的成功。

优点：首先，以求和的精神让出多半利益，因此有可能换得对方较大的回报；其次，第三期让步时做出了无利可让的假象，这有可能打消对方进一步要求己方再一次让利的期望；再次，最后让出小利，既向对方显示了己方的诚意，又使谈判对手难以拒绝签约，因此往往收效不错；最后，尽管其中还有余地，但客观上仍表现出以和为贵的温和态度。

缺点：首先，开始时表现软弱，大步让利，如果遇到贪婪的对手，会促使对手变本加厉，得寸进尺；其次，这种方式可能由于第三期让步遭到拒绝后，导致谈判出现僵局或败局。

适用情况：这种方式适用于在谈判竞争中处于不利境地，但又急于获得成功的谈判一方。它使己方有三次较好的机会达成协议。

（7）方式七：是一种在第一期、第二期即全部让完可让利益，第三期赔利相让，到第四期再讨回赔让部分的让步方式。这是一种在谈判中最具有特殊性的让步方式，也是最富有戏剧性的一种方式。

特点：风格果断诡诈，又具有冒险性。第一期的大部分让利和第二期的小部分让利后，便把可让利益全部让完，第三期并非消极拒绝，而是诱惑性地让出本来不该让的一小部分利益，然后再从另外的角度进行讨价还价，在第四期收回该部分利益。可见，这是一种具有很高技巧的让步方式，只有非常有谈判经验的人才能灵活运用。

优点：首先，开始两期让出全部利益，具有很大的吸引力，往往会使陷入僵局的谈判起死回生；其次，若前两期的让利尚不能打动对方，再冒险让出不该让的利益，就会产生一种诱惑力，使对方沿着己方的思路往前走；再次，对方一旦与己方思路相同，并为谈判付出代价，再借口某原因，从另一角度找回己方所需的利益，就容易促成和局了。

缺点：首先，开头两期的全部可让利益的让出会导致对方期望增大，在心理上强化了对方的议价能力；其次，第三期额外的让步，如在第四期不能讨回，就会损害己方的利益；再次，在第四期讨回让利时，极易出现谈判破裂的局面。

适用情况：这种让步方式一般适用于陷入僵局或危难的谈判，由于己方处于危险境地，又不愿使己方付出的代价付诸东流，因此不惜在初期就大步相让，以牺牲自己的利益为代价来挽救谈判，以促成谈判和局。

(8) 方式八：是一种一次性让步的方式，即一开始就让出全部可让利益。

特点：态度诚恳、务实、坚定、坦率。在谈判进入让步阶段，一开始即亮出底牌，以达到以诚取胜的目的。

优点：首先，由于谈判者一开始就向对方亮出底牌，让出自己全部可让利益，比较容易打动对方，采取回报行为，促成和局；其次，率先大幅度让步，富有巨大诱惑力，会在谈判桌上给对方留下深刻印象，有利于获取长远利益；再次，一步让利，坦诚相待，提高谈判效率，有利于速战速决，降低成本。

缺点：首先，由于这种让步方式操之过急，会给对方传递一种可能尚有利可图的信息，导致对方继续讨价还价；其次，由于一次性的大步让利，可能失掉本来能够力争的利益。

适用情况：在己方处于谈判的劣势或谈判各方之间关系较为友好的情况下，可采用此策略。此策略表现得积极、坦诚，以诚动人，以自己的最大让步感动对方，使对方以同样的方式予以回报，并建立友好的关系。

以上八种让步方式基本上概括了实际谈判中的各种让步方式。从实际谈判的情况看，采用较多的是第四种和第五种让步方式，这两种方式适应一般人心理，易为对方所接受。第三种、第六种和第七种让步方式，其运用需要较高的艺术技巧和冒险精神。有可能做少量让步，迅速达成交易，也有可能因运用得不好而造成僵局。第二种和第八种方式在实际中采用得较少，第一种则基本不采用。在实际谈判中采用哪种让步方式，要根据具体情况来确定，不能一味地生搬硬套，要以实现己方的最大利益和谈判的最终成功为目的。

三、商务谈判僵局突破

谈判进入实质的磋商阶段以后，谈判各方往往由于某种原因相持不下，陷入进退两难的境地。我们把这种谈判搁浅的情况称为“谈判的僵局”。僵局之所以会经常产生，其原因就在于来自本国不同的企业以及不同国家或地区的谈判者，都各有自己的利益。当谈判进展到一定阶段时，这种对各自利益的期望或对某一问题的立场和观点确实很难达成共识，甚至相去甚远，而各方又不愿再做进一步的让步，就形成了僵局。

当僵局形成以后，必须进行迅速的处理，否则就会对谈判的顺利进行产生影响。妥善处理僵局，必须对僵局的性质、产生的原因等问题进行透彻地了解和分析，才能正确地加以判断，从而有助于双方进一步采取相应的策略和技巧，选择有效的方案，重新回到谈判桌上。

（一）谈判僵局的种类

谈判僵局的种类按照人们对谈判本身的理解角度不同，有不同的分类方法。

1. 从狭义谈判上的分类

（1）谈判初期僵局。谈判初期主要是双方彼此熟悉、了解、建立融洽气氛的阶段，双方对谈判都充满了期待。但是如果由于误解，或由于某一方谈判前准备得不够充分等，使另一方感情上受到很大伤害，就会导致僵局的出现，以至于使谈判匆匆收场。

（2）谈判中期僵局。谈判中期是谈判的实质性阶段，双方需要就有关技术、价格、合同条款等交易内容进行详尽地讨论、协商。在合作的背后，客观地存在各自利益上的差异，这就可能使谈判暂时向着使双方难以统一的方向发展，产生谈判中期的僵局。而且中期僵局常常具有此消彼长、反反复复的特点。有些中期僵局通过双方之间重新沟通，矛盾便可迎刃而解，有些则因双方都不愿在关键问题上退让而使谈判长时间拖延，问题悬而难解。因此，中期是僵局最为纷繁多变的阶段，也是谈判破裂经常发生的阶段。

（3）谈判后期僵局。谈判后期是双方达成协议的阶段，在已经解决了技术、价格等关键性问题之后，还有诸如项目验收程序、付款条件等执行细节需要进一步商议，特别是合同条款的措辞、语气等经常容易引起争议。但是谈判后期的所谓僵局不像中期那样难以解决，只要某一方表现得大度一点，稍做些让步便可顺利结束谈判。需要指出的是，后期阶段的僵局也不容轻视，如果掉以轻心，有时仍会出现重大问题，甚至使谈判前功尽弃。因为到了后期，虽然合作双方的总体利益及其各自在利益上的划分已经通过谈判确认，但是只要正式的合同尚未签订，总会有未尽的权利、义务、责任、利益和其他一些细节尚需确认和划分，因此，不可疏忽大意。

2. 从广义谈判上的分类

（1）协议期僵局。是双方在磋商阶段意见产生分歧而形成的僵持局面。

（2）执行期僵局。是在执行项目合同过程中，双方对合同条款理解不同而产生的分歧，或出现了双方始料未及的情况而把责任有意推给他人，抑或一方未能严格履行协议引起另一方的严重不满等，由此而引起的责任分担不明确的争议。

(二) 谈判僵局的成因

不论是谈判中的何种僵局，其形成都是有一定原因的。只要我们能够对这些原因准确地加以判断与适度地把握，突破僵局也就有的放矢了。那么，当我们认真而冷静地对僵局的成因进行分析时，就会发现，其原因不外乎包括以下几个方面：

1. 立场观点的争执

在谈判过程中，如果双方对某一问题各持自己的看法和主张，并且谁也不愿做出让步，往往容易产生分歧，双方争执不下。当双方越是坚持自己的立场时，双方之间的分歧就会越大。这时，双方真正的利益被这种表面的立场所掩盖，而且为了维护各自的面子，非但不愿做出让步，反而会用顽强的意志来迫使对方改变立场。于是，谈判变成了一种意志力的较量，谈判自然陷入僵局。

案例 5-11

买卖双方正在就一笔电子产品交易进行谈判，卖方介绍自己的企业产品质量高、市场竞争力强、需求旺，因此，报价高。买方则认为这种产品质量一般，目前市场上替代品和新产品不断涌现，需求呈下降趋势，因此，还价力度大。这时双方因为各自的看法争执不下，因而在价格上互不让步，导致僵局产生。

经验证明，谈判双方在立场上关注越多，就越不能注意调和双方利益，也就越不可能达成协议，甚至谈判双方都不想做出让步，或以退出谈判相要挟，这就更增加了达成协议的困难。拖延谈判时间，容易致使谈判一方或双方丧失信心与兴趣，最终使谈判以破裂而告终。立场观点的争执所导致的谈判僵局是比较常见的，因为人们最容易在谈判中犯立场观点性争执的错误，这也是形成僵局的主要原因。

2. 有意无意地强迫

在谈判中，人们常常有意无意地由于采取强迫手段而使谈判陷入僵局。特别是涉外商务谈判，由于不仅存在经济利益上的相争，而且有维护国家、企业及自身尊严的需要，因此，某一方越是受到逼迫，就越是不会退让，谈判的僵局也就越容易出现。

案例 5-12

在国际业务交往中，有些外商特别是发达国家的外商常常强迫欠发达国家的企业接受难以理解的条件，如要求低价包销由其转让技术所生产的产品，强求购买其已淘汰的设备等。如果对方不答应，就反过来以取消贷款、停止许可证贸易等相威胁。诸如此类，都是导致僵局出现的原因，因此形成形形色色的僵局。

3. 人员素质的低下

俗话说事在人为，人的素质因素永远是引发事由的重要因素。事实上，仅就导致谈判僵局的因素而言，不论是何种原因，在某种程度上都可归结为人员素质方面的原因。但是，有些僵局的产生却往往很明显是由于谈判人员的素质欠佳，或是在使用一些策略时，因时机掌握不好或运用不当，导致谈判过程受阻及僵局的出现。因此，无论是谈判人员作风方面的原因，还是知识经验、策略技术方面的不足或失误，都可导致谈判的僵局。

4. 信息沟通的障碍

由于谈判本身就是靠“讲”和“听”来进行沟通的，整个过程中失真现象时有发生。这种信息沟通障碍是双方在交流彼此情况、观点，洽商合作意向、交易的条件等的过程中所能遇到的由于主观与客观的原因所造成的理解障碍，主要表现为：双方文化背景差异所造成沟通障碍；由于职业或受教育程度不同等造成的一方不愿接受另一方意见的沟通障碍等。这些都可能使谈判陷入僵局。

5. 合理要求的差距

从谈判双方各自的角度出发，双方各有自己的利益需求。当双方各自坚持自己的成交条件，而且这种坚持虽相去甚远，但却是合理的情况时，这时只要双方都迫切希望从这桩交易中获得所期望的利益而不肯做进一步的让步，那么谈判就很难进行，交易也没有希望成功，僵局也就不可避免地出现。这种僵局出现的原因就在于双方合理要求差距太大，不能达成共识所致。在商务谈判实践中，即使双方都表现出十分友好、真诚与积极的态度，但是如果双方对各自所期望的收益存在很大差距，那么就难免会出现僵局。

以上是造成谈判僵局的几种原因。在谈判实践中，很多谈判人员害怕僵局的出现，担心由于僵局而导致谈判暂停乃至最终破裂。其实大可不必如此，谈判经验告诉我们，这种暂停乃至破裂并不绝对是坏事。因为谈判暂停，可以使双方都有机会重新审慎地回顾各自谈判的出发点，既能维护各自的合理利益，又注意挖掘双方的共同利益。如果双方都逐渐认识到弥补现存的差距是值得的，并愿采取相应的措施，包括做出必要的进一步妥协，那么这样的谈判结果也真实地符合谈判原本的目的。即使出现了谈判破裂，也可以避免非理性的合作，即不能同时给双方带来利益上的满足。有些谈判似乎形成了一胜一负的结局。实际上，失败的一方往往会以各种各样的方式来弥补自己的损失，甚至以各种隐蔽方式挖对方墙脚，结果导致双方都得不偿失，所以说，谈判破裂并不总是以不欢而散而告终的。双方通过谈判，即使没有成交，但彼此之间加深了了解，增进了信任，并为日后的有效合作打下了良好的基础，从这种意义看来，也并非坏事，倒可以说在某种程度上是一件有意义的好事。

小结论：僵局的出现并不可怕，重要的是要正确地对待和认识僵局，并且能够认真分析导致僵局的原因，以便对症下药，打破僵局，使谈判得以顺利进行。

(三) 突破谈判僵局的策略与技巧

在谈判遇到僵局的时候，要想突破僵局，不仅要分析原因，而且要搞清分歧的所在环节及其具体内容，比如是价格条款问题，还是法律合同问题，抑或是责任分担问题等。在分清这些问题的基础上，进一步估计目前谈判所面临的形势，检查一下自己曾经做出的许诺和可能存在的不当之处，并进而认真分析对方为什么在这些问题上不愿意让步、困难之所在等。特别是要想方设法找出造成僵局的关键问题和关键人物，然后再认真分析在谈判中受哪些因素的制约，并积极、主动地做好与有关方面的疏通工作，寻求理解、帮助和支持，通过内部协调，我们就可以对自己的进退方针、分寸做出大致的选择。然后，我们就要认真研究突破僵局的具体策略和技巧，以便确定整体行动方案，并予以实施，最终突破僵局。

常见的用以突破僵局的策略和技巧主要有以下几种：

1. 从客观的角度来关注利益

在谈判陷入僵局的时候，人们总是自觉不自觉地脱离客观实际，盲目地坚持自己的主观立场，甚至忘记了自己的出发点是什么。因此，为了有效地克服困难、打破僵局，首先要做到从客观的角度来关注利益。

在某些谈判中，尽管在主要方面，双方有共同的利益，但在一些具体问题上，双方存在利益冲突，而又都不肯让步。这种争执对于谈判全局而言可能无足轻重，但是如果处理不当，由此而引发的矛盾激化到一定程度，即形成了僵局。由于谈判双方可能会固执己见，又找不到一种超越双方利益的方案，因此很难打破这种僵局。这时，应设法建立一项客观的准则，即让双方都认为是公平的，既不损害任何一方的利益，又易于实行的办事原则、程序或衡量事物的标准，这往往是一种一解百解的枢纽型策略，实际运用效果较好。

在客观的基础上，要充分考虑到双方潜在的利益到底是什么，从而理智地克服一味地希望通过坚持自己的立场来“赢”得谈判的做法。这样，才能回到谈判的原始出发点，才有可能突破谈判的僵局。

2. 从不同的方案中寻找替代

在商务谈判的过程中，往往存在多种可以满足双方利益的方案。而谈判人员经常简单地采用某一种方案，而当这种方案不能为双方所同时接受时，僵局就会形成。事实上，不论是国际商务谈判，还是国内业务磋商，都不可能是一帆风顺的，双方之间磕磕碰碰是很正常的事情。这时，谁能够创造性地提出可供选择的方案，谁就能掌握谈判中的主动权。当然，这种替代方案一定既能有效地维护自身的利益，又能兼顾对方的利益要求。不要试图在谈判开始时就确定一个唯一的最佳方案，因为这往往阻止了许多其他可供选择的方案的产生，相反，在谈判准备期间，就能够构思出对彼此有利的更多方案，往往会使谈判如顺水行舟，一旦遇到障碍，只要及时调拨船头，即能顺畅无误地到达目的地。

3. 从对方的无理要求中据理力争

如果僵局的出现是由于对方提出的不合理要求造成的，特别是在一些原则问题上表现出蛮横、无理时，要做出明确而又坚决的反应。因为这时任何其他替代性方案都将意味着无原则的妥协，且这样做只会增加对方日后的欲望和要求，而对于我们自身来讲，却要承受难以弥补的损失。因此，要同对方展开必要的争执，让对方自知观点难立，不可无理强争，这样就可能使他们清醒地权衡得失，做出相应的让步，从而打破僵局。

案例 5－13

在一次多边国际商务谈判中，某大国的首席谈判代表在发言中非常傲慢，“你们必须……”“你们不能……”“我奉劝你们……”，开口闭口都是教训的口吻。等他发言完毕，轮到我国代表发言时，我国代表不紧不慢地说：“中国有句俗话说，‘不要班门弄斧’(Never teach a grandmother how to boil egg)。”这句中国俗语着实让外国谈判代表回味了好久。

4. 从对方的角度看问题

谈判实践告诉我们，谈判双方实现有效沟通的重要方式之一就是要设身处地，从对方的角度来观察问题，这同样是打破僵局的好办法。站在对方的角度思考问题，就能够多一些彼此间的理解，这对消除误解与分歧，找到更多的共同点，构筑双方都能接受的方案，有积极的推动作用。

当僵局出现时，首先应审视我们所提的条件是否合理，是不是有利于双方合作关系的长期发展，然后再从对方的角度来看他们所提的条件是否合理。实践证明：如果善于用对方思考问题的方式进行分析，会获得更多突破僵局的思路。可以肯定地说，站在对方的角度来看问题是很有效的，因为这样一方面可以使自己保持心平气和，在谈判中以通情达理的口吻表达我们的观点；另一方面可以从对方的角度提出解决僵局的方案，这些方案有时确实是对方所忽视的，所以一经提出，就很容易为对方所接受，使谈判顺利进行下去。

5. 从对方的漏洞中借题发挥

谈判实践告诉我们，在一些特定的形势下，抓住对方的漏洞，小题大做，会给对方一个措手不及，这对于突破谈判僵局会起到意想不到的效果，这就是所谓的从对方的漏洞中借题发挥。

从对方的漏洞中借题发挥的做法有时会被看作无事生非、有伤感情。然而，对于谈判对方的某些人的不合作态度或试图恃强凌弱的做法，运用从对方的漏洞中借题发挥的方法进行反击，往往可以有效地使对方收敛。相反，不这样做，会招致对方变本加厉地进攻，从而使我们在谈判中进一步陷入被动局面。事实上，当对方不是故意为难我方，而我方又不便直截了当地提出来时，采用这种旁敲侧击的做法，往往可以使对方知错就改，主动合作。

6. 当双方利益差距合理时即可釜底抽薪

谈判陷入僵局时，如果双方的利益差距在合理限度内，即可采用釜底抽薪策略来打破僵局。釜底抽薪同孤注一掷、背水一战相似，是一种有风险的策略。它是指在谈判陷入僵局时有意将合作条件绝对化，并把它放到谈判桌上，明确地表明自己无退路，希望对方能让步，否则情愿接受谈判破裂的结局。

运用釜底抽薪策略解决僵局的前提是：双方利益要求的差距不超过合理限度。只有在这种情况下，对方才有可能忍痛割舍部分期望利益，委曲求全，使谈判继续进行下去。相反，如果双方利益的差距太大，只靠对方单方面努力与让步根本无法弥补差距时，就不能采用此种策略，否则就只能使谈判破裂。

需要指出的是，这一策略不可随便地轻易使用，必须在符合上述前提条件时方可运用。但是，当谈判陷入僵局而又实在无计可施时，这一策略往往是最后一个可供选择的策略。在做出这一选择时，我们必须做好最坏的打算，否则就会显得茫然失措。切忌在毫无准备的条件下盲目滥用这一做法，因为这样只会吓跑对手，结果将是一无所获。另外，在整个谈判过程中，我们应该严格地遵守商业信用和商业道德，不能随意承诺，但一旦承诺就要严格兑现。因此，如果由于运用这一策略而使僵局得以突破，我们就要兑现承诺，与对方签订协议，并在日后的执行中充分合作，保证谈判协议的顺利执行。

7. 有效的退让也是潇洒的对策

对于谈判的任何一方而言，坐到谈判桌的目的主要是成功达成协议，而绝非抱着失败的目的前来谈判。因此，当谈判陷入僵局时，我们应清醒地认识到，如果促使合作成功所带来的利益要大于坚守原有立场而让谈判破裂所带来的好处，那么有效的退让也是我们应该采取的潇洒的对策。

在实际谈判中，达到谈判目的的途径往往是多种多样的，谈判结果所体现的利益也是多方面的。当谈判双方对某一方面的利益的分割僵持不下时，往往容易轻易地使谈判破裂。其实，这实在是一种不明智的举动。之所以会出现这样的结果，原因就在于没有掌握辩证地思考问题的方法。如果是一个成熟的谈判者，他应该明智地考虑在某些问题上稍做让步，而在另一些方面争取更好的条件。例如：在引进设备谈判中，有些谈判人员常常会因为价格上存在分歧而使谈判不欢而散。其实，像设备的功能、交货时间、运输条件、付款方式等方面双方尚未协商就匆匆地退出了谈判，是十分不明智的。事实上，作为购货的一方，有时完全可以考虑接受稍高的价格，而在购货条件方面，就有更充分的理由向对方提出更多的要求。例如：增加相关的功能，缩短交货期限，或在规定的年限内提供免费维修的同时，争取供方在更长的时间内免费提供易耗品，或分期付款等，这样做要比匆匆而散的做法经济得多。

经验告诉我们：在商务谈判中，当谈判陷入僵局时，如果对国内、国际情况有全面了解，又对双方的利益所在把握得恰当、准确，那么就应以灵活的方式在某些方面采取退让的策略，去换取另外一些方面的利益，以挽回本已失败的谈判，达成双方都能接受的协议。

案例 5-14

一位影视公司的副总裁有一个 200 万元的单子需要总裁签字，但是那时候女总裁正在和其他几位艺人开会，他知道这个会没有两三个小时是不会结束的，所以他就直接进去跟那位女总裁说这个单子必须马上签字。那位女总裁冷不丁说了一句："没看到我在开会吗？出去等着。我待会儿再去找你。"但是他知道如果他现在出去这个单子就毁了，结果更严重，所以他就在那里站着。这时候女总裁又来了一句："没听见我说话吗？出去。"他没有出去，一直跟女总裁说。这时候女总裁突然来了一句："你给我滚出去。"听到这句话他突然就懵了，怎么说自己也是个副总裁，女总裁怎么可以在别人面前这么说他。但是他不能就这么出去，这个时候他说了一句："亲爱的，不要任性可以吗？"听到这句话，女总裁的脸立马就变红了，直接拿笔在单子上签了个字，笑着让他赶紧离开。这个案例里的两个人无形中也是在谈判，这位副总裁就是巧妙地利用退让，让对方有一个台阶可以下，从而破解了谈判的僵局。所以，商务谈判中，我们可以给对方一个台阶，不要因为一个小问题就让整个谈判以失败告终。

除了以上所说的策略、技巧外，还可以做一些事情：

（1）更换谈判团成员。律师们最常用的是："今天下午我必须出庭，所以我的搭档会代替我继续谈判。"这个"庭"可能是网球场，但是这是变更谈判团人员的一个策略。

（2）变更谈判地点，建议午餐或晚餐后继续谈判。

（3）让可能刺激对方的成员离开。非常有经验的谈判专家不会触怒对方而被要求离开，因为他可能要在坏人策略中扮演很重要的角色。让这些人从谈判团里离开，可以减轻对方的压力，做出让步。

（4）谈论对方的习惯，或者讲一则八卦新闻，或者讲一个有趣的故事，以此来缓解气氛。

（5）寻求在财务上变化的可能性。例如：增加信用贷款，减少订单的保证金，或者调整付款条件，所有的这一切都足以改变原动力，使你打破僵局。

（6）与对方讨论分担风险的方法。接受可能变得不愉快的义务，这样会引起他们的关注。

（7）试着改变谈判室的气氛。如果谈判中关于双赢的重点已陷入低调，试着将它变得更具竞争性。如果谈判已很难控制，试着打开更多的双赢通道。

（8）建议在规格包装或交付方式上做些改变，看看这种变化是否能使双方积极地去思考更多的事情。

以上列举了一些突破谈判僵局的策略与技巧，谈判实践中还有许多策略，在此不可能一一列举。其实，有些策略是凭谈判人员自己去感知的，是难以用文字来表达清楚的。但是，不管怎样，要想突破谈判僵局，就要对僵局的前因后果作周密地研究，只有在分析、比较了各种可能的选择之后，才能确定实施某种策略或几种策略的组合。其运用的成功，从根本上说还是要归结于谈判人员的经验、直觉、应变能力等素质因素。从这种意义上讲，僵局突破是谈判的科学性与艺术性结合的产物，在分析、研究及策略的制定方面，谈判的科学成分大一些，而在具体运用上，谈判的艺术成分大一些。需要指出的是，在具体谈判中，最终采用何种策略应该由谈判人员根据当时、当地的谈判背景与形势来决定。一种策略可以有效地运用到不同谈判僵局之中，但一种策略在某次僵局突破中运用成功，并不一定就适用于其他同样的起因、同种形式的谈判僵局。只要僵局构成因素稍有差异，包括谈判人员组成不同，各种策略的使用效果都可能迥然不同。问题还在于谈判人员本人的谈判能力和本方的谈判实力，以及实际谈判中的个人及小组的力量发挥情况如何。另外，有效处理僵局中运用的各种策略及其组合，都要遵守职业道德的规范，防止落入歧途。这是谈判者应予以高度重视的。

任务实施

一、确定初始的报价

在这个阶段，张华要决定的其实有两个方面：第一是先报价还是后报价，第二是报高价还是报低价。两个公司以前有合作，张华对于红星美凯龙卖场的选位费和返利也比较了解，几乎可以判断出对方可能报出的价格，因此，张华选择了先报价，以便为谈判树立一个界碑，掌握主动权。由于是新产品上市，为了争取较有利的条件，还是希望价格能够低一些，因此，张华在公司给出的价格基础上做出了低报价的决定，以便为后续的磋商留出较大的余地，尽量压低成交价。表5-2是张华的价格目标方案。

表5-2 价格目标

1. 选位费	黄金地段（一楼正门位置）	接近黄金地段（二楼楼梯口位置）	接近黄金地段（一楼正门侧面）
最高价格	50万元/年	43万元/年	36万元/年
期望价格	48万元/年	40万元/年	33万元/年
初始报价	45万元/年	38万元/年	30万元/年
2. 销售额与返利	单类产品年销量在800件以上，按照每年销售额确定返利占销售额的比例		
最高价格	5%		
期望价格	4%		
初始报价	3%		

二、价格的磋商

双方的初始报价果然存在一定的分歧。张华首先对分歧进行了深入的分析，对方报出的选位费比较合理，与行情相一致，比较公司给自己的最高限价，双方的分歧不大，有可能让对方降低到我们的期望价格之下。但是销售额与返利的报价与我方初始报价存在较大差距，已经高出公司给出的最高限价较多，通过判断，张华认为是人为的假性分歧，可以消除。总体来说，双方的分歧不是太大，只要进一步磋商，有可能达成一致。

在后续的磋商中，张华运用了以下让步原则、幅度和策略。

1. 让步的原则

不要轻易让步，在对方最需要的时候做出让步；让步幅度不可过大，以免对方觉得己方“水分多”，进攻更猛烈；谨记让步对等的原则，注意“利益的交换”。

2. 让步的幅度

张华采用小幅度递减的让步方式，先让出较大的利益，然后再逐期减让，到最后一期让出较小的利益，给人以顺其自然的感觉，有利于促成谈判的结局，不会产生让步上的失误。

3. 让步的策略

张华运用了予远利、谋近惠的让步策略，告知对方，自己公司正在开发针对老年人的家具产品，也希望能继续跟红星美凯龙合作。同时，张华运用了互利互惠的让步策略，同意给红星美凯龙店庆时予以一定的支持，换取在选位费和返利上的让步。

三、突破谈判的僵局

在进行销售额与返利的磋商时，双方出现了僵局。初始报价对方要求单类产品年销售量在600件以上，按照每年销售额的6%作为返利，经过进一步磋商，对方将返利的销量提到了800件，但是返利的比率坚持在5.5%，这超出了公司给的最高限价，双方僵持不下。张华冷静了一下，分析了僵局产生的原因。首先，这些年红星美凯龙的发展形势很好，已经成为中国家居流通业领军品牌，销售网络遍布全国，这大大增加了他们的议价能力；其次，对方认为儿童家具市场发展迅速，利润率远高于传统家具市场。所以，他们一口咬定了5.5%的返利，坚决不让步，以便给我方造成较大的心理压力。张华决定采用暂时休会的策略，使双方先冷静下来，再寻找突破的办法。双方冷静下来后，张华向对方道出己方的意见：首先，儿童家具市场虽然前景很好，但是竞争也是非常激烈的，“快乐年华”刚刚上市，在众多品牌中采取的是低价渗透策略，利润本来定得就比较低；其次，红星美凯龙是“快乐年华”上市的第一选择，但是不是唯一选择；最后，张华做出了最后的返利报价4.8%，并表现出不同意就无法继续谈下去的意思。对方也马上缓和了自己的态度，表示可以考虑。张华在对方有意无意地强迫之下，据理力争，成功地打破了对方为了自己的利益制造的僵局。

任务拓展

根据你学到的商务谈判报价磋商阶段的相关知识，结合张华与红星美凯龙商务谈判的进展情况，你还能给张华提出哪些商务谈判报价磋商方面的建议？

知识检测

一、判断题

1. 在让步的最后阶段，一步让出全部可让利益方式适用于谈判中占有劣势的一方。（　　）

2. 商品的质量是商务谈判的核心。（　　）

3. 如果己方的谈判实力强于对方，那么对方先报价是最有利的。（　　）

4. 把价格分解成若干层次渐进提出，使若干次的报价最后加起来仍等于当初想一次性报出的高价，这就是“加价报价法”。（　　）

5. 报价时要对本方所报价格做出详细地解释和说明，以使对方清楚、明白。（　　）

6. 在做报价解释时要做到不问不答，就是指对于买方问及的问题一概不予回答。（　　）

7. 横向商谈方式比纵向商谈方式更容易使双方在各个不同的议题上进行利益交接，从而达到互惠互利的让步策略。（　　）

8. 在谈判准备期间，只有构思出更多对彼此有利的方案，才能保证谈判顺畅无误地达到目的。（　　）

9. 谈判陷入僵局时，如果双方的利益差距在合理限度内，可以采用釜底抽薪策略来打破僵局。（　　）

10. 突破僵局策略运用的成功，从根本上说，还是要归结于谈判人员的经验、直觉、应变能力等素质因素。（　　）

二、选择题

1. 最后让步中主要应把握的问题是(　　)。

A. 让步的时间和方式　　B. 让步的方式和幅度

C. 让步的时间和幅度　　D. 让步的幅度和频率

2. 用“多头并进”解决谈判僵局的方法是(　　)。

A. 单项谈判和纵向谈判　　B. 单项谈判和横向谈判

C. 多项谈判和纵向谈判　　D. 多项谈判和横向谈判

3. 谈判中最容易产生僵局的议题是(　　)。

A. 验收标准　　B. 违约责任

C. 合同价格　　D. 履约地点

4. “贵方如果违约必须承担责任，对不对?”此提问属于(　　)。

A. 探索式发问　　B. 借助式发问

C. 证明式发问　　D. 诱发式发问

5. 对方报价完毕后，己方正确的做法是(　　)。

A. 马上还价　　B. 要求对方进行价格解释

C. 提出自己的报价　　D. 否定对方的报价

6. 在谈判中，中国人采用得较多的让步方式是(　　)。

A. 一次性让步方式　　B. 坚定的让步方式

C. 小幅度递减让步方式　　D. 高额让步方式

7. 处理谈判僵局最有效的途径是(　　)。

A. 邀请高级别领导人介入谈判　　B. 将导致谈判僵局的因素消灭在萌芽状态

C. 当谈判僵局出现后再磋商　　D. 僵局出现后撤换谈判人员

8. 在最后阶段，一步让出全部可让利益是(　　)。

A. 坚定的让步　　B. 一次性让步

C. 特殊性让步　　D. 等额让步

9. 符合谈判让步原则的做法是(　　)。

A. 作同等让步　　B. 让步幅度要大

C. 让步节奏要快　　D. 在重要问题上不要轻易让步

10. 以下方法中属于间接处理潜在僵局的方法是(　　)。

A. 反问劝导法　　B. 归纳概括法

C. 场外沟通　　D. 先肯定局部、后全盘否定

三、简答题

1. 试述先报价的优缺点。
2. 简述日本式报价策略。
3. 简述价格磋商中的让步原则。
4. 试述价格磋商中常用的几种让步策略。
5. 谈判僵局的形成有哪几种原因？

四、案例题

一场特大索赔案

我国从日本S汽车公司进口大批FP148货车，使用时普遍发生严重质量问题，致使我国蒙受巨大经济损失。为此，我国向日方提出索赔。

谈判一开始，中方简明扼要地介绍了FP148货车在中国各地的损坏情况以及用户对此的反应。中方在此虽然只字未提索赔问题，但已说明了理由和事实根据，展示了中方谈判威势，恰到好处地拉开了谈判的序幕。日方对中方的这一招早有预料，因为货车的质量问题是一个无法回避的事实，日方无心在这一不利的问题上纠缠。日方为避免劣势，便不动声色地说："是的，有的车子轮胎炸裂，挡风玻璃炸碎，电路有故障，铆钉震断，有的车架偶有裂纹。"中方觉察到对方的用意，便反驳道："贵公司代表都到现场看过，经商检和专家小组鉴定，铆钉非属震断，而是剪断，车架出现的不仅仅是裂纹，而是裂缝、断裂！而车架断裂不能用'有的'或'偶有'，最好还是用比例数据表达，更科学、更准确……"

日方淡然一笑说："请原谅，比例数据尚未准确统计。""那么，对货车质量问题贵公司能否取得一致意见?"中方对这一关键问题紧追不舍。"中国的道路是有问题的。"日方转了话题，答非所问。中方立即反驳："诸位已去过现场，这种说法是缺乏事实根据的。""当然，我们对贵国实际情况考虑不够……""不，在设计时就应该考虑到中国的实际情况，因为这批车是专门为中国生产的。"中方步步紧逼，日方步步为营，谈判气氛渐趋紧张。中日双方在谈判开始不久，就在如何认定货车质量问题上陷入僵局。日方坚持说中方有意夸大货车的质量问题："货车质量的问题不至于到如此严重的程度吧？这对我们公司来说，是从未发生过的，也是不可理解的。"此时，中方觉得该是举证的时候，并将有关材料向对方一推说："这里有商检、公证机关的公证结论，还有商检拍摄的录像。如果……""不！不！对商检公证机关的结论，我们是相信的，我们是说贵国是否能够做出适当让步。否则，我们无法向公司交代。"日方在中方所提质量问题攻势下，及时调整了谈判方案，采用以柔克刚的手法，向对方踢皮球，但不管怎么说，日方在质量问题上设下的防线已被攻克了。这就为中方进一步提出索赔价格要求打开了缺口。随后，双方在FP148货车损坏归属问题上取得了一致的意见。日方一位部长不得不承认，这属于设计和制作上的质量问题所致。初战告捷，但是我方代表意识到更艰巨的较量还在后头。索赔金额的谈判才是根本性的。

随即，双方谈判的问题升级到索赔的具体金额上——报价、还价、提价、压价、比价，一场毅力和技巧较量的谈判竞争展开了。中方主谈代表擅长经济管理和统计，精通测算。他翻阅了许多国内外的有关资料，甚至在技术业务谈判中，他也不凭大概和想当然，认为只有事实和科学的数据才能服人。此刻，在他的纸笺上，在大大小小的索赔项目旁，写满了密密麻麻的阿拉伯数字。这就是技术业务谈判，不能凭大概，只能依靠科学、准确地计算。根据多年的经验，他不紧不慢地提出："贵公司对每辆车支付的加工费是多少？这项总额又是多少?""每辆车10万日元，计5.84亿日元。"日方接着反问道："贵国报价是多少?"中方立即回答："每辆16万日元，此项共计9.5亿日元。"精明强干的日方主谈人淡然一笑，与其副手耳语了一阵，问："贵国报价的依据是什么?"中方主谈人将车辆损坏后各部件需如何修理、加固、花费多少工时等逐一报价。"我们提出的这笔加工费并不高。"接着中方代表又用了欲擒故纵的一招："如果贵公司感到不合算，派员维修也可以。但这样一来，贵公司的耗费恐怕是这个数的好几倍。"这一招很奏效，顿时把对方将住了。日方被中方如此精确的计算折服，自知理亏，转而以恳切的态度征询："贵国能否再压低一点。"此刻，中方意识到，就具体数目的实质性讨价还价开始了。中方答道："为了表示我们的诚意，可以考虑贵方的要求，那么，贵公司每辆出价多少呢?""12万日元。"日方回答。"13.4万日元怎么样?"中方问。"可以接受。"日方深知，中方在这一问题上已做出了让步。于是双方很快就此项索赔达成了协议。日方在此项目费用上共支付7.76亿日元。

然而，中日双方争论索赔的最大数额的项目却不在此，而在于高达几十亿日元的间接经济损失赔偿金。在这一巨大数目的索赔谈判中，日方率先发言。他们也采用了逐项报价的做法，报完一项就停一下，看看中方代表的反应，但他们的口气却好似报出的每一个数据都是不容打折扣的。最后，日方统计可以给中方支付赔偿金30亿日元。中方对日方的报价一直沉默不语，用心揣摩日方所报数据中的漏洞，把所有的“大概”“大约”“预计”等含糊不清的字眼都挑了出来，有力地抵制了对方所采用的浑水摸鱼的谈判手段。

在此之前，中方谈判班子昼夜奋战，液晶体数码不停地在电子计算机的荧光屏上跳动着，显示出各种数字。在谈判桌上，我方报完每个项目的金额后，讲明这个数字测算的依据，在那些有理有据的数字上，打的都是惊叹号。最后我方提出间接经济损失费为70亿日元！

日方代表听了这个数字后，惊得目瞪口呆，老半天说不出话来，连连说：“差额太大，差额太大！”于是，进行无休止地报价、压价。

“贵国提的索赔额过高，若不压半，我们会被解雇的。我们是有妻儿老小的……”日方代表哀求着。老谋深算的日方主谈人使用了哀兵制胜的谈判策略。

“贵公司生产如此低劣的产品，给我国造成多么大的经济损失啊！”中方主谈接过日方的话头，顺水推舟地使用了欲擒故纵的一招：“我们不愿为难诸位代表，如果你们做不了主，请贵方决策人来与我们谈判。”双方各不相让，只好暂时休会。这种拉锯式的讨价还价，对双方来说是一种毅力和耐心的较量。因为谈判桌上，率先让步的一方就可能被动。

随后，日方代表急用电话与日本S汽车公司的决策人密谈了数小时。接着谈判重新开始了，此轮谈判一接火就进入了高潮，双方舌战了几个回合，又沉默下来。此时，中方意识到，己方毕竟是实际经济损失的承受者，如果谈判破裂，就会使己方获得的谈判成果付诸东流，而要诉诸法律，麻烦就更大。为了使谈判已获得的成果得到巩固，并争取有新的突破，适当的让步是打开成功大门的钥匙。中方主谈人与助手们交换了一下眼色，率先打破沉默说：“如果贵公司真有诚意的话，彼此均可适当让步。”中方主谈为了防止由于己方率先让步所带来的不利局面，建议双方采用“计分法”，即双方等量让步。“我公司愿意付40亿日元。”日方退了一步，并声称：“这是最高突破数了。”“我们希望贵公司最低限度必须支付60亿日元。”中方坚持说。

这样一来，中日双方各自从己方的立场上退让了10亿日元。双方比分相等。谈判又出现了转机。双方界守点之间仍有20亿日元的逆差。（但一个界守点对双方来说，都是虚设的。更准确地说，这不过是双方的一道最后的争取线。该如何解决这“百米赛路”最后冲刺阶段的难题呢？双方的谈判专家都是精明的，谁也不愿看到一个前功尽弃的局面。）几经周折，双方共同接受了由双方最后报价金额相加除以2，即50亿日元的最终谈判方案。

除此之外，日方愿意承担下列三项责任：

1. 确认出售给中国的全部FP148型货车为不合格品，同意全部退货，更换新车；

2. 新车必须重新设计试验，精工细作，并请中方专家检查验收；

3. 在新车未到之前，对旧车进行应急加固后继续使用，日方提供加固件和加固工具等。

一场罕见的特大索赔案终于公正地交涉成功了！

问题：

1. 中方在谈判中体现出怎样的让步策略？

2. 本次谈判中几次出现僵局的原因是什么？双方是如何成功突破僵局的呢？我们可以从中得出什么启示？

项目实训

实训课题1　　　　商务谈判报价

实训目的：

熟练掌握和运用商务谈判中的报价方法、技巧和策略。

背景资料：

PET公司与金盘公司的谈判已经开局，进入报价阶段。PET公司产品的生产成本为10 000元/吨，市场平均价格为12 000元/吨，公司制定的保留价格为11 000元/吨，理想成交价格为11 400元/吨。

本次谈判是双方第一次正式的谈判，不会直接成交。报价时既要给对方谈判代表留下美好的印象，使对方感觉到我方的诚意，认识到与我方合作可能给对方带来的好处，又不能给予太多的让步，以免给后续的谈判带来麻烦。

实训题目：

此次谈判的成败，直接关系到PET公司能否成功进入海南市场，你作为PET公司的谈判代表，你将如何实施报价策略，实现本次谈判的目的？

实训课题2　　　　商务谈判中的价格磋商

实训目的：

学会在具体环境中运用让步策略。

背景资料：

一家制造企业的老总准备和工会的领导展开对话。涉及的最大问题是涨工资问题。工会要求涨4%，而公司只想涨1%。这位老总研究一下形势，在过去的几次谈判中，双方都极力占领有利位置，并多次假装威胁拒绝继续谈下去，这总是会浪费好几个星期的时间，而最终不过是双方都妥协达成意料之中的结果。在这种情况下有两种选择。

方案一：企业慢慢提高，而工会慢慢让步，最终双方折中，2.5%可能是双方都接受的结果。

方案二：为避免双方的激战和时间上的浪费，企业早早地就做出了让步，在谈判的一开始就宣布他准备最终接受3%的结果，并宣称他只能做这么多。

最终这个企业老总没有采纳调解人的建议，选择了方案二。这让工会的领导们感到很高兴，但他们并不接受。如果公司一开始就可以提供这么多，他们自然会想，可能他们的要求太低了。而由于工会的期望值提高到不实际的程度，一个本来很有希望的谈判失败了，并最终导致了员工罢工。

实训题目：

（1）企业老总与工会的谈判为什么失败了？他采用了哪一种让步方式？

（2）假如这位企业老总采用方案一会有什么样的结果？为什么？

实训方式：

将学生分为两组，模拟上述案例练习让步的策略。

扩展阅读

谈判策略15条

1. 带一点狂

审时度势，必要时可以提高嗓门，逼视对方，甚至跺脚，表现一点吓唬的情绪，以显示自己的决心，使对手气馁。

2. 给自己留一定的余地

提出比自己的预期目标更高一些的要求，这样就等于给自己妥协时留下一些余地。目标定得高，收获便可能更多。

3. 装一点小气

让步要缓，而且还要显得很勉强，争取用最小的让步去换取对自己最有利的协议。

4. 权力有限

不要以“大权在握”的口吻去谈判，而要经常说：“如果我能做主的话……”要告诉对方，自己还不能做最后的决定，或说自己的最后决定权有限。这样，就更有回旋的余地，使自己有推后思考的时间和摸清对方底牌的时间。

5. 不要轻易亮出底牌

要使对手对自己的动机、权限以及最后期限知道得越少越好，而自己在这方面应对对方的情况知道得越多越好。

6. 运用竞争的力量

即使卖主认为他提供的是独门生意，也不妨告诉对方，自己还有买新产品或买二手货的路子。要显示自己还可以在买或不买、要或不要之间做选择，以造成一种竞争的态势。

7. 伺机喊“暂停”

如果谈判陷入僵局，不妨喊“暂停”，告诉对方：自己要找合伙人、老板或专家磋商。这就既可以使对方有时间重新考虑其立场，又可以使自己有机会研究对策，或者以一点小的让步重回谈判桌旁。

8. 不要急于成交

除非自己的准备工作十分充分，而对方却毫无准备，或者自己握有百分之百的主动权，否则，不必也不能不加思考就亮出自己的底牌。要有足够的时间去考虑谈判的各种细节。

9. 改变方法，出其不意

有时要突然改变方法、论点或步骤，使对方措手不及、陷入混乱而做出让步。如改变说话的声调、语气、表情等，都可能使对方改变立场和态度。

10. 盛气凌人

有时可以威逼对方，看对方如何反应。这一手有一定冒险性，但有时很生效，可以迫使对方接受修改的合同或重新开始谈判。

11. 间接求助战略

可以说："我真的喜欢你的产品，也真的有此需要，可惜我没有能力负担。"这样可以满足对方自负的心理，因而让步。

12. 小利也争

小利也是利，有时一个小利就是成千上万元，因而也值得一争。

13. 要有耐性和韧性

不要期望对方立即接受自己的新构思。坚持、忍耐，对方或许最终会接纳意见。

14. 不要逼得对方走投无路

成功的谈判是使双方都有好处，双方都愉快地离开谈判桌的谈判。谈判的原则是：没有哪一方是失败者，而且每一方都是胜利者。这就是双赢。

15. 谈判需要完整记录

谈判须有完整的记录，记录要准确无误。谈判结束后，还须双方认同签字。

项目六 商务谈判签约收尾

学习目标

知识目标

了解谈判结束的方式

掌握促成交易的策略

掌握合同订立、合同履行到合同管理中所涉及的相关法律规定

能力目标

能够准备表达和判断成交意图

能够恰当地运用成交策略

知识结构图

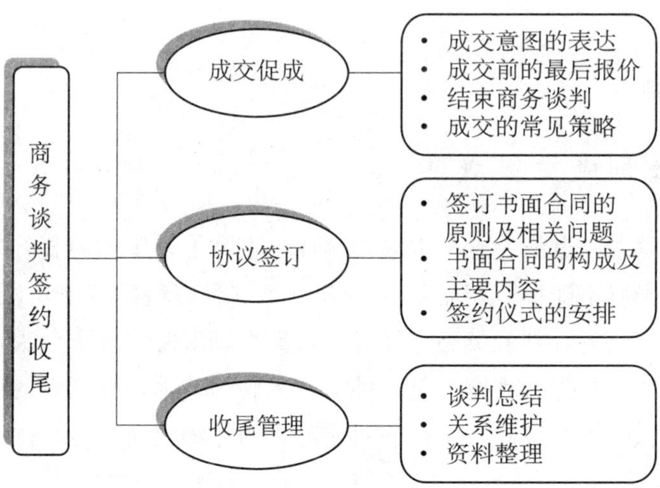

任务引入

【任务描述】

常州祥和家具销售公司与红星美凯龙关于“快乐年华”品牌儿童家具入驻的谈判经过几轮的交锋，主要的交易条件都已经达成一致意见，张华判断谈判已经可以进入成交阶段了。在这个阶段，他必须正确判定谈判成交的时机，抓住最后的机会，运用成交时的谈判策略实现自己企业的利益。在这个过程中，张华一点都不敢马虎，虽然主要的交易条件都已经谈妥，但是他深知这个阶段任何一个环节出问题都可能使前期的谈判成果付诸东流，甚至可能给企业带来巨大的损失。因此，即使到了商务谈判的签约收尾阶段，也不能放松，不能轻视。

学习任务：张华在商务谈判的签约收尾阶段应如何捕捉成交时机，表达成交的意图？如何运用成交阶段的策略，实现己方的利益？在签订谈判协议的时候，该注意什么？如何完成这次商务谈判后续的管理工作？

【任务分析】

商务谈判收尾阶段是整个谈判过程的最后一个环节，企业利益的实现与否以及大小，都在这个阶段见分晓。在这一阶段，要注意三个方面的问题：

（1）谈判者必须正确、有效地判断谈判成交的时机，运用好各种成交阶段的策略。

（2）对谈判的成果运用法律文书的形式加以合法化，是商务谈判结果得以保证的条件。

（3）谈判结束后对本次谈判做一次全面的总结，更是积累经验的有效做法。

知识平台

一、商务谈判成交促成

虽然商务谈判双方经过前面几个阶段的交锋，克服了许多障碍和分歧，但只是为成交铺平了道路，此时仍然不能掉以轻心，因为只要双方没有最后签字，谈判还有可能破裂。在谈判的收尾阶段，商务谈判人员还须经过一番努力以促使对方下定决心，采取具体的成交行动。此时的谈判，在很大程度上是一种掌握火候的艺术，有经验的谈判者总能在关键时刻巧妙地表明自己的签约意向，或抓住对方隐含的签约意向，趁热打铁促成交易。

（一）成交意图的表达

1. 成交所需的条件

在商务谈判过程中，选择适当的时机表达成交意图非常重要，过早、过迟都不行。若过早或过于仓促催促对方做出决定，过分表现出己方希望成交的热情，可能会使对方寸步不让地向你进攻；而过迟表示自己的成交意向，又丧失了最后的成交机会。正如垂钓，清楚地看到鱼漂上下颤动，的的确确有鱼咬钩，一次、两次、三次，当鱼漂从水面坠入水下时，才是扬竿获鱼的时机。过早，鱼儿要逃掉；过晚，鱼儿会吞食而去。达成交易也要有一个过程，要具备一些基本条件。条件具备了，发出成交意图，对方才能接受，协议才可能达成。成交大致具备如下一些条件：

（1）对方必须有内在的需求，即对方确确实实需要达成这项交易。

（2）对方必须信赖己方和己方所代表的企业。

（3）要有适当的交易条件。所谓适当，就是指经过双方磋商，交易的价格、质量、交货时间、支付方式、保养维修等方面适合对方的要求。

（4）对方必须有成交的欲望。

（5）对方必须拥有成交的决策权。

一个完整的商务谈判过程要经历开局、摸底、报价、磋商等不同阶段，但实际谈判工作中如果具备了以上这些条件，在任何一个阶段都有成交的可能。因此，要求商务谈判人员具有一定的成交经验和判断能力，机动、灵活，及时、准确地表达成交意图。

2. 成交信号的判断

成交信号是指商务谈判对方在洽谈过程中所表现出来的各种成交意向。要有效地促成交易，辨认对方的成交信号是个重要的先决条件。

从一定意义上说，成交行为是一种明示，成交信号则是一种暗示。因为在实际商务谈判工作中，谈判者为了保证自己所提出的交易条件，或为了杀价，即使心里很想成交，有些谈判对手也不愿主动和明确地提出成交，而是通过其他方式掩饰不住地流露出成交意向来。

尽管成交信号是一种暗示，但仍具有很大程度的可测性。商务谈判对方在已决定成交，但尚未采取成交行动时，或已有成交意向但不十分确定时，常常会通过其行为、言语、表情等多种外在方式不自觉地表露其心态。常见的成交信号的判断与接收技巧有：

（1）谈吐判断法。谈吐判断法是指商务谈判人员通过谈判对手的言辞来判断、分析其成交意向的技巧及方法。谈判者可通过关注、倾听对方的言辞和说话的语气，用心为对方的话语作设身处地的构想，以及认真研究对方话语背后的动机，对对方的讲话作归纳、判断，从而达到及时捕捉对方成交信号，进而采用相应的对策，有效促成交易的目的。

谈吐反映出的成交信号可以从下列情形来分析、判断：

1）过多地谈论具体问题。例如：询问交货的时间，请教产品的保养问题，询问产品的销量和交货日期，具体询问售后服务情况等。对方就交易内容提出问题越多，成功希望也就越大。

2）以价钱为中心的谈话。例如：以种种理由要求降低价格，向你打听新旧产品及有关产品的比价问题，询问以现金购买能够打多少折扣等。对方以价格支付等问题为中心进行询问或谈话时，便证明对方在非常现实地考虑成交问题了。

3）提出相关要求。例如：要求展示商品，要求详细说明使用时应注意的事项，要求你将报盘的有效期延续几天，要求实地试用产品等。这时就有可能是签订合同的时机。

4）对产品价格、重量等方面仍提出一些异议。经过一系列谈判步骤后，对方在产品价格、质量等方面仍然提出了一些意见。例如：这种价格真的不高吗？你们能保证产品的质量吗？使用时达不到要求怎么办？等等。这些虽然都是疑问或反问，但也是对方真正想要成交时所发出的一些信号，或者也可以说明对方在决心成交以前还坚持最后一次讨价还价。

（2）表情判断法。表情判断法是指商务谈判人员通过对谈判对手的面部表情、情绪等行为的观察、分析来判断其成交意向的技巧及方法。

谈判不仅是语言的交流，同时也是情绪、表情等行为的交流。在商务谈判即将结束，各项交易条件都已较明朗时，对方的成交意图也会通过表情、情绪等显露出来。商务谈判者要掌握谈判心理学的知识，遵循人的心理规律，深刻地洞察谈判对手的表情变化，及时发现成交意图，在此基础上实施相应的技巧和方法，促成交易。

案例 6-1

一位保险销售员在给顾客讲述一个充满感情的、很有说服力的第三者因为购买保险而从灾难中得到补偿的故事时，竟让对方忍不住眼含热泪，那么这个信号就很清晰地告诉销售员，顾客是非常有同情心并且关注自己的家庭成员的，这个信号为销售员销售保险产品提供了宝贵的线索和方向。

运用表情判断法应注意的问题：

1）既要注意观察对方的表情，又要听取对方的言辞。如果谈判者的精力都花在观察对方的动作和姿态上，他就不可能专心地倾听对方的发言，有时甚至会“充耳不闻”，这是不利于捕捉对方成交信号的，必须是“听其言、观其行”。

2）要因人而异，辩证地分析、判断对方表情的含义。人的内心活动和外在表现是极为复杂的，特别是各种习惯动作和姿态的含义往往因不同类型的谈判者，因不同的民族、不同的国别、不同的文化背景而异。因此，对谈判者的各种常见动作、姿态、表情要具体分析、判断，不可一概而论。

3）应结合对方的发言、所写的文字等综合分析、判断对方的成交意向。洽谈中的许多无声的信息传递，如情绪、步履、精力、情感等，老练的谈判者是可以伪装的。因此，为了更好地探测、判断对方的内心活动，我们在商务谈判中，除了要注意观察谈判对手的表情，以便捕捉、推测这些无声的含义外，更重要的是要把这种推测同对手的发言、所写的文字等结合起来进行全面的分析和判断，以此提高我们所做的推测的可靠程度。

（3）情势判断法。情势判断法是指商务谈判人员通过对谈判的情形、局势的观察、分析来判断对方的成交意向的技巧及方法。

由于在实际谈判过程中，用假象迷惑对方被普遍地认为是商务谈判中的常见现象，因而商务谈判者面临的困难之一就是难以使人相信自己所说的话或表情。因此，一旦商务谈判需要解决的问题的范围被限定下来，为及时抓住对方的成交信号，不仅要以对方的谈吐、表情去判断，而且必须通过谈判进展中的情形、局势的变化去判断。

一般认为，如果商务谈判局势出现以下变化，即认为是成交的信号。

1）对方乐于接受商务谈判人员的约见。一般来说，在绝大多数情况下，对方往往不愿意重复接见同一位成交无望的谈判人员。如果对方乐于接受谈判人员的约见，这就暗示着对方有成交意向。

2）对方索取产品样本或估价单，认真比较各项交易条件，认真阅读推销资料等。

案例 6-2

一位女士在面对皮衣导购员时，虽然是大热天，她仍穿着皮衣在试衣镜前足足折腾了一刻钟，她走来走去的样子好像是在做时装表演；而当她脱下皮衣时，两手忍不住又去抚摸皮毛，并且面带微笑。从这些表现我们就可以看出，这位女士的行为属于强烈的成交信号。

3）在洽谈过程中，对方主动提出更换面谈场所。一般情况下，对方不会更换洽谈地点和场所，这种更换也是一种暗示，是一种有利的成交信号。

4）在洽谈期间，对方不再接见其他公司的商务谈判人员或其他有关人员，这表明对方非常重视这次会谈，不愿被别人打扰，这时成交在望。

5）对方主动向商务谈判人员介绍该公司负责采购（销售）的人员及其他有关人员。在商务谈判过程中，谈判人员总是首先接近具有成效决策权的人员及其他有关人员，而这些人并不负责具体的买卖事宜，也很少直接参与有关具体成交条件的商谈。一旦对方主动向谈判人员介绍有关采购推销人员或其他人员，则表明决策人已经做出初步的成交决策，有成交的具体事项留待业务人员进一步商谈，这是一种明显的成交信号。

另外，还有其他一些信号，如对方接受邀请参加商品展示会或发表会，对方转托有关个人的事务等。

运用情势判断法应注意的问题：

1）结合对方的需要、动机加以分析、判断。对方的需要得到基本满足，从而激发成交动机，有了强烈的成交欲望才能做出成交决定。因此，要对谈判情势做出准确判断，就必须分析对方的需要及成交动机。

2）观察局势要全面、细致，结合对方的言行综合考虑。不仅要看到成交信号的表现，而且要对商务谈判的全貌和发展的全过程以及有关方面观察清楚，还必须综观对方的言行、表情，这样才能及时判断对方的成交意图。

3）善于分析商务谈判情景和商务谈判气氛。在不同的情景和气氛里，同样的行为表示可能具有不同的意义。因此，商务谈判人员对不同的商务谈判环境和商务谈判气氛要具体分析、判断，不能一概而论。

小结论：及时发现对方成交意图，不仅需要分析判断对方的言辞、表情，而且要深入、细致地观察商务谈判的局势加以综合分析、判断，以达到有效促成交易的目的。

3. 成交意图的表达技巧

（1）明朗表达法。明朗表达法是指用明确、完整的语言直截了当地向谈判对方提出成交的建议或要求的方法。一般在以下几种情况下使用：

1）当知道对方有成交意向，只是一时犹豫不决，拿不定主意时，可用该方法促使对方下定决心。例如："您已经了解了许多情况，现在可以下决心了吧。""没问题了吧，什么时候给您送货?""现在成交，您才能获得更大利润!"等等。

2）当谈判对方没有提出异议，也没有表达出明确的反对时，为使对方集中精力考虑成交问题，谈判人员应主动向对手提出成交要求。例如："张经理，既然没有什么不满意的地方，就请您在这里签个字……"

3）经过一番谈判，各种主要问题已基本明确，尤其是在解决某项重要的疑难问题之后，谈判人员应该趁机使用明朗表达法主动请求成交。

4）其他条件都已成熟，只是对方提出某些异议，如商品质量、价格或是货源等，对此谈判人员应加以利用和转化。例如对方说："就这一点那当然好了，不过半年才交货，时间太长了点。"你可以说："如果我们把交货时间缩短为 3 个月，请你马上决定好吗?"主动向对方排除某方面的异议，会促使对方尽快做出决定。

5）对一些老客户用明朗表达法最为适宜。因为双方较为熟悉，关系较好，对方一般不会拒绝成交建议。例如："最近好吧，打算进多少货?"

为了有效地促成交易，在使用明朗表达法时，商务谈判人员必须特别注意以下几个问题：

第一，在提出成交时，应表现得自然、诚恳，不慌不忙，不卑不亢，主动而不过分激动，更不能冲动；语言要恰当，不能是央求或乞求。乞求只会降低商务谈判者的身份，过分的请求和紧张会使对方获得心理优势和成交主动权，不利于商务谈判人员达成成交条件，甚至增加成交困难。

第二，应抓住适当的成交机会。如果成交时机不成熟，商务谈判者的成交请求就会变成一种障碍，会使对方产生一种高度紧张的心理状态，从而引起对方的反感，不利于成交。

第三，应针对对方真实的谈判动机，直接提示对方的需求问题。只有直接指出对方的需要或直接提出解决问题的办法，才能促使对方做出成交反应。同时，应该重视对方的谈判动机，如果忽视了对方的真实动机，再强有力的提示也难打动对方。

总之，明朗表达法是一种最基本的成交意图表达的方法，它体现了现代商务谈判精神，主动进取，灵活机动，讲求效率，节省时间。商务谈判者应该熟练掌握和正确使用，看准成交时机，及时促成交易。

（2）含蓄表达法。含蓄表达法是指商务谈判者不明说自己的成交意图，而是通过隐语、委婉语句或其他间接方式启发、引导对方领悟，并提示对方采取成交行动的成交意图表达方法。

运用含蓄表达法的微妙之处在于：既达到表达己方意图的目的，又不使商务谈判各方处境尴尬。使用含蓄表达法可以有效地排除心理障碍，进而促成交易。

在以下情况可考虑采用这种表达技巧：

1）对对方的成交意向把握不准时，为了既能表达己方的成交意图，又能使自己不失面子。

2）如果交易的内容是复杂的商品、贵重的商品和新上市的商品，当对方拿不定主意时，商务谈判者尽量使用含蓄的语言进行诱导，或用严密的逻辑分析进行推理，进而表达成交意图，力争使对方理解并接受。

3）针对有些对象适合采用含蓄表达法。不同的商务谈判对象喜欢不同的表达方式，对于那些为人精明的谈判对象、老成持重的谈判对象、机警敏锐的谈判对象、刚愎自用的谈判对象，地位显赫的谈判对象，用含蓄表达法表达成交意图均比较合适。

使用含蓄表达法需要注意如下事项：

第一，掌握好含蓄的分寸，制造有利的成交气氛。既要含蓄，又要把意思表达清楚，才能达到预期的目的。含蓄不是含糊，要准确表达自己的成交意图，而不能使谈判对方如坠云雾，摸不着头脑，甚至弄巧成拙，造成误会，变成成交异议，不利成交。

第二，需有针对性地使用含蓄。首先，必须把握交易的目的，启发对方。同时，应根据提示目的来选用提示方法，以达到提示对方成交的目的。其次，对不同的商务谈判对象，含蓄的程度、方式也应不同，要适合对方的学识、气量、修养。

第三，对反应迟钝或特别敏感的谈判对手不宜使用含蓄表达法。

（3）暗示表达法。暗示表达法是指不明确表示意思，而以隐蔽含蓄之言或动作情景使人领悟其含意所在。

暗示表达法一般有三种形式。语言的暗示：用含蓄的语言提示。行为的暗示：以姿态、面部表情、眼神、动作等提示。媒介物、情景的暗示：如以文件、电报等资料和时间、物品的摆设位置、座位的安排等提示。

在商务谈判过程中，可根据对方的不同情况而采取以下不同方法，暗示启发对方做出最后的决策：

1）向对方强调说明，现在成交对他有哪些方面的有利因素。

2）大胆地设想一切问题都已解决。如果是买方，可以询问对方的交货地点在哪里，如果是卖方，可以询问对方要采用哪一种货款支付结算方式，以明确暗示自己的成交意图。

3）采取结束商务谈判的某种实际行动。买方可以给卖方一个购货单的号码，卖方则可以开始填销货单，或递呈对方签字，或开始与对方握手。

4）向对方反复说明，如果现在不签约，将可能发生利润的损失。或可以用时间上限、存货有限等理由，暗示自己的成交意图并促使对方尽快做出成交决定。

（二）成交之前的最后报价

1. 进行回顾和分析

在商务谈判过程中，在真正达成交易的最后会谈以前，必须对整个商务谈判活动进行回顾和分析，其主要内容包括：

（1）所有的预先准备的谈判内容是否都已谈妥，是否还存在一些未能解决的问题，遗留问题怎样及何时能够处理等。

（2）所有的交易条件与谈判目标是否吻合，谈判的结果是否达到了期望的目标。

（3）要仔细回顾、分析让步条款和幅度，如果认为合理，就坚持；如果基本合理，在坚持的同时，可向对方提出希望，要求各方仍做一些相应的调整；如果发现让步不合理，则应果断收回，重新谈判。

（4）决定采用何种特殊的谈判结尾技巧。不仅要使交易最终成功，而且要使双方建立一种友好和相互尊重的感情。

（5）着手安排交易记录，起草好书面协议。

2. 沉着地作最终报价

当一方表示出签约意向，而对方又有同感的时候，谈判双方就需要做最后一次报价。对于最终报价，要注意不要过于匆忙，否则，会被对方认为你对交易非常看重，急于达成协议，对方有可能以此作为要求进一步让步的筹码；但如果报价过晚，又可能会失去最佳时机。

案例 6－3

在一场已经进行了一段时间的谈判中，双方在价格上都不愿意做出让步，谈判进展缓慢。有一天，甲方的谈判代表突然做出大幅度的调整，向乙方的谈判人员摊牌说："贵方不要再咬住 220 万元的价格了，我们也不再坚持 200 万元的立场了，我们就都退一步，以 210 万元成交吧！况且，尽早达成协议对我们双方都有好处，符合我们的共同利益。"作为销售方的乙方看到对方的态度后，马上意识到谈判已经进入收场阶段了，便开始着手准备收场阶段的谈判策略。

商务谈判在经过了激烈的讨价让价后，双方已基本明确了各自的观点，做出了一定的让步，并提出了修正后的成交意见，分歧已经基本统一。这时候谈判者就应该用灵敏的感觉来判断这次谈判是不是该到了结束的时候了。

（三）结束商务谈判

1. 商务谈判结束的标准

谈判者可以从交易条件、时间标准和策略标准等几个方面，判断商务谈判是否进入收尾阶段。

（1）交易条件。交易条件是指交易所涉及的所有条件的总和。如果谈判进展到双方的分歧只有少数几点或者已基本没有，交易条件在双方的可接受范围之内，并且原则上已经全部达成一致，就意味着谈判已经进入收尾阶段。

（2）时间标准。时间标准是以谈判可用时间来判定谈判结尾的做法。谈判时间到底应为多长？这是个复杂的问题。从谈判实践来看，该时间标准有三个可能的标准：所需的时间标准、所限的时间标准与竞争的时间标准。

1）所需的时间标准。该标准是以双方明示约定的谈判时间来判定谈判结束的做法。一般来讲，双方谈判者首场见面时均会问“贵方可待多久”或“有多少时间来商讨该交易”等，均以协商来确定谈判时间。当时间用完了，不论成交与否、分歧多少，谈判就意味着即将结束。

2）所限的时间标准。该标准是以谈判任何一方提出的可参与谈判的时间长度来判定谈判结束的做法。单方提时间限制可为法人，可为自然人；可以明示理由，也可不讲，仅通告即可；可在谈判一开始即明确，也可在谈判进行中明确。单方限时，可能为真，也可能为假，客观与策略两种情况均存在。判断其真假很重要，充分利用时间更重要。

3）竞争的时间标准。该标准是以参与交易竞争的第三者的行动时间表来判定谈判结束的做法。在竞争激烈的交易中，几个竞争对手同时投入某项交易的谈判是常有的事。此时，谈判进度与终结的时间一定受第三者的活动时间制约。自然的反应是抢在其前，即加快谈判进度。有时，在竞争对手比较强时，应静观其变，该出手时再出手，以求最大利益。

（3）策略标准。策略标准是以谈判中某些策略是否被应用，从而判定谈判是否该结束的做法。

2. 商务谈判结束的方式

商务谈判的结果有三种可能：一是谈判破裂，二是达成交易，三是中止谈判。谈判者在把握整个洽谈结束的策略和技巧时，应该注意谈判的气氛和可能的转机。

（1）谈判破裂。谈判破裂是因为双方分歧严重导致交易失败而结束。应该承认，在实践中，破裂的谈判比成交的谈判要多。交易成败不等于谈判成败，所以，应该重视当交易失败时，如何使谈判成功的技巧。

当对方宣布其最后立场和观点后，己方谈判者应设身处地为对方分析其立场的利弊，并言辞友好、态度诚恳，使对方感到我方的诚意。尽管存在较大分歧，但谨慎的谈判者会做进一步的考虑。

一般情况下，应该避免下列说法：

“行，我们就此结束。”

“随便你，我们是不会改变立场的。”

“你不谈，要走，我就欢送。”

这类言辞听起来均带有情绪化的成分，让人接受不了，只能加速关系破裂的进程。相反，己方应积极分析对方的观点和立场，采取以下言辞：

“这是我方的看法，贵方可以三思。”

“如果我们还有合作的可能，我们将愿意与您继续谈判下去。”

“我方的大门总是敞开着的，贵方什么时候有新的想法可以与我方联系。”

“贵方目前的态度我方是可以理解的，但请贵方与领导汇报一下，若有什么新的建议，我们将十分乐意听到。”

实践证明，温和的言辞和给对方台阶下的做法，相对于那些采取强硬态度的做法来说，可以给谈判留下更大的合作空间，有时复谈也是可能的。

(2) 达成交易。当谈判即将成交时，双方应及时握手以结束谈判。但在结束前，双方谈判人员应对所有达成一致的问题加以梳理，以防止遗漏，为最后的成交做好准备。

可以这样提出：“很高兴双方即将达成协议，使累人的谈判得以结束。让我们双方梳理一下已达成的协议，以便形成文字，若有遗漏也好补充。”或者：“我们很高兴与贵方达成协议，我们将向上级汇报我们的洽谈结果，若有什么问题再商量，请贵方体谅。”这样既留有余地，又不失礼节。

(3) 中止谈判。中止谈判是双方因某种原因未能就交易内容或条件完全达成协议即结束谈判全过程的做法。中止可由双方共同商定，也可由单方要求。对于中止的谈判，双方可以约定恢复谈判的时间，也可不约定。不同情况产生不同的中止谈判的要求。

1) 双方商定中止：双方商定的中止多为共同确认的原因引起，且均有交易愿望；有经验的谈判者同时会约定恢复谈判的时间或条件，也有遗忘约定恢复谈判时间的情况，此种情况会对恢复谈判带来复杂性。

2) 单方要求中止：单方要求中止时，必有难处，应说明原委，以求对方谅解，并安排日后恢复谈判的前提条件，以保持未来谈判的主动地位。若不讲原因就中止谈判，既损害对方的信任，也破坏自己的形象，后果严重。

3. 商务谈判结束时应考虑的几个原则

(1) 彻底性原则。在结束商务谈判时，双方应对谈判内容予以全部确认，谈判的横向及纵向深度都应具有彻底性。横向彻底性是对各方面问题要有完整的共识，不能遗漏；纵向彻底性是指各方面的要素要谈得透彻，谈得清楚，不能含糊。

(2) 不二性原则。商务谈判结束时，达成一致的条件应具有明确的不可更改性。该原则适用于以任何方式达成的一切协议上。只要谈判双方达成了协议而结束谈判，不论达成何种协议（内容与条件），不会有别的理解，其结果对双方均有约束力，不能随意修改。

（3）条法性原则。条法性原则是对双方达成的一切协议应以相应的法律形式表达，使之具有法律的约束与追索效力的要求。该规则要求谈判者做好三件事：

1）口头协议文字化。将谈判过程中口头达成的内容与条件协议形成书面协议。“空口无凭，立字为据”，这么做，也可保证不二性原则的履行。

2）文字协议格式化。将文字化的各种协议依合同格式的要求从命题到文本，从细目条款到大纲进行格式化及逻辑次序的整理，使之因果明确，条理清楚，互相支持，组成一个完整的、严谨的合同或契约。

3）不同格式、不同文字的文本一体化。对国际、国内的交易合同的不同语言文字、不同的合同文本进行文字核对，使不同文字、文本表达的意思一致；对交易构成的不同法律文件（合同正文、附件）进行审核，穿插引证，使之成为合同不可分割的有效组成部分。

（4）情理兼备原则。该原则是指结束谈判时，不论结果与形式如何，应将情感与理由贯穿其中，使谈判效果最佳。具体来讲，谈判者在结束谈判时，要尽力创造友好气氛，交易的实际情况符合各方所处的地位，符合双方的谈判努力情况，符合双方的利益，并且谈判人员能正确地将上述实际情况表述清楚。该原则的核心是谈判结束时要做到情理兼备，即使有些细节双方并不满意，也不会给以后履约造成麻烦。

4. 双方签订备忘录

双方经过长时间的艰苦努力，谈判所涉及的议题都已充分被双方肯定，谈判双方就所有分歧已经初步达成共识，如果认为协议条件对己方有利，并且谈判对方也愿意就此作为交易的条件，那么口头谈判就已经完成了。对于双方的承诺，可能只停留于口头，为了巩固谈判所取得的成果，在签订正式的合同之前，双方可以将所达成的交易条件写成书面的初步协议，或者双方签署谅解备忘录。

（1）草拟备忘录。在商务谈判，尤其是大型的商务谈判中，所面临的谈判内容很多，谈判者要想记住所有细节是不可能的。所以，在谈判过程中，谈判者应随时摘记要点，对双方讨论的问题和达成的协议必须记录下来，做好备忘录的起草工作。备忘录与其让对方写，不如自己动手，因为己方写备忘录有一个好处，它可以借此表达自己的观点，可以借解释其中的词句来确定自己对讨论的了解，用自己的看法来草拟协定。备忘录注重的是内容而不是措辞，应用简单的词句而不是用法律的词句来表达。对双方讨论过的工作、条件、价格、送货方式、品质等，都应该特别详细地记录下来，以作为正式签订合同时的依据。

（2）书写备忘录时应注意的几个问题：

1）当每一个谈判议题即将结束时，应将主要条款的内容向对方陈述一遍，取得对方的口头确认并在备忘录上签字，对这些问题要持谨慎、认真的态度。

2）如果备忘录是由己方书写的，在提出备忘录之前，应让己方的所有谈判人员反复检查一遍，以发现遗漏和错误之处。特别是对一些条款的内涵要搞清楚。例如：FOB价格（离岸价格）内是否包括装货费用，CIF价格（到岸价格）内是否含有卸货费用等。

3）要再次核对对方的口头允诺。有时候，口头允诺也有必要写进备忘录，并让对方签字。例如：对方愿意在几年内一直同己方合作；承诺在以后的多长时间里，购买己方的多少产品；或对方愿意承担己方来访人员的食宿费用等。

4）如果备忘录是由对方起草的，备忘录应该经己方人员详细研究，以发现遗漏和错误的地方。因为这些遗漏和错误也许是对手故意犯的错误，以利于对方利益，或者存心要使己方蒙受损失。

5）如果确实存在问题，我们要敢于正视，要有重新商谈一个被认为已经结束，但又和自己的初衷不一致的问题的勇气与准备。应该抱有不制造问题，但也不回避问题的态度。

（3）草拟协议时应注意的问题。一般的商务谈判过程都是双方先就细节问题在口头上达成协议，然后写成书面文件供双方上级审阅和批准通过。

1）协议由己方来起草大有益处。在商务谈判中，虽然双方在口头谈判过程中讨论了每一个细节，但时常也会发现有一些问题被漏掉了，需要在书面协议中叙述清楚。那么，起草的人就可以按照有利于己方的语言来澄清这些内容，然后在双方签协议的时候再经过对方的认可或再商榷这些内容。在这种情况下，拟写合同的一方比没有拟写合同的另一方享有很大的优势。

2）确保对方理解协议的内容。不要企图让对方签署一个己方明明知道但对方并不理解其含义的合同，因为如果出了问题，对方可能没什么麻烦，己方却会受到惩罚。

3）在签字之前重读协议。每次合同送到面前的时候都要重新读一读。在对方起草时更是如此，因为如果对方做了微小的变动，或者是文字上的一些小小的改动，有可能直到很长时间后出了问题，己方才意识到它的重要性。商务谈判双方达成基本一致后，草拟协议可以巩固谈判所取得的成果。

（四）成交的常见策略

1. 最后让步策略

在谈判即将成交之际，双方在绝大多数议题上已取得一致意见，只在某一问题上存在不同意见。如果对方仍然有一点犹豫，而且现在成交对己方是很有利的，那么我们就可以选择适当的时机，做出最后一次让步，以促进双方成交。

己方做出最后一次让步的困难是：既要保持自己坚定的态度，又要表示出意愿“迎合”对方，以取得对方的回报。在谈判的结束阶段，最后让步的时间的选择和让步的分寸是至关重要的。

（1）最后让步的时间。在让步的时间上，如果让步过早，对方会认为这是前一阶段讨价还价的结果，而不会认为是己方为达成协议做出的终局性的最后让步，从而导致对方得寸进尺。如果让步时间过晚，往往会削弱对对方的影响和刺激作用，并增加谈判的难度。为了使让步收到较理想的效果，最后让步可分两步进行：主要部分在最后期限之前做出，以便让对方有足够的时间回顾和考虑。次要部分作为最后的“甜头”安排在最后时刻做出，以促成交易，并给对方留下好印象。同时，以适当的方式准确地向对方传递谈判应该结束的信息，并强调这种让步的终局性。

（2）最后让步的幅度。在决定最后让步幅度时，要考虑对方谈判人员的级别。一般情况下，在谈判的最后关头，应做出能够满足对方上司的地位和尊严要求的让步，但是让步幅度不能过大。如果过大，往往会使该上司指责部下没有做好工作，并坚持让他们继续谈判。

（3）做到让步与要求同时提出。在己方做出最后让步的同时，最好要求对方做出相应的回报。谈判者可用下面的方式向对方发出信号。

1）谈判者在提出让步时，可示意对方这是谈判者本人的意思，这个让步很可能会受到上级的批评，所以，要求对方给予相应的回报。

2）并不直接进行让步，而是指出我方愿意这样做，但要以对方的让步作为交换条件。

有些精明的谈判人员还会利用这最后的让步来获取己方最后的收获，就是指在签约之前，突然漫不经心地提出一个请求，要求对方做一点小小的让步。由于谈判已进展到签约阶段，人们在精力上已经疲惫不堪，对方即使百般不愿，也无力再为这点利益而重新开战，故一般立马答应，以求尽快签约。

案例 6－4

王先生希望以不低于一亩 30 万元的价格转让一块土地，首先开价每亩 50 万元，然后将每亩的价格从 50 万元降到 40 万元，告诉对方他不愿将土地以贱价出售，并附带说明每亩地值 40 万元的理由。这种做法可以让对方不会觉得他在漫天叫价，这就使得王先生拥有谈判的主导权。

但买方事前已对这块土地进行过评估，也调查过附近的地价，认为这块土地的价格在每亩 25 万元～28 万元才合理。当买方一提出其所认为的合理价格时，王先生便利用在谈判之前准备的支持和证实土地价格的凭据，借此分析对方出价是不合理的，但他同意把价钱降为每亩 36 万元，双方继续讨价还价。

在不久前，附近的一块土地以每亩 32 万元的价格卖了出去，这是双方已知的事实。在这样的基础上谈判，王先生仍需做出让步，于是他先提出这个事实——“附近的某块土地最近就是以每亩 32 万元卖出”，先发制人，不给对方太大的砍价余地，但卖方还是表现出非常犹豫的样子，于是王先生这样做出了他的最后让步：“我看得出来，您确实有买地的诚意，对我的这块地也是满意的，只是价钱上还在犹豫，好了，我现在再每亩让您1万元，行就马上签协议，不行我就没办法了，反正我的这块地不愁卖，这个价格您不买。还有很多人等着呢！”

王先生的最后让步是成功的，双方以每亩31万元的价格达成协议。

2. 蚕食策略

在即将结束交易时，一方会要求对方在某项以前未讨论过的条件上做出一个较小的让步，这就是谈判后期一个非常重要的策略：蚕食策略。蚕食策略可以起到两个作用：一是在己方已经同对方达成的交易上锦上添花，二是可以让对方同意他先前可能不愿意同意的条件。

（1）蚕食策略的运用要点。在商务谈判中，这种策略是这样运用的：在经过相当长时间的谈判后，在签约之前，突然提出一个小小的请求，要求对方再让出一点点。由于谈判已进展到签约阶段，双方已经付出很大的代价，不愿为这一点点小利而伤了友谊，更不愿为这点小利而重新回到磋商阶段，因此往往会很快答应这个请求，以求尽快签约。或者一方要求另一方加入一条未讨论过的条款，这项条件会使对方遭受较小的损失，但这个数量要小到不至于使交易失败。

（2）运用蚕食策略时应考虑的问题：

1）在达成最初协议之后还有没有可以进一步提出要求的内容？

2）打不打算就前面谈判中对方没有同意的事情进行第二次努力？

3）是否准备好了如果对方对己方使用蚕食策略时的对策？

（3）避免对方对己方使用蚕食策略的技巧包括：

1）明确写出任何外加的让步需要他们付出的代价。列出己方认为可行的附加条款，同时指明其价格标准。列出送货、安装、培训人员、额外担保以及他们可能蚕食的任何情况。

2）把所有的细节事先谈好后，形成书面文字，避免“以后再说”的遗漏词，同时运用策略创造一种让对方感觉赢了的气氛。

3）向对方声称自己没有做出让步的权力，这时可以利用权力限制因素来避免对方进一步的让步要求。

蚕食策略是商务谈判后期比较常用的策略之一，它可以使己方更容易得到一些东西。当然，也要警惕对方对己方的蚕食。

案例6-5

有一位陆军上校，每次他买西装时，总会厚着脸皮向店员要一条免费的领带。20年来，他跑遍全球各地，累积了好多免费领带，据他说，他从没有失手过，索取赠品一般都会有收获，反正就算得不到一顿晚餐，得到一个三明治也行。

为什么“索取赠品”的技巧会这么有效呢？因为大多数人都没有什么耐性，总希望尽快结束眼前的交易，好接待下一位顾客。同时，人们都是希望受人喜爱的，何乐而不为呢？或许更重要的一点就是，和整个交易价格相比，赠品实在算不了什么。拿陆军上校的例子而言，店员心想，售货单已经写了，衣料上也画好样子了，总不能为一条领带把这笔生意弄丢了吧，万一不送给他领带，他掉头就走咋办？店员觉得冒这个风险不值，于是就送了他实际成本很低的领带。

3. 场外交易策略

当谈判进入成交阶段，双方已经在绝大多数的议题上取得一致意见，只在某一两个问题上存在分歧、相持不下而影响成交时，仍把问题摆到谈判桌上来商讨往往难以达成协议，此时，可考虑采取场外交易策略，如酒宴上、游玩场所（如旅游景点）等。其原因如下：

（1）经过长时间艰苦的谈判，已经令人产生厌烦，影响谈判人员的情绪，还会影响谈判协商的结果。

（2）谈判桌上紧张、激烈、对立的气氛及情绪迫使谈判人员自然地去争取对方让步，而这种让步即使是正常的、应该的，让步的一方仍会认为丢了面子，可能会被对方视为投降或战败。

（3）即使某一方主谈或领导人头脑很清楚、冷静，认为做出适当的让步以求尽快达成协议是符合本方利益的，也会因同伴态度坚决、情绪激昂而难以当场做出让步的决定。

场外轻松、友好、融洽的气氛和情绪则很容易缓和双方剑拔弩张的紧张局面。轻松、自在地谈论自己感兴趣的话题，交流私人感情，有助于化解谈判桌上激烈交锋带来的种种不快。这时，适时巧妙地将话题引回到谈判桌上遗留的问题上来，双方往往会很大度地相互做出让步而达成协议。

小结论：场外交易的运用，一定要注意谈判对手的不同习惯。有的国家的商人忌讳在酒席上谈生意。为此，必须事先弄清对方的习惯和禁忌，以免弄巧成拙。

4. 最后期限策略

在谈判中，人们总是想象将来会获得更大利益，因此会对眼前的选择犹豫不决。这时，商务谈判人员可以要求对方承诺最后期限，迫使对方在规定日期到来之前改变原先的主张，满足己方要求。对于大多数的谈判，特别是那种双方争执不下的谈判，基本上都是到了谈判的最后期限或者临近这个期限才达成协议的。

在谈判人员刚提出最后期限的时候，也许并不能够引起对方的关注。但是，随着这个期限的逐渐迫近，提出期限的一方不断地暗示，表明立场，对方内心的焦虑就会不断增加。特别是当对方负有签约的使命时，就会更加急躁不安，而到了截止日期的时刻，这种不安和焦虑就会达到高峰。因此，在谈判过程中，对某些双方一时难以达成妥协的棘手问题，不要操之过急地强求解决，而要善于运用最后期限的力量，规定出谈判的截止日期，向对方开展心理攻势。必要时，己方还可以做出一些小的让步，给对方造成机不可失、时不再来的感觉，以此来说服对方，达到己方的目的。

这种策略在一般情况下都是会生效的，因为人们普遍有一种心理——“得到了从不知珍惜，失去了才知道它的珍贵”。给对方一个最后期限，告诉对方过了这个时间一切都免谈，对方就会发现目前的情况好像是对自己有利的，并会尽快做出决定。谈判人员此时可用下面几种说法作为借口：

“我们提供的优惠条件在一周之内有效。”

“下个月1日起调高价格。”

“如果您现在还不与我们签订合同，我们就无法按规定的期限交货。”

“8月20日之后我们将不再受理投标案件。”

“我们的采购必须得到总经理的批准，但他后天就要出国考察。我们的买卖合同最好尽快签下来。”

“您先考虑一下，我去接待其他客户。”

但是，当谈判人员在依照有利于己方的方式为对方设定期限时千万要注意的一点是：最后通路也常常被看作威胁，它会使对方感到无自尊，或失去了选择的自由，从而引起对方的不满和反抗。因此，必须谨慎地使用最后期限策略，以免作茧自缚。使用这种策略成功的可能性较大，但负面效应也很大，风险较大。一般来说，只有在以下几种情况下才使用最后期限策略：

(1) 己方的谈判实力很强，所有的竞争对手都不具备条件，如果交易继续进行，对手乐于找己方。

(2) 谈判者已试过其他方法均无效果，这是唯一可以改变对方主意的方法。

(3) 对方现在所持立场已经超过了己方的最低限度。

(4) 己方的最后价格在对方的接受范围之内，否则，对手会宁可中止谈判，也不会妥协。

案例6-6

西欧某国政府曾允诺给我国某重大工程一笔赠款。然而，该国商务代表来沪4次，专谈工程项目问题，却始终不谈赠款事宜。于是在一次与对方会面时，上海市的主管官员直截了当地问：“贵国政府说有笔赠款给上海这项工程，它到底是多少？它是1美元，还是100万美元？现在我只能算它是1美元。如果你们再不明确告诉我们，那我们今天就是最后一次谈这个项目了。当然我们以后可以作为朋友在工作之余一起喝喝咖啡、聊聊天，但我们再也不可能涉及这个项目的任何话题了。”此举果然奏效，不久，就收到有关赠款事宜的正式通知。

二、商务谈判协议签订

（一）签订书面合同的原则

（1）合同当事人的法律地位平等，一方不得将自己的意志强加给另一方。

（2）当事人依法享有自愿订立合同的权利，任何组织或个人不得非法干预。

（3）当事人应当遵循公平原则确定各方的权利和义务。

（4）当事人行使权利、履行义务时应当遵循诚实信用的原则。

（5）当事人订立、履行合同时，应当遵守法律、行政法规，尊重社会公德，不得扰乱社会经济秩序，损害社会公共利益。

（6）依法成立的合同对当事人具有法律约束力；当事人应当按照约定履行自己的义务，不得擅自变更或者解除合同；依法成立的合同，受法律保护。

（二）签约过程中应该考虑的有关问题

当谈判双方就交易的主要条款达成一致意见后，还要形成书面文件，签订经济合同或协议书。合同是交易双方为明确各自的权利和义务，以书面的形式将其确定下来的协议。合同具有法律效力，也就是说，合同一经双方签字，并批准生效后，就成为约束双方的法律性文件，双方必须履行合同规定的各自应尽的义务，否则，就必须承担法律责任。因此，在谈判中，必须十分重视合同的签约，严肃、认真地讨论合同的每一项条款。签约过程中应注意的问题主要有以下方面：

1. 合同文本的起草

当谈判双方就交易的主要条款达成一致意见后，就进入经济合同的起草阶段，自然就提出由谁起草合同文本的问题。一般来讲，文本由谁起草，谁就掌握主动。因此，在谈判中应重视合同文本的起草，尽量争取由我方起草合同文本。即使做不到这一点，也要与对方共同起草合同文本。

2. 对经济合同的主体、客体以及经济合同的签订过程进行审查

经济合同主体出了问题，谈判必然发生问题。如果经济合同主体不合格，所签订的合同就无效。因此，签约时必须对合同的主体进行严格的审查。审查的内容有：看对方是否有资格做这笔交易，查看对方的营业执照，了解其经营范围，考察其从事经营活动的能力。

经济合同的客体必须合法，指的是经济合同的交易对象、交易范围以及交易程序都应符合国家的有关法律、法规，都是政策所允许的。

经济合同的签订过程必须合法，指的是经济合同的签订过程必须具有合法的形式和完备的手续。对于口头形成的经济合同，必须即时清结；对于不能即时清结的经济合同，必

须采用书面形式。为了确保经济合同的有效成立，签订经济合同时手续必须完备。凡是依法需由主管部门批准或者履行必要的手续才能签订的经济合同，必须报经批准或者履行必要手续后才能签约。

3. 经济合同条款必须严密、详细

为便于经济合同的履行，在签订经济合同时，必须对交易过程中涉及的主要条款，如数量、质量、交货时间、交货地点、交货方式、交货期限以及违约责任等做出详细的规定，否则可能造成损失。在现实生活中，这方面的案例很多。例如：有个单位与蔬菜公司签订的合同只有7个字："大白菜20万斤。"合同中没有规定大白菜的质量如何，结果大白菜经过长途运输后烂了一半。在交涉中，因购货方没有明确规定大白菜的质量，结果只能自食其果。常见经济合同中有"款到后供货"这句话，其实这也是不严密的，有些单位因此而吃了大亏。例如：上海某厂与东北某公司签订了供销合同，合同上写的是"款到后供货"，结果，东北某公司将款寄到上海，催了几年，才拿到货，吃了大亏。还有的经济合同对交易的数量、标的以及违约责任没有做出具体的规定，也给厂商造成较大的损失，此处不再一一列举。

4. 争取在我方所在地举行经济合同的缔约或签字仪式

对于比较重要的谈判，尤其是国际商务谈判，当双方达成协议后，举行的合同缔约或签字仪式，要尽量争取在我方举行。因为签约地点往往决定采取哪国法律解决合同中的纠纷问题，按照国际惯例，双方一旦发生争执，法院或仲裁机构可以根据合同缔结地所在国家的法律来做出判决或仲裁。

(三) 书面合同的构成

一般商务谈判的书面合同可分为三部分：约首、本文和约尾。

约首：是合同的首部，用来反映合同名称、定约日期、地点、定约双方当事人的名称和地址等。有的合同还用序言形式说明定约意图并放在约首。

本文：是合同的中心部分，也是正文部分，它应该明确记载交易的条件、条款，规定双方当事人的权利和义务。它是合同最主要、最重要的部分。

约尾：是合同的尾部，说明合同的份数、使用的方案以及效力、定约时间和地点、生效时间以及双方签字等。

(四) 我国贸易合同的主要内容

《中华人民共和国合同法》规定，合同的内容由当事人约定，一般包括以下条款：

1. 标的

"标的"一词，按其字义，可以解释为合法行为所要达到的目的。经济合同的标的，指的就是双方当事人订立经济合同所要达到的特定经济目的，或者说，双方当事人为实现一定的经济目的而确立的权利和义务所共同指向的对象。它可以是某种实物或货币，如购销合同的标的是某种产品，借款合同的标的是某种货币；也可以是某项工程或劳务，如建设工程承包合同的标的是某项勘察、设计、建筑、安装工程；还可以是某项智力成果，如科技协作合同的标的是某项科研成果。

经济合同的标的反映了双方当事人约定的经济目的和要求。没有标的或标的不明确的合同，双方当事人的权利、义务就不能落实，合同也就无法履行。所以，签约双方必须首先对合同标的达成一致协议，并在合同中明确、具体地加以规定，如产品的名称应该注明牌号或商标及品种、型号、规格、等级、花色、产地、是否成套产品等。

2. 数量和质量

（1）合同中的数量。经济合同的产品数量是衡量标的的尺度。签订合同必须有准确的数量规定，不管标的是实物、劳务或工作成果，都必须以相应的计量方法做出标的数量的规定。相关合同法律规定：产品数量由供需双方协商签约。产品数量的计量方法，按国家的规定执行；没有国家规定的，按供需双方商定的方法执行。

合同数量规定要准确、可靠，计量单位要明确、规范，不能用含糊不清的计算概念，如重量、长度一律用公制。对某些产品，必要时还应在合同中写明交货数量的正负尾差、合理磅差和交货途中的自然减（增）量规定及计算方法。对机电设备，必要时还应在合同中明确规定随主机的辅机、附件、配套产品、易耗品、配件和安装修理工具等。若为成套供应的产品，还应明确成套供应范围并提供成套供应清单。

（2）合同中的质量。质量是检验标的内在品质和外观形态优劣的标志。合同标的质量标准是经济合同中必须明确规定的又一个主要内容。但在实际工作中，经济合同由于质量问题而发生纠纷的占相当大的比例。所以，对经济合同标的质量的技术要求和标准等，应力求规定得明确、具体。这不仅可以明确责任，防止纠纷，而且有利于贯彻质量第一、适销对路的方针，从而提高企业经济效益。产品质量要求和包装质量要求有国家强制性标准或行业强制性标准的，不得低于国家强制性标准或行业强制性标准；没有国家强制性标准，也没有行业强制性标准的，由双方协商。供方必须对产品的质量和包装质量负责，提供据以验收的必要的技术资料或实样。产品质量的验收、检疫方法，根据国务院批准的有关规定执行，没有规定的由当事人双方协商确定。在签订具体质量条款时应注意：对质量技术要求的内容，一般有物理性能、化学性能、电磁性能、使用特性、稳定性、质量等级、表面质量和内在质量、工艺要求、质量保证以及有关防护、卫生、安全要求等。在合同中要明确规定供方对产品质量负责的条件及期限。实行抽样检验质量的产品，合同中应该注明采用抽样的标准或抽样方法以及抽样比例。值得注意的是，很多公司由于在合同签订时没有确定质量要求和技术标准，因而导致合同纠纷，造成经济损失。因此在签订合同时一定要严把质量条款关。

3. 价款或者报酬

价款或者报酬条款是以货币数量表示的取得合同标的的一方当事人向对方支付的代价。简单地说，就是取得合同标的的当事人向交付合同标的的另一方当事人支付的货币。

4. 履行期限、地点和方式

履行期限是指当事人交付标的和支付价款或报酬的日期。履行地点是指当事人交付标的和支付价款或报酬的地点。履行方式是指合同当事人双方约定以哪种方式转移标的和结算价款。

5. 违约责任

违反经济合同就要负法律责任，本着谁有错、谁承担的原则，过错方要负责经济赔偿，情节严重的还要受行政处罚或法律的制裁。承担违约责任主要有以下四种方式：

（1）支付违约金。违约金是预先规定的，是对不履行或不适当履行经济合同的违约方的一种经济制裁。违约金的偿付不以违约是否造成损失而判定，根据法律规定不论是否给对方造成损失，只要当事人一方有过错而不履行合同，都要按规定向对方支付违约金。

（2）偿付赔偿金。赔偿金是一方违约造成另一方损失，违约金不足以弥补损失时的一种补偿费用。赔偿金的偿付，除要有违约事实和过错外，还要有两个条件：一是违约已造成实际损失；二是损失超过了违约金，或是没有违约金。索赔不仅要依法办事，而且需要就造成损失的责任、程度、赔偿办法等进行谈判、协商。所以，索赔是经济谈判中值得研究的问题。

赔偿金和违约金应在明确责任后 10 天内偿付，否则要按逾期付款处理。如果违约方不自觉承担，另一方可以请求合同管理机关进行仲裁或向人民法院起诉。

索赔必须按照合同规定，具备足以证明责任在对方而确应赔偿的证明文件，并在索赔期限内办理，否则，对方有权拒赔。一般来说，索赔时首先应做的工作包括：查明造成损失的实际情况，分清责任；备妥必要的索赔单证；恰当提出索赔的项目和金额，认真研究、制定索赔方案，及时提出索赔。赔偿方式主要包括：赔款、罚款收货、退货还款、拒付贷款、补交、修复、替换等。以上方式可以单项或混合使用。

（3）继续履行合同义务。违约方交付违约金和赔偿损失，不能用来代替合同的实际履行，因此，违约方有责任继续履行合同，当然双方同意终止也可终止。

（4）其他经济责任的承担。除上述违约金、赔偿金和继续履行合同义务外，根据实际情况还可继续追究违约责任，如逾期提货、提前交货等，均应交付对方所需的保管费、保养费。例如：错发到货地点或接货单位，除按合同规定负责运到规定的到货地点或接货单位外，还要承担因此多交付的运杂费；需方错填或临时变更到货地点，也要承担多支出的费用等。

6. 解决争议的方法

合同一旦出现纠纷，一般先由双方协商解决，这样既有利于双方保持合作的关系，又可节省经济支出。如果协商不成，可通过仲裁裁决或诉讼进行解决。但如果采用仲裁方式，必须双方自愿，最好在合同中预先予以约定。如果通过诉讼解决，则无须征得对方同意，任何一方均有权提起诉讼。

例如在合同中规定：合同在履行中如果产生纠纷，双方应友好协商解决，如协商不能解决，可通过××市仲裁委员会进行仲裁，仲裁裁决是终局的，对双方都有约束力；合同在履行中如产生纠纷，双方应友好协商解决，如协商不能解决，可通过诉讼解决。

需要指出的是，有的在合同中只规定“协商解决”，而不写其他方式，这并不等于不可以通过其他方式解决。如果协商不成，仍可通过仲裁或诉讼解决，但仲裁需双方自愿这一原则不能改变。

（五）签约仪式的安排

为了表示合同的不同分量和影响，合同的签字仪式也不同，一般合同的签订只需主谈人与对方签字即可，在谈判地点或举行宴会的饭店都行，仪式可从简。重大合同，由领导出面签字时，仪式比较隆重，要安排好签字仪式，仪式繁简取决于双方的态度，有时需专设签字桌，安排高层领导会见对方代表团成员，请新闻界人士参加等。在国际商务谈判的签字活动中，若有使领馆的代表参加，联系工作最好由外事部门经办。如果自己与有关使领馆人员熟悉，也可以直接联系，但亦应向外事部门汇报请求指导，这样做既不失礼，又使于顺利开展工作。

1. 签字仪式的准备

签字仪式的准备工作一般应包括四个方面的内容：

（1）确定参加签字仪式的人员。一般参加签字仪式的人员都是参加谈判的人员，如果一方要让未参加谈判的人员出席签字仪式，应事先征得对方同意。出席签字仪式的双方人数应大体相等，主签人员的级别也应相同，有时为了表示对本次谈判的重视，双方更高一级的领导人也可出面参加签字仪式，级别和人数一般也是对等的。

（2）做好协议文本的准备。谈判结束后，双方应组织专业人员按谈判达成的协议做好文本的定稿、翻译、印刷、校对、装订等工作，东道主应为文本准备提供方便。

（3）签字场所的选择。场所的选择一般视参加签字仪式的人员规格、人数多少及协议内容的重要程度等因素来确定。一般可选择在客人所住宾馆或东道主的会客厅、洽谈室内，有时为了扩大影响，也可选择在某些新闻发布中心或著名会议、会客场所举行，并邀请新闻媒体进行采访。无论选择在什么地方，都应征得对方的同意。

（4）签字场所的布置。签字场所的布置一般设长方形签字桌，桌面上覆盖深色台布，桌后置两把座椅，供双方签字人就座，主左客右。座前桌上摆放由各方保存的文本，文本前分别放置签字用的文具。签字桌中间摆一旗架，如同系国内企业，则分别摆放座签，并写上企业名称，旗架或座签的摆设方向与座位方向一致。签字场所的布置一般由东道主进行安排。

2. 签字仪式的程序

正式的签字仪式一般按以下程序进行：

（1）双方参加签字仪式的人员步入签字厅。

（2）负责签字者入座，其他人员分主客各站一方，并按身份由高到低、由里向外依次站于各自的签字人员座位之后。

(3) 双方助签人员分别站立在各自签字人的外侧，协助翻开文本，指明签字处，由签字人员在所要保存的文本上签字，然后由助签人员将文本递给对方助签人员，再由双方签字人员分别在对方所保存的文本上签字。

(4) 由双方签字人员互换文本，相互握手祝贺，有时还备有香槟酒，供双方全体人员举杯庆贺，以增添欢庆气氛。

合同一经签署，即告成立，双方均应严格遵照执行。

三、商务谈判收尾管理

(一) 谈判总结

谈判结束后，不管是成功还是破裂，都要对过去的谈判工作进行全面、系统地总结。总结应从准备工作开始，直至结束，对整个谈判进程都要回顾、检查、分析和评定，学习经验、吸取教训，不断提高谈判能力。

1. 谈判成败得失的总结

要从总体上对己方本次谈判的组织准备工作、谈判的方针、策略和战术进行再次评价，检查哪些是成功的，哪些是失败的，哪些有待于今后改进。同时，每个谈判者还应从个人的角度，对自己在该次谈判中的工作进行反思，总结经验和教训，从而有效地培养和提高己方谈判人员的谈判能力。

2. 对签订合同的再审查

虽然合同已经签字生效，在一般情况下没有更改的可能，但是如果能尽早发现其中的不足和隐患，就可以主动地设想对策，采取补救措施，早做防范工作，这样可以避免事情突然发生而不知所措。

(二) 关系维护

合同签字并不意味着交易双方关系的了结，相反，它表明双方的关系进入了一个新的阶段。从近期来讲，合同把双方紧紧地联系在一起；从远期来讲，该次交易为今后双方的继续合作奠定了基础。因此，为了确保合同得到认真、彻底的履行，以及考虑到今后双方的业务关系，应该安排专人负责同对方进行经常性的联系，谈判者个人也应和对方谈判人员保持经常的私人交往，使双方的关系保持良好的状态。

(三) 资料整理

1. 谈判资料的整理

谈判后资料的整理包括该回收的谈判文件及时回收；根据谈判的原始档案或已签订的协议撰写和分发谈判纪要；谈判材料和原始档案及协议、合同的立卷归档；如需要，准备好宣传报道工作等。

2. 谈判资料的保存与保密

对该次谈判的资料，包括总结材料，应制作成客户档案妥善保存。这样，以后再与对方进行交易时，上述材料就可成为非常有用的参考资料。

在妥善保存谈判资料的同时，还应注意给予一定程度的保密。如果有关该次谈判的资料，特别是其中关于己方的谈判方针、策略和技巧方面的资料为对方所了解，那么不仅使对方在今后的交易中更了解己方，更容易把握己方的行动，而且有可能直接损害目前合同的履行和双方的关系。

例如：在谈判中，在某个问题上本来对方可以不让步的，或者可以争取己方的让步的，结果因己方采取了某些策略和技巧而使对方做了让步，或没有争取到己方的让步。这一信息如果被对方了解的话，其心中必然懊悔不已，并产生想重新弥补损失的念头。这样，其履行合同的热情和诚意就会大大减少，甚至荡然无存，报复的心理转而占了上风。所以，对于客户的档案，非有关人员，未经许可，一律不得调阅，这应成为企业的一项制度。

任务实施

一、抓住成交时机，利用成交策略，实现谈判目标

通过激烈的交锋，双方在绝大多数议题上已取得一致意见，只在最后的返利上存在不同意见，张华要求返利4.8%，对方要求返利5%，其实5%在张华的预期之内。同时，张华观察到谈判对手的表情也发生了变化，从开始眉毛紧锁变为舒展、上扬，身体略向后倾，脸部表情放松，微笑增加，两腿也平放，不再重叠，张华判断成交信号已经出现，成交机会已经来临。于是张华说："我做出最后的让步，一口价返利4.9%，但是，要求贵公司配合我们新产品的上市宣传，免费提供场地和商场的广告媒介，期限从卖场开业到五一结束。这已经是我给贵方最大的优惠了，请贵方不要错过这次机会，如果您现在做出决定，我们可以在1个月内完成入场，赶上'五一'的黄金销售期，对双方都有利，不是吗?"对方简短地思考了一下，向张华伸出了手，双方达成协议。

张华准确判断了成交的时机，利用最后让步的策略，向对方发出了成交的信号，同时，也为己方争取了一些其他利益，实现了此次谈判的目标。

二、完成谈判合同的签订

双方已经达成了口头的协议，但是谈判的成果要靠严密的协议来确认和保证，将口头表述转化为文字表达时，有可能会引起某些误会或歧义，这会给自己带来很大的经济损失，因此张华也是谨慎对待。

（1）张华对前阶段的谈判进行了回顾总结，看是否所有的内容都已经谈妥，所有的交易条件是否达到自己的预期，有没有什么遗漏和失误的地方。

(2) 张华自己起草了合同的文本，并且认真核对合同条款的一致性，与对方约定了签约的时间和要求。

(3) 双方签署了备忘录，并把草拟的合同文本给双方上级审阅和批准通过。

为了扩大影响，配合自己新产品的上市，双方举行了一场规模较大的签字仪式。地点选在了红星美凯龙卖场前的广场，邀请了当地的媒体全程报道，双方公司的总经理出席签约仪式，达到了较好的公关效果。

三、商务谈判结束后的总结

事后，张华和自己的谈判团队进行了深入的总结，从准备阶段一直到签约阶段，哪里做得好，哪里存在问题，一一分析，对提高团队的整体谈判水平非常有帮助。张华把此次谈判所有涉及的资料进行了归档整理，对合同再次进行了审查，避免出现纰漏。张华还安排了手下的人员定期与红星美凯龙进行联系，跟进项目的进展，一切都在有条不紊地进行中。

任务拓展

根据你学到的商务谈判签约收尾阶段的相关知识，结合张华与红星美凯龙商务谈判签约收尾的现状，你还能给张华提出哪些商务谈判签约收尾方面的建议?

知识检测

一、判断题

1. 在商务谈判的后期，为了促使谈判成功，应尽可能地表现出成交的热情。 ( )

2. 洽谈期间，对方不再接见其他公司的商务谈判人员或其他有关人员，这表明对方对这次会谈已经不感兴趣，也不愿被别人打扰，成交无望。 ( )

3. 在签订合同时，拟写合同的一方比没有拟写合同的另一方享有很大的优势。 ( )

4. 在谈判桌上难以达成协议的谈判，在其他场合也不会取得谈判成功。 ( )

5. 一般参加签字仪式的人员都是参加谈判的人员，人数应大体相等，主签人员的级别也应相同。 ( )

6. 支付过违约金，就不需要再支付赔偿金。 ( )

二、选择题

1. 常见的成交信号接收方法有( )。

A. 谈吐判断法　　B. 手势判断法

C. 表情判断法　　D. 情势判断法

2. 在达成交易的最后会谈以前，要对整个商务谈判活动进行回顾和分析，其主要内容包括 ( )。

A. 所有预先准备的谈判内容是否都已谈妥

B. 所有的交易条件与谈判目标是否相吻合

C. 决定采用何种特殊的谈判结尾技巧

D. 着手安排交易记录，起草好书面协议

E. 要仔细回顾、分析让步条款和幅度

3. 当谈判双方意见分歧较大，无法使谈判继续进行时，采取怎样的言辞比较合适？（　　）

A. “行，我们就此结束。”

B. “这是我方的看法，贵方可以三思。”

C. “如果我们还有合作的可能，我们将愿意与您继续谈判下去。”

D. “随便你，我们是不会改变立场的。”

E. “我方的大门总是敞开着的，贵方什么时候有新的想法可以与我方联系。”

4. 商务谈判结束时应考虑的原则包括（　　）。

A. 彻底性原则　　B. 不二性原则　　C. 道德原则

D. 条法性原则　　E. 情理兼备原则

5. 下面哪些问题是签约过程中应该考虑的？（　　）

A. 合同文本的起草

B. 对经济合同的主体、客体以及经济合同的签订过程进行审查

C. 经济合同条款必须严密、详细

D. 对主要交易条款考虑是否做最后的让步

E. 争取在我方所在地举行经济合同的缔约或签字仪式

三、简答题

1. 在谈判过程中，如何把握成交信号并成功表达成交意图？
2. 简述商务谈判成交阶段的谈判策略。
3. 如何结束谈判？
4. 简述国内贸易合同的主要内容。
5. 签字仪式的准备工作有哪些？

四、案例题

金盾大厦设计方案谈判

中外合资的重庆某房地产开发有限公司总经理张先生，获悉澳大利亚著名建筑设计师尼克·博榭先生将在上海作短暂的停留。张总经理认为，澳大利亚的建筑汇聚了世界建筑的经典，何况尼克·博榭是当代著名的建筑设计师。为了把正在建设中的金盾大厦建设成豪华、气派，既方便商务办公，又适于家居生活的现代化综合商住楼，其设计必须科学、合理，不落后于时代新潮。具有长远发展眼光的张总经理委派高级工程师丁静副总经理作为全权代表飞赴上海，既向这位著名设计师咨询，又请他帮助公司为金盾大厦设计一套最

新方案。丁静女士一行肩负重担，风尘仆仆地赶到上海。一下飞机，便马上与尼克·博榭先生的秘书联系，确定当天晚上在银星假日饭店的会议室见面会谈。

下午5点，双方代表准时赴约，并在宾馆门口巧遇。双方互致问候，彬彬有礼地进入了21楼的会议室。根据张总经理的指示精神，丁静女士一行介绍了金盾大厦的现状，她说："金盾大厦建设方案是在七八年前设计的，在外形、外观、立面等方面有些不合时宜，与跨世纪建筑的设计要求存在很大差距。我们慕名而来，恳请贵公司合作与支持。"丁静女士一边介绍，一边将事先准备的有关资料，如施工现场的图片、图纸，国内有关单位的原设计方案、修正资料等，提供给尼克·博榭一行。

尼克·博榭在我国注册了"博榭联合建筑设计有限公司"。该公司是多次获得大奖的国际甲级建筑设计公司，声名显赫。在上海注册后，尼克·博榭很快赢得了上海建筑设计市场。但是，内地市场还没有深入进来，该公司希望早日在内地的建筑市场上占有一席之地。由于有这样一个良好的机会，尼克·博谢一行对该公司的这一项目很感兴趣，他们同意接受委托，设计金盾大厦8楼以上的方案。

可以说，双方都愿意合作，然而，根据重庆公司的委托要求，博榭联合建筑设计有限公司报价40万元人民币。这一报价令人难以接受，博榭公司的理由是：本公司是一家讲求质量、注重信誉、在世界上有名气的公司，报价稍高是理所当然的。另外，鉴于重庆地区的工程造价，以及中国的实际情况，这一报价已是最优惠的了。据重庆方面的谈判代表了解，博榭联合建筑设计有限公司在上海设计价格为每平方米6.5美元。若按此价格计算，重庆金盾大厦25 000平方米的设计费应为16.26万美元，根据当天的外汇牌价，应折合人民币136.95万元。的确，40万元人民币的报价算是优惠的了。"40万元人民币是充分考虑了内地情况，按每平方米设计费人民币16元计算的。"尼克·博榭说道。但是，考虑到公司的利益，丁静还价："20万元（人民币）。"对方感到吃惊。丁静女士解释道："在来上海之前，总经理授权我们10万元左右的签约权限。我们出价20万元已经超出我们的权力范围。如果再增加，必须请示正在重庆的总经理。"双方僵持不下，谈判暂时结束。

第二天晚上，双方又重新坐到谈判桌前，探讨对建筑方案的设想、构思，接着又谈到价格。这次博榭联合建筑设计有限公司主动降价，由40万元降为35万元。并一再声称："这是最优惠的价了。"

重庆方面的代表坚持说："太高了，我们无法接受！经过请示，公司同意支付20万元，不能再高了！请贵公司再考虑考虑。"对方谈判代表嘀咕了几句，说："介于你们的实际情况和贵公司的条件，我们再降5万元，30万元好了。低于这个价格，我们就不搞了。"重庆方面的代表分析，对方舍不得丢掉这次与本公司的合作机会，对方有可能还会降价，重庆方面仍然坚持出价20万元。过了一会儿，博榭公司的代表收拾笔记本等用具，根本不说话，准备退场，眼看谈判陷入僵局。

这时，重庆公司的蒋工程师急忙说："请贵公司的代表与我公司总经理通话，待我公司总经理决定并给我们指示后再谈，贵公司看这样好不好？”由于这样提议，紧张的气氛才缓和下来，后续几天，博谢方面打了很多次电话，与重庆张总经理联系。在此之前，丁静副总经理已与张总经理通话，向张总经理详细汇报了谈判情况及对谈判的分析和看法。张总经理要求丁静一行不卑不亢、心理平衡！所以当上海方面与张总经理通话时，张总经理做出了具体指示，在双方报价与还价的基础上，出价 25 万元。博榭公司基本同意，但提出比原计划延期两周左右交图纸。经过协商，双方当天晚上草签了协议，并约定后天签订正式协议。

资料来源：周绪全，于勤．最新实用口才技巧［M］．重庆：重庆出版社，1995.

问题：

1. 重庆公司在谈判中运用了怎样的谈判技巧？

2. 博榭联合建筑设计有限公司在本次谈判中是否存在失误？在谈判策略方面需要做哪些改进？

项目实训

实训课题 1　　草拟协议

实训目的：

掌握如何针对具体谈判内容草拟谈判协议。

实训方式：

两人一组来练习如何草拟协议，并记录心得。请比较不同的人起草相同的内容会有多大的差别。

练习步骤：

（1）两个人分别就五个问题进行商谈；

（2）提出各自的观点；

（3）进行协商，并达成一致；

（4）分别按自己的理解和有利于自己观点的方式起草所达成的协议草案。

实训题目：

通过比较双方的草案，写出主要差别。

实训课题 2　　成交阶段的相关策略的运用

实训目的：

正确把握成交信号，灵活运用成交阶段相关策略。

背景资料：

甲公司技术改造后需处理一部分替换下来的设备，乙公司得知消息后到厂求购，于是双方展开了谈判。卖方的小李说：“这些设备都是七八成新的，售价不能低于 10 万元。”买方的老刘说：“你不要说得那么死嘛，我已经做过调查并向行家打听过，这些设备最多也就值4万元，而且应当包括安装费用在内。”双方谈了一会儿，卖方首先做出让步，小李说：“好吧，看来你们是真需要这些设备，我们事先研究过，最低不能低于8万元，这样就8万元吧，不过我们不负责运输、安装。”老刘却说：“不！如果你们不负责运输和安装。那我们可以出价5万元，你考虑考虑如何？”谈判陷入僵局，于是二人约好第二天再谈。

第二天双方谈了一个上午，没有一点进展，到了第二天下午，买方的老刘说：“小李，这些设备我已经仔细看过了，如果可以5.8万元卖给我们，我们回去就可以安装投入运行。如果超过这个价格，我们还不如去买新的呢。所以我只能再让你们8 000元，这回该满意了吧。”

此时卖方的小李已经看出对方已经没有太大的让步余地，目前的让步和谈话已经表现出了他们的签约意向，公司里给他定的价格是不能低于5.5万元。但小李并没有立刻同意对方的条件，而是很诚恳地对老刘说：“我跟您实话实说吧，公司定的价格是6万元，这是我们的底价了，贵公司买一批设备也不差2 000元吧，要不然我也实在没法交代。如果同意，我们就马上签协议，您看怎么样？”

老刘的公司里定的价格是不高于6.5万元就可以成交，双方都彼此把握住了对方的签约意向，最后以6万元成交。卖方的小李非常满意，买方的老刘也很满意，因为谈判的结果都在双方的可接受范围之内。

实训题目：

(1) 假如您是卖方的小李，您是如何从买方老刘的话语里看出签约意向的呢？

(2) 在谈判中，小李和老刘各自运用了哪些策略？

实训方式：

改变双方公司预先设定的限价，以小组为单位，在规定时间内，模拟案例里的谈判情景，要求根据具体情况，尝试运用成交阶段的各种谈判策略。

扩展阅读

无声的表达

在谈判过程中，如果对方露出以下表情，则说明对方希望达成交易。

1. 眉毛由紧锁转变为舒展、上扬，或者嘴角也出现上扬

眉毛、嘴角上扬是谈判者内心轻松、愉悦的表现。当谈判者认为主要的问题已经得到解决，谈判即将取得成功时就可能出现这种信号。

2. 眼睛不再专注于产品，而是更多地专注于谈判对手

眼睛不再专注于产品，说明谈判者对产品已经认可。只要其他的问题得到解决，成交的可能性就很大。

3. 表情放松，点头增多，微笑增加

点头是一种积极的肯定；微笑表达的是轻松和友好，表明疑问已经基本排除，对方对

己方所说的是信任的。

4. 身体略向后倾

谈判开始之初，如果对方身体向后倾，表明你所谈的内容还没有引起对方的兴趣，甚至表明对方漠视、松弛的态度。后来，如果对方身体由后倾改为向前倾了，表明你的谈话内容和方式吸引了他的注意力，对方开始专注于你的谈话，这是好现象。经过认真交谈，对方又后倾了，同时脸部表情也放松的话，表明可能已经基本谈妥，离成交不远了。

5. 两腿平放，不再重叠

两腿平放是友好、开放的姿态。两腿交叉、重叠则是拘谨、封闭的姿态。两腿平放意味着谈判的气氛是轻松的、友好的。这是一种积极的信号。

第三篇 商务谈判实用技巧

项目七 商务谈判沟通艺术

学习目标

知识目标

了解商务谈判中的有声语言和无声语言

掌握有声语言和无声语言的具体选择与运用方法

熟悉倾听、提问、回答、叙述、辩论、说服等技巧在商务谈判中的具体应用方式

熟悉商务谈判中文字沟通与处理技巧

能力目标

能够根据谈判场合有效地组合运用有声语言和无声语言

能够根据谈判场景灵活运用倾听、提问、回答、叙述、辩论、说服等技巧

知识结构图

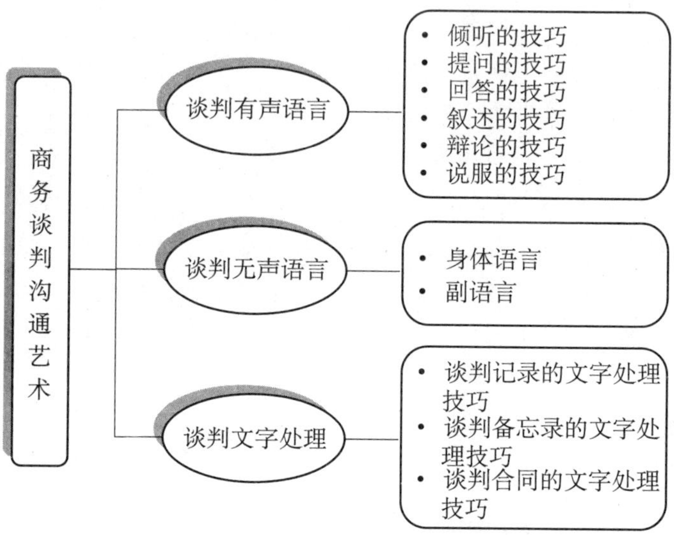

任务引入

【任务描述】

针对自己在销售谈判过程中存在的问题，王丽不断总结分析，调整心态，苦练技能。很快，在入职半年后，王丽成为公司的卖场销售月冠军，月工资超过了万元。在公司年终工作总结大会上，王丽作为销售代表在会上发言，并与大家一起交流了作为一名卖场导购员的销售经验与心得体会。会上，另一家门店的销售导购员小吴向王丽讲述了自己在销售工作中遇到的困惑，并向王丽寻求帮助。小吴说，她之所以选择这份工作，是认为自己能说会道，口才很好，心想凭借自己的“三寸不烂之舌”一定能说服顾客并将家具很好地卖出去，因此，在每次接待客户的过程中，小吴总是滔滔不绝地向顾客介绍家具产品和提供的服务，但多数情况都未能成交。相反，那些在她看来口才很差的同事的销售业绩反而要比她好。王丽告诉小吴：销售成功的关键是和顾客的有效沟通，而不是滔滔不绝地对顾客讲演。

学习任务：什么才是有效的沟通？作为一名卖场导购员，小吴怎样做才能实现和顾客的有效沟通呢？

【任务分析】

沟通就是指信息的流通和传递。作为一名卖场导购员，其销售过程的实质就是与顾客的沟通过程。沟通的载体多种多样，我们最常用的方法是口头语言沟通，也就是我们所说的“讲话”，但除此之外，文字书面语言，表情、动作等身体语言也都是实现沟通的载体和方式。要想实现有效的沟通，除了学会“说”的基本技巧外，掌握倾听、提问、回答等有声语言的沟通技巧、行为动作等无声语言的沟通技巧以及文字书面语言的沟通技巧也是必不可少的。

商务谈判贵在信息的交流，只有明白了对方的意思表示，才能做出正确的判断和反应，有效的沟通是商务谈判成功的前提。口头语言、书面文字和行为动作都是沟通的载体，它们帮助谈判双方传递信息、交流思想、增进了解、加深认识。口头沟通是一种有声语言的沟通方式，它主要是通过谈判者之间的倾听、提问、回答、叙述、辩论、说服等基本方法来完成的。书面沟通则是通过文字的书面处理方式，在谈判双方之间传递信息、交流信息。它主要是通过信件、电子邮件、传真、备忘录、会谈纪要等基本方法来完成。谈判的主体语言是有声语言，而有声语言表达效果的好坏，还是要看无声伴随语言的应用。无声伴随语言则主要是通过行为语言等非语言形式来传递信息，它包括身体语言和副语言等。

知识平台

一、商务谈判中的有声语言

商务谈判中的有声语言也称自然语言，有声语言是指通过人的发音器官来表达的语言，一般理解为口头语言。这种语言借助于人的听觉交流思想传递信息。它主要是通过谈判者之间的倾听、提问、回答、叙述、辩论、说服等基本方法来完成的。

（一）商务谈判中有声语言的要求

1. 准确性

商务谈判就是协商合同条款，明确双方各自的责任、义务，因此，不要使用模棱两可容易产生歧义的语言，应使用具体、准确的语言，比笼统含糊的语言更易获得对手的信任，也避免了由于歧义而造成的摩擦。例如：当卖方在介绍产品质量时，要具体说明质量达到的标准，而不能笼统地说质量很好。在引进技术时，若只是笼统强调要引进新技术，而不说明“新”在哪里，“新”到什么程度，是对技术引进方而言的“新”，还是对双方而言的“新”等，这里的“新”就是一种不准确的表述，容易引起歧义，应尽量避免。

2. 表述清楚

在口头表达时，意思表示清楚、明白是对商务谈判中有声语言的一项基本要求。如何才能做到清楚、明白呢？首先，说话要口齿清晰，使用标准化的语言。在遣词造句上，要使用大家都能懂的言辞，在使用能产生不同理解的词语时，要说明自己使用这一词语的确切含义，避免产生歧义。其次，要注意语速。应根据对方讲话的理解程度、讲话的重要性程度等控制和调整说话的速度。停顿也是非常必要的，试验表明，说话时应每隔 30 秒停顿一次，一是可以加深对方的印象，二是给予了对方思考、理解的时间。此外，使用短句子更便于对方理解，表述也更加清楚。

3. 注意用词

在商务谈判的沟通过程中，应尽量避免使用极端性的、易引发争论的语言。谈判内容尽量不要涉及对方隐私，也不要说些有损对方自尊心的语言。谈判是一种竞争，也是一种合作。为了争取较大的利益，谈判过程中可能会使用到威胁性语言，达到增加对方心理压力、加快谈判进程的效果。但威胁性语言不宜过多使用，以免造成谈判气氛紧张。

（二）商务谈判中有声语言的沟通技巧

商务谈判中的有声语言主要是通过谈判者之间的倾听、提问、回答、叙述、辩论、说服等基本方法来完成的，沟通有效与否取决于以上方面的综合表现。

1. 倾听的技巧

缺乏经验的谈判者最大的弱点就是不能耐心地听对方发言，他们急于表达自己的观点，阐述自己的情况，反驳对方的不同意见。其实成功的谈判员 50%以上的时间是用来听的，谈判者仔细倾听，获取大量宝贵信息，增加谈判的筹码。美国的朱迪·皮尔逊博士把听分为两种形式：积极地听和消极地听。积极地听有助于我们了解更多信息，与对方展开良性互动。消极地听也是一种必要的自我保护形式，有助于人们放松神经，恢复精力。倾听时的技巧可以归纳为“三要”和“三不要”。

(1) 倾听“三要”:

1) 要有同理心地听。同理心是指要和谈话者具有相同的心理，从谈话者的立场出发来分析对方的讲话，了解对方的顾虑和想法，将谈话者的意思听全、听透。

2) 要耐心听完谈话者的想法，不可随意打断。作为一名商务谈判人员，应该养成耐心倾听对方讲话的习惯，这是个人良好修养的表现。

3) 倾听的同时要注意对对方讲话进行反馈。例如：运用点头，或回应“是的”“有道理”，或面带微笑、注视讲话者，主动与讲话者进行目光接触等身体语言或口头语言向对方传达你对其话语的理解程度，不仅可以帮助你集中注意力更好地倾听，而且可以帮助双方实现良性的互动沟通。

(2) 倾听“三不要”:

1) 不要只摆出倾听的样子，内心却迫不及待等机会讲自己想说的。急于表达自己的观点，而忽视了对方传递的信息，容易导致漏听、误听。

2) 不要选择性倾听。倾听时要避免的另一种现象就是只听到自己想听的，即选择性倾听。倾听者依据个人喜好筛选信息，喜欢的听，不喜欢的则听而不闻，这种倾听方式容易导致偏听、漏听。

3) 不要先入为主的倾听。先入为主的倾听，习惯依照自己的方式去解释听到的信息，这往往会扭曲说话者的本意，使听到的信息变形地反映到自己的脑海中，进而导致信息接收不准确、判断失误，从而造成决策失误。

2. 提问的技巧

提问是商务谈判中谈判者获取信息的重要手段，通过提问可以发现对方的需求，掌握对方的心理。在商务谈判中，提问主要分为开放式提问和封闭式提问两大类。开放式提问是指具有广泛答复的问法，通常无法采用“是”或“否”等简单的措辞做出答复。通常在谈判开始时使用，引导对方多说，进而获取相关信息。封闭式提问是指在一定范围内，在特定的领域得出特定的答复，一般用“是”或“否”即可予以答复，通常在谈判的尾声，用于缩小谈判范围，进行收尾工作。两种类型问法的优缺点如表7-1所示:

表7-1 封闭式提问与开放式提问的优缺点对比分析

类型	示例	优点	缺点
封闭式提问	会议结束了吗？ 你喜欢你的工作吗？ 你还有问题吗？	节省时间 便于控制谈话内容	收集信息不全 谈话气氛紧张
开放式提问	会议是如何结束的？ 你喜欢你工作的哪些方面呢？ 你还有什么问题吗？	收集信息全面 谈话氛围愉快	浪费时间 谈话不易控制

在商务谈判中，要想获得良好的提问效果，需注意以下提问技巧:

（1）提问时不能做的：

1）不要提出有敌意的问题。

2）不要提出指责对方诚实的问题。这样非但无法使他更诚实，反而会引起他的不快。

3）即使你急着想要提出问题，也不要停止倾听对方的谈话，更不可随意打断对方发言。把问题先写下来，等待时机再提出。也不要在对某一话题讨论正热烈的时候提出新的问题，而要先转移话题的方向，再提出新问题。

4）不要以大法官的态度来询问对方。谈判毕竟不是法庭上的审问。

5）不要随便提出问题，要伺机提问。

6）不要故意提出一些问题，表明你是多么聪明。

7）在对方还没有答复完毕之前，不要提出新的问题。

（2）提问时应该做的：

1）不打无准备之仗，预先准备好问题。因为很少有人能够迅速想出贴切答案。

2）利用每次的接触发掘事实。最好谈判前就知道答案。

3）由己方的人先举行一次“脑力震荡会”，你将会为他们所提出的一些有趣的问题感到惊奇。

4）要有勇气询问对方的业务状况，即便觉得难以启齿。

5）因人而异提出问题。想取得理想的提问效果，提问时应注意因人而异，如对于高文化背景的谈判者，提问的方式应婉转含蓄，不能过于直接。而对于低文化背景的谈判者，提问时则可相对直接。

6）以诚恳、谦虚的态度提出问题，这种态度会鼓励对方给你一个较好的答案。

7）向对方公司的秘书、生产人员和工程师等相关人员提问，可能获得更为满意的答案。

8）要有勇气提出对方可能回避的问题。从对方对这些问题的反应来判断对方的真实态度和看法。

9）多角度灵活提问，避免提出可能会阻碍对手让步的问题。有些有经验的谈判者往往会提出一些看似一般、较易回答的问题，实际上，这些问题正是之后所要提出的比较重要问题的引子。还有些问题如果正面提问，对方可能不愿意回答，提问时就可以考虑侧面出击，先激发对方回答问题的兴趣。

10）提出问题之后，应专心等待对方作答。提出问题之后，应闭口不言，若对方也保持沉默，沉默就转化成了无形的压力，因为打破沉默的责任应由对方承担。

11）假如对方的答案不够完整，甚至避而不答，要有耐心和毅力继续追问。

12）提出某些你已知道答案的问题，以此来测试对方的诚实程度。

案例 7-1

☆ 某商场休息室出售咖啡和牛奶，刚开始服务员总是问顾客："先生，喝咖啡吗？"或者是："先生，喝牛奶吗？"其销售额平平。后来，老板要求服务员换一种问法："先生，喝咖啡还是牛奶？"结果其销售额大增。原因在于：第一种问法容易得到否定回答，而后一种问法是选择式，在大多数情况下，顾客会选择其中一种。

☆ 有一次，一个贵妇人打扮的女人牵着一条狗登上公共汽车，她问售票员："我可以给狗买一张票，让它也和人一样坐个座位吗？"售票员说："可以，不过它也必须像人一样，把双脚放在地上。"售票员没有否定答复，而是提出一个附加条件：像人一样，把双脚放在地上，这样就限制了对方，从而打消了对方的想法。

3. 回答的技巧

17世纪的英国哲学家弗朗西斯·培根说过：谈判是个发现的过程。提问、解答、陈述、辩驳，我们要承受巨大压力去对问题进行快速陈述和明智的回答。问题在于在当时没有几个人能反应敏捷，对答如流，我们常常是在回家的路上才想出最好的回答。

如何才能做出较好的回答，最重要的还是事先记下最可能提出的问题。在谈判之前，谈判者应先扮演一个挑剔的角色预设问题的答案，准备如何回答那些难对付的问题。你考虑的时间越长，想出的回答会越完美。但是，我们无法预知对方可能提出的所有问题，更多的时候谈判的回答是一场即兴表演。在谈判中，谈判人员的每一句话都负有责任，都将被对方看作一种承诺。回答不当易使己方陷入被动，这都要求谈判者在回答问题时要有艺术性和技巧。

案例 7-2

在一次记者招待会上，一位西方记者问周总理："中国人民银行有多少资金？"这个问题涉及国家机密，周总理说："中国人民银行发行面额为十元、五元、二元、一元、五角、二角、一角、五分、二分、一分的十种主辅币人民币，合计为十八元八角八分。"总理的回答，既未泄密，又极风趣地回答了问题，赢得了听众的热烈掌声。

(1) 回答问题之前，要留给自己思考的时间。一般情况下，谈判者对问题答复得好坏与思考时间成正比。正因为如此，有些提问者会不断地催问，迫使你在对问题没有进行充分思考的情况下仓促作答。所以答复者要沉着，不必顾忌谈判对手的催问，同时转告对方你必须进行认真思考，因而需要时间。在对方提出问题之后，可通过点烟、喝水、整理资料、调整坐姿等动作来延缓时间，思考问题。在充分了解了对方所提问题的真实含义之后，再予以答复。

(2) 针对提问者的目的和动机回答问题。谈判者提问目的是多样的，动机也很复杂。

谈判者回答问题的要领是明确该答什么、该答多少。只有在准确判断了对方的用意之后，才可做出高明的回答。

（3）不知道、不值得的问题不要回答。谈判者并非先知，尽管做了充分的准备，谈判时还是经常会遇到陌生难解的问题，此时，谈判者切不可打肿脸充胖子强作答复，这样不仅可能会损害自己的利益，若对方是通过提问来试探对手，则可能因此而丧失对方的信任，使己方陷入被动局面。此外，在谈判中并非任何问题都值得回答，对于那些可能会损害己方形象、泄密或是与谈判无关的无聊问题，不予理睬就是最好的回答。

（4）不要彻底回答所有问题。对方提问或是想了解我方的观点、立场或态度，或是想确认某些信息。答话者要将问话者的范围缩小，或者对回答的前提加以修饰和说明。例如：对方对某种产品的价格表示出关心，发问者直接询问这种产品的价格。如果彻底回答对方，把价钱一说了之，那么在进一步谈判的过程中，回答的一方可能就比较被动了。倘若这样回答："我相信产品的价格会令你们满意的，请先让我把这种产品的几种性能做一个说明好吗？我相信你们会对这种产品感兴趣的。"这样回答很明显地避免了一下子把对方的注意力吸引到价格问题的焦点上来。

（5）不愿回答的问题可以避正答偏，答非所问。如果对方提出的问题难以正面回答，或是不愿正面回答，但又无法拒绝回答，谈判者可采用避正答偏的方法，巧妙搪塞，避开问题的实质，或是答非所问，将话题引开。例如：有人问你，在×××问题上，你是支持老王还是老李？你回答：谁是正确的我就支持谁。对方又问，那么谁是正确的一方？你回答：谁坚持真理谁就是正确的一方。到底支持谁，你并没有做出实质性回答。

（6）以问代答。对付那些在谈判当中难以回答或不想回答的问题，这是另一种有效方法。通过反问，请对方在自己的领域内反思后寻找答案。例如：一名中方导游在带领美国旅游团参观时，有游客问道："请问你们如何评价毛泽东？"中方导游微微一笑，反问道："请问你们是如何评价克林顿呢？"美国客人也笑了。谈判中运用以问代答的方法，对于应付一些不便回答的问题是非常有效的。

（7）找借口拖延答复。谈判者面临毫无准备的问题时，不知从何答起，或出于某些原因不愿马上表态，这时可借口资料不全或是权力所限，强调自己未得到授权，拖延答复。

4．叙述的技巧

商务谈判中的叙述就是基于己方的观点、立场和方案等，通过陈述来表达关于参加本次谈判的基本观点和意见，使对方有所了解。从内容上可分为开场陈述和总结陈述两种。开场陈述是各方对己方谈判观点的第一次陈述，通过对谈判观点的介绍，说明己方参加谈判的基本立场及要求。总结陈述则是在谈判的各个阶段或全部谈判结束前作的陈述。一方面，它要对取得的成果进行肯定性总结；另一方面，还要为接下来的谈判打好基础。

商务谈判中的叙述，尤其是开场陈述的语言运用直接关系到双方之后的沟通、理解。陈述各自立场时的禁忌有：

(1) 试图猜测对方的立场；双方的注意力应放在自己的利益上，不要试图猜测对方的立场（这种猜测只能使对方恼火，引起混乱和敌意）。

(2) 发言冗长、烦琐；开场陈述应使对方能够很快提问，这样既可以使双方立刻交谈起来，又不至于使对方被冗长、烦琐的发言搅昏头脑。这里切记以简为贵。

(3) 倾听者把精力花在寻找对策上。

(4) 对对方的观点发表异议。

那么，怎样做才是正确的呢？下面我们举例进行分析。

案例 7-3

对方做如下陈述：

“这块地皮对我们很有吸引力。我们打算把土地上原有的建筑拆掉盖新的商店。我们已经同规划局打过交道，相信他们会同意的。现在关键的问题是时间，我们要以最快的速度在这个问题上达成协议。为此，我们准备简化正常的法律和调查程序。以前咱们从未打交道，不过据朋友讲，你们一向是很合作的。这就是我们的立场。我是否说清楚了？”

开场陈述的方式应该是能够加强已经建立起来的协调的洽谈气氛。陈述应该是很正式的、商业味十足的，所以，应以诚挚和轻松的方式表达出来。结束语（如上例中的“我是否说清楚了”一句）需要特别斟酌，其目的应表明，开场陈述是为了使另一方明白我方的意图，而不是挑战性地向对方提出我们的立场。这里切记以柔为上。

我们对对方开场陈述所做的反应有：倾听、搞懂和归纳。“倾听”——听的时候不要把精力花在寻找对策上；“搞懂”——如果有什么不清楚的地方，可以向对方提问；“归纳”——思考并理解对方所谈的关键问题。如上例，可归纳为：你们的意思是打算马上拆除并重建吧！

当我们确实搞懂了对方的立场后，再证实一下双方已同意的会谈步骤并做出自己的陈述。这里一定要注意我们的开场陈述是独立进行的，不要受对方开场陈述的影响。

我方可做下列的开场陈述：

“那么，好吧，大家都同意下一步应由我们发表意见。我可以开始了吗？我们非常愿意出售这块土地。但是，我们还有些关于在这块地皮上保留现存建筑物的承约，不过这一点是灵活的。我们关心的是价格是否合适。反正我们也不急于出售。这是我们的态度，还有什么不清楚吗？”

以上述方式介绍各自的立场，表明了双方一直是沿着相互协作的道路前进的，按照协商一致的步骤为达成协议而共同努力。反之，如果此时各谋各利，任何一方也得不到多大利益。

商务谈判中除了开场陈述之外，总结陈述也是非常重要的部分。得体的总结陈述可以为以后的谈判打下良好的基础。在进行总结陈述时要注意以下几点：

（1）总结陈述是对前一阶段成果的总结，进行总结陈述时，首先要肯定前一阶段的谈判成果，增强各方谈判的信心。不要以否定性的语言结束谈判，以免在谈判各方心中留下消极印象。

（2）发言应紧扣主题，简明扼要。商务谈判作为商务活动的一部分，效率也是衡量谈判是否成功的标准之一。由于时间有限，在总结陈述时，谈判中双方都应紧紧围绕主题进行陈述，简洁切题。

（3）观点要鲜明，言语要中肯，不走极端。在对前一阶段谈判进行总结陈述时，一方面观点要鲜明，对方才能更好地了解己方的立场与要求；另一方面，要注意措辞得体，过于极端的语言不仅易刺伤对方自尊心，引起对方反感，而且容易给对方留下不客观、不专业的印象，甚至可能使对方对你的谈判诚意产生怀疑。

5. 辩论的技巧

在商务谈判中，由于利益、立场的差别，会不可避免地出现观点的对立，辩论则能使这种对立得到沟通和解决。谈判中的讨价还价就集中体现在辩论上。

（1）辩论的原则。

第一，观点明确，事实有力。谈判中辩论的目的就是要论证自己的观点，反驳对方的观点。论辩的过程就是通过摆事实、讲道理，说明自己的观点和立场。辩论不是煽动情绪，而是讲理由、提根据。为了能更清晰地论证自己的观点，必须做好材料的选择、整理、加工工作，在辩论时运用客观材料以及所有能支持己方观点的证据，增强自己的辩论效果，反驳对方的观点。

第二，思路敏捷、严密，逻辑性强。商务谈判中的辩论往往是双方在进行磋商遇到难解的问题时才发生的。冷静的头脑、敏捷的思维、严密的辩论，只有这样才能应付各种各样的困难，摆脱困境。辩论中应遵循的逻辑规律是同一律、矛盾律、排中律、充足理由律。如果违背了这四条基本规律，思维的确定性就会受到破坏，进而使辩论脱离正常轨道。任何成功的辩论都具有思路敏捷、逻辑性强的特点。为此，谈判人员应加强这方面基本功的训练，培养自己的逻辑思维能力，以便在谈判中以不变应万变，立于不败之地。

第三，掌握大原则，不纠缠细枝末节。在辩论过程中，要有战略眼光，掌握大的方向、前提及原则。辩论过程中不要在枝节问题上与对方纠缠不休，但在主要问题上一定要集中精力、把握主动。在反驳对方的错误观点时，要能够切中要害，做到有的放矢。

第四，掌握好进攻的尺度。辩论的目的是要证明己方立场、观点的正确性，反驳对方立场、观点的不足，以便能够争取有利于己方的谈判结果。切不可认为辩论是一场对抗赛，必须置对方于死地。因此，辩论时应掌握好进攻的尺度，一旦达到目的，就应适可而止，切不可穷追不舍、得理不饶人。在谈判中，如果某一方被另一方逼得走投无路，陷入绝境，往往会产生强烈的敌对心理，甚至反击的念头更强烈，这样即使对方暂时可能认可某些事情，事后也不会善罢甘休，最终会对双方的合作不利。

第五，态度客观、公正，措辞准确、严密。文明的谈判准则要求：不论辩论双方如何针锋相对、争论多么激烈，谈判双方都必须态度客观、公正，措辞准确、严密，切忌用侮辱诽谤、尖酸刻薄的语言进行人身攻击。如果某一方违背了这一准则，其结果只能是损害自己的形象，降低己方的谈判质量和谈判实力，不但不会给谈判带来丝毫帮助，反而可能置谈判于破裂的边缘。

案例 7-4

20 世纪 30 年代中期，我国香港地区有一起诉讼案：英国商人威尔斯向中方茂隆皮箱行订购3 000 只皮箱。到取货时，威尔斯却说，皮箱内层有木材，不能算皮箱，因此向法院起诉，要求赔偿 15%的损失。在威尔斯执理强言、法官偏袒威尔斯的情况下，律师罗文锦为被告据理力争。

罗文锦站在律师席上，取出一只金怀表，问法官："法官先生，这是一只什么表？"

法官说："这是伦敦名牌金表，可是，这与本案没有关系。"

罗文锦坚持说与本案有关，他继续问："这是金表的事实没有人怀疑，那么请问，内部机件都是金制的吗？"

法官已经感觉到中了埋伏。律师又接着说："既然没有人否定金表的内部机件可以不是金做的，那么英国商人显然是无理取闹，存心敲诈而已。"

(2) 辩论中应注意的问题。在商务谈判中，辩论的目的是达成协议，因此要避免使用以下几种方式：

1) 以势压人。辩论的目的是平等的，没有高低贵贱之分。所以，辩论时要心平气和、以理服人；切忌摆出一副"唯我独尊"的架势，大发脾气，耍权威。

2) 歧视揭短。在商务谈判中，不管对方来自哪个国家或地区，是什么制度、什么民族，有什么风俗传统、什么文化背景，都应一视同仁，不存在任何歧视。不管辩论多么激烈，都不应该进行人身攻击，不在问题以外做文章。

3) 预期理由。任何辩论都应以事实为根据。要注意所提论据的真实性，道听途说或未经证实的论据会给对方带来可乘之机。

4) 本末倒置。由于谈判不是进行争高比低的竞赛，因此要尽量避免发生无关大局的细节之争。远离实质问题的争执，不仅白白浪费时间和精力，而且可能使各自的立场愈发对立，导致不愉快的结局。

5）喋喋不休。在商务谈判中，谈判者不能口若悬河，不给对方表达意见的机会。要切记：谈判桌前不是炫耀自己表达能力的地方。

6. 说服的技巧

美国语言学家、哈佛大学教授约克·金说过：“生存，就是与社会、自然进行的一场长期谈判，获取你自己的利益，得到你应有的最大利益。这就看你怎么把它说出来，看你怎样说服对方了。”谈判中能否说服对方接受自己的观点，是谈判能否成功的一个关键。谈判中的说服就是综合运用倾听、提问、叙述等各种技巧，改变对方的起初想法而心甘情愿地接受己方的意见。在谈判之前，谈判的双方都有设法说服对方的意图，然而谁能说服谁，或者彼此都没有被说服，或者相互说服，达成一种折中意见，结局往往是谈判者无法预言的。谈判者只有进入谈判过程，才能一较高低，得出结果。因此，说服是谈判过程中最艰苦、最复杂，同时也是最富有技巧性的工作。在谈判中，说服工作常常贯穿于始终。那么在谈判过程中，谈判者应当如何说服对方，顺利达成协议呢？下面我们从两个方面论述这一问题。

（1）创造说服对方的条件。

1）要说服对方改变初衷，应当首先改善与对方的人际关系。当一个人考虑是否接受说服之前，他会先衡量说服者与他熟悉的程度与亲善的程度，实际上就是对你的信任度。对方在情绪上如果与你是对立的，则不可能接受你的劝说。

2）在进行说服时，还要注意向对方讲你之所以选择他为说服对象的理由，使对方重视与你交谈的机会。

3）把握说服的时机。在对方情绪激动或不稳定时，在对方喜欢或敬重的人在场时，在对方的思维方式较为极端时，暂时不要进行说服。这时你首先应当设法安定对方的情绪，避免让对方失面子。用事实先适当地教训他一番，然后才可进行说服。

（2）说服的方式。

1）取得对方的信任，不要只说自己的理由。“一滴蜂蜜比一加仑的胆汁能招引更多苍蝇。”人也是如此，如果你能赢得人心，首先让他相信你是最真诚的朋友。要说服对方，就要考虑到对方的观点或行为存在的客观理由。要站在对方的角度设身处地地谈问题，从而使对方对你产生一种“自己人”的感觉，消除对方的戒心、成见。这样，对方就会信任你，就会感到你是在为他着想，效果将会十分明显。

2）从谈话一开始，就要创造一个说“是”的良好气氛，而不要形成一个“否”的气氛。不形成一个“否”的气氛，就是不要把对方置于不同意、不愿做的地位，然后再去批驳他、劝说他。例如：“我晓得你会反对……可是事情已经到这一步了，还能怎么样呢？”这样说对方仍然难以接受你的看法。在说服他人时，要把对方看作能够做或同意做的。例如：“我知道你能够把这件事情做得很好，只是不愿意去做而已。”又如：“你一定会对这个问题感兴趣的。”商务谈判的事实表明，从积极的、主动的角度去启发对方、鼓励对方，就会帮助对方提高自信心，并接受己方的意见。

3）努力寻求双方的共同点。谈判者要说服对方，应努力寻求并强调与对方立场一致的地方，这样可以赢得对方的信任，消除对方的对抗情绪，用双方立场的一致性为跳板，因势利导地解开对方的心结，说服才能奏效。

4）强调彼此利益的一致性。说服工作要立足于强调双方利益的一致性，淡化相互间的矛盾性，这样对方就较容易接受你的观点。

5）不要直接批评、责怪、抱怨对方。著名人际关系学者戴尔·卡内基告诉人们：“要比别人聪明，却不要告诉别人你比他聪明。”任何自作聪明的批评都会招致别人厌烦。不要指责对方，不要把自己的意见和观点强加于对方。要承认对方“情有可原”，善于激发对方的自尊心。本杰明·富兰克林年轻的时候并不圆滑，但后来却变得富有外交手腕，善于与人交际，因而成为美国著名的政治家。他的成功秘诀就是：“我不说别人的坏话，只说别人的好话。”但是，有时善意的批评是对别人行为的一种很有必要的反馈方式，因而学会批评还是很有必要的。

6）要诚挚地向对方说明，如果接受了你的意见将会有什么利弊得失。既要讲明接受你的意见后对方将会得到什么样的益处，己方将会得到什么样的益处，又要讲明接受你的意见后，对方的损失是什么，己方的损失是什么。这样做的好处有两个：一是使人感觉到你的客观、符合情理；二是当对方接受你的意见后，如果出现了恶劣的情况，你也可以进行适当的解释。

7）说服要耐心。说服必须耐心、细致，不厌其烦地动之以情，晓之以理，把接受你的意见的好处和不接受你的意见的弊端讲深、讲透。不怕挫折，一直坚持到对方能够听取你的意见为止。在谈判实践中常遇到对方的工作已经做通，但对方基于面子或其他原因，一时无法签约。这时谈判者不能心急，要给对方一定的时间，直到瓜熟蒂落。

8）说服要由浅入深，从易到难。谈判中的说服是一种思想工作，因此也应遵照循序渐进的方针。开始时，要避开重要的问题，先说服那些容易的问题，打开缺口，逐步扩展。一时难以解决的问题可以暂时抛开，等待适当的时机再进行说服。

9）不可用胁迫或欺诈的方法说服。说服不是压服，也不是骗服，成功地说服要体现双方的真实意见。采用胁迫或欺诈的方法使对方接受意见，会给谈判埋下危机。

10）运用经验和事实说服对方。在说服艺术中，运用历史经验或事实去说服别人，无疑比那种直截了当地说一番大道理要有效得多。善于劝说的谈判者都懂得人们做事、处理问题都是受个人的具体经验影响的，抽象地讲大道理的说服成功概率远远比不上运用经验和例证去进行劝说。

案例 7-5

第二次世界大战期间，一些美国科学家试图说服罗斯福总统重视原子弹的研制，以遏制法西斯德国的全球扩张战略。他们委托总统的私人顾问、经济学家萨克斯出面说服总统。但是，不论是科学家爱因斯坦的长信，还是萨克斯的陈述，总统一概不感兴趣。为了表示歉意，总统邀请萨克斯次日共进早餐。第二天早上，一见面，罗斯福就以攻为守地说："今天不许再谈爱因斯坦的信，一句也不谈，明白吗？"萨克斯说："英法战争期间，在欧洲大陆上不可一世的拿破仑在海上屡战屡败。这时，一位年轻的美国发明家富尔顿来到这位法国皇帝面前，建议把法国战船的桅杆砍掉，撤去风帆，装上蒸汽机，把木板换成钢板。拿破仑却想：船没有帆就不能航行，木板换成钢板就会沉没。于是，他二话没说，就把富尔顿轰了出去。历史学家们在评论这段历史时认为，如果拿破仑采纳了富尔顿的建议，19 世纪的欧洲历史就得重写。"萨克斯说完，目光深沉地望着总统。罗斯福总统默默沉思了几分钟，然后取出一瓶拿破仑时代的法国白兰地，斟满了一杯，递给萨克斯，轻缓地说："你胜利了。"萨克斯顿时热泪盈眶，他终于成功地运用实例说服总统做出了美国历史上最重要的决策。

以上说服技巧都是从谈判者的行为心理角度提出的。事实上，说服工作的关键是抓住对方心理，迎合其心理，诱导说服对方。先说什么，后说什么，该说什么，不该说什么，必须自己心中有谱，方能按照自己的意图改变对方的立场、观点。

二、商务谈判中的无声语言

谈判的主体语言是有声语言。而有声语言表达效果的好坏还要看无声的伴随语言的运用。伴随语言是指伴随有声语言而产生的身体语言和副语言。身体语言是指谈判中人体外表的各个部分（如眼睛、脸、嘴、手、腿、脚、腰等）通过其动作传递的信息和表达的意愿。另外，沉默也是一种伴随语言，它与体态语言一起构成"无声语言"。在副语言中，语调是语言动作的最高级、最有说服力的一种形式，它通过对有声语言的停顿、轻重、高低的选用，表达出不同的意愿；其次是语气，它根据不同的场合、不同的谈判对象，表达出谈判者的情感态度。

谈判者不仅要灵活运用有声语言，清楚、流畅地陈述自己的观点和要求，而且还要学会通过身体语言和副语言，恰如其分地表达自己的感情和愿望，无声语言运用得好坏也是决定商务谈判成败的关键因素之一。

（一）商务谈判中的身体语言

尽管语言在人际沟通中发挥着重要的作用，但心理学研究发现，在两人面对面的沟通中，55%以上的信息交流是通过无声的身体语言来实现的。身体语言是指那些包括目光、表情、身体运动、触摸、体态、身体间的空间距离等在内的非言语性的身体信号。身体语言在人际沟通中有着口头语言所无法替代的作用。

1. 眼睛动作"语言"

人们常说，眼睛是心灵的窗户，就是说人的一切情绪、情感和态度的变化都可以从眼睛中显示出来。眼睛的动作及其所传达出的信息主要有：

(1) 在谈话中，对方的视线经常停留在你的脸上或与你对视，说明对方对谈判内容感兴趣，想急于了解你的态度和诚意，成交的希望程度高。

(2) 倾听对方谈话时几乎不看对方，这是企图掩饰什么的表现。

(3) 眼睛闪烁不定是一种反常的举动，一个做事虚伪或当场撒谎的人常是这种眼神。

(4) 瞪大眼睛看着对方是对对方有很大兴趣的表示。

(5) 当人处于喜欢或兴奋时，往往眼睛生辉、炯炯有神，而消极、戒备或愤怒时，往往愁眉紧锁、目光无神。

当然，眼神传递的信息远不止这些。

2. 眉毛动作"语言"

眉毛是配合眼的动作来表达含义的，但单纯眉毛也能反映出人的许多情绪。

(1) 人们处于惊喜或惊恐状态时，眉毛上耸，即"喜上眉梢"。

(2) 处于愤怒或气恼状态时，眉角下拉或倒竖，即"剑眉倒竖"。

(3) 眉毛迅速地上下运动，表示亲切、同意或愉快。

(4) 紧皱眉头，表示人们处于困惑、不愉快、不赞同的状态。

(5) 眉毛高挑，表示询问或疑问。

(6) 眉宇舒展，表示心情舒畅。

(7) 双眉下垂，表示难过和沮丧。

上述有关眉毛传达的动作语言是不容忽视的，人们常常认为没有眉毛的脸十分可怕，因为它给人一种毫无表情的感觉。

3. 嘴巴动作"语言"

人的嘴巴除了说话、吃喝和呼吸以外，还可以有许多动作，借以反映人的心理状态。

(1) 嘴巴紧紧地抿住，往往表示意志坚决。

(2) 撅起嘴是不满意和准备攻击对方的表示。

(3) 遭到失败时，咬嘴唇是一种自我惩罚的运用，有时也可解释为自我解嘲和内疚的心情。

(4) 注意倾听对方谈话时，嘴角会稍稍向后拉或向上拉。

(5) 不满和固执时嘴角向下。

与嘴的动作紧密联系的是吸烟的姿势。谈判中吸烟的姿势具有较强的表现力，而且是判断一个人态度的重要依据。吸烟所传达的信息有：

(1) 刚一见面就立即掏烟递给对方，且麻利地为对方点烟的，多为处于交易劣势的一方。寒暄之后才缓慢掏烟，自己先叼一根，然后才送给你的人，是自认为处于交易优势但愿意合作的人。

（2）吸一口烟后，将烟向上吐，往往表示积极、自信，因为此时伴随吐烟的动作，身体的上部姿势也是向上昂起的，将烟朝下吐，则表示情绪消极、意志消沉、有疑虑。

（3）烟从嘴角缓缓吐出，给人一种消极而诡秘的感觉，一般反映出吸烟者此时的心境与思维比较曲折，力求从纷乱的思绪中理出一条令人意想不到的途径来。

（4）吸烟时不停地磕烟灰，往往意味着内心紧张、不安或有冲突，这时的吸烟已不是一种生理需要，完全成了吸烟者减缓和消除内心冲突与不安的一种道具，借抽烟的动作来掩饰面部表情和可能会颤抖的手，十有八九是个新手或正在采取欺诈手段。

（5）点上烟后却很少抽，说明在交谈中戒备心重，边谈边紧张地思考而忘却了手中的香烟。另外，心神不定时也会这样。

（6）没抽几口即把烟掐掉，表明其想尽快结束谈话或已下定决心。掐掉烟是为了不让吸烟来分散精力，干扰自己刚刚决定的事情的进展。其实，吸烟本身可能不会给他带来什么干扰，但这样做却暴露了其内心的活动。

（7）斜仰着头，烟从鼻孔吐出，表现出一种自信、优越感以及一种悠然自得的心情，通过斜仰着头这一动作，主动地拉开了与谈话对象及其目光交流的距离，从而表现出吸烟者内心的自信和悠然自得的心态。

4. 腿部（下肢）动作“语言”

下肢往往是最先表露潜意识情感的部位：

（1）“二郎腿”：与对方并排而坐时，对方若架着“二郎腿”并且上身向前倾斜，意味着合作态度；反之，则意味着拒绝、傲慢或有较强的优越感。相对而坐时，对方架着“二郎腿”却正襟危坐，表明他是比较拘谨、欠灵活的人，且自觉处于很低的交易地位，成交期望值很高。

（2）架腿（把一脚架在另一条腿的膝盖或大腿上）：对方与你初次打交道时就采取这个姿势并仰靠在沙发靠背上，通常带有倨傲、戒备、怀疑、不愿合作等意味。若上身前倾的同时又滔滔不绝地说话，则意味着对方是个热情的但文化素质较低的人，对谈判内容感兴趣。如果频繁变换架腿姿势，则表示情绪不稳定，焦躁不安或不耐烦。

（3）并腿：交谈中始终或者经常保持这一姿势并上身直立或前倾的对手，意味着谦恭、尊敬，表明对方有求于你，自觉交易地位低下，成交期望值很高。时常并腿后仰的对手大多小心谨慎，思虑细致全面，但缺乏自信心和魄力。

（4）分腿：双膝分开、上身后仰者，表明对方是充满自信的、愿意合作、自觉交易地位优越的人，但要指望对方做出较大让步是相当困难的。

（5）摇动足部，或用足尖拍打地板，或抖动腿部，都表示焦躁不安、无可奈何、不耐烦或是想摆脱某种紧张情绪。

（6）双脚不时地小幅度交叉后又解开，这种反复的动作表示情绪不安。

5. 上肢动作"语言"

手势或握手可以帮助我们判断对方的心理活动或心理状态，同时也可帮助我们将某种信息传递给对方：

(1) 握拳是表现向对方挑战或自我紧张的情绪。握拳的同时使手指关节发出响声或用拳击掌，都是向对方表示无言的威吓或发生攻击的信号。握拳使人肌肉紧张、能量集中，一般只有在遇到外部的威胁和挑战而准备进行反击时才会发生。

(2) 用手指或铅笔敲打桌面，或在纸上乱涂乱画，表示对对方的话题不感兴趣、不同意或不耐烦的意思。这样做一是打发、消磨时间，二是暗示和提醒对方。

(3) 吮手指或指甲的动作是婴儿行为的延续，成年人做出这样的动作是个性或性格不够成熟的表现。

(4) 两手手指并拢并置于胸前呈尖塔状，表明充满信心，用这个动作以示独断或高傲，以起到震慑的作用。

(5) 手与手连接放在胸腹部的位置，是谦逊、矜持或略带不安心情的反映。

(6) 两臂交叉于胸前，表示防卫或保守，两臂交叉于胸前并握拳，则表示怀有敌意。

(7) 握手。握手的原始意义不仅表示问候，而且表示一种保证、信赖和契约。标准的握手姿势应该用手指稍稍用力握住对方的手掌，对方也应该用手指稍稍用力回握，用力握的时间约在1～3秒。如果发生与标准姿势有异的情况，便有了除问候与礼貌以外的附加意义。主要有以下几种情况：

第一，握手时对方手掌出汗，表示对方处于兴奋、紧张或情绪不稳定的心理状态。

第二，若某人用力回握对方的手，表明此人具有好动、热情的性格，凡事比较主动。美国人大都喜欢采用这种方式握手。反之，不用力握手的人，若不是个性懦弱、缺乏气魄，便是傲慢、矜持、摆架子。

第三，先凝视对方再握手，是想将对手置于心理上的劣势地位。先注视一下对方，相当于审查对方是否有资格与其握手的意思。

第四，手掌向下握手，表示想取得主动、优势或支配地位。手掌向下，有居高下的意思；反之，手掌向上，是性格软弱，处于被动、劣势或受人支配的表现。手掌向上有一种向对方投靠的含义。

第五，用两只手握住对方的一只手并上下摆动，往往表示热情欢迎、真诚感谢、有求于人、肯定契约关系等意思。在日常生活中，我们常常可以看到，为了表示感谢对方、欢迎对方或恳求对方等，一方会用两只手去握住对方的一只手。

6. 腰部动作"语言"

腰部在身体上起"承上启下"的支持作用，腰部位置的"高"或"低"与一个人的心理状态和精神状态是密切相关的。

(1) 弯腰动作。例如：鞠躬、点头哈腰属于低姿势，把腰的位置放低，精神状态随之"低"下来。向人鞠躬表示某种"谦逊"的态度或表示尊敬。如果一方在心理上自觉不如对方，甚至惧怕对方时，就会不自觉地采取弯腰的姿势。从“谦逊”再进一步，即演变成服从、屈从。因此，弯腰、鞠躬、作揖、跪拜等动作，除了礼貌、礼仪的意义之外，都是服从或屈从对方，压抑自己情绪的表现。

（2）挺直腰板，使身体及腰部位置增高的动作，则反映出情绪高昂、充满自信。经常挺直腰部站立，行走或坐下的人往往有较强的自信心及自制和自律的能力，但为人可能比较刻板，缺少弹性或通融性。

（3）手叉腰间，表示胸有成竹，对自己面临的事务已做好精神上或行动上的准备，同时也表现出某种优越感或支配欲。有人将此视作领导者或权威人士的风度。

7. 解读身体语言释放的“成交信号”

在谈判中，如果对方有下面的各种表情、行动，则表示对方对此次谈判产生了兴趣：

（1）对方的脸颊微微向上升。这是对方开始感兴趣的迹象，对于比较感兴趣的话题，人们都渴望听得一清二楚。

（2）肩部保持平衡。对方坐立时，两肩不平，是一种疲惫的表示，肩部平衡，表明他的精神很好，对你的话题不厌倦。

（3）嘴角上扬，嘴时常半闭半开。嘴角向下，是一种轻视或者以为不屑的表情；嘴巴紧闭，表明他对你的话题没有兴趣，不想参与；嘴角上扬时，表明他的兴趣被你调动起来；半开嘴巴时，就表明他将会同你一起讨论某个话题了。

（4）随着谈判者话题的深入，对方的表情有所变化，表明你的话已使他进入“境界”，他已被你的话触动。

（5）眼睛眯起变细。这是对方思考的一种表现，此时他不仅在仔细地听你讲话，而且大脑中也不停地进行反应。

（6）对方眨眼次数减少，睁大眼睛。频频眨眼表明了他的不耐烦，而眨眼次数减少，表明他已经被你的话题吸引。至于突然睁大眼睛，是他已经明白了你的意思。

（7）眼睛发亮。人们都知道，眼睛是心灵的窗户，“窗户”一亮，内心也便有亮的可能了。

（8）随着说话人的指示移动目光。表明他已经深深投入到必须紧紧抓住你的每一言行的地步。

（9）身体略向前倾。此即为“倾听”的写照，一个人专注地听别人说话时，身体便会略向前倾，以图听得仔细、明白。

（10）频繁同说话人配合。这时，对方已经积极地参与了进来，当他频频回答“嗯”，或者表示赞成地点头，他的态度就可以看出来了。

（11）在你讲话时，对方的部属有事报告，对方干脆地说：“就交给你处理好了。”这表明他不但在听，而且想一口气听完你的话，以致不希望有任何中断。

（12）有电话时，也叫别人代听，与上一种情况相同。

上面的12种表情和动作，是我们努力的目标。当谈判对手有了上述的表情时，事情便大有可为，应抓紧时机促成交易。

(二) 商务谈判中的副语言

在副语言中，语调是语言动作的最高级、最有说服力的一种形式，它通过对有声语言的停顿、轻重、高低的选用，表达出不同的意愿；其次是语气，它根据不同的场合、不同的谈判对象，表达出谈判者的情感态度。

1. 语调技巧

谈判者的语调不同，所表达的意义就有差别，它通常有平直调、上扬调、降抑调和弯曲调四种类型。

(1) 平直调。其语调特征是平稳、语势舒缓。一般用来表达从容、庄重的感情。

(2) 上扬调。其语调特征是前低后高，语势呈上升趋势。一般用来表达怀疑、鼓励、愤怒、惊讶等感情。

(3) 降抑调。其语调特征是前高后低，语势呈下降趋势，一般用来表达坚定、自信、感叹、祝愿的感情。

(4) 弯曲调。其语调特征是有升有降，语势曲折多变。一般用来表达忧虑、讽刺、调侃、怀疑的感情。

在谈判中，一般问题的阐述应使用正常的语调，即保持能让对方清晰听见而不会引起反感的高低适中的音量。适当的时候为了强调自己的立场、观点，尤其在针对有分歧的问题表达意见时，可调整语调和音量来增加话语的分量，加强表达的效果。声音高低的起伏表明说话者的某种情绪波动。谈判中说话的音调、音量有时是有意识的表达需要，有时则是潜意识的自然流露，需对谈判对手的话语敏锐把握，同时对自己的话语表达加强控制，不能出现音调、音量失控的情况，不然就不符合谈判活动的本来目的，也有损自己的礼仪形象。谈判者可根据谈话内容和要传达的含义来选择适合的语调。

2. 语气技巧

“语气是言语的脸面。”在商务沟通中，由于说话者的说话语气、表达方式不同，有些话语虽然正确，但对方却难以接受，话语不能取得预期的效果。根据想要表达的内容和态度，选择合适的语气，则有可能建立良好的交谈氛围，达到双方各自预期的目的。例如：当要表达自己的决心时，可采用坚定的语气；当试图拒绝对方时，在表达方式上可以委婉些，在语气上尽量温和。

三、商务谈判中的文字处理

商务谈判始终离不开文字的处理。从谈判前谈判方案的拟订，到谈判过程中的记录和备忘录的处理，直至谈判结束时作为谈判成果的合同的签订，都必须以书面的形式表达出来。如果说，谈判桌上的唇枪舌剑是谈判双方运用口头语言斗智斗勇的过程，那么，商务谈判文字的处理则需要更高的综合素养，如需要较高的理论水平、政策水平、专业知识、思维能力和写作能力。商务谈判文字处理的水平还直接影响谈判成果的最终取得。因此，必须注重商务谈判中的文字处理。

（一）商务谈判中文字处理的特征和原则

1. 商务谈判中文字处理的特征

（1）及时处理。指商务谈判中的文字处理要及时、准确、迅速、精练，如实地、完整地反映谈判过程中的全部内容。它不同于一般的应用写作，有时间去构思、成文、修改，最后定稿。这就要求对谈判中任何一个环节的文字处理都要如实反映、笔录灵敏、效率高超，使处理结果被谈判双方认可并具有约束力。

（2）格式规范。商务谈判中文字处理的内容均属应用文范畴，一般都有固定规范的格式。例如：英文商务信函大致由八个部分组成，即信头、日期、收信人姓名和地址、称谓及客套语、正文、信尾、结束词、署名等。记录、备忘录、合同等也是如此。

（3）语言质朴。商务谈判中文字处理要求语言质朴、难确。所谓质朴是指文字表达必须实事求是、直截了当，不追求辞藻华丽、咬文嚼字，不过多描绘；所谓准确是指文字不含糊其词、不模棱两可，否则会造成相反的结果，贻误大事。

（4）时间性强。商务谈判的文字处理与一般行文的又一重要区别是它具有很强的时间性。因为这些文字内容具有按法律规定的约束双方行为的作用，也是处理日后合同纠纷的依据。例如：签订书面合同的依据主要是来往的函电及谈判、磋商后的记录及备忘录。因而，函电的时间、谈判的时间、出席人数等就成为处理合同纠纷的重要依据。

2. 商务谈判中文字处理的原则

（1）实用性原则。实用性原则是指商务谈判各个环节的文字表达都要简明、易懂，直接服务于谈判，有助于谈判过程的加速，直至合同契约的形成，并以此作为双方遵守、执行的凭证，起到规范和约束谈判双方行为的作用。

（2）可靠性原则。可靠性原则是指谈判中达成的文字协议所依据的材料和情节真实可靠。具体包括谈判中的情况、资料、数字（如购销量、价格等）必须真实可靠、合法。

（3）准确性原则。准确性原则是指表达方式的选择要恰当，内容的反映要准确、无误。商务谈判文字表述是否准确，将直接关系到谈判双方的切身利益及谈判能否取得成功。

（二）商务谈判中文字处理的技巧

1. 商务谈判中谈判记录的文字处理技巧

商务谈判记录是指用文字形式如实、及时、准确、完整地反映谈判全过程的书面材料。谈判记录的作用在于：有利于推动并加速谈判进程，避免无休止地谈判、反复谈判；可作为约束谈判双方行为的凭据，也为写备忘录和最终签订合同提供依据。

（1）商务谈判记录的要求：

第一，记录必须符合谈判的实际情况，不能随意增添或删改谈判内容和基本精神。

第二，谈判进入达成协议的关键阶段，对重要人物的发言要做详细记录，有的甚至要记下在谈判中讲话的原句。

第三，规范谈判记录的格式。谈判记录一般包括谈判概况的介绍（包括谈判名称、时间、地点、参加谈判人员、列席人员、主持人、记录人等）和谈判内容的介绍（包括记录双方发言人的发言，谈判中所做出的决议、结论等）。

案例7－6

××公司谈判记录

时间：××××年×月×日×时

地点：××酒店

出席人：×××、×××、××

列席人：×××、×××、××（如无列席人，此栏可不写）

主持人：×××

记录：××

谈判内容：

（1）××产品的购销有关问题；

（2）谈判事项：数量、价格、型号、付款方式、其他问题……

（3）达成的协议。

散会（或休会）

会议主持人（签名）

记录（签名）

（2）商务谈判记录的方法。商务谈判记录与一般会议记录方法大致相同，主要分两种：

1）摘要记录（重点记录）。只记录谈判中讨论或争论焦点问题时的双方意见，或达成一致意见的具体内容。

2）详细记录（全面记录）。要把谈判中的所有内容，包括每个发言人的原话、动作、表情、谈判气氛等都记录下来。如果谈判时间较长，争论问题较多，中间需要休息，必须注明休息时间；谈判结束，可另起一行空两格写“结束”二字，以保证内容的真实、完整；关键性的谈判阶段，要由主持人和记录人在记录末尾右下方签名，以示负责。

在不同商务谈判中具体采用何种记录方法，要视谈判的需要而定。

2. 商务谈判中谈判备忘录的文字处理技巧

商务谈判备忘录是指用文字形式如实反映每一次重要谈判的双方所达成的协议的书面材料。商务谈判备忘录和谈判记录虽然都是用文字形式反映谈判内容，但二者是有区别的。例如：备忘录是对谈判中达成的协议用文字形式记录下来，而记录是对谈判中发言或是重点发言的内容用文字形式记录下来；备忘录不管由谁来起草，最终都要出示给对方并经对方同意签字后方可生效，而记录无须争得对方同意；备忘录经双方同意并签字后可成为约束双方行为的凭据，而记录则不具备这种效力；在一些小宗买卖交易中，备忘录可以起到协议或合同的作用，而记录则没有这种作用。

（1）备忘录的结构和写法。常见的备忘录的结构主要包括标题、正文和落款三部分。

1）标题。标题通常有两种写法：一种直接写文种名称，即“备忘录”；另一种由单位、事由和文种组成，如“××公司与××公司建合资公司会谈备忘录”。

2）正文。商务谈判备忘录正文一般包括三个部分。前言：记录谈判的基本情况，包括双方单位名称、谈判代表姓名（与外商谈判须注明国别）、会谈时间、会谈地点、会谈项目等。正文：记录双方的谈判情况，包括讨论的事项，一致或不一致的意见、观点，以及做出的有关承诺，正文内容的记录类似于意向书的写法，通常采用分条列项式记录。结尾：备忘录多数不另写结尾。

3）落款。由参加谈判的各方代表签字认可并标明时间。

（2）商务谈判备忘录的文字处理技巧：

1）阐明义务，突出依据。备忘录要对双方达成的协议用书面形式反映出来，因此，必须要突出达成协议的凭据。文字上可做这样处理：“依据我们双方于某年某月某日之洽谈，现双方已达成协议如下……”

2）主动撰写，避免被动。在商务谈判中，要争取我方主动撰写备忘录，因为自己动手写备忘录有许多益处，如备忘录的内容是按照自己使用最习惯的词语来写，有充分的解释权，可避免对方在备忘录中做文字游戏，有意遗漏、错写而造成自己吃亏；由于自己写备忘录，因此对谈判中的任何细节都格外注意听、认真记，为后期的谈判奠定了基础；自己写备忘录可主动选择有益的项目或条件写入备忘录中等。

3）提高警惕，主动出击。如果谈判中由对方写备忘录，我方需要提高警觉，不能过于天真或示弱。一般在由对方写好备忘录后，我方最好要由两人以上审阅对方写好的备忘录，从中找出遗漏和错误的地方，因为这些地方很可能是对方有意搞错，存心使己方蒙受损失。如发现备忘录中遗漏或错误的地方，要主动和谈判对手重新商谈备忘录中遗漏或错写的问题，并且要有面对事实的勇气和力量，要有充足的理由据理力争，因此需对谈判的全过程认真做好记录，证据才会充分。

3. 商务谈判中谈判合同的文字处理技巧

（1）签约谨慎。在市场经济大潮中，经常会出现某些单位和个人不顾法律条文，以签订合同为手段，明目张胆地进行合同诈骗，因此，为了避免类似事件的发生，在签订谈判合同时一定要保持清醒的头脑，慎之又慎，切不可草率下笔，被空头的紧俏商品和丰厚的利润所迷惑。

（2）用词准确。合同语言在表述时要用词准确，忌模糊语言。谈判双方在签订合同时，合同语言要精确，尽量避免使用有歧义的词句，能用数字表达的不用文字表述，特别是对时间、规格、数量、价格等的表述要十分明确，不能笼统地用如“前”“后”“以上”“以下”等模糊语言。对于不敢肯定的语句或是容易让人误解的语句，有法律条文的直接依据法律调整表述，没有法律条文的则需要用注释加以说明。

案例7－7

某电力设备有限公司（以下简称电力公司）与某动力科技有限公司（以下简称科技公司）于2012年3月1日签订买卖合同1份，双方约定：电力公司向科技公司提供型号为AM12的美国阿拉斯加发电机一台，价款为300万元，交货时间为2012年4月20日。到期限后，电力公司按时履行义务，交付了型号为AM12的美国阿拉斯加发电机。但是，科技公司验货时发现此发电机虽然是合同约定的型号，但原产地并不是自己所希望的美国，而是在韩国生产的。于是，科技公司以货物不符合要求拒收，并要求电力公司返还货款并承担违约责任。

为此，科技公司诉至法院。电力公司则认为，合同中约定的是美国阿拉斯加发电机，即美国阿拉斯加牌的发电机，而这种品牌在世界上有很多产地包括韩国，并且合同中并没有明确约定必须是美国产地。法院基于诚信原则及调查取证，未支持诉讼请求。

（3）条款完备、具体。商务谈判中签订的合同条款必须完备、具体，条款越细、越具体、越全面，就越便于执行。尤其是质量标准、验收方法、违约责任等必须详细填写，如质量标准可具体注明依据某某质量标准等；若依据样品，可把样品的具体质量进行明确，以避免不必要的合同纠纷。

（4）警惕数字陷阱。在合同签订的文字处理上，再没有比数字更能代表彼此双方的直接利益了。因此，合同中巧设数字干脆就成了彼此利用对方某些疏忽，获取额外利益的惯用手段。签订合同中常见的数字陷阱有：故意加错或乘错、漏掉一个零或是增添一个零或进行不正确地表述等。例如：把15乘以25结果写成325，或者本来是1 200，却写成12 000。当然，造成这些漏洞的原因有可能是人为的，也有可能是由于谈判的过度疲劳或是紧张导致头脑不清所致。不论什么原因，在签订谈判合同时，一定要十分注意合同上的数字部分，要反复检查核对。

任务实施

王丽告诉小吴，一个出色的门店销售导购员除了具备基本的向客户表述的能力外，还应该掌握观察客户、倾听客户、向客户提问、巧妙回答客户问题等基本信息沟通技巧。

一、学会观察客户

王丽说，门店销售导购员每天面对的顾客形形色色。由于个人的年龄、职业、地位、性格、购买目的等不同，会导致不同的人在购买家具时有不同的行为表现，如语言行为、肢体动作、语气、语调、语速等，因此作为家具导购员，首先应该学会观察顾客。如果在现场能够通过顾客的行为表现，很快把握其性格、内在需求、审美观、价值观、生活观等，就会比较容易地了解到他在做购买决定时的思考过程以及步骤，进而选择自己的销售洽谈策略和技巧。下面是一些在家具销售中基本的观察判断技巧：

1. 根据年龄判断

年轻人比较注重时尚，因此可以推荐新品，强调外观；中年人比较注重品质，因此可以推荐中高端产品，强调公司的技术实力；老年人比较注重实用，因此可以推荐特价产品，强调产品的性价比。

2. 根据顾客的服装、服饰判断

如果穿着都是名牌、服饰讲究，一般经济收入都较高，比较崇尚成功的感觉。对此类顾客一般可以推荐高档产品，强调“像您这样生活有品位的人，就应该享受高档的生活”来满足顾客那种成功人士的感觉。

3. 根据顾客对产品的关注程度判断

因为店里有时明码标价，顾客进店后先让顾客自己看一会儿。观察顾客在什么价位段的产品前停留时间最长，由此判断他所承受的价位，推荐适合他的产品。

4. 根据顾客皮肤、发型判断

假如顾客皮肤保养得非常好、发型时尚，可以判断他的经济收入较高，可以推荐高端产品。

5. 根据顾客所乘的交通工具判断

观察顾客来店时的交通工具。如果是开车来的，可以推荐高档家具；如果是骑电瓶车来的，可以推荐中档家具；如果是骑自行车来的，可以推荐促销产品。

6. 根据顾客的谈吐判断

通过顾客的谈吐能判断他所从事的职业及职位，由此可以判定他的经济收入，从而推荐适合的产品。

二、学会倾听客户

王丽说，人天生喜欢表达自己的观点，喜欢让对方接受自己的想法，而很少有人愿意做一个平静的倾听者、做一个观点或想法的接受者。许多导购员在销售过程中很容易犯喜欢打断顾客讲话或是不管顾客是否爱听，只顾自己说得没完没了的错误。殊不知，导购员在没有充分了解顾客的真实利益点时，大部分的说辞都是无效的。

因此，导购员在销售过程中，不要只顾自己不停地介绍产品，而是要给机会或是制造机会让顾客说话，而当客户说话的时候，你要全神贯注地倾听，看着对方的脸，听他的声音，了解他话语里所包含的意思，不要只是应付了事，这样在你回答顾客之前才能弄清楚顾客真正的意图和利益点，在此基础上你传递给顾客的信息才是有效信息，你们的信息沟通才能比较畅通。

记住：在销售谈判中，你越善于倾听，越能抓住顾客的利益点，说话的人也会越信任你。但现实中是太多的销售人员往往只顾着说，而不善于听。

接着，王丽给小吴讲了一个关于美国汽车推销之王乔·吉拉德的销售故事。一次，某位名人来向他买车，他推荐了一种最好的车型给他。那人对车很满意，并掏出 10 000 美元现钞，眼看就要成交了，对方却突然变卦而去。乔为此事懊恼了一下午，百思不得其解。到了晚上 11 点，他忍不住打电话给那人："您好！我是乔·吉拉德，今天下午我曾经向您介绍一部新车，眼看您就要买下，却突然走了。""喂，你知道现在是什么时候吗?""非常抱歉，我知道现在已经是晚上 11 点钟了，但是我检讨了一下午，实在想不出自己错在哪里了，因此特地打电话向您讨教。""真的吗?""肺腑之言。""很好！你用心在听我说话吗?""非常用心。""可是今天下午你根本没有用心听我说话。就在签字之前，我提到犬子吉米即将进入密歇根大学念医科，我还提到犬子的学科成绩、运动能力以及他将来的抱负，我以他为荣，但是你毫无反应。"乔不记得对方说过这些事，因为他当时根本没有注意。乔认为已经谈妥那笔生意了，他不仅无心听对方说什么，而且在听办公室内另一位推销员讲笑话。这就是乔失败的原因：那人除了买车，更需要得到对于一个优秀儿子的称赞。

三、学会向客户提问

王丽说，在真正销售之前，让顾客告诉你他关心什么，而不是你认为他关心什么。你认为最好的，对于顾客来说并不一定非常喜欢。想把产品卖出去，就必须了解顾客是怎么想的，顾客真正的需求是什么，是为了经济实用抑或是为了彰显身份。你在销售的时候首先要了解顾客的需求是什么，顾客的期望又是什么，然后想办法解决顾客的问题。而如何了解顾客的想法，找出顾客背后真正的需求，向顾客问问题就是一个最好的方法和途径。因此，优秀的销售人员应该懂得如何通过提问来判断顾客需求。以下是一些常见的提问问题：

(1) 询问顾客住在哪个小区：住在富庶小区里的顾客肯定是有钱阶层，向他们主推高档产品。

(2) 询问顾客住什么楼层：一般住在黄金楼层的属有钱人，向他们主推高档产品；

(3) 询问顾客从事什么职业：一般做生意的、当领导的较有钱，推荐高档产品；从事一般职业的推荐实用型产品、特价品或样品。

(4) 询问顾客是否是为新房购买家具，通过聊天得知顾客家里装修的材料是属高档还是中档，以此来判断应该给顾客推荐什么样的产品。

(5) 询问顾客感觉哪件产品不错。

当然，在提问过程中也要注意一些技巧，如不要连续发问、要关联顾客的回答来进行商品说明、从顾客容易回答的提问开始、提问要设法促进顾客的购买心理等，当然有时也要善于提一些与目的无关的问题，这样做有利于融洽商谈的气氛，缩短与顾客的距离。

总之，顶尖的销售员都非常懂得提问的重要性，同时也是最好的倾听者，顾客不喜欢被人推销，但所有的人都喜欢被他人关怀。

四、学会巧妙回答客户提问

王丽说，当你向顾客详细地介绍关于家具很多方面的信息之后，顾客仍有顾虑，并拒绝你，作为一个家具销售导购员，应该怎样排除顾客的异议呢？在回答顾客提出的一些疑问时，好的语言技巧更有助于疑虑的解决。

〔示例 1〕顾客："这套家具多少钱啊？"导购员："多少钱并不是最重要的，最重要的是您喜不喜欢，适不适合，您说呢？"

〔示例 2〕顾客："这套家具打几折啊？"导购员："您今天订货吗？""您喜欢买打折的东西吗？"

〔示例 3〕顾客："我担心你们的产品不环保。"导购员："我理解很多顾客也和你一样都担心环保问题，但当你了解这种产品之后你的担心是多余的，为什么我这么讲呢？我告诉你原因吧：第一，我们是行业领导性的大品牌，大品牌一定会注重质量，因为不愿意砸自己的牌子。第二，我们选用的绝对是真实材料，您可以看看我们的木材，它的重量和密度与一般的都不同，对吗？材料好了，自然就环保了。第三，这个品牌在这个地区卖了十年了，有几万人正在使用我们的产品，都还没有出现过环保方面的投诉。所以，环保问题您放一万个心，保证没有问题的。"

〔示例 4〕顾客："服务有保障吗？"导购员："您需要什么样的特殊服务？"

任务拓展

根据你所掌握的销售谈判中的沟通技巧，除了上述任务中王丽提到的相关方面，你认为小吴作为卖场导购员在与顾客进行销售洽谈的过程中，还应该要注意哪些方面的沟通技巧？

知识检测

一、判断题

1. 商务谈判中的"辩"具有谈判双方相互依赖、相互对抗的二重性。（　　）
2. 在商务谈判中，有声语言的使用比无声语言更加重要。（　　）
3. 当对方随着说话人的指示移动目光时，说明对方有很强的成交欲望。（　　）
4. 在商务谈判中，谈判人员吸一口烟后，将烟向下吐，往往表示积极、自信。（　　）
5. 在谈判中，谈判对手嘴巴紧紧地抿住，往往表示其意志坚决。（　　）
6. 商务谈判中的开放式提问往往比封闭式提问效果要好。（　　）

7. 在谈判中，遇到不愿回答的问题可以避正答偏，答非所问。（ ）

二、选择题

1. 商务谈判中，作为摸清对方需要、掌握对方心理的手段是(　　)。

A. 提问　　B. 倾听　　C. 察看　　D. 说服

2. 谈判中的讨价还价主要体现在(　　)上。

A. 叙述　　B. 回答　　C. 提问　　D. 辩论

3. 谈判中表达难以接受或不满时，通常用(　　)。

A. 正调　　B. 降调　　C. 升调　　D. 反调

4. (　　)是谈判中最艰巨、复杂和富有技巧性的工作。

A. 叙述　　B. 说服　　C. 辩论　　D. 提问

5. 在谈话中，对方的视线经常停留在你的脸上或与你对视，说明对方(　　)。

A. 比较紧张　　B. 在企图掩饰什么

C. 对谈话内容很感兴趣　　D. 处于戒备状态

6. 交谈中始终或者经常保持某一姿势且上身直立或前倾的对手，通常表明其(　　)。

A. 缺乏自信心和魄力　　B. 不愿合作

C. 情绪紧张　　D. 成交期望值很高

三、简答题

1. 成功的谈判人员50%以上的时间是用来听的，那么在谈判中，倾听的技巧有哪些？
2. 常见的商务谈判中提问的技巧有哪些？
3. 简述商务谈判中回答的技巧。
4. 商务谈判中的说服技巧有哪些？
5. 简述商务谈判中谈判合同文字处理技巧。

四、案例题

谈判一方为日本某合资公司（以下称为A方），欲在某城的开发区办厂，需用地盖厂房。谈判另一方为该开发区管委会相关部门（以下称为B方），也需要把已开发的土地尽快租出去。

A方代表一行三人：经理、技术和财务人员。B方两人：部门主管及助手。谈判地点：管委会会议室。

B方："欢迎贵方来开发区办厂，我想贵方应该已经了解了我们这里的情况。"

A方："谢谢您的接待。贵区的情况，合作伙伴已经向我介绍，今天来就是请您帮助我们解决土地问题。"

B方："贵方需要多少地？"

A方："一期工程需要20亩地。不知贵方土地租价如何？"

B方："目前地已平好，且通上了水电，路也已经修好。一般50年的使用权，每亩租价5.5万元。在签约两个月内交60%的款项，即可获得土地使用权，余款一年内连息交清。”

A方：“贵方要价是否太贵了？既然招商是贵方的主要任务，租价应该是可以协商的。”

B方：“贵方认为要价太高，有什么依据呢？”

A方：“我听合伙人介绍贵地政策优惠、用地价格便宜才来的，我听说的价格比贵方说的便宜多了。”

B方：“是多少呢？说来听听，看是否真实。”

A方：“在3.6万元/亩左右。”

B方：“这个数字是存在的，但它是征地、整理地的平均成本价。”

A方：“贵方是地主，有什么成本好讲，即使有也就是平地、修路、铺架管线。”

B方：“贵方说的不确切，这地原归农民使用，把土地使用权从农民手中征用过来是有代价的。按中国现状，一亩地要养活2～3个农民，不解决农民吃饭问题不行吧。此外的费用是明确的，贵方也承认，所以成本价是不能作为租价的。可以让我的助手把账给您算一遍。”（助手随即把每亩地对2～3个农民的补贴以及再就业的费用、每亩地平均开发费算出，结果远远高出5万元。）

A方：“我们是个小公司，投资规模也不大，成本太高会影响我们的投资决心。”

B方：“贵方的想法可以理解，但我们的租价真不贵。开发区正在发展中，租价随着项目的增加而见涨，有时在一年中涨好几次，大项目带动了地价，一个大项目有时会使租价每亩涨1万元。有的地区已涨到工业用地17万元/亩，住宅用地30万元/亩。”

A方：“地价变化是大，这一点我们都懂，但作为开发区，就是要吸引投资者前来，吸引就要有条件，贵方总不能一出价就不变吧！”

B方：“我们可以考虑优惠政策，但不是表面优惠就对贵方项目一定好。租价低，你们的资产也会低，在一定阶段也不利于企业经营。我们欢迎贵方来上项目，但租价不能太低，顶多让5 000元/亩。”

A方：“谢谢贵方的支持，不过5万元/亩与我们听到的价相比还是高。”

B方：“我们刚才解释过了，每上一个大项目，我这儿的租价就每亩上涨1万元。要是一年内有几个大项目上马，我这儿的租价一年中就会跳好几次。您要是早来，现在的价就是别人的，而您就拿到过去的价了。”

A方：“很遗憾，我们来晚了，但心是诚的，就凭这点也应多鼓励我们。”

B方：“作为我们热情欢迎的表示，可以在支付条件上给予优惠。”

A方：“行。”

资料来源：丁建忠．商务谈判教学案例［M］．北京：中国人民大学出版社，2005.

问题：

1. 在此次谈判中，B方采用了什么语言表达技巧？B方能不能把要价再出高些？

2. A方能不能以更强硬的态度投入谈判，如不达到目标就提出要走呢？若不走，A

方可以采用哪些技巧来争取更好的条件呢?

项目实训

实训课题1　　沟通中的回答与说服技巧

实训目的:

提高语言沟通中的回答与说服能力。

实训题目:

对一位应聘面谈的人来说，面谈就是他所必须认真对待的一种谈判。在面谈中，若不能说服对方，他势必会被拒之门外。下面是某公司招聘时，面谈主持人可能问到的令人尴尬的问题，如果你是一个应聘者，你应该怎样答复?

(1) 请你说一说你的主要缺点。

(2) 你认为要花多长时间才能对公司发挥一些作用?

(3) 你现在工作的单位领导有什么缺点?

(4) 如果加入本公司，五年后你希望升到哪一个职位?

(5) 你希望在本公司干多久?

实训课题2　　商务谈判中有声语言、无声语言的综合使用

实训目的:

锻炼语言沟通能力、身体语言的整体表现力。

实训题目:

选择当地某一正在销售的楼盘作为谈判情景，将学生分成小组，每两个小组之间进行商品房买卖的价格谈判。

(1) 谈判中双方小组可以使用叙述、倾听、提问、回答、辩论、说服等各种技巧，阐述己方的立场，阐明己方的观点。

(2) 双方根据谈判进程，实时记录对方使用各种技巧后给己方带来的心理、战术上的变化。

(3) 双方互相进行身体语言的暗示，分析其含义。

扩展阅读

美国的杰尼·寇尔曼提出的诱导说服别人的13种方法

1. 谈判开始时，要先讨论容易解决的问题，然后再讨论容易引起争论的问题。

2. 如果能把正在讨论的问题和已经解决的问题连起来，就较有希望达成协议。

3. 双方期望与对方谈判的结果有着密不可分的关系。要伺机传递消息给对方，影响对方的意见，进而影响谈判的结果。

4. 假如同时有两个消息要传递给对方，其中一个是较令人心情舒畅的，另一个较不合人意，则应该先让他知道那个较能迎合他心意的消息。

5. 强调双方处境的相同要比强调彼此处境的差异更能使对方了解和接受。

6. 强调合同中利于对方的条件，使合同较易签订。

7. 先透露一个使对方好奇并感兴趣的消息，然后再设法满足对方的要求。这种信息千万不能带有威胁性，否则对方就不敢接受了。

8. 说出一个问题的两面，比单单说出问题的一面更有效。

9. 等讨论过赞成和反对的意见后，再提出你的意见。

10. 通常听话的人比较容易记住对方所说的头尾部分，中间部分比较不易记住。

11. 结尾要比开头更能给听者深刻的印象，特别是当他们了解讨论的问题时。

12. 与其让对方做结论，不如先自己清楚地陈述。

13. 重复地说明一个消息更能促使对方了解、接受。

项目八 商务谈判技巧运用

学习目标

知识目标

了解判断谈判能力的方法

掌握不同形势下的商务谈判技巧

能力目标

能够判断双方所处的形势

能够准确判断对方所采用的谈判技巧

能够根据形势选择合适的商务谈判技巧

知识结构图

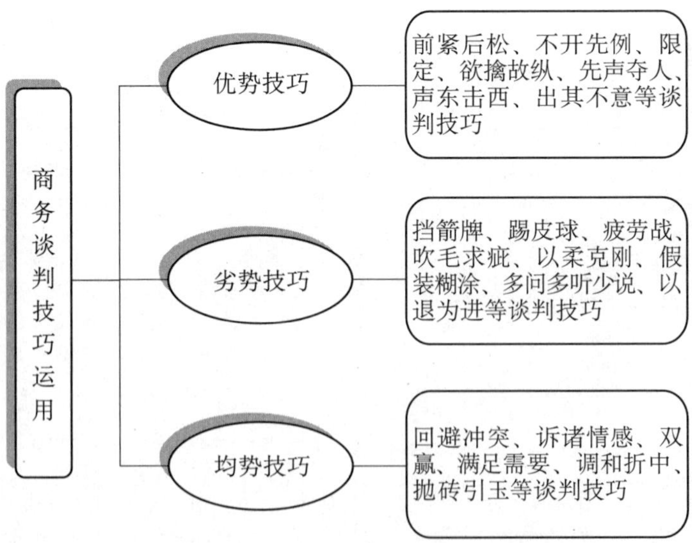

任务引入

【任务描述】

经过几年的历练，张华、刘瑞和王丽已经成为企业发展的中坚力量，3 人都被授予了“优秀员工”称号。在年会上，3 个年轻人坐在了一起，交流着各自的工作经验，分享了这几年来的谈判心得。刘瑞这几年主要负责针对小区业主的家具团购活动，他认为团购是最讲技巧的，参加团购的客户都是“省”字当头，如何获得最低折扣是他们最关心的问题。组织者把消费者联系起来，增大谈判的能力，利用数量来压价，没有高超的谈判技巧跟他们交手，很容易败下阵来。大家对这种新兴购物方式下的谈判很有兴趣，纷纷要求刘瑞和大家一起分享一些团购谈判经验。

刘瑞给大家分享了一个团购的案例。去年，常州团购网组织了一次大型家具团购会，组织者邀请祥和家具参与团购，好机会当然不能放过，刘瑞当时已经是小区推广组的一名组长，决定亲自出马去参加这个团购谈判。一大早刘瑞就赶到了团购会现场，亲自督导现场的宣传布置，接待来访的顾客，一番忙碌后团购砍价活动开始了。由于前期准备工作做得好，再加上品牌的影响力，这次想要购买祥和家具的家庭还是比较多的。祥和家具以前曾经参加过团购，所以折扣大家还是比较清楚的，但是组织者要求比上次再降低两个点，原因是本次想要团购的家庭还是比较多的。但是刘瑞希望比上次提高两个点，原因是原材料涨价。对方的砍价员十分有经验，没有认同刘瑞的理由，表示原材料涨价在标价中已经涨上去了，那折扣就不能涨了，而购买的顾客却增加了许多，祥和家具的成本会降低，应该把折扣再调低一点。面对这样有经验的谈判对手，刘瑞也深深吸了口气，稳定了一下自己的情绪，沉着应对下面的谈判。

刘瑞给大家卖了个关子，询问大家在这种情况下，如果是自己，将会如何处理？

学习任务：刘瑞现在处于什么样的谈判情势下？刘瑞在这个情势下该运用什么样的商务谈判技巧？

【任务分析】

在商务谈判中，谈判者总是处于下述三种情况之一：处于优势地位、处于劣势地位或处于均势地位。当谈判人员所处的地位不同时，谈判技巧运用也不同，优势地位下的谈判技巧如果运用到劣势地位下，可能适得其反。所以，在选择使用的谈判技巧时，先判断自己在商务谈判中处于何种情况下，然后根据谈判对手的表现情况，有针对性地运用谈判技巧，才能实现自己的谈判目的。

在商务谈判过程中，由于谈判人员在素质、经济实力、拥有的信息量、准备的情况等方面存在着许多差异，因此，谈判者在谈判中所处的形势总是因时、因人而异。

谈判者在谈判中处于何种形势、何种地位，归根结底是由其谈判能力决定的。谈判能力在商务谈判中起着重要作用，双方谈判能力的强弱、差异决定了谈判结果的差别。对于谈判中的每一方来说，谈判能力都来源于八个方面，称为“NO TRICKS”。

(1)“NO TRICKS”中的“N”代表需求(need)。对于买卖双方来说，一方的需求更强烈，另一方就拥有更强的谈判力。如果买方的需要较多，卖方就拥有相对较强的谈判力；卖方越希望卖出产品，买方就越拥有较强的谈判力。

(2)“NO TRICKS”中的“O”代表选择(options)。如果谈判能最后达成协议，那么双方会有什么选择？如果你可选择的机会较多，对方认为你的产品或服务是唯一的或者没有太多选择余地，你就拥有较强的谈判资本。

(3)“NO TRICKS”中的“T”代表时间(time)。是指谈判中可能出现的有时间限制的紧急事件，如果买方承受了时间的压力，自然会增强卖方的谈判力。

(4)“NO TRICKS”中的“R”代表关系(relationship)。如果与谈判对手之间建立了强有力的关系，在同其谈判时就会拥有更多便利。但是，也许有的对手觉得对方只是为了利益，因而不愿建立深入的关系。

(5)“NO TRICKS”中的“I”代表投资(investment)。即在谈判过程中投入了多少时间和精力。投入越多、对达成协议承诺越多的一方往往拥有较少的谈判力。

(6)“NO TRICKS”中的“C”代表可信性(credibility)。可信性包括产品可信性、企业自身的信誉等，它也是谈判力的一种，它是谈判成功的推动力，但并不能决定最后能否成交。

(7)“NO TRICKS”中的“K”代表知识(knowledge)。知识就是力量。如果己方充分了解了谈判对手的问题和需求，并预测到此次谈判能如何满足其需求，己方拥有的知识无疑就增强了自身的谈判力。反之，如果对手拥有更多的知识和经验，对手就有较强的谈判力。

(8)“NO TRICKS”中的“S”代表技能(skill)。这是增强谈判力最重要的内容，不过，谈判技巧是综合的学问，需要广博的知识、雄辩的口才、灵敏的思维等。

在商务谈判中，谈判者总是处于下述三种情况之一：处于优势地位、处于劣势地位或处于均势地位。当谈判人员所处的地位不同时，就应选择不同的谈判技巧来实现自己的谈判目的。

知识平台

一、优势下的商务谈判技巧

在商务谈判活动中，经济实力较强、谈判需求程度较弱的一方，往往处于谈判中的优势地位。当处于优势时，其核心是争取尽可能多的利益需求，可以考虑以下谈判技巧。

（一）“前紧后松”谈判技巧

“前紧”是指在谈判前一阶段，给对方提出全面、苛刻的条件，而且坚持不做任何让步，造成一种艰苦的局面，使对方产生疑虑、压抑、无望等心态，大幅度降低其期望值，使其处于一种很难接受、又怕谈判破裂的矛盾、紧张的心理状态。“后松”是指在“前紧”这一先决条件下再做出退让，逐步优惠或让步，使对方在紧张后产生某种特殊的轻松感，使对方感到欣慰和满足，从而达成有利于满足我方需要的协议。“前紧后松”谈判技巧只有在谈判中处于主动地位的一方才有资格使用。

在运用“前紧后松”的谈判技巧时，谈判组的成员可作恰当分工，由一位谈判人员扮演“前紧”角色，也就是谈判中的“黑脸”角色。在谈判一开始，提出较为苛刻的要求和条件，并且表现出立场坚定、毫不妥协的态度。然后随着谈判活动的深入展开，当争执不下、气氛紧张时，谈判组的第二个人便可登场了。他和颜悦色，举止谦恭，给人一个和事佬的形象，也就是谈判中的“白脸”角色，进行“后松”的谈判，显得通情达理，愿意体谅对方的难处，经过左思右想，尽管面有难色，但仍表示通过做“前紧”角色的工作，从而立场上一步一步地后退。即使后退，仍能达到预期的目标。

使用这一技巧时，要注意开始向对方所提的要求不能过于苛刻、漫无边际，“紧”要紧得有分寸，不能与通常的惯例和做法相距太远，否则，对方会认为我方太缺乏诚意，而使谈判破裂，切忌“过犹不及”，若谈判告败，双方都会一事无成。

（二）“不开先例”谈判技巧

“不开先例”谈判技巧通常是指占据优势的一方坚持自己提出的交易条件，尤其是价格条件，而不愿让步的一种强硬的谈判技巧。当对方所提的要求使己方不能接受时，己方谈判者解释说：“如果答应了这一次的要求，就等于开了一个交易先例，这样就会迫使我方今后在遇到类似的交易行为时，也至少必须提供同样的优惠，而这是我方无法承担的。”

当谈判中出现以下情况时，卖方可以选择运用“不开先例”的谈判技巧。

（1）谈判内容属于保密性交易活动时，如高级生产技术的转让、特殊商品的出口等。

（2）市场有利于卖方，而买主急于达成交易时。

（3）当买主提出的交易条件难以接受时。

（4）交易商品属于垄断经营时。

卖主在运用“不开先例”的谈判技巧时，应说明不开先例的事实与理由，使买方感到可信。否则，不利于达成协议，除非卖方想退出谈判。

（三）“限定”谈判技巧

在商务谈判活动中，实力强的一方常常会利用谈判中的有利地位，采用“限定”谈判技巧。因为在这种情况下，对方特别担心谈判破裂，一旦破裂，对方损失最大。限定可以是多方面的，视谈判的具体情况而定，通常会限定谈判范围或谈判时间。

当限定谈判范围时，态度应委婉、真诚，采用征询式更好。例如："为抓紧时间，这轮谈判我建议是否对成交价格进行磋商，如果能取得一致意见，其他问题就容易解决了，你们不会不同意吧。"这样在对方心理上能产生一定压力，可避免对方采用拖延或迂回战术，造成一种对我方有利的谈判环境。

"限定"谈判技巧除了可以限定谈判范围之外，还可限定谈判时间。限定时间的谈判技巧是指谈判一方向对方提出的达成协议的时间限期，超过这一限期，提出者将退出谈判，以此给对方施加压力，使其尽快做出决断。事实上，许多商务谈判，特别是那种双方争执不下的谈判基本上都是到了谈判的最后期限或者临近这个期限才出现突破并最终达成协议的。时间限制带来的无形压力往往会使对方在不知不觉的情况下接受谈判条件。

当谈判中出现以下情况时，可以选择运用规定最后期限的谈判技巧：

(1) 对方急于求成时。

(2) 对方存在众多竞争者时。

(3) 我方不存在众多竞争者时。

(4) 我方最能满足对方某一特别重要的交易条件时。

(5) 对方谈判小组成员意见分歧时。

(6) 发现与对方因交易条件分歧大，达成协议的可能性不大时。

选用限定时限的谈判技巧，目的是促使对方尽快地达成协议，而不是使谈判破裂，因而，运用时必须注意以下六点：

第一，所规定的最后时限能给对方可接受的余地，即最后期限的规定是由于客观情况造成的，无理的、让对方来不及思考的最后时限常会导致谈判的失败。

第二，所规定的最后时限必须是严肃的，尽管该时限将来是可以更改或作废的，但到最后时限到来以前，提出最后时限的一方要表明执行最后时限的态度是坚决的。

第三，在规定最后时限的同时，可以向对方展开心理攻势，做一些小的让步来配合，给对方造成机不可失、时不再来的感觉，以此来说服对方。

第四，在言语上要委婉，既要达到目的，又不至于锋芒太露。

第五，拿出一些令人信服的证据（诸如国家的政策、与其他客户交易的实例或国际惯例、国际市场行情的现状及趋势以及国际技术方面的信息等），让事实说话。

第六，给予对方思考、议论或请示的时间。这样一来，有可能使对方的敌意减轻，从而降低自己的条件或不太情愿地接受你方的条件。

案例 8-1

在着手拯救克莱斯勒的过程中，艾柯卡感到必须压低员工的工资。他首先降低了高级职员工资的10%，自己的年薪也从36万美元减到10万美元。随后，他对工会领导人说："17美元一个钟头的活儿有的是，20美元的一件也没有。现在好比我拿着手枪顶着你们的脑袋，你们还是聪明点。"工会未答应艾柯卡的条件，双方僵持了一年，最后，形势迫使艾柯卡发出了最后通牒。一天晚上10点钟，艾柯卡找到了工会谈判委员会，对他们说："明天早晨以前，你们非做出决定不可。如果你们不帮我的忙，我也要你们不好受。明天上午我就要宣布公司破产，你们还可以考虑8小时，怎么办好，你们看着办吧！"最后，迫于最后通牒的压力，工会答应了艾柯卡的要求。

当然，在使用这一谈判技巧时，也有可能使谈判破裂或陷入更严重的僵局，所以要视情况而定，除非有较大把握或万不得已时才用，切忌滥用。

（四）"欲擒故纵"谈判技巧

"欲擒故纵"谈判技巧是对于志在必得的交易谈判，故意通过各种措施，让对方感到自己是一种满不在乎的态度，从而压制对手的价格，确保己方在预想条件下成交的做法。具体做法是：从态度上看，不过分忍让和屈从，该硬就硬，该顶就顶；在日程安排上，由对方制定，表现出随和、不急切；在对方态度强硬时，让其表现，不慌不忙，不给对方以回应，让对方摸不着头脑。通过"纵"来激发对方迫切成交的欲望而降低其谈判的筹码，以达到"擒"的目的。

案例8-2

杰克一行应邀从美国来东京，他们将就本公司生产的靛蓝粉，同日商洽谈销售协议。谈判开始了，日商见杰克不到30岁，颇为轻视。几个回合下来，日商发现年轻的杰克竟是一个谈判老手，他守住每吨12 000美元的报价，半点也不肯让步。无论日商怎样说服，杰克换一个提法，换一个角度，还是原来的价格。没想到对手竟如此棘手。日商决定中止谈判，采用拖延战术。归期快到了，如果毫无结果，杰克回去肯定不好交差。杰克虽然心中着急，但看上去若无其事。他有把握认定，日商必定签订协议，因为这批靛蓝粉是日商急需的原料。在最后一天的谈判中，日商还是不肯让步，杰克最后说："在日本的生意不做了，明天我们将飞往香港，那里靛蓝粉抢手得很。先生们，明天机场见！"说完，杰克就回到下榻的旅馆。晚饭后，日商终于沉不住气了，打电话来要求再谈一次。杰克这时才亮出底牌："我们公司愿意与贵公司合作。这样吧，每吨10 800美元！"日商无话可说，当即签订了近10万美元的订货合同。第二天，临起飞前半小时，另一家公司又签订了76万美元的合同，杰克满载而归。

运用"欲擒故纵"谈判技巧时，应注意以下几点：

（1）要给对方希望。谈判中表现若即若离时，都应该有适当的借口，不让对方轻易得到，也不能让对方轻易放弃。只有这样，当对方再一次得到机会时，就会倍加珍惜。

(2) 要给对方理解。注意言谈举止，不要有傲慢的态度，避免从感情上挫伤对方；遇到谈判僵局时，要适当转移矛盾焦点。

(3) 要给对方以诱饵。要使对方觉得确实能从谈判中得到实惠，而不致让对手“稍纵即逝”，使谈判彻底破裂。

(五)“先声夺人”谈判技巧

“先声夺人”谈判技巧是一种在谈判开局中借助己方的优势和特点，力图在心理上抢占优势，以求掌握主动的方法。“先声夺人”谈判技巧是一种极为有效的谈判技巧，但运用不适当会给对方留下不良印象，有时会给谈判带来副作用。例如：有些谈判者为了达到目的，以权压人，过分炫耀等，会招致对方的反感，刺激对方的抵制心理。因此，采用先声夺人的“夺”应因势布局，顺情入理，适当地施加某种压力可以，但必须运用得巧妙、得体，才能达到“夺人”的目的。

对付这种谈判技巧是首先在心理上不要怵，要敢与对手争锋。不要拘泥于一招一式的高低。在关键性的问题上应含笑争理，次要性问题可充耳不闻、视而不见，对方先声夺人的“造势”便不攻自破了。

(六)“声东击西”谈判技巧

“声东击西”谈判技巧是指我方为达到某种目的和需要，有意识地将洽谈的议题引导到无关紧要的问题上，故作声势，转移对方注意力，以求实现自己的谈判目标。具体做法是在无关紧要的事情上纠缠不休，或在某些小的方面大做文章，以分散对方对自己真正要解决的问题上的注意力，从而在对方无警觉的情况下，顺利实现自己的谈判意图。这种谈判技巧常令对方顾此失彼，防不胜防。它的特点在于：具有较大的灵活性，能够避免正面交锋可能带来的不良影响，顺利实现自己的目标。

“声东击西”谈判技巧的运用方式和条件主要有以下几个方面：

(1) 作为一种障眼法，转移对方的视线，隐蔽我方的真实意图。例如：我方实质关心的是价格问题，又明知对方在运输方面存在困难，是他们的“软肋”。我方就可以运用“声东击西”的技巧，即“集中力量”帮助对方解决运输上的困难，来达到“击西”的目的，使对方在价格上对我方做出较大的让步。

(2) 说东道西，分散对方的注意力，或者从中达到干扰、延缓对方所采取的行动，或者使对方在判断上失误，为以后若干议题的洽谈扫平道路。

(3) 诱使对方在我方无关紧要的问题上纠缠，使我方能抽出时间对有关问题进行调查、研究，掌握情况，迅速制定新的对策。

(4) 有时为投其所好，故意在我方认为是次要的问题上花费过多的时间和精力。目的在于表明我方的重视，提高该次要议题在对方心目中的地位，使我方在这个问题上一旦作出让步，对方会感到很有价值。

采用“声东击西”谈判技巧的关键点是：必须清楚地了解对方是否觉察到己方的动机。如果己方的动机已被对方觉察，那么，该技巧就不可能给己方带来任何好处。因此，随时洞察对方的动向是破解“声东击西”谈判技巧的关键。

案例 8－3

我国某厂为引进一条浮法玻璃生产线到日本考察，经中方论证认为，日本此项产品的质量、技术均属世界一流水平，该厂决定购买日本产品。但他们与日本在华办事处谈判人员多次谈判，均未达成协议。其原因是：日方自恃产品优良，要价太高，且谈判态度强硬，让步甚少。中方敏锐地意识到，如果想攻克谈判僵局并以优惠价格购得日方产品，必须首先粉碎日方的优势心理。

为此，中方谈判班子制定了一个“声东击西”的周密计划。他们果断地终止了与日方的谈判，派员直赴英国，发现英国产品确实不如日本，但他们还是向英方发出谈判邀请并把英方来华谈判人员直接安排在日方办事处所在的宾馆。这一信息令极为敏感的日本谈判代表大为震惊。精明的日本人绝不愿看到此番情景，获得薄利比没有得利好。于是，他们一反高傲的姿态，主动要求与中方恢复谈判，最终在双方都有利的前提下，握手成交。

（七）“出其不意”谈判技巧

“出其不意”谈判技巧的内容是：谈判桌上一方利用突如其来的办法、手段和态度的改变，使对方在毫无准备的情况下不知所措，进而获得意想不到的成果。运用“出其不意”谈判技巧要把握两个要领：一是“快速”，以速制胜；二是“新奇”，以奇夺人。

案例 8－4

天津市政府为了拓展对外技术合作市场，打算派一个较大的代表团赴欧考察。为了考察顺利进行，市政府首先派出一个先遣团抵达德国。先遣团在无意中听到一则消息，慕尼黑市有家生产名牌纯达普摩托车的工厂，因债台高筑宣布破产，正急于出卖整个工厂。先遣团立即奔赴慕尼黑，实地考察了这家工厂。他们得知该厂历史悠久，产品过硬，并畅销欧洲，只是因为日本摩托车的冲击，该厂才受到严重威胁，但其有雄厚的技术实力、不可替代的产品优势、先进的生产设备，而且卖价特别便宜。这一切使天津方面十分感兴趣。与此同时，印度、伊朗等几个国家的商人也有购买意向，关键是谁能捷足先登。先遣团果断地向德方传递了一个有意购买的信息，然后立即启程回国，向天津市政府汇报。第三天，天津市政府即做出决定，购买全部纯达普厂的设备与技术，并即电传通知德国。天津市政府又决定，以最快的速度办理好代表团出国手续。

这时，风云突变。德方来电急告，伊朗商人已抢先与纯达普厂签署了合同。这回音使中方大为震惊，但并未绝望。本着“一切都可变”的谈判意识，中方认为尚有一线希望，就要做百分之百的努力，于是立即电告在德国的联系人摸清详情。几天后德方回电，伊朗方合同规定24日前须付款，若到期未付，所签合同无效。天津市政府即命令代表团出国，终于在23日到达慕尼黑。

第二天下午3时，听说伊朗商人未如期付款，中方谈判团立即出动。德方做梦也没想到中方如此神速。中德双方即展开了实质性谈判，由于中方有了充足的准备，谈判顺利进行。这次达成的协议价格，比伊朗商应支付的尚低200万马克，比另一竞争对手准备支付的低500万马克。

上例中谈判的成功，一方面在于天津市政府的效率意识及勇于负责的胆识，另一方面也反映了谈判人员“用兵神速、出其不意”的谈判艺术。谈判者想破解这一谈判技巧，首先要在思想上做好应变的准备，并随时洞悉对手的动向，见奇不惊，常保心理平衡，是破解出其不意的对策。

小结论：优势下的商务谈判技巧很好实施，但是切记不要把优势转化为傲慢，小心对方失去信心而退出谈判。

二、劣势下的商务谈判技巧

在现代瞬息万变的市场环境中，任何企业都不可能永远处于优势，当一方处于极不利的条件下进行商务谈判时，其主要的谈判技巧应以尽可能减少损失为前提，或者变劣势中的被动为主动，以争取谈判的成功。

(一)“挡箭牌”谈判技巧

运用“挡箭牌”谈判技巧时，多是申明自己权力有限，利用“第三者”的力量保持自己的阵势，避免做出自己难以接受的让步。此时，谈判者会申明没有被授予这种承诺的权力，手持“盾牌”，在自己的立场前面寻找各种借口、遁词。一般是利用“训令、规定、上级、同僚或其他的第三者”作为挡箭牌来向对手要条件，减少自己让步的幅度和次数。使用这种谈判技巧时，谈判者往往隐蔽手中的权力，推出一个“假设的决策人”，以避免正面或立即回答对方的问题。例如：

“您的问题我很理解，但需向有关部门先汇报。”

“我本人无权回答贵方提出的问题，需向我的上级请示才能答复。”

“我本人的谈判任务到此结束了，贵方从现在起提出的所有建议，我都乐于忠实地转达，若嫌麻烦，贵方也可直接找有关领导。”

这种谈判技巧通常是实力较弱一方的谈判人员在不利的情况下使出的一张“盾牌”。“权力有限”作为一种谈判技巧，则不完全是事实，而只是一种对抗对手的“盾牌”。在一般情况下，对付这一“盾牌”难以辨别真伪，对手只好凭自己一方的“底牌”来决定是否改变要求、做出让步。而运用这一谈判技巧的一方，即使要撤销盾牌也并不困难，可以说已请示领导同意即可。

案例 8-5

某市百货大楼为了吸引更多顾客，提高商店信誉和知名度，做出一项售后规定：凡在百货大楼购买的商品，如果购后顾客觉得不如意，只要未损坏商品原样，均可在10个月内退货。这条规定做出后，立刻引起了强烈的反响，顾客剧增，日销售额直线上升。顾客宋某，半个月前在百货大楼鞋帽商场买了一双皮鞋。在这半个月中，他发现鞋帮开胶，鞋底也有轻微断裂，于是到百货大楼商店要求退货。柜台营业员认为鞋底断裂属质量问题，但也和穿着方式有直接关系，因此不同意退货，只同意修补，费用由商场负责。但是宋某认为，鞋子问题是质量不过关造成的，坚持退货。随后，宋某找到百货大楼负责顾客投诉的商管科。商管科认为鞋子是由业务科组织采购进来的，商品发生质量问题应由业务科向厂商索赔，商场不能承担责任。宋某又找到了业务科，业务科认为自己大批量进货，不可能因为一两双鞋而找厂家，况且业务科只管进货前的质量事故，商品在销售过程中发生的质量事故，应由鞋帽商场负责。宋某在百货大楼各科室受到推诿、冷落，感到非常气愤，但是又无能为力。最后，他放弃了对鞋子的索赔。

（二）“踢皮球”谈判技巧

“踢皮球”谈判技巧是指谈判桌上遇到难以对付的问题时，谈判的一方借口自己不能决定或者其他理由，转由他人继续谈判，把对方的问题踢来踢去，不予正面答复，对方在万般无奈的情况下只得妥协让步。“踢皮球”谈判技巧的使用多出于以下原因：如遇到谈判形势对己方不利，想终止谈判而达到出尔反尔的目的；或想达到降低对方条件、挽回损失、反败为胜的目的；或想达到降低对方期望的程度，使之自动让步的目的。其作用在于：当谈判遇到棘手的难题时，为了避免与对方正面冲突，给己方留有“余地”，使用这一谈判技巧可削弱对方的攻击力。因为谈判者面对新的谈判对手时，要不断地介绍情况、主张、观点，其精力和身体免不了遭受损害和挫折，以至于在谈判桌上漏洞百出，前后不一，给人留下把柄。而使用“踢皮球”谈判技巧的一方却进退自如，上轮谈判的漏洞，下一轮谈判可以弥补，进而掌握谈判的主动权。使用该谈判技巧的谈判者每踢一次球，就会多耗费对方的一份精力，挫伤对手的一次信心，最终迫使对方做出新的让步。这实质上是一种以守为攻的谈判技巧。

“踢皮球”谈判技巧与“挡箭牌”谈判技巧是有区别的：“挡箭牌”谈判技巧是以上

级、同僚或其他的第三者作为挡箭牌来向对手要条件，而“踢皮球”谈判技巧一般是把“球”踢给上级领导、合伙人或其他关系人，以此来转嫁责任。

“踢皮球”谈判技巧的应对方法如下：以其人之道，还治其人之身，以相同的谈判技巧反击对方，即请己方高层次人士与对方高层次人士对话。例如：对方诡称要等待上司批准时，应限定时日，并且协商一定的约束办法（如约定在等待期间不能限制己方再寻找更好的顾客或商谈伙伴等），促使对方加快其上司审批的时间，以及使对方不敢轻易以上司不同意为借口而中止谈判。如果对方诡称上司要求降低条件方能签约时，首先应据理力争，如果力争无效，随时准备退出商谈，以此试探对方的诚意，绝不要争一时之气轻易接受对方的条件和要求。

（三）“疲劳战”谈判技巧

“疲劳战”谈判技巧主要是通过“软磨硬泡”来干扰对方的注意力，瓦解其意志，从而寻找漏洞，抓住时机达成协议。在商务谈判中，实力较强一方的谈判者常常咄咄逼人，锋芒毕露，表现出居高临下、先声夺人的姿态。对于这种谈判者，“疲劳战”是一种十分有效的谈判技巧。其目的在于通过多个回合的“疲劳战”，逐渐消磨谈判者的锐气，同时使我方的谈判地位从不利和被动局面中扭转过来。到了对手精疲力竭、头昏脑涨之时，我方则可借此机会，反守为攻，抱着以理服人的态度，摆出我方的观点，力促对方做出让步。为了更好地展开疲劳攻势，谈判者常常采取车轮战术不断更换谈判人员来使谈判对手陷于不断重复谈判的境地，抵消对方的耐力，挫减对方的锐气，以达到迫使对方做出让步的目的。

在谈判中，你可以向对方发动疲劳攻势来争取有利的条件，也可能处于对方的疲劳攻势中。谈判者应学会反击对手疲劳攻势的各种措施：

当你远道而来，对方进行热情的款待之后，你应做充分的休息，最好第二天下午再开始谈判，使自己从疲劳中恢复过来。倾听是保持精力的好办法，有利于获得信息，多听少说比喋喋不休更管用，也更有利于保持良好的精力。在谈判过程中，当你感到精疲力竭时，可提出暂时休息的建议。对付车轮战术，可以提出异议，暂停谈判，也可以借对方换人，己方也换人；或者可以给新一轮的谈判对手出难题，迫使其自动退出谈判；如果对手一口否认过去的协定，你也可以借此理由否认你所许过的诺言。

案例 8-6

日本的一家公司应美国一家公司的邀请赴美国纽约进行谈判。日本人远道而来，美国人想采用“疲劳战”的计谋对付日本人。于是，日本人刚下飞机就被带到了谈判桌前。美国人先声夺人，毫不掩饰地想取得主动权，使谈判围绕着他们的指挥棒转。第一轮谈判开始，美国人侃侃而谈，但日本人只是在认真地做记录，有时还随便地敷衍几句。

经过三天的谈判，第四天来了第二批日本人，替回了第一批。第二批日本人故伎重演，与美国人周旋了三天以后，又被第三批日本人替换回去了。结果第三批日本人又与美国人周旋了三天。等到了第九天，美国人已经被日本人拖得筋疲力尽。其实这三批日本人只是负责了解美国人的情况，周旋、拖累对方，并不进行实质性的谈判。待美国人的底牌完全暴露，而且已疲惫不堪时，第十天，日方总经理率领一支强大的谈判队伍与美国人进行最后的谈判，此时精力充沛的日本人个个胸有成竹，句句击中美国人的要害。疲惫不堪的美国人已经无力反击了，只好“束手就擒”。

（四）“吹毛求疵”谈判技巧

“吹毛求疵”谈判技巧是指处于谈判弱势的一方，当谈判中处于有利地位的一方炫耀自己的实力，大谈特谈其优势时，应采取回避态度，或者避开这些实力，而寻找对方的弱点，伺机打击对方的士气。

例如：有位顾客到不允许讲价的“一口价”百货商店去，想买一台冰箱。明明看中了，而且非常满意，但为了攻破价格堡垒，便开始吹毛求疵，有意提出一个个他“不满意”的“缺陷”。一会儿是颜色不如意，一会儿是别的什么。最后顾客说：“尽管这冰箱有些不合我意的地方，但我喜欢这样式，你们是否能便宜些？而且不用你们送货。”对于这位纠缠了半天，却又温和的顾客，经理无计可施，最后同意了以优惠7.5%的价格将冰箱卖给他。

这位顾客开始时实力是处于劣势的，首先，这是不讲价的商店，即顾客必须按商店售价购买；其次，他所喜欢的冰箱确实质量过硬。但聪明的顾客并不甘心，他相信“一口价”也是商店定的，既然它能定，它也能改。他动脑筋寻找要对方降价的瑕疵点，并且他从售货员的介绍中抓住了不用送货上门应该少费用。他总算如意做成了交易。

这种“吹毛求疵”的谈判技巧，是通过再三挑剔，提出一大堆问题和要求来运用的。当然有的是真实的，有的则是虚张声势。之所以这样做，主要是降低对方的期望值，找到讨价还价的理由，达到以攻为守的目的。但是，若从相反的立场来说，如果身为卖方，又该如何对抗这种吹毛求疵的战术呢？

（1）必须很有耐心。那些虚张声势的问题及要求随你的耐心和韧劲自然会渐渐地露出马脚，并且失去影响力。

（2）遇到了实际的问题，要能直攻腹地，开门见山地和买主私下商谈。

（3）当对方在消磨时间，节外生枝，做无谓的挑剔或无理的要求时，应视若无睹地一笔带过，不予理睬；或及时提出抗议，予以揭露。

（4）向买主建议一个具体且彻底的解决方法，而不去讨论那些没有关系的问题。不要轻易让步，以免对方不劳而获。同时，卖主也可以提出某些虚张声势的问题来加强自己的议价力量。

“吹毛求疵”谈判技巧将使你在交易时充分地争取到讨价还价的余地。如果能够灵活运用，会使你受益。

(五)“以柔克刚”的谈判技巧

当谈判中，处于不利局面或弱势时，最好的谈判技巧是避开对方的锋芒，以柔克刚。在这方面，沙特阿拉伯的石油大亨亚马尼做得十分出色，他善于以柔克刚，使对方心悦诚服地接受条件。一位美国石油商曾经这样叙述亚马尼的谈判艺术：“亚马尼在谈判时总是低声细语，绝不高声恐吓。他最厉害的一招是心平气和地重复一个又一个问题，最后把你搞得精疲力竭，不得不做出让步。他是我打过交道的最难对付的谈判对手。”

在商务谈判中，占主动地位的一方会以一种咄咄逼人的姿态来表现自己。这样的谈判者倘若以硬碰硬，表示反抗或不满，往往容易形成双方情绪的对立，对方会更加骄横，甚至退出谈判，危及谈判终极目标的实现。在这种情况下，对对方的态度不做反应，采取忍耐，以“我方”之静制“敌方”之动，以我方的忍耐磨去对方的棱角，挫其锐气，使其筋疲力尽之后，我方再做反应，以柔克刚，反弱为强，伺机反守为攻，夺取谈判的最后胜利。如果被动的一方忍耐下来，对方得到默认和满足之后，反而可能会通情达理，公平合理地与你谈判。

使用“以柔克刚”的谈判技巧时需要注意如下几点：要有持久作战的精神准备，采用迂回战术，通过若干回合的拉锯，按我方事先筹划好的步骤把谈判对手一步一步地拖下去；坚持以理服人，言谈举止做到有理、有利、有节，使对手心急而无处发，恼怒而无处泄。否则，稍有不慎，就可能给对手造成机会，搞乱全局。

(六)“假装糊涂”的谈判技巧

“假装糊涂”作为一种处理劣势条件时的防御性的谈判技巧，是指在出现对谈判或己方不利的局面时，故作糊涂，并以此为掩护来麻痹对方的斗志，以达到蒙混过关的目的。假装糊涂可以化解对手的步步紧逼，绕过对己方不利的条款，而把谈判话题引到有利于己方的交易条件上。当对方发现你误解了他的意思时，往往会赶紧向你解释，在不知不觉中受你的话语影响，在潜移默化中接受你的要求。所以，谈判老手们在必要时总会“糊涂”一把。

案例8-7

丹麦一家规模较大的技术公司准备参加德国在中东的某一工厂全套设备的签约招标工程。开始时，他们认为无法中标，后来经过详细地研究、分析，在技术上经过充分的讨论，他们相信自己比其他竞争对手更有优势，中标很有希望。

在同德方经过一段时间的洽谈后，丹麦公司想尽早结束谈判，早日签约，可是德方代表却认为应该继续进行会谈。会谈中，德方主谈人说："我们进行契约的招标时，对金额部分采取保留态度，这一点你们一定能够理解。现在我要说点看法，这可能很伤感情，就是贵公司再减2.5%的金额。我们曾把这一想法告诉了其他公司，现在正等他们答复。选哪个公司，对我们来说都一样。不过我还是希望我们能同贵公司合作。"德方代表彬彬有礼的语气中颇有犀利的言辞，丹麦公司表示："我们必须商量一下。"

一个半小时以后，丹麦人回到了谈判桌旁，他们故意误解对方的意思，回答说，他们已经将规格明细表按照德方所要求的价格编制，接着又一一列出可以删除的项目。

德方一看情形不对，马上说明："不对，你们搞错了。本公司的意思是希望你们仍将规格明细表保持原状。"

接下来的讨论，便围绕着规格明细表打转，根本未提到降价的问题。

又过了一小时，丹麦方面准备结束会谈。于是就向德方提出："你们希望减价多少?"

德方回答说："如果我们要求贵公司削减成本，但规格明细表不做改动，我们的交易还能成功吗?"这一回答其实已经表明对方同意了丹麦方面的意见。

于是，丹麦公司向对方陈述了该如何工作，才能使德方获得更大的利益。德方听了之后表现出极大的兴趣。丹麦公司还主动要求，请德方将监察的部分工作交由丹麦公司分担。交易谈成了，德方得到了所希望得到的利益，丹麦公司几乎也未做出什么让步。

假装糊涂贵在一个"巧"字。假装糊涂要有一定的度，倘若超过这个度，超出对方的承受范围，势必影响感情，甚至引起谈判的破裂。另外，假装糊涂、故意犯错或误解不能超出法律所许可的范围，否则会惹来许多麻烦。

识破这种装糊涂的陷阱，需要十分谨慎。当发现对手在制造这种陷阱时，千万不要默认。对对手在谈判中的各种口头上的装糊涂，贵在以巧治巧，婉言点出其圈套，既不伤面子，又不至于在谈判中处于下风。谈判对手的假装糊涂不只表现在口头谈判上，更表现在协议或账单的文字上，将各种数字有意加错、遗漏或更改等。所以谈判者在审查协议或账单时应十分仔细，再三检查，避免陷入对手的"糊涂"陷阱之中。

（七）"多问多听少说"谈判技巧

处于被动地位的谈判者应让对方尽可能地发言，而己方少讲多听。这样做既表示出对对方的尊重，也可以根据对方的要求，确定对付他的具体的谈判技巧。对方多谈，可以大大减少对方的逆反心理和戒备心理，也就会因暴露过多而回旋余地较小，而多向对方提出问题，则可促使对方暴露其真实的动机和最低的谈判目标，然后根据对方的动机和目标并结合己方的意图采取有针对性的回答。这是一种有效的防御谈判技巧。

在对方陈述意向或建议，特别是如果对方希望表现自己时，己方就应尽量地保持沉默和倾听。这样一来，不仅待到己方发言时对方也可能耐心地聆听，而且更重要的是耐心倾听可以使己方更清楚无误地了解对方的实意。如果听到有含糊或不明白的地方，可以请对方重复说一次或请对方明确解释其本意，这样做不但不会使对方反感，有时反而会使对方得到一种满足感。

己方陈述的内容则应尽可能地简单、明确且有针对性，这样才有可能增强己方意见的影响力和说服力，而且可避免言多必失的毛病。

少说还表现在注意言语上的谨慎，防止将己方的底牌泄露出来，特别要防止在酒宴、交际、闲谈等一些轻松愉快的环境中泄露秘密。不该说的不说，对商务谈判十分重要。

案例 8-8

一家生产厨房用具的厂家与一家大百货商场达成了100多万元的订货意向，双方代表议定第二天签订合同。可是，当天晚上，厂家代表接到对方的一个电话，说他们的老板改变了主意，要从另一家工厂订货，因为他们的报价低得多。接着又说，如果贵方能够降价8%，还有商谈的余地，否则，交易就要泡汤了。对方的这种手腕实在恶劣，但双方尚未签合同，该厂家又无可奈何。而该工厂已经长期开工不足，现已濒临破产，若失去了这批订货，后果不堪设想。最后，厂家的代表不得不按百货商的意图降价8%，才签订了合同。后来，厂家在调查事件突然变化的原因时，发现原来是本工厂的一位谈判代表，在当天的饭局中酒后吐真言，将工厂的处境和底细全部告诉了百货商场的代表，将此次谈判中厂方视为高度机密的东西泄露了出去，最终酿成了大错。

(八)“以退为进”谈判技巧

“以退为进”谈判技巧是指在输赢未定时，暂时退让，待机而定，争取主动和成功。在实际的商务谈判中，有时谈判双方争执激烈；有时还要坚持继续谈下去，有时要求休会下次再谈；有时要据理力争；有时则要暂时退却，待机而进。因此，退一步、进一步，也是重要的谈判技巧。暂时的退却是为了将来的进攻。

案例 8-9

美国一家大航空公司要求在纽约市建立大的航空站，要求享受爱迪生电力公司的优惠电价，但却遭到电力公司的拒绝，推托说公共服务委员会不批准，因此，谈判陷入僵局。后来航空公司索性不谈了，声称要自建电厂。电力公司听到这一消息后，立刻改变了主意，请求公共服务委员会从中说情，表示要给予这类新用户以优惠价格，直到此时，电力公司才和航空公司达成协议。这个谈判开始时的主动权掌握在电力公司一方，到后来谈判的主动权则又转移到航空公司一方，迫使电力公司降价成功。可见，航空公司退却一步，然后再前进了两步，生意反而谈妥了。

这个谈判技巧运用起来既简单、又实用。一个有经验的买主倘若利用这个谈判技巧，往往有可能使得买卖双方皆大欢喜。同样，一个有经验的卖方倘若使用这个谈判技巧，也有可能迅速达成交易或争取到更好的利益。

买主使用“以退为进”谈判技巧的表现手法往往是：“我们非常喜欢你的产品，也喜欢你的合作态度，遗憾的是我们只有这么多钱”“遗憾的是政府只拨这么多款”或“公司的预算只有这么多”，等等。而卖方的表现手法是：“我们成本就是这么多，故此价格不能再低了”；“我非常愿意同你谈成这笔交易，但是除非你能和我共同解决一些简单的或实际性的问题，否则难以达成协议”；“假如你要以这个价格购买，则交货期要延长”；“原材料只能是某种替代品，或只能是某种型号的货物”；“如果你要以这个价格购买，你必须增加订货数量”；等等。

采取这一谈判技巧的目标是：以己方的让步换取对方的让步，或强调己方的困难处境，以争取对方的谅解和给予一些让步。

三、均势下的商务谈判技巧

在商务谈判中，有时也可能出现谈判双方势均力敌的状况。在双方地位平等的条件下，谈判的基本原则是平等互利、求同存异。按照这个原则，首先要建立一种热情、友好的合作气氛与环境，然后双方才能融洽地进行工作。因此，在这种情况下，应以谋求合作和追求互利为前提。

（一）“回避冲突”谈判技巧

商务谈判是经济利益的协调过程，合作与冲突并存。在不同谈判中，合作与冲突的对抗程度也不同。在相对平等的条件下，双方应尽可能回避冲突，扩大合作面，这是争取谈判成功的重点所在。谈判人员在开谈之前，要明确自己的谈判意图，在思想上进行必要的准备，以创造融洽、活跃的谈判气氛。然而，谈判双方为了谋求各自的利益，必然要在一些问题上发生分歧，冲突总是存在的，在谈判中一旦把握不好，冲突会扩大，形成很强的对抗，甚至出现僵局。为缓和矛盾，打破僵局，引导谈判向成功方向发展，商务谈判中常采用一些回避冲突的谈判技巧，通常做法有以下几种：

1. 休会的谈判技巧

休会是谈判人员经常使用的一种基本的谈判技巧。其主要内容是：在谈判进行到一定阶段或遇到某些障碍时，谈判一方或双方提出休会一段时间，以便使谈判双方人员都有机会重新研究，调整对策和恢复体力。这是缓冲矛盾、转变气氛的一种有效的谈判技巧。休会的谈判技巧不仅可以避免出现僵持局面和争论发生，而且可以使双方保持冷静，调整思绪，平心静气地考虑双方的意见，达到顺利解决问题的目的。

无论主动休会，还是被动休会，实行休会也必须协商。一般由一方提出，经过对方同意。提出者不能在对方同意之前擅自离开谈判桌，那样做会损害双方关系，甚至导致谈判破裂。怎样才能取得对方的同意呢？提出建议的一方要把握好时机，看准对方的态度变化及相应休会需要，双方就会一拍即合。另外，要清楚、委婉地讲清休会的原因。

在提出休会建议时，谈判人员还要注意以下几个问题：

(1) 要明确、无误地让对方知道你有这方面的要求，最好说明双方都有必要性。

(2) 讲清休会的时间。休会时间的长短要视双方冲突的程度、人员精力疲惫状况，以及一方要了解有关问题所需时间来确定。

(3) 提出休会和讨论休会时，避免谈过多的新问题或对方非常敏感的问题，以便创造冷却紧张空气的时机。

在休会期间，双方谈判人员应集中考虑许多问题，如谈判到目前取得了哪些进展？还有哪些方面有待深谈？双方分歧何在？是否有必要调整对策？是否要向上级或本部门报告？双方只有在休会期间进行充分准备，下轮谈判才会有成果。

2. 开诚布公的谈判技巧

开诚布公的谈判技巧是指谈判人员在谈判中尽量坦诚，使对方感到信任、友好，促进通力合作，达成交易，这种谈判技巧有助于克服谈判双方的疑忌心理，创造诚挚、友好的谈判气氛。

谈判不应该完全从自我立场出发，采取各种技巧、谋略，使对方完全按我方设计的轨道运行，这只会导致双方情感的对立。通过采取开诚布公的谈判技巧，坦诚地告诉对方我们的某些真实意图，这往往是减少矛盾、回避冲突、促使对方通力合作的良好对策。但要注意的是，商务谈判中的坦诚相见是有技巧的，同时还要警惕对方的欺骗行为。过分“坦率”，有时是一种幼稚而愚蠢的行为。谈判中开诚布公的谈判技巧是以能达到“以心换心”为前提的。

3. 弹性的谈判技巧

弹性的谈判技巧是指在谈判中遇事留有充分余地，讲话不能太绝对，要有灵活性。无论是陈述介绍，还是报价还价，都要留有余地。

例如：在商务谈判实践中，常采用的一种“假设条件模式”就是弹性的谈判技巧的具体应用。这种模式一般用：“假如我们……贵方是否可能……”“假如我方全部负责包装运输和安装，贵方是否可能增加订货数量？”“如果我再增加一倍的订货，价格会便宜吗？”“如果我们自己检验产品质量，你们在技术上会有什么新的要求？”这样可使对方感觉有充分的商量余地。

弹性的谈判技巧的有效使用，使己方在谈判中有更大的伸缩和回旋余地，又使对方感到合情合理，还可机动地探测对方的意向，抓住有利契机，达成双方互惠互利的交易。

4. 转移的谈判技巧

转移的谈判技巧是指采用不要死盯在某一具体条款上的谈判对策。当在谈判中某一条款上快要出现僵局时，转移到谈判具体项目，特别是转移到双方容易统一的条款上，这对缓和气氛、回避冲突具有一定的效果。

（二）“诉诸情感”谈判技巧

人是情感动物。谈判人员间通过多种渠道接触和沟通，不断增进双方的了解和友谊，这对谈判是一种无形的推动力，从国内外商务谈判来看，情感谈判技巧被广泛应用，其具体做法多种多样，不拘一格。常见的有以下几种：

1. 迂回的谈判技巧

迂回的谈判技巧是指通过其他途径接近对方，彼此了解，联络感情，沟通了情感之后，再进行谈判的技巧。方法很多：可以有意识地利用空闲时间，主动与谈判对手聊天、娱乐、谈论对方感兴趣的话题；也可以馈赠小礼品，请客吃饭，提供交通、食宿的方便；还可以通过帮助解决一些私人的疑难问题等，从而达到增进了解，联络感情，建立友谊，从侧面促进谈判的顺利进行。

采用这一谈判技巧时，有许多注意事项：

（1）小心谨慎，谨防失言，不要单方面过多发言，免得泄露了我方的机密；

（2）在气氛很好的时候，也不能十分慷慨而丧失原则；

（3）要提高警惕，因为对方也会运用此种谈判技巧，很可能在轻松的气氛里，趁你没有防备的时候，轻易地使你相信了虚假的消息。

2. 润滑的谈判技巧

谈判人员为了表示友好和联络感情而互相馈赠礼品，以期取得更好的谈判效果的谈判技巧，西方人称之为“润滑的谈判技巧”。

目前，由于文化习俗的差异，世界各国、各地区对馈赠礼品这一行为的评价很不一致。西欧人大多数都信奉基督教，认为谈判与送礼是两种精神相悖的不同行为，故而往往持不赞成的态度。另在一些国家和地区，人们则把送礼当作谈判工作中的一项重要准备内容，是诚意的表示，认为缺乏这项内容，谈判就不会顺利，生意也无从谈起。特别是日本人，他们素有互赠礼品的习惯，并把礼品视作友好、诚恳的表示。

我国是礼仪之邦，在对外贸易活动中向外商适当地馈赠一些礼品，有助于增进双方的友谊，符合社会的习俗。在国内商务活动中，也并非绝对不能使用。但无论在国内还是国外，都必须与行贿、受贿区别开来。

润滑的谈判技巧是一种敏感性、寓意性较强的艺术，搞不好，就会适得其反，因此，我们应该慎重对待。一般地说，在送礼上应注意以下几点：

（1）要注意对方的习俗和文化修养。因为谈判人员的文化背景不一样，爱好和要求也会有所不同。例如：在阿拉伯国家，酒类都不能作为礼品，更忌讳给当事者的妻子送礼品；在美国，受礼人讨厌有送礼人单位或公司标记的礼品；法国人讨厌别人送菊花，原因是菊花只有在法国办丧事时才会使用；日本人不喜欢有狐狸图案的礼品，因为日本人视狐狸为贪婪的象征。从国内来看，如江浙人讨厌人送伞，因其谐音“散”。此外，药品、营养品等也不能送，因为商务交往往往不涉及健康。所以，在馈赠礼品时就要注意和重视这些差异。

（2）要注意礼品价值的适度性。馈赠礼品的价值不宜过重，礼物价值过重往往会被认为是贿赂，对此除了贪心者外，正直的商人大多不肯接受。有时即使接受了，也疑窦丛生。送礼一向以双数为吉祥，而在日本则以奇数表示吉祥，西方国家忌讳“13”这个数字，这些都应注意。

（3）要注意送礼时机和场合。法国人喜欢下次重逢时馈赠礼品；英国人多在晚餐或看完戏后赠送礼品；我国则以在离别前赠送纪念品较为自然。做客时，客人应在做客之初奉上礼品，主人送礼品则应在临行之前。不过，各国、各地区有一点基本相同，就是一般都有初交不送礼的习惯。

小结论：正确选择送礼的做法是：既要考虑对方的文化习俗、爱好、性别、身份、年龄，又要考虑礼品本身的思想性、实用性、艺术性、趣味性和纪念意义等，还要注意禁奢脱俗。

（三）“双赢”谈判技巧

“双赢”谈判技巧是一种合作性的谈判方式，双方都在努力得到一个都愿意接受的处理结果。“双赢”谈判的出发点是在绝不损害别人利益的基础上，取得我方的利益，因而又称谋求一致法或皆大欢喜法。在许多情况下，谈判双方的利益不一定都是对立的，如果将谈判焦点由各方都要击败对方而转向双方共同击败存在的问题，那么最后双方都在努力满足自身的需要。

“双赢”谈判技巧主要涉及四个要点：（1）将人与问题分开；（2）将重点放在利益上而非立场上；（3）构思双方满意的方案，寻找双方有利的解决方法；（4）坚持客观标准。这四个要点可使谈判过程和满足需要通过合作方式实现，而使得双方获胜，皆大欢喜。

（四）“满足需要”谈判技巧

谈判是致力于发现对方需要，表达已方需要的过程。双方的种种行动无非是为了更好地满足双方的需要，从而能够达成协议。

需要的满足是一种双向的活动，想实现自身的需要，必须让对方也实现他们的需要。双方通过一系列的会谈进行一系列的让步，使双方的需要、目标能够协调和吻合。只有这样，双方的需要才都能够满足，否则，任何一方的需要均不能实现。

需要的满足又是一种系统的整体行为。任何一个层次的需要在谈判中均不可忽视。偏废任何一个层次的需要，哪怕看起来很不起眼的需要，都可能导致谈判的失败。

案例 8-10

美国和墨西哥曾就天然气问题进行谈判。美国想压低墨西哥天然气的价格。美国能源部长断定这只是钱多钱少的谈判，拒绝批准美国石油财团与墨西哥人谈判的提价协议，由于当时墨西哥没有潜在的购买者，他一厢情愿地以为他们会削价出售，但墨西哥人不仅注重天然气能卖个好价钱，而且还渴望受人尊重，得到平等的待遇。美国的举动仿佛又在试图凌辱墨西哥，结果激起了巨大的愤慨，墨西哥政府干脆不卖，一赌气竟将天然气付之一炬。

片面地考虑己方需要的满足使美国在墨西哥关于天然气的谈判中失败。只有充分而系统地重视对方各种层次需要的满足情况，这种需要的满足才有效力，才能实现己方的各种需要。

谈判中需要满足的系统性、整体性不仅包括对各个层次需要的满足，而且包括对不同主体需要的满足，即不仅要满足谈判双方组织的需要，而且要满足谈判者个人的需要。否则，谈判有半途而废的危险。商务谈判尽管复杂而艰巨，但只要谈判者抓住需要这一核心，善于表达自己的需要，发现和满足对方需要，就能更好地满足己方的需要，实现谈判目标。

（五）“调和折中”谈判技巧

在双方地位平等的情况下，经过双方调和折中后达成协议，这也是商务谈判中经常采用的谈判技巧，即双方互相让步的谈判技巧。在谈判者向对方做出让步承诺的同时，应该力争使对方在另一个问题上也向自己做出让步。理想的让步应是互惠的让步。

为了实现折中让步，谈判者可以试探着做一次假设的以物易物的交换：“看，你想从我们手中得到这个东西，而我们想从你那里得到那个东西，假如我们从自己方面考虑一下这个问题，你方是否准备同样考虑呢?”这样，谈判者就把双方可能相互做出让步的两个问题联系在一起，并且建议说，这里可能有进行交易的余地。

当然，这种折中让步的示意方式显得直来直去，比较生硬，有经验的谈判者往往能找到更好的示意方式。例如他这样说：“我们向贵方做出这一退让，已与公司政策相矛盾，在经理那儿也交不了差，因此，我们要求贵方必须在付款方式上有所松动，采用即期付款方式，这样我们也好对公司有个交代。”在这种折中的让步中，高明的谈判人员善于在其强有力的方面进行突破，而同时送个顺水人情。

例如：谈判者所在公司的惯例为 30 天内付清账单，但他却向对手要求 3 个月的延付期。谈判对手与他争来争去，最后他终于屈服，答应对手 30 天的期限，但同时他要求对手拿出点东西来换，结果，他拿到了 1.5%的额外折扣。

谈判者对于自己所付出的每一点小的让步，都应试图取得最大的回报，但是，在谈判中，要使谈话保持轻松和有伸缩性，否则，对方会发觉他在什么地方处了下风，从而更加坚持自己的要求。

运用“调和折中”谈判技巧时，必须记住以下几个问题：

(1) 明确什么时候才可以折中。卖方总希望尽量少降价，即要求买方折中，假如买方同意，则对卖方有利。若是买方希望多降价，再折中，假如卖方同意，则对买方有利。这里有一个“降价幅度”的判断标准问题。

(2)“折中”是结束的信号。所以提出折中方案的时候，应是洽谈的尾声，而不是中间阶段，更不是开始阶段。

(3) 由谁提出折中，对此没有明确的规定。一般而言，当自己认为调和折中的结果是在自己的预算之内时，就可以主动提出。这样做的优点一是表示自己宽容大度，二是可以促进谈判的进展。

(六)“抛砖引玉”谈判技巧

“抛砖引玉”谈判技巧是指在商务谈判中主动地提出各种问题，但不提解决的办法，让对方去解决的一种战术。它一方面可以达到尊重对方的目的，使对方感觉到自己是谈判的主角和中心；另一方面，己方又可以摸清对方底细，争得主动。但该谈判技巧在两种情况下不适用：一是在谈判出现分歧时不适用；二是在了解了对方是一个自私自利、寸利必争的人时不适用，因为对方会乘机抓住对其有利的因素，使你方处于被动地位。

任务实施

一、判断自己在谈判中处于何种形势、何种地位

首先，刘瑞根据“NO TRICKS”原则对己方所处的形势进行了分析。团购的大单对祥和家具来说无疑具有很强的吸引力，本次是家具团购专场，除了自己的品牌，现场还有很多其他的家具品牌，客户的可选择机会很多。虽然祥和家具产品的可信性、企业自身的信誉都比较高，但是现场也有很多全国甚至世界知名的品牌，祥和与他们竞争本来靠的就是价格优势。所以，刘瑞判断在这次团购会中祥和家具处于劣势。

二、选择不同形势下的商务谈判技巧

刘瑞分析了当前的形势，团购顾客以量压价，用竞争对手威胁自己让步。刘瑞首先拿出了“挡箭牌”的谈判技巧，表示祥和家具和装修公司签了合同，折扣不能比他们低，不然生意做不成了。一是打消顾客要求降低折扣的念头，二是让顾客感觉自己拿的折扣与装修公司相同，已经较低。其次，刘瑞采用了“开诚布公”的谈判技巧，客观地介绍了己方成本上涨的情况，表现出诚恳、坦率的态度，取得对方的信任。最后，刘瑞运用“以退为进”的谈判技巧，表示虽然折扣不能再低了，但是为了表达祥和家具对这笔团购订单的重视，在团购款中定出一款特价，买整套家具再送一套价值3 000元的家纺，并委婉地表示

如果大家再不满意，自己也就没有办法了，只能放弃这张团购订单。

最后，顾客做出了让步，终于定下了折扣，比原团购高了一个点，但是定出一款特价（特价款由团购顾客选出），买整套家具再送一套价值 3 000 元的家纺。

任务拓展

根据你学到的商务谈判的原则、作用及模式等相关知识，结合张华、刘瑞和王丽的工作内容，你还能给这三位刚毕业的大学生提出哪些商务谈判方面的建议？

知识检测

一、判断题

1. 商务谈判的特点是“利己”的，因此，根本不存在什么双赢式的谈判技巧。（　　）

2. 当在谈判中处于劣势时，最好的谈判技巧就是尽可能地满足对方的要求。（　　）

3. 情感谈判技巧包括迂回谈判技巧、润滑谈判技巧和坦诚谈判技巧等三种。（　　）

4. “挡箭牌”技巧和“踢皮球”技巧都是利用第三者的力量来实现自己的谈判目标，所以在本质上两者是一样的。（　　）

二、选择题

1. 你是一位打印机销售代理商，应邀到当地一家事业单位商谈购机问题。该单位工作人员表示想买一台报价为 1 万元的打印机，但同时又遗憾地表示，由于行政拨给的购机款规定，最高不得超过 8 000 元。此时，你准备（　　）。

A. 婉言拒绝

B. 运用自己的价格谈判权限，使买卖在自己的权限范围内成交

C. 建议对方改买价格比较便宜的型号

2. 你是一家饮料公司的销售主管，一家国内最大的超级市场采购员对你说，你的饮料每听要价必须减少 1 元，否则将不再从你那里进货。他们公司所销售你公司的天天牌可乐每年都达到 100 万箱。此时，你准备（　　）。

A. 对他笑一笑，回答“不行”

B. 同意

C. 提出折中的建议，要求只降低 0.5 元

3. 你是一家公司的销售人员，今天，你去一家公司进行商品销售方面的谈判，你早已预约，可是当你到达对方公司时，对方经理的秘书却告诉你，经理正在和另一家公司的销售人员会谈，要你稍等一会。而这家公司正是你们在本市的竞争对手之一，这时，你准备（　　）。

A. 开出你的最低价以便能获得此次交易

B. 开出比你的最低价略高一些的价码

C. 开个高价但留下讨价还价的余地

D. 对对方秘书说:“既然经理今天没有时间,我们约个时间改期再谈。”

三、简答题

1. 谈判中根据双方所处地位的不同,可划分为哪几种谈判形势?

2. 商务谈判中的优势谈判技巧有哪些?

3. 商务谈判中的劣势谈判技巧有哪些?

4. 商务谈判中的均势谈判技巧有哪些?

四、案例题

滑石矿投资谈判

澳大利亚A公司、德国B公司与中国C公司洽谈在中国投资滑石矿的事宜,中方C公司欲控制出口货源,但又不能为该合作投入现金,只想用人力与无形资产投入。

A公司和B公司代表来华欲参观、考察矿山,C公司积极派人配合并陪同前往,整个日程安排周到,准备有效,在有限的时间里满足了A公司和B公司对该次访问的要求。

双方在预备会和小结会上对合作投资方式进行了讨论。

A公司:我公司是较大的滑石产品的专业公司,产品在国际市场占有相当份额,尤其在精细滑石产品方面。

B公司:他们在中国投资过,但失败了,正在纠纷中,但他们认为中国资源丰富,潜在市场大,很想找一个合作伙伴再重新干。

C公司:贵公司算找对人了,谢谢贵方这么看重我公司,贵方欲与我公司怎么合作呢?

A公司:我公司计划在中国找一个有信誉、有能力的大公司,双方合作投资中国矿山。

C公司:我公司是出口滑石的公司,若要投资则需集团审批,而据我集团的近期发展规划来看,这个行业不是投资重点。

B公司:贵公司的情况我们理解,不过A公司确实诚心在中国投资,由于第一次的失败,使这次投资十分犹豫。

C公司:的确,中国是个投资环境不平衡的地方,有的地区发达,有的地区不发达。采矿投资与地质条件关系很大,而当矿床跨越不同村镇时,还会发生所有权的问题。过去,我们遇到这类问题,作为外国投资者,需要解决地质探测、矿山合伙人选择、国家政策、人文、商务法律、市场等问题。这些均影响投资成本和成败。

A公司:贵公司讲的正是我们担忧的,我们希望像贵公司这样的公司可以解决这些问题。

C公司:我公司是国际化的公司,按国际规范运作,尽管我们是中国人,但我们认为,使中国企业按国际规范与外国投资者合作是中国经济发展的重要条件。

B公司:若贵公司能参与合作,将有重大意义。

C公司：刚才我们已谈到贵方这样的投资问题所在，但我们十分赞赏贵公司对中国投资的勇气。作为中国公司，我们很愿意提供帮助，不过，我方将不以现金投入，而以我们的商誉和协助作为解决上述问题的义务投入。

A公司：贵方这种投入也是有意义的。

C公司：如贵方认为是有价值的，那么我建议贵方可以将它罗列出来，并予以作价。当贵方与中方矿山谈判合资时，我方可与贵方作为一方谈判。我方在合资企业的股份，将从贵方所占份额中划出。

B公司：贵方的建议可以考虑。

C公司：若贵方同意我方合作的方式，那么，请贵方提供协议方案以确定双方关系，以便于以后的工作。

A公司：待我回国汇报后，将书面回答贵方。

A、B公司代表回国后三周，给C公司来电，同意C公司以其商誉和服务入股。C公司为保出口资源和非现金入股的方案谈判成功。

问题：

1. 在此次谈判中，C公司处于何种谈判地位？该公司选用了什么谈判技巧？

2. A、B公司处于何种谈判地位？假设你是A、B公司中的一方，应选择何种谈判技巧应对？

3. 对A、B、C公司此次的谈判结果如何评价？

项目实训

实训课题1　　谈判形势的判断

实训目的：

分析双方谈判力量，正确划分谈判形势。

实训方式：

分组，并给出几种不同的场景，每组成员分别扮演谈判中的一方，根据双方的表现，各自写出己方谈判的“NO TRICKS”，并各自分析在此次谈判中所处的地位，以及双方谈判的力量对比。

实训题目：

比较双方罗列的草案，看双方对此次谈判的形势划分是否一致，若不一致，写出双方的主要差别，并分析原因。

实训课题2　　谈判技巧的选用

实训目的：

分析商务谈判技巧，了解不同谈判技巧的适用情形。

背景资料：

我国从国外引进了3套年产30万吨合成氨化肥的大型机械设备，但在使用中发生了转子叶片断裂的事故。于是一场主要是借助从技术上论证说理的涉外谈判开始了。谈判双方争执的焦点是：叶片的强度够不够？

外方：外方在谈判开始时就紧扣主题，以其专家头衔的优势，居高临下，侃侃而谈，不时地运用国际透平机械权威特劳倍尔教授的理论和意见，证明说只要把断裂的叶片的顶部稍加改进就可以了，为了支持他们这一观点，随即拿出三份有关事故设计计算书和分析报告，并强调其中一份是由公认的国际透平机械权威特劳倍尔教授亲自审核签字的。

中方：中方主谈人首先肯定了特劳倍尔的理论，并认为双方的观点都没有背离这一理论。其次，依据自己对权威理论的透彻了解指出，理论上的解决并不等于工程问题的解决，再次指出，叶片的计算仍然是错的。最后，中方谈判人员表示“根据你们带来的计算书，也用你们的数据，按特劳倍尔教授的公式计算，叶片的强度仍然不够”。自此，外方谈判者不得不承认叶片断裂是强度不够造成的。

实训题目：

（1）此次谈判中外双方的谈判力量如何？中方在谈判中处于何种谈判地位？此次谈判属于何种形势下的谈判？

（2）外方在谈判一开始，采用了什么谈判技巧？针对这种技巧，中方采用了什么应对技巧？

（3）在以上谈判背景下，将学生分成两组，双方可自由选取认为适合的谈判技巧，记录下来，并讨论各种谈判技巧的适用场景。

扩展阅读

商务谈判中的茶礼

请客、喝茶在中国人的生活中已经成为一种社交礼仪。我们都知道礼仪在交际活动中的重要性，而商务谈判中的茶礼尤其需要重视。

首先，茶具要整洁。客人来到，先让坐，后备茶。冲茶之前，一定要把茶具洗干净，在冲茶、倒茶之前最好用开水烫一下茶壶、茶杯。娴熟的茶艺，既讲究卫生，又显得彬彬有礼。如果是用一次性杯子，在倒茶前要注意给一次性杯子套上杯托，以免烫手，让客人感受到周到、热情的氛围。

其次，茶水要适量。在冲泡时还要注意茶叶不宜过多，也不宜太少。茶叶过多，茶味过浓；茶叶太少，冲出的茶没味道。倒茶时，宜倒七分满，三分留人情。泡第一遍的时候动作要迅速，然后将第一泡茶倒掉，第二泡茶才能给客人喝。

再次，端茶要得法。按照我国的传统习惯，用双手给客人端茶表达的是对客人的尊敬。有杯耳的茶杯，通常是用一只手抓住杯耳，另一只手托住杯底，把茶端给客人。如果上司和客户的杯子里需要添茶了，要及时续上茶水，或者示意服务生来添茶，也可以让服务生把茶壶留在餐桌上，亲自来为客人添茶，这是缓解谈判中遇到的僵局或者为下一步谈判内容留下缓冲时间的最好办法。添茶的时候要注意先给客人添茶，把自己放到最后。

在生意场上，茶也是一种沟通的载体，不同于酒场的纸醉金迷，气质温润的茶更合乎现代的商务消费观念，在心平气和中暗暗角力，不动声色地静观风云变幻，最终达成协议。很多大生意都是在茶桌上谈成的，所谓和气生财，茶不愧是交流沟通的使者。

项目九 商务谈判文化礼仪

学习目标

知识目标

了解文化礼仪在商务谈判活动中的重要性

熟悉商务谈判活动中应遵循的服饰、举止、谈吐、迎送、会谈、宴请、签约、馈赠等基本礼仪

能力目标

能够在正式商务谈判活动中合理搭配着装

能够在商务谈判活动中规范并灵活地运用自己的言谈举止

能够在正式商务谈判活动中有效规划迎送、会谈、签约等环节的工作安排

知识结构图

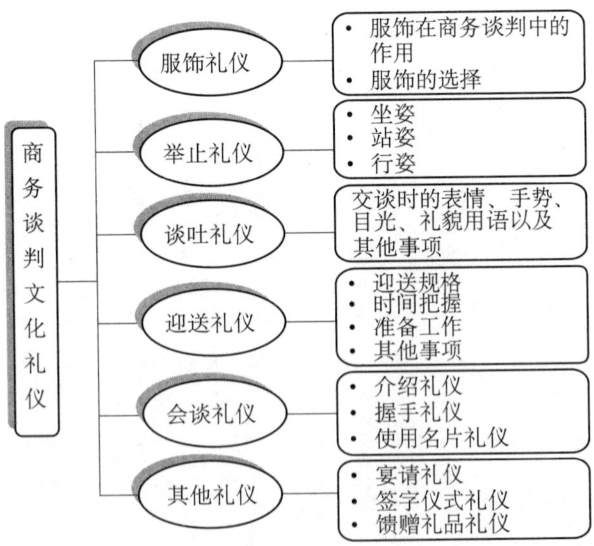

任务引入

【任务描述】

伴随着房地产市场的快速发展，家具产品的市场需求急剧增加，为配合公司的发展战略，祥和公司计划在长三角地区拓展5家新的门店，王丽由于突出的销售业绩表现，被公司领导任命为其中最大一家新开门店的店长。为了增加新门店的人手，使门店尽快投入运营，王丽陆续从应届毕业大学生中招聘了几位销售导购员，并安排助理小刘负责对她们进行上岗前的导购员销售礼仪培训。

学习任务：作为销售导购员，礼仪培训重要吗？为什么？小刘应该对她们进行哪些方面的导购员礼仪培训？

【任务分析】

在销售活动中，销售导购员要想取得销售的成功，除了要掌握并灵活运用一些销售策略、沟通技巧外，在整个接待、洽谈过程中的热情的接待、合理的活动规划与安排、得体的言行举止、规范的礼仪礼节等，都将会影响到销售的最终成败。因此，对于销售导购员的岗前礼仪培训至关重要。小刘作为此次岗前礼仪培训工作的负责人，如何做好培训工作以保证导购员的顺利上岗，要考虑到在导购销售工作中的所有服务环节及每个环节上应注意的礼仪礼节，如着装、迎送顾客、与顾客交流中的举止、谈吐礼仪等。

要想在商务谈判中赢得优势，不仅要依赖于自己的经济、技术实力以及谈判策略技巧，而且还需要有高度的文化礼仪与修养。因为你的个人礼仪与修养的程度如何，将会直接或间接地影响到对方对你的实力的评价和认定。有时，由于对对方的礼仪与习惯不了解或知之甚少而闹出误解、不愉快或笑话，因此对谈判过程中的商务礼仪不可有任何疏忽与轻视。

商务谈判礼仪是指商务谈判中双方或多方通过某种媒体，针对谈判中的不同场合、对象、内容和要求，借助语言、表情、动作等形式，向对方表示重视、尊敬、塑造自身良好的形象，进而达到建立和发展诚挚、友好、和谐的谈判关系的交往过程中所遵循的行为准则和交往规范。在商务谈判活动中，作为优秀的商务谈判人员需要掌握包括服饰、举止、谈吐、迎送、会谈及其他方面的基本礼仪。

知识平台

一、服饰礼仪

服饰是指人的衣服装饰，是商务谈判中形成谈判者良好的个人形象的必备因素之一。不同的民族、性别、习惯、年龄的人，在服饰的选择上有很大的区别。在商务谈判中，服饰的颜色、样式及搭配等合适与否，对谈判人员的精神面貌、给对方的印象和感觉等方面都将带来一定的影响。

(一) 服饰在商务谈判中的作用

1. 服饰体现谈判者素质

服饰在一定程度上体现出一个谈判者的文化修养和审美情趣。以服饰色彩为例：灰色象征文雅、随和；黑色象征庄重、深沉；蓝色象征淡雅、宁静；白色象征纯洁、圣洁。

2. 服饰是谈判者角色形象的反映

服饰能够在一定程度上反映出一个谈判者在谈判中所充当的角色。着装通常是以人体为基础，通过服装的色彩、款式、质料的选择、搭配和装束的匹配塑造人体的角色形象。在谈判中，西装已是普遍认可的服装。主谈人的服装一般稳重、讲究，略显保守，最好是高档的西装；专业人员的着装一般应优雅、大方、考究，宜穿中、高档的西装；协谈人的着装一般为洒脱、干练、灵活，可穿便装和夹克衫；女性人员的着装应庄严、雅致，可穿西服套裙。

3. 服饰是谈判者谈判风格的显露

人们对一个人的“第一印象”往往来自他的服装。在商务谈判中，服饰的颜色、款式对谈判者的情绪和行为也会产生一定影响，甚至成为谈判的技术手段之一，用以动员谈判对手向自己靠拢。例如：服饰的反差明显会给对方以个性鲜明感，往往可支配谈判的节奏和进程；穿着长、短风衣者常给人以随便的感觉，往往预示只是进行试探性的预备会谈。

案例 9-1

瑞士某企业副总裁率代表团来华考察合资办药厂的环境和商洽有关事宜，国内某国营药厂出面接待。第一天洽谈会上，瑞方人员全部西装革履出席谈判，而中方谈判人员有穿夹克衫、布鞋的，有穿牛仔裤、运动鞋的，还有的干脆穿着毛衣、外套。结果，当天的会谈草草结束后，瑞方连考察的现场都没去，第二天找个理由，匆匆地打道回府了。

(二) 商务谈判人员服饰的选择

1. 商务谈判人员服饰选择的四大原则

(1) 服饰要庄重质朴、大方得体。在商务谈判中，谈判者应根据自己的特点选择合适的着装。在商务谈判的场合，着装一般选择灰色或者褐色，有时也可选择黑色。因为这些颜色会给人一种坚实、端庄、严肃的感觉。

(2) 服饰要符合角色、体现个性。为了能更好地塑造谈判者的个人形象，谈判者的衣着打扮应具有一定的个性，要针对自身的具体条件，包括性别、年龄、体型、性格和充当的角色，确定服装的式样和色彩的搭配。例如：对于色彩的选择，老成稳重者宜择蓝灰色系，严肃冷峻者宜择黑褐色系，文静内向者宜择淡雅平稳色系。

（3）服饰要与年龄、体型相协调。首先，穿着要和年龄协调，根据年龄选择服饰，以反映和表现自身的特质。例如：老年人的衣着以稳定、沉着、端庄为宜，穿一套深色中山装，显得成熟、稳重，亦不失老年人的潇洒。其次，穿着也要与体型协调。身材有高低之分，体型有胖瘦之别，肤色有深浅之差，穿着理应因人而异，以强调和改善形体，扬长避短，取得最佳效果。体胖或高大者选择冷色调为主，宜深不宜浅、宜柔和文雅而不宜浓艳鲜亮；体瘦或矮小者选择暖色调为主，宜浅不宜深，宜鲜明亮丽而不宜色彩灰暗。

（4）服饰要与环境和场合相适应。首先，服饰要与自然环境协调，衣服的面料、款式和色彩随季节的变化进行搭配组合，以适应时令的变化。其次，服饰要与社会环境协调，选择大方、色彩淡雅的服饰，以适应群体的心理需求。再次，服饰要与谈判场合协调，男性宜选择庄重、料厚质好的西装等，女性宜选用款式典雅的西装裙等，切忌穿牛仔裤、短裤或超短裙，以适应谈判的气氛要求。

小结论：商务谈判者的服饰总的要求是朴素、大方、整洁，从经济状况、职业特点、体型、气质出发，做到和谐、均衡，给人以深沉、有活力的印象。若在国外参加谈判，服饰要尽可能与谈判对手的相匹配，尊重当地的习惯与东道主的要求。

2. 正式商务谈判中男士着装

在正式的商务谈判活动中，男士应刮净胡须，穿西装，打领带，衬衫的搭配要适宜。一般情况下，杜绝在正式的商务场合穿夹克衫，或者是穿着西装，却和高领衫、T 恤衫或毛衣进行搭配，这都不是十分稳妥的做法。

（1）西装。男士的西装一般以深色为主，避免穿着有花格子，或者颜色非常艳丽的西装。男士的西装一般分为单排扣和双排扣两种。在穿单排扣西装的时候，要特别注意，系扣子的时候，如果是两粒扣子的，只系上面的一粒；如果是三粒扣子的，只系上面的两粒，而最下面的一粒不系。穿着双排扣西装的时候，则应该系好所有的纽扣。

（2）衬衫。衬衫的颜色和西装整体的颜色要协调，同时衬衫不宜过薄或过透，特别要注意的一点是，当我们穿着浅色衬衫的时候，在衬衫的里面不要穿深色的内衣，或者是穿保暖防寒服时，特别要注意领口，不要将里面的内衣露出领口。还有一方面是需要特别注意的，就是当你打领带的时候，衬衫上所有的纽扣，包括领口、袖口的纽扣，都应该系好。

（3）领带。领带的颜色和你的衬衫、西装颜色要相互配合，整体颜色要协调，同时系领带的时候要注意长短的配合，领带的长度应该是正好抵达腰带的上方，或者有一两厘米的距离最为适宜。

（4）皮鞋以及袜子。男士在穿西装、打领带这种商务着装的情况下，一般要搭配皮鞋，杜绝出现运动鞋、凉鞋或者布鞋，皮鞋要每天保持光亮、整洁。选择袜子的时候要注意，袜子的质地、透气性要良好，同时袜子的颜色必须保持和西装的整体颜色相协调。如果是穿深色皮鞋，袜子的颜色也应该以深色为主，同时避免出现比较花哨的图案。

3. 正式商务谈判中女士着装

在正式的商务谈判活动中，女士穿着不宜太性感，不宜穿细高跟鞋，应化淡妆。女士在商务着装的时候，需要注意的细节是干净、整洁。

（1）上衣。上衣讲究平整、挺括，较少使用饰物和花边进行点缀，纽扣应全部系上。在着正式的商务套装的时候，无领、无袖，或者是领口开得太低、太紧身的衣服应该尽量避免。衣服的款式要尽量合身，以利于活动。

（2）裙子。以窄裙为主，年轻女性的裙子下摆可在膝盖以上3厘米～6厘米，但不可太短；中老年女性的裙子应在膝盖以下3厘米左右。裙子里面应穿着衬裙。真皮或仿皮的西装套裙不宜在正式场合穿着。

（3）衬衫。以单色为最佳之选。穿着衬衫还应注意以下事项：衬衫的下摆应掖入裙腰之内而不是悬垂于外，也不要在腰间打结；衬衫的纽扣除最上面一粒可以不系上，其他纽扣均应系好；穿着西装套裙时，不要脱下上衣而直接外穿衬衫。衬衫内应当穿着内衣但不可显露出来。

（4）鞋袜。鞋子应是高跟鞋或中跟鞋，但在选择皮鞋的时候应该尽量避免鞋跟过高、过细。袜子应是高筒袜或连裤袜。鞋袜款式应以简单为主，颜色应与西装套裙相搭配。丝袜的长度一定要高于裙子的下摆，一般不要选择鲜艳、带有网格或有明显花纹的丝袜。

（5）饰品。巧妙地佩戴饰品能够起到画龙点睛的作用，给女士们增添色彩。女士在选择饰品的时候，需要注意的是：佩戴的饰品不宜过多，一般不应超过三件；佩戴饰品时，应尽量选择同一色系，并且要与整体服饰搭配统一起来；饰品应该尽量避免过于奢华；佩戴饰物应遵守礼仪规范，如戒指戴在不同手指上，将给对方不同的信息。另外，谈判人员不提倡戴手镯，如着装时戴手镯，形状不宜过于招摇。戴项链时，应避免文化差异产生的误解，如外事活动时，不要戴有猪、蛇生肖的挂件及有耶稣殉难像的十字架等。

二、举止礼仪

谈判者的举止是指在谈判过程中的坐姿、站姿与行姿以及给人的感觉。在商务谈判中，对举止的总体要求是——“举止适度”。所谓适度就是指在商务谈判中，谈判者的坐、站、行等姿态既充满了自信，又不显得孤傲，令人难以接近；既热情友好，又不低三下四，阿谀奉承；对有利于自己的事物和时机既不要喜形于色，乐不可支，也不要对不利于自己的事物和时机垂头丧气，甘于屈服；举止动作既落落大方，挥洒自如，又不粗野放肆，违反规矩。谈判者的举止要符合自己的地位、身份、教养，符合当时的环境气氛。

（一）坐姿

从椅子的左边入座以及从椅子的左边站立是坐椅子的一种礼貌，坐下后，身体应尽量坐端正，并把双腿平行放好。而坐在椅子上转动或移动椅子位置是违反正常情况的礼仪表现，坐下后将腿向前伸或向后靠，都会使人反感。因此，谈判者在谈判过程中一定要注意自己的坐姿，以免引起不必要的误会。

在谈判中，不同的坐姿传递着不同的信息。例如：挺腰笔直的坐姿是表示对对方或对谈话有兴趣，同时也是一种对人尊敬的表现形式；弯腰曲背的坐姿则是对谈话不感兴趣或感到厌烦的表示；斜着身体坐，表示心情愉快或自我感觉优越；双手放在翘起的腿上，是一种等待、试探的表示；一边坐着，一边双手在摆弄手中的东西，则表示一种漫不经心的心理状态。

（二）站姿

在谈判中，不同的站姿会给人不同的感觉。例如：充满信心、乐观豁达、积极向上的人，站立时总是背脊挺得笔直；缺乏自信，消极悲观，甘居下游的人站立时往往弯腰曲背；自觉地并肩站立是一种关系友好，有共同语言的表现；双腿分开，一手叉腰，一手摸下巴或拿着什么是一种无所谓、急于求成的态度；双腿分开，一手叉腰，一手摸下巴却低着头看对方的脚，则表现了一种深思、为难的姿态。

因此，在商务谈判中，正确的站姿应该是：两脚脚跟着地，两脚成 45 度，腰背挺直，自然挺胸，颈脖伸直，颌微向下，两臂自然下垂。

（三）行姿

不同性别、个性、年龄的人，走路的姿态各不相同，因而给人的感觉也不相同。例如：步伐矫健、轻松、灵活、富有弹性，使人感觉到健康、活力，令人振奋精神；步伐稳健、端正、自然、大方，给人以沉重、庄重、斯文的感觉；步伐轻盈、灵敏、行如风，给人以轻巧、欢悦、柔和之感；摇头晃脑、歪歪斜斜、左右摇摆、随随便便，给人以庸俗、无知和轻薄的印象；弯腰弓背、低头无神、步履蹒跚，给人以压抑、疲倦、老态龙钟的感觉；摇着八字脚、晃着“鸭子”步，使人不快，给人一种不安的扭曲感。

一般来讲，在商务谈判中，谈判人员应掌握正确的行姿：男性——昂首、闭口、两眼平视前方、挺胸、收腹、直腰；行走间上身不动，两肩不摇，步态稳健，以显示出刚强、雄健、英武、豪迈的男子汉风度。女性——头部端正，但不宜抬得过高，目光平和，直视前方；行走间上身自然挺直、收腹、两手前后摆动幅度要小，两腿并拢，小步前进，走成直线，步态自如、匀称、轻柔，以显示出端庄、文静、温柔、典雅的女子窈窕美。

三、谈吐礼仪

交谈是商务谈判活动的中心。在一定意义上，商务谈判过程即是交谈的过程。恰当礼貌地交谈不仅能增进谈判双方之间的了解、友谊和信任，而且还能促使谈判更加顺利、有效地进行。因此，在商务谈判的交谈活动中，必须讲究和遵守以下礼仪：

(1) 交谈时表情要自然、态度要和气、语言表达要得体。

(2) 说话时可做适当的手势，但动作不要过大，更不要手舞足蹈，交谈时距离要适当。

(3) 交谈中，自己发言时也要注意给别人发表意见的机会；别人讲话时也应寻找机会适时地发表自己的看法；要善于聆听对方的谈话，不要轻易打断别人的发言。

(4) 在交谈中，应目视对方，以示关心，对方发言时，不应左顾右盼、心不在焉或注视别处，显出不耐烦的样子；不要老看手表、伸懒腰、玩东西等，显出漫不经心的样子。

(5) 加入他人谈话时要先打招呼。当别人个别谈话时，不要凑近旁听。若有事要与人交谈时，要等别人谈完；有人主动与自己谈话时，要乐于交谈；第三者参与交谈时，应以握手、点头或微笑表示欢迎，发现有人欲和自己交谈时，可主动上前询问；谈话遇有急事需处理或离开时，应向对方打招呼，表示歉意。

(6) 交谈现场超过 3 个人时，应不时地与在场的所有人交谈几句，不要只和其中的一两个人说话而不理会其他人。

(7) 交谈时，一般不谈与话题无关的内容。一般不询问女性的年龄、婚姻等状况；不直接询问对方的履历、工资收入、家庭财产、衣饰价格等私生活方面的问题；对方不愿回答的问题不要寻根究底；对方反感的问题应表示歉意并立即转移话题；不对某人评头论足；不讥讽别人；不要随便谈论宗教问题；男性一般不参与女性的讨论，也不要与女性无休止地交谈而引人反感；与女性交谈要谦让、谨慎，不随便开玩笑；争论问题要有节制。

(8) 交谈中要使用礼貌用语，如“你好、请、谢谢、对不起、打搅了、再见、好吗”等，并针对对方不同国别、民族、风俗习惯等，恰当运用礼貌语言。

(9) 在社交场合中交谈，一般不过多纠缠，不高声辩论，不恶语伤人、出言不逊，即使有争吵，也不要斥责、讥讽、辱骂对方，最后还应握手道别。

四、迎送礼仪

迎来送往是常见的社交活动，也是商务谈判中一项基本礼仪。在谈判中，谈判一方对应邀前来参加谈判的人员，要视其身份和谈判的性质以及双方的关系来综合考虑安排。在谈判人员抵、离时，都要安排相应身份的人员前往迎送；重要客商、初打交道的客商等，要去迎接；一般的客商，多次来的客商，不接也不失礼。做好迎送工作，要注意以下几个问题：

（一）确定迎送规格

确定迎送规格要依据前来谈判人员的身份和目的，适当考虑双方的关系，同时注意惯例，综合平衡。主要迎送人的身份和地位通常要与对方对等。若当事人因故不能出面或不能完全对等，应灵活变通，由职位相当的人士或副职出面。此时，无论做出何种处理，都应非常礼貌地向对方做出解释。有时也会从发展双方关系或其他需要出发，破格接待，安排较大的迎送场面。但一般情况下都应按常规办理，其他迎送人员不宜过多。

（二）准确掌握对方谈判人员抵、离的时间

谈判方有关人员应及时、准确地弄清谈判对方所乘交通工具的抵、离时间，尽早告知全体迎送人员及相关单位，如有变化应及时通知。迎接人员应在交通工具抵达前到场，送行人员则应在来客登机（车、船）前到。总之，在接送过程中要做到既顺利接送来客，又不过多耽误时间。

（三）做好接待的准备工作

当得知来宾抵达的日期后，应首先考虑其住宿安排问题。对方尚未启程前，先问清楚对方是否已经自己联系好宾馆，如果未联系好，则代其预订宾馆房间，最好是等级较高、条件较好的宾馆。客人到达后，通常只需稍加寒暄，即陪客人前往宾馆，在行车途中或在宾馆简单介绍一下情况，征询一下对方意见，即可告辞。客人到达的当天，最好只谈第二天的安排，另外的日程的安排可在以后再详细讨论。

（四）迎送礼仪中的其他有关事务

1. 献花

献花是对对方人员表示亲切和敬意的一种好方法。尤其是对方人员中有女宾或携有女眷时，在其尚未到达宾馆之前，预先在其房间摆一个花篮或一束鲜花，会给她们一个惊喜，有时甚至会达到意想不到的效果。但在送花的过程中也应注意以下三点，谨防弄巧成拙：

（1）送花时要尊重对方的风俗习惯，应尽量投其所好，绝不可触犯其禁忌。例如：日本人忌讳荷花和菊花；意大利人喜爱玫瑰、紫罗兰、百合花等，但同样忌讳菊花；俄罗斯人则认为黄色的蔷薇花意味着绝交和不吉祥等。

（2）给对方女性送花，最好以我方某女性人员的名义或己方单位名义或负责人妻子的名义送，切忌以男性名义送花给对方交往不深的女性。

（3）如果对方是夫妇同来，己方送花尤应以负责人夫妇的名义或公司的名义送给对方夫妇。

2. 陪车

应请客人坐在主人的右侧，若带有译员，译员坐在司机旁边。上车时，先请客人从右侧车门上车，主人再从左侧车门上车，以避免从客人膝前穿过。若客人先上车，坐到了主人的位置上，那也不必请客人再移位。

五、会谈礼仪

会谈是商务谈判过程中的一项重要活动。在商务谈判中，尤其是在国际商务谈判中，东道主应根据谈判对方的身份和谈判目的，安排相应的有关部门负责人与之进行礼节性会见。在会谈时，我们应该要注意以下基本礼仪：

（一）介绍的礼仪

谈判双方的认识首先是通过介绍来实现的。在商务谈判比较正式的场合中，通常有两种介绍方式：一般由双方主谈人或主要负责人互相介绍各自的组成人员；在双方主谈人互不相识或不太了解时，一般请中间人介绍双方的情况。有时也可以用自我介绍的方式。介绍的顺序一般为：先把年轻的介绍给年长的；先把职务、身份较低的介绍给职务、身份较高的；先把男性介绍给女性；先把未婚的介绍给已婚的；先把客人引见给主人；先把个人介绍给团体。在人多的场合，主人应对所有的客人一一介绍。

介绍时要注意：女士一般不引见给一位男士，除非这位男士是国家或地方的高级领导人，或是一些重要组织的领袖；介绍双方认识时，应避免刻意强调一方，否则，会引起另一方的反感；当两位客人正在交谈时，切勿立即介绍给第三者。

（二）握手的礼仪

在商务谈判中，谈判双方握手已成为一种习以为常的礼节。人们在见面时，一般情况下，总喜欢握手，再加上几句客套话，以示亲热。握手的礼仪如下：

（1）握手用力要适度，时间要短；握手时，目光要注视对方，切忌左顾右盼。

（2）男士与女士握手时，须先脱去手套，女士也应脱去手套，但对于地位较高者可不必；在上下级之间，上级伸手后，下级才能伸手相握。

（3）在长辈和晚辈之间，长辈伸手后，晚辈才能伸手相握。

（4）在男女之间，女士伸手后，男士才能伸手相握。

（5）在主人与客人之间，主人应先伸手，客人再伸手相握。

（三）使用名片的礼仪

使用名片是商务谈判中最为简便的自我介绍的方式。如经第三者介绍后开始谈判，可在谈判结束时递上自己的名片，以加深印象。

（1）名片的递赠。手指并拢，将名片放在掌上，用大拇指夹住名片的左端，恭敬地送到对方胸前，名片上的字体反向对自己，正向对对方，以便对方阅读；或食指弯曲与大拇指夹住名片递上；或双手的食指和大拇指分别夹住名片的左右两端奉上。

（2）名片的接受。名片是人格的象征，尊重一个人的名片就是尊重他的人格，因此接受名片时应充分注意礼貌。接受名片的方法是：空手时，必须恭恭敬敬，双手捧接，并道感谢；名片接受后一定要马上过目，仔细地看一遍，不明白之处当即请教，不要不好意思，认真地询问只会使对方感到你很重视他，有时甚至可以有意识地重复一下名片上所列的对方的姓名与职务，以示仰慕。一次同时接受几张名片时，一定要对号入座，如果是在谈判桌上，最好将接受的名片依次摆在桌上，与对方的座次相一致，这样会使对方因受到重视而高兴。如果想得到对方的名片，对方又没有主动给你，不妨可直接提出请求："很冒昧，方便的话，可不可以给我一张名片？"这种索取名片的方式不仅不失礼，而且更能提高对方的身份。收取对方的名片时自己若有名片，应迅速递上，如果没有则应道歉。

除此之外，从举行整个会谈的流程和细节上，我们还应该注意以下事项：

（1）准确掌握会谈时间、地点和双方参加人员的名单，及早通知有关人员和有关单位做好必要安排。主人应提前到达，以避免仓促。

（2）客人到达时，主人应到正门口迎接，也可以在会谈室门口迎接，或由工作人员在大楼门口迎接并引到会谈室，主人在会谈室门口迎接。

（3）如果有合影，则应安排在宾主握手、合影之后再入座。会谈结束后，主人应将客人送至门口或车前，并目送客人离去。

（4）会谈座次的安排也是一项重要的礼仪。双边会谈时，通常可用长方桌、圆形桌或椭圆形桌，宾主相对而坐，主人居背门的一侧，客人则居其对面，主谈人居中。译员的安排一般尊重主人的意见。其他人均按礼宾顺序排列。记录员排在后面，若与会人少，也可安排在会谈桌就座。多边会谈时，座位可摆成圆形或方形。

（5）谈判中提出会见要求，应将要求会见人的姓名、职务及会见的目的告知对方。接见一方应尽早给予答复，并约定时间。若因故不能接见时应婉言解释。

（6）领导人（或是谈判双方的决策人物）之间的会见，有时除陪见人和必要的译员、记录员外，其他工作人员安排就绪后应及时退出。对记者也应该有较严格的要求。谈话过程中，除工作人员及有关人员听招呼外，旁人不要随意进出。

（7）会谈后若有合影，应事先安排好合影图。合影应一般由主人居中，按礼宾次序以主人右边为上，主客双方间隔排列。拍合影照时要充分考虑镜头的摄入范围，一般两端均由主方人员把边。

六、其他礼仪

（一）宴请礼仪

在商务谈判中，谈判双方互相宴请或进行招待，是整个谈判过程中不可缺少的组成部分。举行宴会或招待会，可以制造一种宽松、融和的气氛。在这种气氛中，能够加深双方的了解，增进彼此的友谊，也为谈判成功打下良好的基础，而礼仪在宴请中占据十分重要的地位。

1. 赴宴礼仪

(1) 应邀。接到宴会邀请，能否出席要根据邀请方的要求，尽早、尽快以电话或信函答复对方，以便主人安排。在接受邀请之后，不要随意改动，万一有特殊情况不能出席，尤其是主宾应及早向主人解释、道歉。应邀出席一项活动之前，要核实宴请的主人，活动举办的时间、地点，是否邀请了配偶以及主人对服装的要求等，以免失礼。

(2) 出席时间。出席宴请活动，抵达时间的迟早、逗留时间的长短，在某种程度上反映了对主人的尊重，这要根据活动的性质及有关习惯掌握。一般客人应略早抵达或按主人要求抵达。确实有事需提前退席，应向主人说明后悄然离去，或事先打招呼，届时离去。

(3) 抵达。抵达宴请地点，先到衣帽间，脱下大衣和帽子，然后前往主人迎宾处，主动向主人问好，若有喜庆活动，还应表示祝贺。

(4) 入座。应听从主人安排，即客随主便。要先弄清自己的桌次、座次再入席，不要乱坐。如邻座有年长者与妇女，应主动协助他们先坐下。

(5) 交谈。无论是做主人、陪客或宾客，都是与同桌人交谈，特别是左右邻座。邻座如不相识，可先自我介绍。

(6) 祝酒。作为主宾参加宴请，应了解对方的祝酒习惯，以便做必要的准备。碰杯时，主宾与主人先碰，人多时可同时举杯示意，不一定碰杯。祝酒时注意不必交叉碰杯。在主人和主宾致辞、祝酒时应暂停进餐，停止交谈，注意倾听，不要借机抽烟等。若主人和主宾来桌前敬酒，应起立举杯。碰杯时，要目视对方示意。宴会上切忌饮酒过量，否则会失言失态。

(7) 致谢。有时在出席私人宴请活动之后，往往致以便函或名片表示谢意。

(8) 意外情况的处理。宴会进行中，由于不慎发生异常情况时，如餐具掉落、打翻酒水等，要沉着应付，可向邻座说声“对不起”。若打翻的酒水溅到邻座身上，应表示歉意，并协助擦掉。若对方是女性，只要把干净餐巾或手帕递上即可，可由她自己擦。

2. 用餐礼仪

用餐过程中要注意以下礼仪：

(1) 用餐时，身体与餐桌之间要保持适当的距离，太远不易处理食物，而太近则易使手肘过弯而影响邻座。

(2) 理想的坐姿是身体挺而不僵，仪态自然，既不呆板，也不轻浮。

(3) 进餐前用餐巾纸擦拭餐具是极不礼貌的陋习，如果发现不洁餐具及时调换。

(4) 餐巾须等主人动手摊开使用时，客人才能将它摊开置于膝盖上，餐巾的主要作用首先是防止油污、汤水滴到衣服上，其次是用来轻擦嘴边的油污，但不可用它擦脸、擦汗或除去口中之食物，用餐完毕后将餐巾放于座前桌上左边，不可胡乱扭成一团。

(5) 喝汤时，宜先试温，待凉后再用，忌用口吹，或嘶嘶出声。要用勺喝汤，不要双手端起像喝水一样，嘴内有食物时，切勿说话，用餐过程中不宜当众用牙签剔牙，可用餐巾掩嘴。

(6) 抽烟须先征得主人或邻座的同意。

(7) 要随主人行动而起立离座。

(8) 餐后至少喝过咖啡或茶后才能告辞。

(二) 签字仪式礼仪

签字仪式通常是指订立合同、协议的各方在合同、协议正式签署时举行的仪式。举行签字仪式，不仅是对谈判成果的一种公开化、固定化，而且也是有关各方对自己履行合同、协议所做出的一种正式承诺。

1. 位次排列

从礼仪上来讲，举行签字仪式时，在力所能及的情况下一定要郑重其事、认认真真。其中最引人注目的地方，当属举行签字仪式时座次的排列方式。一般而言，举行签字仪式时，座次排列的具体方式共有三种，它们分别适用于不同的情况。

(1) 并列式。并列式排座是举行双边签字仪式时最常见的形式。它的基本做法是：签字桌在室内面门横放。双方出席仪式的全体人员在签字桌之后并排排列，双方签字人员居中面门而坐，客方居右，主方居左。

(2) 相对式。相对式签字仪式的排座与并列式签字仪式的排座基本相同。二者之间的主要差别是：相对式排座将双边参加签字仪式的随员席移至签字人的对面。

(3) 主席式。主席式排座主要适用于多边签字仪式。其操作特点是签字桌仍须在室内横放，签字席仍须设在桌后面对正门，但只设一个，并且不固定其就座者。举行仪式时，所有各方人员，包括签字人在内，皆应背对正门、面向签字席就座。签字时，各方签字人应以规定的先后顺序依次走上签字席就座签字，然后即应退回原处就座。

2. 基本程序

在具体操作签字仪式时，可以依据下述基本程序进行：

(1) 宣布开始。此时，有关各方人员应先后步入签字厅，在各自既定的位置上正式就位。

(2) 签署文件。通常的做法是首先签署应由己方所保存的文本，然后再签署应由他方所保存的文本。依照礼仪规范，每一位签字人在己方所保留的文本上签字时，应当名列首位。因此，每一位签字人均须首先签署将由己方所保存的文本，然后再交由他方签字人签署。此种做法通常称为“轮换制”。它的含义是：在文本签名的具体排列顺序上，应轮流使有关各方均有机会居于首位一次，以示各方完全平等。

(3) 交换文本。各方签字人此时应热烈握手，互致祝贺，并互换方才用过的签字笔，以示纪念。全场人员应热烈鼓掌，以示祝贺之意。

(4) 饮酒庆贺。有关各方人员一般应在交换文本后当场饮上一杯香槟酒，并与其他方面的人士一一干杯。这是国际上所通行的增加签字仪式喜庆色彩的一种常规性做法。

(三) 馈赠礼品礼仪

馈赠礼品也是商务谈判活动中的一项重要礼仪。谈判者在相互交往中赠送礼品，表达友好和增进双方友谊的愿望；同时，也表达了对该次合作成功的祝贺和对再次合作能够顺利进行的愿望。但是，只有合乎礼仪的赠送行为才能达到这样的目的。在商务谈判中，赠送礼品时应注意以下几点：

1. 注意对方的文化背景

由于谈判者所属民族、国家、地区等文化背景的差异，其爱好和要求必然存在差异，因此，必须注意根据对方的习俗、兴趣与爱好选择合适的馈赠礼品。例如：在阿拉伯国家，不能以酒作为馈赠礼品，不能给当事人的妻子送礼品；在英国，人们普遍厌烦有送礼人单位或公司印记的礼品；法国人忌讳菊花；而日本人则不喜欢有狐狸图案的礼品等。

2. 选择合适的礼品

赠送礼品时，要选择具有一定纪念意义或有民族特色、地域特点，或是受礼人喜爱的小礼品，诸如手工艺术品、花束、书籍、画册、日用品、食品等。据了解，外国友人喜欢的我国礼品包括景泰蓝制品、玉佩、绣品、国画、书法、瓷器、紫砂茶具、竹制工艺品、汉字纸扇等。在商务谈判中，要注意，欧美国家的人在送礼方面较注重的是礼物的意义而不是其货币价值，因此，在选择馈赠礼品时不必追求礼品的贵重，有时馈赠贵重的礼品效果反而不好，对方会怀疑此举是否想贿赂他或另有图谋，这样，不但不能加深相互间的友谊，反而会引起对方的戒备心理。但是，在亚洲国家，人们往往较注重礼物的价值，所以，在与这些国家的企业进行商务谈判时，赠送礼品不仅要投其所好、投其所需，而且还要分量足够，才能产生一定效果。

3. 赠送礼品要讲究数量

我国一般以偶数表示吉祥，而在俄罗斯则以奇数表示吉利。西方国家通常忌讳“13”这个数字，日本人和韩国人则忌讳“4”与“9”。

4. 赠送礼品要注意时机和场合

在日本，通常是双方第一次见面时赠送礼品；但法国人则希望下次重逢时馈赠礼品；英国人都在晚餐或看完戏剧之后乘兴时赠送礼品；而我国则以在离别前赠送礼品较为自然。

应当注意，礼品往往具有一定的暗示作用，必须小心谨慎，不要因馈赠礼品而造成误解。例如：我国一般忌讳送梨或送钟，因为梨与“离”同音，钟与“终”同音，“离”“终”都是不吉利的字眼；对于法国人和德国人来说，红玫瑰是情人间的礼物，因此，红玫瑰亦不能当作礼物来赠送。

此外，对于他人赠送的礼品是否能接受，要心中有数，因为如果你接受了一件礼物，就容易失去对某些事物的控制。在商务洽谈中，接受礼物须符合国家和企业的有关规定和纪律。当对所送礼物不能接受时，应说明情况并致谢。对符合规定的礼物，除中、日两国外，欧美人一定要当面亲自拆开礼品包装，并表示欣赏、真诚接受和道谢。

案例 9-2

云南省的一家外贸公司与印度某商贸公司做成一笔生意。为表示合作愉快，加强两公司今后的联系，努力成为密切的商业伙伴，中方决定向印方赠送一批具有地方特色的工艺品皮质相框。中方向当地的一家工艺品厂订制了这批货，这家工艺品厂也如期保质保量地完成了生产任务。当赠送的日子快要临近时，这家外贸公司的一位曾经去过印度的职员突然发现这批皮质相框是用牛皮做的，这在奉牛为神明的印度是绝对不允许的，很难想象如果将这批礼品赠送给印方会产生什么样的后果。幸好及时发现，才使中国的这家外贸公司没有犯下错误，造成损失。他们又让工艺品厂赶制了一批新的相框，这回在原材料的选择上特地考察了一番。最后在将礼品送给对方时，对方相当满意。

任务实施

作为此次岗前培训接待工作的负责人，为了更好地完成此次培训任务，小刘首先应该针对此次培训工作制定一份详细的计划，在计划中要重点列出需要培训的内容以及培训的方式等，然后根据计划安排展开培训。

一、外表礼仪

作为优秀的导购员，要保持整洁、美观的容貌，穿着新颖大方的着装，表现出稳重、高雅的言谈举止，仪表要能够感染顾客，使他们产生购买的欲望。保持整洁的外表要做到以下三个方面：

1. 利索淡雅

当顾客走进店里时，首先注意到的是导购员的发式。要求导购员的发式：男导购员的头发要前发不过眉、后发不及领、侧发不掩耳；女导购员的头发最好束起来，不要披散头发。此外，女士可适当化些淡妆，以形成良好的自我感觉，增强自信心，同时也给顾客留下一个清新淡雅、赏心悦目的视感。

2. 仪容整洁

衣服上不要有头屑。穿衣时最好是先理好头发，然后着外套，防止头皮屑掉在衣领上、肩上；要勤剪指甲、勤洗手，细节更能代表一个人的态度；要及时修面，保持脸部干净，朝气蓬勃，能感染他人。

3. 穿着素雅

具体来说必须做到“三不要、三要”。

第一，不要花枝招展，要统一制服。导购员的工作属于服务性质，故不宜打扮得过于花枝招展，以免引起顾客的反感；导购员的着装应以素雅洁净为宜，最好统一着制服，并佩戴工作牌，以利于树立品牌形象和顾客监督。

第二，不要性感着装，要庄重大方。导购员在营业时间不能穿花里胡哨的衣服或奇装异服。女导购员不能穿袒胸服、透明服、超短裙等。

第三，不要发屑遍肩，要保持卫生。

二、行为举止礼仪

一般来说，顾客对一个门店的第一感觉如何，一方面取决于该门店整体的布局安排、整洁卫生，另一方面取决于导购员在工作时的状态。

当顾客进入店里，看到导购员们都在忙碌地工作时，便会给店里带来一股蓬勃的生机，顾客愿意走进这种生机盎然的店中。同时，当导购员的注意力集中在其他事情上时，例如：导购员正在接待其他顾客、正忙着填单、正忙着擦拭展台和现场摆放的家具等，顾客看到你很忙，会觉得店里有生气，而且觉得自己在这时不会受到强迫推销的压力。

相反，如果导购员是如下的这些状态：站着或坐在柜台前，神情麻木、无所事事、无精打采、愁眉苦脸，或者导购员互相聊天、打扑克、旁若无人，顾客会觉得没有生机，认为店里很久没有人光顾了，很久没有卖出产品了。

因此，导购员在工作时，不论忙闲，都要时刻注意自身的举止。要做到不扎堆聊天，嬉笑打闹；不能当着顾客的面评头论足；不应有挖耳朵、剔牙、解衣擦汗等不雅的动作；更不应该违反卖场纪律，随意吸烟、吃零食、看杂志等。

此外，不管商品如何优秀，如果导购人员的行为粗鲁，都会使顾客产生不愉快的感觉。例如，顾客问："这张床有什么特点?"导购员（用脚踢踢床腿，代替用手指点）说道："……"上面导购员的行为会让顾客产生很不愉快的感觉，不仅显得导购员缺乏基本的素质，而且降低了产品在顾客心中的档次。

三、谈吐礼仪

顾客到店内之后，肯定是想了解家具的详细信息，十分需要导购员的帮助。大部分顾客是比较感性的，不是完全理性的。一般进店后先巡视一圈，找到兴趣点，站在那里盯着看一会儿，然后就要开始发问了。

导购员的服务态度一定要友好真诚，表情自然热情。不要爱理不理、表情生硬，做到"问有答声，有问必答"，但也不必主动攀谈。有问必答不仅指在卖场，实际上只要是进入区域的顾客，无论他问什么问题，是不是和家具有关的，都要热心回答。回答顾客询问时要注意几点：

（1）语速要慢，不要一口气说完。要留时间观察顾客的情绪，多看顾客的反应。很多时候，顾客进店里买东西都是被导购员热情的、滔滔不绝的介绍吓跑了。

（2）也不要挤牙膏式的，顾客问一句你答一句，顾客本来想了解更多的内容，但他不了解家具的具体情况，不知道问什么，希望你主动介绍，结果你回答一句没下文了，顾客会觉得你不热心。

（3）要保持谦恭的态度，有时候说话的态度比内容更重要。国外有句谚语："出自肺腑的语言，才能触动别人的心弦。"

（4）说话语气要委婉。有些话直接说比较生硬，如果加上一些委婉的语气词，让语气软化一些，顾客就会愉快地接受你的信息。

四、迎送礼仪

1. 进店有迎声

当顾客走进店内，导购员首先要积极地用清晰、热情的声音向顾客打招呼，要做到顾客进店后"进店有迎声"。"进店有迎声"到底怎么迎？

（1）问好式。当顾客进店时，导购员的一句主动问候语会让顾客放松，有一种宾至如归的感觉。

切忌：导购员在向顾客问候时漫不经心、应付了事、机械式、好像没有睡醒似的情形，让人听了感觉很不舒服，这时的问候还不如不问候。所以，问候时要么用真诚、热情的语气来问候，要么就闭嘴。

经常使用的语言如："欢迎光临祥和家具""您好""请进""早上好"。

（2）放任式。有些顾客喜欢自己看，不希望被别人打扰，这时，可以请顾客自由参观，并对顾客说："不好意思打扰了，请随意，如果需要帮助的话，请随时找我。"表明很乐意为其服务，让顾客感觉被重视。

（3）插入式。若顾客到来时，导购员没有机会打招呼，则可以在随后有机会时插话，表明服务意愿。例如："你好，不好意思，刚才我在给其他顾客介绍，请问您需要帮忙吗？这是最新款家具，我可以打开给您看看。"

2. 离店有送声

聪明的导购员对顾客的态度应是：买和不买一个样、进门出门一个样、熟悉不熟悉一个样，都要给顾客如沐春风的感觉。例如：顾客买东西时，许多时候都是虎头蛇尾，开始导购员会很热情，但是一旦发现顾客试过之后不买时，就表现得极不耐烦，甚者恶语伤人，这样不但这单生意做不成，即使顾客的朋友以后也不会来你这里购买。

在许多时候，顾客并不能记住每个细节，可能就那么几个闪光点会给他们留下深刻的印象，尤其是结尾往往是印象最深的部分。一项开始隆重而结尾平淡的服务，顾客对其的满意程度要逊色于一项开始一般而结尾隆重的服务。

因此，当顾客告辞的时候要道别，即使你正忙，也要让所有的顾客在你的目光所及的范围内主动打招呼，让顾客感觉到你很在意他，不要让顾客黯然离去。

（1）顾客离开时要主动说："××，您慢走，欢迎再来！"

（2）顾客可能只是来转转，或者看半天没有决定购买产品，你也要感谢顾客的光临。

（3）顾客走时要送到门口，帮顾客拉开门，目送顾客走远不再回头，再转身回来。

（4）如门口有台阶，要提醒顾客小心行走，尤其是雨天及雪天。

(5) 即使顾客不选购产品，也不要表现出不满或说一些难听的话语，导购员也必须表现出高兴的样子，可欢迎他下次再来。

任务拓展

根据你所学到的关于商务活动礼仪的相关知识，你认为作为一名卖场导购员，还应该注意哪些方面的工作礼仪？

知识检测

一、判断题

1. 从椅子的右边入座以及从椅子的右边站立是坐椅子的一种礼貌，坐下后，身体应尽量坐端正，并把双腿平行放好。（　　）

2. 在正式的商务谈判活动中，男士西装、领带、衬衫、鞋袜的颜色搭配要适宜，一般不应超过三种颜色。（　　）

3. 在商务谈判迎送礼仪中，主要迎送人的身份和地位通常要与对方对等。（　　）

4. 对欧美人一定不要当面亲自拆开礼品包装。（　　）

5. 在商务谈判活动中，迎接对方送花时要尊重对方的风俗习惯，应尽量投其所好，绝不可犯其禁忌。（　　）

6. 若在国外参加谈判，服饰要尽可能与谈判对手的相匹配，尊重当地的习惯与东道主的要求。（　　）

二、选择题

1. 在谈判中，不同的坐姿传递着不同的信息，（　　）是表示对对方或对谈话有兴趣，同时也是一种对人尊敬的表现形式。

A. 弯腰曲背坐　　B. 挺腰笔直坐
C. 斜着身体坐　　D. 一边坐着一边双手在摆弄手中的东西

2. 会谈中，为表示对主宾的尊重，主宾的座位应是（　　）。

A. 主人的左侧　　B. 主人的右侧
C. 主人的对面　　D. 面对门的位置

3. 穿西服时，最理想的衬衫颜色是（　　）。

A. 蓝色　　B. 白色　　C. 灰色　　D. 咖啡色

4. 举行签字仪式时，座次排列的具体方式一般不包括(　　)。

A. 并列式　　B. 相对式　　C. 圆桌式　　D. 主席式

5. 女士在正式的商务谈判场合应该（　　）。

A. 化浓妆　　B. 穿细高跟鞋
C. 带许多的珠宝首饰　　D. 穿西装套裙

三、简答题

1. 简述在商务谈判活动迎送中应注意哪些礼仪方面的问题。
2. 请举例说明如何根据不同的商务谈判场合、身份、角色来选择着装。
3. 请举例说明在洽谈中哪些举止、谈吐属于失仪行为。
4. 简述在给谈判方客人赠送礼品时应注意的问题。
5. 简述商务谈判签字仪式的基本操作程序。

四、案例题

一次漏洞百出的接待

小张今年大学毕业，刚到一家外贸公司工作，经理就交给他一项任务，让他负责接待一下最近将到公司的一个法国谈判小组，经理说这笔交易很重要，让他要好好接待。

小张一想这还不容易，大学时经常接待外地同学，难度不大。于是他粗略地想了一些接待顺序，就准备开始他的接待。小张提前打电话和法国客人核实了一下来的人数、乘坐的航班以及到达的时间。然后，小张向单位要了一辆车，用打印机打了一张 A4 纸的接待牌，还特地买了一套新衣服，到花店订了一束花，小张暗自得意，一切都在有条不紊地进行。

到了对方来的那一天，小张准时到达了机场，谁知对方左等不来右等也不来。他左右看了一下，有几位老外比他还倒霉，等人接比他等得还久。他想，该不会就是这几位吧？于是又竖了竖手中的接待牌，对方没有反应。等到人群散去很久，小张仍然没有接到。于是，小张去问讯处问了一下，问询处说该国际航班提前了 15 分钟降落。小张怕弄岔了，赶紧打电话回公司，公司回答说没有人来。小张只好接着等，周围只剩下那几位老外了，他想问一问也好。谁知一询问，就是这几位。小张赶紧道歉，并献上由八支玫瑰组成的一束花，对方的女士看看他，一副很好笑的样子接受了鲜花。小张心想，有什么好笑的。接着，小张引导客人上车，客人们便将包小包放上了车。

小张让司机把车直接开到公司定点的酒店，谁知因为旅游旺季，酒店早已客满，而小张没有预订，当然没有房间。小张只好把他们一行拉到一个离公司较远的酒店，这家条件要差一些，至此，对方已露出非常不愉快的神情。小张把他们送到房间，一心想将功补过的他决定和客人好好聊聊，这样可以让他们消消气，谁知在客人房间待了半个多小时，对方已经有点不耐烦了。小张一看，好像又吃力不讨好了，以前同学来我们都聊通宵呢！小张于是告辞，并和他们约定晚上七点饭店大厅等，公司经理准备宴请他们。

到了晚上七点，小张在大厅等，谁知又没等到。小张只好请服务员去通知法国人，就这样，七点半人才陆续来齐。小张想，法国人怎么睚眦必报，非得让我等。到了宴会地点，经理已经在宴会大厅门口准备迎接客人，小张一见，赶紧给双方做了介绍，双方寒暄后进入宴席。小张一看宴会桌，不免有些得意：幸亏我提前做了准备，给他们都排好了座位，这样总万无一失了吧。谁知经理一看对方的主谈人正准备坐下，赶紧请对方到正对大门的座位，让小张坐到刚才那个背对大门的座位，并狠狠瞪了小张一眼。小张有点莫名其妙，心想：怎么又错了吗？突然，有位客人问："我的座位在哪里？"原来小张忙中出错，把他的名字给漏了。法国人都露出一副很不高兴的样子。好在经理赶紧打圆场，神情愉快地和对方聊起一些趣事，对方这才不再板面孔。一心想弥补的小张在席间决定陪客人好吃好喝，他频繁敬酒，弄得对方有点尴尬，经理及时制止了小张。席间，小张还发现自己点的饭店的招牌菜辣炒泥鳅，对方几乎没动，小张拼命劝对方尝尝，经理脸露愠色地告诉小张不要劝，小张不知自己又错在哪里。好在谈锋颇健的经理在席间和客人聊得很愉快，客人很快忘记了这些小插曲。等双方散席后，经理当夜更换了负责接待的人员，并对小张说："你差点坏了我的大事，从明天起，请你另谋高就。"小张就这样被炒了鱿鱼，但他仍不明白自己究竟错在哪里了。

资料来源：周晓琛．商务谈判理论与实战［M］．北京：知识产权出版社，中国水利水电出版社，2004.

问题：

1. 你认为小张究竟错在哪里了？他应该如何改进？

2. 结合此案例，谈谈作为一名优秀的商务谈判人员，在整个商务谈判的过程中，应该注意哪些基本的礼仪。

项目实训

实训课题1　　正式商务场合着装及举止礼仪

实训目的：

掌握正式商务场合着装及举止要求。

背景资料：

小王参加工作不久，在一家公司做销售工作，多日来，通过发传真、写电子邮件等，终于找到一家对他们公司产品感兴趣的大公司，该公司同意与小王见面洽谈合作的事情。小王也十分重视这次机会，特意穿上刚买的黑色西装，袖子上的商标显示出这是一套名牌货，小王穿着洁白的衬衫、锃亮的黑色皮鞋、白色干净的袜子，戴着鲜艳的碎花领带来到对方公司。在与对方面谈时，小王由于是初次，不免有些紧张，坐在椅子上双腿不停地晃动，手指也不时在腿上敲击。面谈结束后，对方只是淡淡地说："以后再联系吧。"面对失败，小王百思不得其解，后来请经理向对方询问原因，对方说："你们员工的素质还有待提高。"

实训题目：

(1) 你认为在本次面谈中，小王的表现在哪些方面存在问题？

(2) 如果你是小王，你会如何做？

实训课题2　　正式商务谈判活动中的迎送、宴请、馈赠礼仪

实训目的：

熟悉正式商务谈判活动中的迎送、宴请、馈赠等礼仪及注意事项。

背景资料：

Tom先生是美国A公司的总裁，他将带领公司一行六人（其中两名女性）乘机抵达上海，参加与上海B公司合资建立公司的谈判。

实训题目：

（1）假如你是上海B公司总裁，作为此次谈判的中方负责人，你应该做哪些方面的安排？

（2）为了融洽中、美双方的感情，我方准备在美方谈判人员抵达后第二天举办晚宴，为Tom先生等美方谈判人员接风洗尘，如果你作为此次宴会的具体负责人，你应该做哪些准备？参加晚宴时你方代表将如何着装？

（3）经过艰辛的谈判，中美双方最终签署了有关的协议，Tom先生即将回国，你方公司准备赠送美方一些礼品，请问你会如何选择？

扩展阅读

商务谈判礼仪中的“以左为尊”和“以右为尊”

1. 西方文化——以右为尊

在欧美国家，人们认为太阳从东边升起，朝气蓬勃。东边按照他们的思想就是右侧。而日落西山，所以西边是不吉利的。英文有一句话：“伸出吉利的那只脚！”实际上就是右脚。所以在西方国家，从英美文化来讲，以右为尊。

2. 中国文化——以左为尊

和来源于英国的握手礼节完全不同的是中国的文化礼仪——“拱手”。我们都知道握手时抬起右手是对对方的尊重，而拱手之理则是以左手抱右手，寓意为扬善隐恶。其实，在几千年的文化中也有朝代认为“以右为尊”，大多数人认为中国的传统就是“以左为尊”，实际上与“男左女右”“男尊女卑”的说法脱不了干系。

3. “以右为尊”作为国际惯例在谈判中的应用

现在大部分商务谈判都遵循以右为尊的原则。我们在中央电视台的《新闻联播》里经常可以看到：党和国家领导人在我国会见外国友人时，都会与外国友人并排而坐，并且坐在外宾的左侧，也就是请外宾坐在自己的右侧。这是因为关于座次有着通行的国际惯例，即“以右为尊”。在并排站立、行走或就座的时候，右高左低，这一条规则已为人们所普遍接受。所以主人应主动居左，而让客人居右；男士主动居左，请女士居右；晚辈居左，请长辈居右；职位较低者居左，职位较高者居右。在非并排排列的情况下，“以右为尊”的原则仍然有效。

政府间交往，公司间签订条约、合约之前，通常都要进行谈判，就细节性问题进行认真磋商。在正常的情况下，双方第一谈判手——主谈居中，第二号人物坐哪儿呢？第二号人物有点儿特殊。因为国际谈判有时候需要翻译，有跨语言沟通的问题。翻译一般坐在主谈的右侧。以右为上，这是对翻译的尊重。而二把手是坐在主谈的左侧。

谈判过后是签字仪式。签字仪式在国际交往中比较多见。一般是在谈判厅、签字厅里举行，签字桌多为横放。双方签字人坐在面对签字厅正门的位置。签字人双方右高左低。客方坐右侧，主方坐左侧。参加签字仪式的其他人，仍依照客方居右、主方居左的规则，站在签字人的后面。若站在后面，中央应高于两侧，站在最中间的那两个人分别是主方和客方的一把手。然后其他人右高左低，两侧排开。

在确定双排座轿车的位次时，仍遵循“以右为尊”的原则。由专职司机驾驶时，以轿车行驶时方向为准，后排右座为第一，后排左座为第二，后排中间为第三。而司机旁边的座位被称作“随员座”，通常由陪同、翻译、秘书或警卫人员乘坐。究其原因，主要是由于这个位置安全系数太低。在乘坐吉普车时，则有所不同，前排驾驶员身旁的副驾驶座为上座，后排座位的主次仍然是右高左低。

悬挂国旗时，以国旗自身面向为准，旗套在右。并列悬挂两面国旗时，以右为上，悬挂来访国国旗；以左为下，悬挂东道国国旗。多国国旗排列时，一般按照各国国名的拉丁字母从右往左排，东道国为表示恭谦，将本国国旗悬挂在最左侧。一般应以轿车行驶时的方向为准，以驾驶员右侧为上，悬挂来宾所在国国旗，以驾驶员左侧为下，悬挂东道国国旗。

男士穿西装的原则与禁忌

1. 三色原则

穿西装时，包括上衣、西裤、衬衫、领带、鞋子、袜子在内，全身的颜色不宜超过三个色系。

2. 三一定律

男士在重要场合穿西装时，身上有三个要件应同一个颜色。这三个要件分别是鞋子、皮带、公文包，而且首选是黑色。如果戴的是金属表带的手表，那么金属表带的颜色应该和眼镜镜框、皮带扣的颜色一致；如果戴的是真皮表带的手表，那么它的颜色应该和鞋子、皮带、公文包一样，这样才浑然一体，协调好看。

3. 三大禁忌

其一，袖子上的商标一定要剪掉。买到西装后的第一件事，就是让服务员帮你把商标剪掉。

其二，重要的涉外商务交往中忌穿夹克、打领带。夹克一般属于休闲装，一般来说，和领带这种正装搭配，并不协调。但是也有一些情况是允许的：一是穿制服式夹克时为了表示正规和统一；二是一些领导在参加内部活动时，为了显得平易近人，这样的情况也是允许的。

其三，忌穿白袜子和尼龙袜子。穿西装、皮鞋的时候，袜子和皮鞋宜一个颜色，忌穿浅色或者花色的袜子，否则会显得不伦不类。另外，袜子最好选择棉袜或毛袜，而不宜选择尼龙袜。尼龙袜不吸湿、不透气，容易产生异味，会妨碍社交。

项目十 国际商务谈判

学习目标

知识目标

理解国际商务谈判的特点和基本要求

了解各国风俗习惯和民族特征及其商务谈判特点

能力目标

能够根据国际商务谈判的要求收集谈判信息

能够针对国际商务谈判任务制定具体的谈判策略

知识结构图

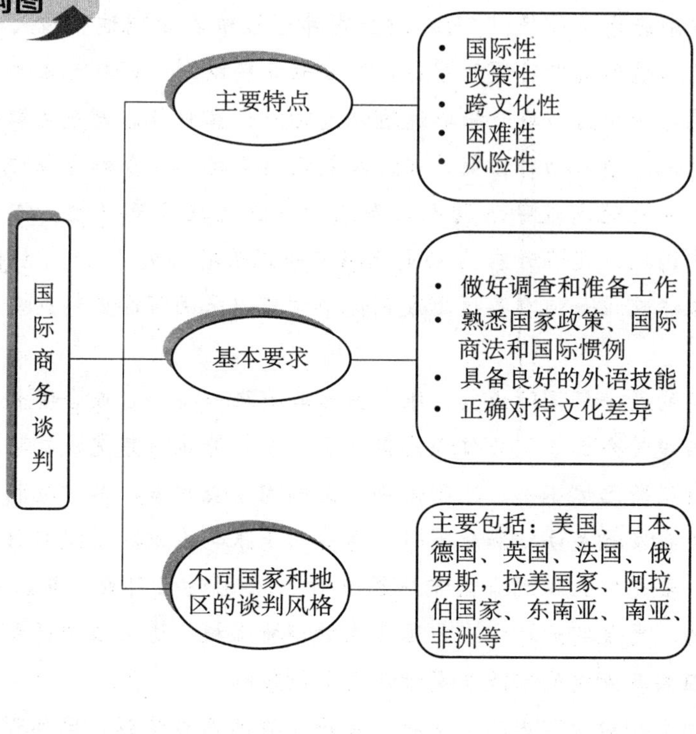

任务引入

【任务描述】

经过几年的发展，常州祥和家具销售公司逐渐成为华东地区知名的家具销售企业，销售门店数量超过了30家，主要分布在华东地区的大中城市，具有较高的市场占有率。随着中国经济的发展，居民收入的增加，中国的高端家具消费领域呈现高速增长的态势，特别是高收入群体对进口家具的需求激增。面对当前的市场机遇，祥和家具销售公司决策层审时度势，决定引进国际家具品牌，丰富产品种类，并成立国际品牌家具部。由于张华的销售业绩突出，具有丰富的大客户谈判经历，并且张华的客户中有一部分是外资企业，积累了一些与外商打交道经验，因此公司任命张华为国际品牌家具部经理，负责国际品牌家具的引进及相关市场运作。张华经过多方考察及市场调研，在众多国际家具品牌中首先选择了三家作为进行商务接触，其中法国的A公司是张华第一个要谈判的企业。

A公司是法国知名的家具企业，拥有经典、现代两大风格，产品线涵盖客厅、餐厅、卧室、书房、儿童、户外等。产品销售遍布全球20多个国家和地区，具有整体设计、制造及物流三大优势，并拥有实力强大的设计团队，秉持追求自然、环保的一贯作风，向消费者提供品质优良且具独特性的家具产品。由于多种原因，A公司还未涉足中国市场，但是对中国市场前景非常看好，正如市场部经理吉姆先生所说："我相信中国人的消费理念在逐渐改变，这绝对是潜力市场。"所以该公司希望能够在中国这个庞大的市场中分一杯羹。但考虑到市场环境和消费习惯的差异，A公司希望找到一家具有实力的中国销售企业通过产品代理销售打开中国市场。张华通过以前的一位客户与吉姆先生取得了联系，双方均表示具有合作意向。通过初步协商，双方决定近期就具体的合作条款进行洽谈，地点设在常州。吉姆是一位地地道道的法国人，而且对中国文化很感兴趣。作为项目谈判负责人，他希望这次中国之行能够开启A公司产品在中国市场的大门。

学习任务：张华应该如何准备这次谈判？中方可以采用哪些谈判策略？

【任务分析】

张华这次面对的是一场国际谈判。张华虽然具有跟一些外资或合资企业的外国人谈判的经历，但单独与境外企业洽谈合作还是第一次。张华非常清楚完成这场国际谈判仅仅运用自己的国内谈判经验远远不够，国际谈判涉及的因素会更多，其中包括法国人的习惯及谈判风格、国际关系及相关法律和政策等，这些都是张华在准备阶段应该考虑的内容。在制定谈判策略时，要充分认识到中国市场潜力对A公司的吸引力，在认可A公司的产品及技术优势的同时，更要突出对方在中国存在的市场短板，进而强调祥和家具销售公司的市场运作能力，在共赢互惠的前提下灵活运用谈判策略。

国际商务谈判是相对于国内商务谈判而言的，国际商务谈判是国际商务活动的重要组成部分，并占据相当大的比重。根据有关研究表明，在国际商务活动过程中，销售人员、企业管理人员、律师以及工程技术人员等50%的工作时间用于各种各样的商务谈判，其中多数是与来自不同文化背景或不同国家的对手之间的谈判。

国际商务谈判在表现出其重要性的同时，也不断向人们展示出其复杂性。一个国内谈判高手并不必然是一个成功的国际商务谈判专家。要想在国际商务谈判中取得满意的效果，必须充分理解国际商务谈判的特点和要求，了解不同国家商人的谈判风格。这不仅对那些以国际市场为舞台的企业经营者来说是必要的，而且对所有参与国际商务活动，希望取得理想效果的人们来说都是必要的。

知识平台

一、认识国际商务谈判

（一）国际商务谈判的含义

国际商务谈判是指在国际商务活动中不同国家商务活动主体之间，为实现商品交易目标，就交易条件进行相互协商的活动过程。

国际商务谈判和国内商务谈判都是商务活动的必要组成部分，它们是企业发展国际市场与国内市场业务的重要手段。国际商务活动是国内商务活动的延伸，所以，国际商务谈判也可以视为国内商务谈判的延伸与发展。

国内商务谈判和国际商务谈判有相同的一面，如商务谈判的主、客体都必须合法；谈判各方都处于平等的地位；谈判的目标都是为了取得双方都可以接受的协议；等等。但是，与国内商务谈判相比，国际商务谈判从准备工作到谈判中涉及的问题都要复杂得多。因为国际商务谈判是跨越国界的谈判，与国内谈判的根本区别源于谈判者成长和生活的环境及谈判活动与谈判协议履行的环境的差异。在国际商务谈判中，谈判双方来自不同的国家，拥有不同的文化背景，生活于不同的政治、法律、经济、文化和社会背景之中，这种差异不仅表现在谈判者行为差异，而且会对未来谈判协议的履行产生十分重大的影响。

（二）国际商务谈判的主要特点

国际商务谈判除具有商务谈判的一般特点外，还具有自己的特殊性。与国内商务谈判相比，国际商务谈判的主要特点有：

1. 国际性

国际性是国际商务谈判的最大特点，也可称为跨国性特点。其商务谈判主体属于不同国家，商务谈判各方代表了不同国家和地区的经济利益。通常以国家的简称加具体的谈判对象或谈判议题来称呼特定的国际商务谈判。例如：“中美知识产权谈判”“中美俄关于某某工程建设的谈判”“中日关于汽车贸易的谈判”等。由于国际商务谈判的结果会导致资产的跨国转移，因此要涉及国际贸易、国际结算、国际保险、国际运输等一系列问题。在国际商务谈判中，要以国际商法为准则，并以国际惯例为基础。国际商务谈判的这一特点是其他特点的基础。

2. 政策性

国际商务谈判既是一种国际商务交易的谈判，又是一项国际交往活动，具有较强的政策性。由于谈判双方的商务关系是两国或两个地区之间整体经济关系的一部分，常常会涉及两国之间的政治关系和外交关系，因此政府会经常干预和影响国际商务谈判。

所以，在国际商务谈判的过程和结果方面，谈判者必须贯彻执行所在国家的有关方针政策和外交政策，特别是要执行所在国家的一系列对外经济贸易的法规和政策。同时，对参加国际商务谈判的人员有较高的政策性水平要求，要求谈判人员熟悉国家的方针政策，并贯彻到谈判中去。

3. 跨文化性

国际商务谈判不仅是跨国的谈判，而且是跨文化性的谈判。不同国家的谈判代表具有不同的社会、文化、经济、政治背景，商务谈判各方的价值观念、思维方式、行为方式、交往模式、语言及风俗习惯各不相同，在谈判过程中表现出不同的谈判风格。

所以，参加国际商务谈判的各方将花费比国内商务谈判更多的资源来适应这种不同文化的差异，包括语言的差异、沟通方式的差异、时间和空间概念的差异、决策结构的差异、法律制度的差异、谈判认知的差异和经营风险的差异等。

4. 困难性

国际商务谈判与国内商务谈判相比，困难更大。谈判中因文化差异会出现相当大的困难，就算是签订了协议，如果在履约执行阶段出现纠纷或其他意外，需要协调的关系复杂，要处理的事务和经历的环节也比较多，所以，解决起来比国内商务谈判要困难得多。此外，国际商务谈判活动的国际性与跨文化性也决定了国际商务谈判的难度更大。

5. 风险性

由于国际商务谈判的影响和制约因素比一般商务谈判要多得多，因此国际商务谈判结果的不确定性和协议执行过程中的风险也更大。这就要求谈判者事先估计到某些可能出现的事件并进行相应的防范与准备，以避免可能出现的不测。

(三) 国际商务谈判的基本要求

国际商务谈判是国内商务谈判的延伸和发展，二者之间并不存在本质上的区别。但是，如果谈判人员以对待国内商务谈判的逻辑和思维去对待国际商务谈判中遇到的问题，则很难取得好的效果。因此，为了做好国际商务谈判工作，除了要掌握好商务谈判的基本原理和方法外，还必须注意以下几个基本要求：

1. 做好调查和准备工作

国际商务谈判的跨文化性和困难性特点要求谈判者在正式谈判开始之前，做好相关的调查和准备工作。具体来说，主要包括以下几点：

（1）通过收集资料，充分地分析和了解未来的谈判对手，明确对方企业和可能的谈判者的个人状况，探讨政府介入（可能是双方政府介入）的可能性，并预计可能带来的问题，进而拟定相应解决问题的各种预案。

（2）要通过调查研究了解和分析商务谈判的各种环境，包括国际政治、经济、法律、社会意识形态等，研究并评估各种潜在的风险及其可能产生的影响，拟定各种防范风险的措施。

（3）合理安排谈判计划，选择合适的谈判时间和地点，分析并研究对方可能采用的谈判策略，并拟定对策。

（4）对所采用谈判策略进行反复的分析和论证，制定多种备选方案，以应对突发状况。

2. 掌握国家政策、国际商法和国际惯例

在国际商务谈判中，要大量接触、运用一系列的国际商法和国际惯例，所以谈判者需要了解国际商法，遵循国际惯例，如《联合国国际货物销售合同公约》《跟单信用证统一惯例》等。

国际商务谈判的政策性特点，也要求谈判者熟悉国家的各项政策，尤其是外交政策和对外贸易政策，把国家和民族的利益置于崇高的位置。只有这样，才能把国际商务谈判的工作做好，成为合格的国际商务谈判人员。

3. 具备良好的外语技能

语言是交流磋商必不可少的工具，良好的外语技能不仅有利于双方良好的沟通，提高交流协商的效率，避免沟通过程中的障碍和误解，而且语言本身也是文化的重要组成部分，学好有关外语也能更好地了解对方文化。具备良好的外语技能能够使谈判者在国际商务谈判中准确表达自己的观点和意见，完整地了解对方的观点和意见，不失时机地抓住机会，实现谈判目标。

4. 正确对待文化差异

国际商务谈判的跨文化性特点，要求谈判人员了解谈判对手的商业文化，正确对待和认识文化差异。世界上不同国家、不同民族的文化差异，反映了不同国家、不同民族在不同自然环境及人文环境中发展的历史，并没有高低贵贱之分。因此，谈判者对文化差异必须要有足够的敏感性，尊重对方的文化是对国际商务谈判人员起码的要求。

从事国际商务谈判的谈判人员要善于从对方的角度和出发点看问题，善于理解对方看问题的思维方式和逻辑判断方式。国际商务谈判的一大禁忌就是：以自己熟悉的文化的“优点”去评判对方文化的“缺点”。一定要记住，当自己跨出国门与他人谈判时，自己就成为别人眼中的外国人。

（四）了解不同国家的谈判风格的意义

国际贸易的特点之一是多国性、多民族性、谈判对象的多层次性。不同国家、不同民族、不同地域的人，其价值观、消费习俗、生活方式、文化背景等差异极大，因而形成了各具特点的谈判风格。这些作风和特点既影响谈判者的外在行为举止，也影响其内在的价值观念，甚至影响整个谈判活动的成败。因此，作为一个出色的国际商务谈判人员，必须熟悉各国的商业文化，了解他们的谈判特点，尊重他国客商的情感与传统。只有这样，才能真正做到“知己知彼，百战不殆”。其主要意义表现为以下几点：

1. 营造良好的谈判气氛

良好的谈判气氛是保证谈判顺利进行的首要条件。如果我们对谈判对手的谈判风格十分熟悉的话，我们自己的言行举止就会十分得体，以较短的时间赢得对方的好感，使他们从感情和态度上很快接纳我们。在这样的氛围下开展谈判，很快便能转入正题，深入探讨问题，大家的谈判气氛也会融洽得多，自然而然，谈判也会容易得多。谈判风格是一种看不见、摸不着的东西，但它会在谈判中不知不觉地表现出来，并会贯穿整个谈判过程，发挥巨大的作用。我们可以通过了解对方的民族、宗教、习惯、习俗、文化背景、思维方式、价值取向等来掌握其谈判风格。

2. 为谈判策略提供依据

学习和研究谈判风格不仅仅是为了创造良好的谈判气氛，更重要的意义是为谈判策略的运用提供依据。如果我们不研究对方的谈判风格，不了解谈判风格的形成、表现形式及其作用，或缺乏这方面的知识，那就会在制定谈判策略的时候束手无策，更谈不上主动地根据对方的谈判风格设谋用略。谈判风格所涉及的知识领域非常广阔，既有天文、地理、社会、宗教、民俗、文化，又有心理、行为、政治、经济等。这些知识本身就会为谈判策划者提供信息和帮助。

3. 有助于提高谈判水平

商务谈判往往是很理性化的行为，但理性往往受到非理性或感性东西的引导和驱使。谈判风格在认识上有可能是理性的，但其表现形式多为感性。我们研究和学习谈判风格的过程本身，就是一种学习和提高的过程。我们要吸取不同国家、不同民族和地区谈判风格中优秀的东西，拿来为我所用，学习他们优秀的谈判经验与艺术，减少失误或避免损失，进而形成自己的谈判风格，或使自己的谈判风格更加完善、完美。

二、不同国家或地区的谈判风格

（一）美国人的谈判风格

美国是世界上经济、技术最发达的国家之一，英语几乎是国际谈判的常用语言，世界上50%以上的贸易是用美元结算的，这使得美国人对自己的国家深感自豪，对自己的民族具有强烈的自豪感和荣誉感。美国人性格外向、随意，表现为直率、开朗、豪爽、热情、自信、果断、善于交际、不拘小节、追求物质生活、富有强烈的冒险精神和竞争意识等特点。

从我国对外贸易的角度来讲，美国是我国的主要贸易伙伴，在合资、合作的项目中，美国的资金与技术的引进也占较大比重。因此，研究掌握美国人的谈判风格也是十分必要的。

1. 自信心强，自我感觉良好

美国人的自信主要表现在以下几点：

（1）坚持公平合理的原则。他们认为进行交易，双方都要有利可图。他们喜欢在双方接触的初始就阐明自己的立场、观点，推出自己的方案，以争取主动。如果双方出现分歧，他们只会怀疑对方的分析、计算，而坚持自己的看法。正是这种自信、直率的个性，使他们对中国人，特别是日本人的婉转、暗示、含糊的表达方式表现出某种不理解，这是文化差异的结果。

（2）对本国产品的品质优越、技术先进性毫不掩饰地称赞。他们认为，如果你有能力，就应该表现出来，千万不要遮掩、谦虚，否则很可能被看作无能。如果你的产品质量过硬，性能优越，就要让购买你产品的人认识到这些优点，而那种让消费者在实践中才检验的想法，美国人认为是不妥的。

（3）他们喜欢批评、指责别人。当谈判没有按照他们的意愿进展时，他们常常直率地批评或抱怨。“我是对的，你是错的”，这是美国人的普遍心态。美国人的谈判方式往往让人觉得他们傲慢、自信。他们的说话声音大、频率快，办事讲究效率，而且很少讲对不起。正因为如此，他们赢得了很多生意，同时也让东方人感到他们的咄咄逼人、傲慢、自大或粗鲁。

2. 干脆利落，不兜圈子

在美国人看来，直截了当是尊重对方的表现。在谈判桌上，美国人精力充沛，头脑灵活，喜欢迅速切入正题，会在不知不觉中将一般性交谈迅速引向实质性洽谈，并且一个事实接一个事实地讨论。他们不喜欢拐弯抹角，不讲客套，并总是兴致勃勃，乐于以积极的态度来谋求自己的利益。为追求物质上的实际利益，他们善于使用策略，玩弄各种手法。正因为美国人精于此道，所以他们十分欣赏那些说话直言快语、干脆利落，又精于讨论还价，为取得经济利益而施展策略的人。也正因为美国人具有这种干脆的态度，与美国人谈判时，表示意见要直接，“是”与“否”必须表达清楚。如果美国人提出的条款、意见是无法接受的，就必须明确告诉他们不能接受，不得含糊其词，使他们存有希望。

当双方发生纠纷时，美国人希望谈判对手的态度认真、坦率诚恳，即使双方争论得面红耳赤，他们也不会介意。中国人在出现纠纷时往往喜欢赔笑脸来表示豁达，以为这样能使对方打消怒气。这样做实际会使美国人更不满，因为在他们看来，出现纠纷而争论时，双方心情都很恶劣，笑容必定是装出来的，他们可能认为面露笑容是你玩世不恭的表现，甚至表示你已经自认理亏了。所以，即便是己方的责任，也不可使用“你看着办吧”或“一切好商量”之类的语言，而应步步为营地据理力争，直到把责任缩小到最低限度。

谈判中的直率也好，暗示也好，看起来是谈判风格不同，实际上是文化差异问题。东方人认为直接地拒绝对方、表明自己的要求，会损害对方的面子和僵化彼此之间的关系，像美国人那样感情爆发、直率、激烈的言辞是缺乏修养的表现。同样，东方人所推崇的谦虚、有耐性、有涵养，可能会被美国人认为是虚伪、客套、耍花招。

3. 遵守时间，注重效率

美国是一个高度发达的国家，生活节奏比较快。这使得美国人特别重视、珍惜时间，注重活动的效率。在美国国内的企业，各级部门职责分明，分工具体。因此，谈判的信息收集、决策都比较快速、高效率。加之他们个性外向、坦率，一般谈判的方式是开门见山，报价及提出的具体条件也比较客观，水分较少。他们也喜欢对方这样做，几经磋商后，两方意见很快趋于一致。但如果对手的谈判特点跟他们不一致或正相反，那么他们就会感到十分不适应，而且他们常常把不满直接表示出来。在美国人的时间概念中，“时间即是金钱，时间也是商品”。他们常以分、秒计算时间，比如月薪1万美元，每分钟就是8美元。因此，在工作中他们时间观念特别强，即使是非常重要的交易谈判，他们也不喜欢进行“毫无意义”的谈话。如果你占用了他的时间，在他的观念中，就认为你偷了他的金钱。

案例 10-1

美国某家公司与日本一家航空公司谈判。会谈从早上8:00开始，进行了两个半小时。美国代表以压倒性的准备资料淹没了日本代表，他们用图表解说、电脑计算、屏幕显示以及各式的数据资料来回答日方提出的报价。而在整个过程中，日方代表只是静静地坐在一旁，一句话也没说。终于，美方的负责人关掉了机器，重新扭亮了灯光，充满信心地问日方代表：“意下如何?”一位日方代表斯文有礼、面带微笑地说：“我们看不懂。”

美方代表的脸色忽然变得惨白：“你说看不懂是什么意思? 什么地方不懂?”

另一位日方代表也面带微笑地说：“都不懂。”第三位日方代表以同样的方式慢慢答道：“当你将会议室的灯关了。”

美方代表松开了领带，斜倚在墙边，喘着气问：“你们希望怎么做?”日方代表同声回答：“请你再重复一遍。”

美方代表彻底失去了信心。谁愿意将秩序混乱而又长达两个半小时的介绍重新再来? 最终美国公司不惜代价，只求达成协议。

4. 重视合同，法律观念强

美国人的法律意识根深蒂固。据有关资料披露：平均每450名美国人就有一名律师，这与美国人解决矛盾纠纷习惯于诉诸法律有直接关系。美国人的这种法律观念在商业交易中也表现得十分明显，律师在谈判中扮演着重要角色。

美国人认为：交易最重要的是经济利益。为了保证自己的利益，最公正、最妥善的解决办法就是依靠法律，依靠合同，而其他的都是靠不住的。因此，他们在进行商务谈判时，特别是在国外进行商务谈判时，一定会带上自己的律师。他们特别看重合同，十分认真地讨论合同条款，对法律条款一般不轻易让步，而且特别重视合同违约的赔偿条款。他们习惯于按合同条款逐项讨论，直至完全谈妥，一旦双方在执行合同条款中出现意外情况，就按双方事先同意的责任条款处理。因此，美国人在商业谈判中对于合同问题的讨论特别详细、具体，也关心合同适用的法律，以便在执行合同中能顺利地解决各种问题。美国人的这种法律意识与中国人的传统观念反差较大，这也反映在中美谈判人员的洽商中。一位美国专家曾就这一问题指出：中国人重视协议的“精神”，而美国人重视协议本身的条文。一遇到矛盾，中国人就喜欢提醒美国伙伴注重协议的精神，而不是按协议的条款处理。

5. 全盘平衡，一揽子交易

由于美国经济大国的地位非常突出，因而，在谈判方案上也表现得财大气粗，喜欢搞全盘平衡，进行一揽子交易。所谓一揽子交易，主要是指美国商人在谈判某一项目时，不是孤立地谈它的生产或销售，而是通盘考虑设计、开发、生产、工程，甚至还要介绍销售该项目涉及的产品等一系列办法，该企业的形象、信誉、素质、实力和公共关系状况等，最后达成一揽子方案。

6. 谈判风格幽默

美国人的幽默久负盛名，在谈判过程中，美国人也喜欢用轻松、幽默的语言表达信息，或讲讲笑话。

案例 10－2

曾有这样的故事流传：在餐厅盛满啤酒的杯中发现了苍蝇，英国人会以绅士风度吩咐侍者换一杯啤酒来；法国人会将杯中啤酒倾倒一空；西班牙人不去喝它，只留下钞票，不声不响地离开餐厅；日本人会令侍者把餐厅经理找来，训斥一番；沙特阿拉伯人会把侍者叫来，把啤酒杯递给他，说“我请你喝”；美国人则会对侍者说：“以后请将啤酒和苍蝇分别放置，由喜欢苍蝇的客人自行将苍蝇放进啤酒，你觉得怎样？”

7. 不同地区的谈判风格迥异

虽然一般美国谈判者都普遍具有上面所述的共同点，但是，由于美国地域广阔，不同地域的美国人的处事方式、商业习惯或多或少存在差异，因此有必要分别研究，才能在谈判中得心应手。

美国的东部，特别是东北部，以纽约等大城市为中心，是美国现代文明的发祥地。200 多年的发展，使这一地区成为美国政治、经济、金融、贸易活动的中心。该地区的人们深受现代文明的熏陶，运用现代科学技术，随时掌握全球经济动态，在谈判中严格按照国际惯例办事，雷厉风行，寸利必争。

美国中西部地区以汽车、电机、钢铁工业及制造业为主，是美国工业的心脏。该地区的人比较保守，同时又比较和蔼、朴素，易于交往。如果在准备与他们做生意之前就常以朋友的身份款待他们，比如邀请他们去高尔夫球场等娱乐场所，日后与他们进行商业谈判时，会收到很好的效果。这就是先交朋友、后做生意的原则。

美国西部地区即太平洋沿岸，开发较晚，商业习惯尚未完全定型，传统束缚较少。在该地区洽谈生意，往往须亲自进行，认真谈判，才能有良好效果。西部人非常注重信用，若他们发现对方有违背信誉的行为，就等于把该不守信用的人判了“死刑”，日后再做生意就很难了。

美国南部地区的人待人比较殷勤、和蔼可亲。他们直爽无欺，不记仇，但有时稍显急躁。南方人较为保守，这点决定了他们谈判节奏相对较慢，需要较长时间才能同他们建立良好的商业关系。

（二）日本人的谈判风格

各国的谈判专家普遍认为，日本人是最具个性、最具魅力的，是最成功的谈判者。日本是个资源匮乏、人口密集的岛国，日本人有强烈的民族危机感，因此，国民经济对整个国际市场的依赖程度很深。

日本人是东方民族经商的代表，日本人的文化又深受中国文化的影响，儒家思想的等级观念、忠孝思想、宗法观念等深深根植于日本人的内心深处，在行为方式中又处处体现出来。不过日本人又在中国文化的基础上创造出其独特的东西，现代的日本人兼有东西方观念，具有鲜明特点。日本人的谈判风格主要表现在以下几点：

1. 具有强烈的集体意识，慎重决策

日本文化所塑造的日本人的价值观念与精神取向都是集体主义的，日本人的团体主义精神或集团意识在世界上是首屈一指的。单个日本人与其他民族的人相比，在思维、能力、创新精神或心理素质方面可能不见得出类拔萃。但是，日本人一旦结为一个团体，这个团体的力量就会十分强大。

日本企业的谈判代表团多是由曾经共过事的人员组成，彼此之间互相信赖，有着良好的协作关系，团体倾向性强。谈判团内角色分工明确，但每个人都有一定的发言决策权，实行谈判共同负责制。在谈判过程中常常会遇到这样的情形：日方谈判团碰到事先没有准备过或内部协商过的问题，其成员很少当场明确表态、拍板定论，而是要等与同僚们协商之后才表态，不同于欧美等国家那样由负责人说了算。因此，同日本企业打交道，应建立、培养与担任中层领导干部的人员以及其他有权参加决定的成员之间的良好关系，往往有助于谈判的展开。集体观念使得日本人不太欣赏个人主义者，其谈判往往率团进行，同时也希望对方能率团参加，并且人数大致相等。如果对方没做到这点，他们就会怀疑对方的能力、代表性以及在公司中的人际关系，甚至会认为对方没把他们放在眼里，是极大的失礼。

2. 讲究礼仪，注重身份，爱面子

日本是一个讲礼仪的社会。日本人所做的一切，都要受严格的礼仪的约束。如果外国人不适应日本人的礼仪，或表示出不理解、轻视，那么，他就不大可能在推销和采购业务中引起日本人的重视，不可能获得他们的信任与好感。

日本人重视人的身份、地位、资历。在日本社会中，人人都对身份地位有明确的概念，知道如何谈话、办事才是正确与恰当的言行举止。日本人不愿与年纪较轻、资历较浅的人谈判。他们不相信年轻人有什么实权，更主要的是，他们感到和“毛孩子”谈判有损他们的尊严，是对他们地位的贬低。

要面子是日本人最普通的心理。日本人对任何事情都不愿意说“不”。因为他们觉得断然拒绝，会伤害对方的感情，或使他丢面子。所以，在对方阐述立场、提出要求，甚至讨价还价时，日本人讲得最多的就是“哈噫”，尽管这个词在辞典的解释是“是”，但实际上绝不是表示同意。它是意味着“我在听着你说”。这种情形经常给初次与日本人接触的外国谈判者造成极大的误会。

案例 10-3

纽约大学打算成立一家日本经济研究中心，大约需要 300 万美元基金的支持，其中的 150 万美元想在日本筹集。于是他们派了一位很有名望的学者前来日本，拜会了首相和金融界的头面人物，结果得到了日本人“哈噫”“哈噫”的回应。美国学者于是兴冲冲地回国了。当筹建工程开始实施后，日方却连一毛钱也没捐出来，愤怒的学者马上拜会了日本驻美大使，强烈指责日方的不讲信用。

另外，当对方提出要求，日本人回答“我们将研究考虑”时，不能认为此事已有商量的余地或对方有同意的表示，它只说明，他们知道了你的要求，他们不愿意当即表示反对，使提出者陷入难堪、尴尬的境地。同样，日本人也不直截了当地提出建议，他们更多的是把你往他的方向引，特别是当他们的建议与你已经表达出来的愿望相矛盾时，更是如此。

3. 注重和谐的人际关系

日本商人很注意在交易谈判中建立和谐的人际关系。在商务谈判中，如果你与日本人建立了良好的个人友情，特别是赢得了日本人的信任，那么，合同条款的商议是次要的。欧美人愿意把合同条款写得尽可能具体、详细，特别是双方责任、索赔内容，以防日后纠纷，而日本人却认为，双方既然已经十分信任了解，一定会通力合作。即使万一做不到合同所保证的，也可以再坐下来谈判，重新协商合同的条款。

他们在商务谈判过程中，往往将相当一部分精力和时间花在人际关系中，因为他们愿意逐渐熟悉与他们做生意的人，并愿意同他们长期打交道。他们不赞成也不习惯直接的、纯粹的商务活动。如果有人想开门见山直接地进入商务谈判而不愿开展人际交往活动，那么他就会处处碰壁，欲速则不达。因此，与日本商人进行交易谈判，如果是第一次洽谈，或者洽谈的内容很重要，那么，在谈判开始的时候，你必须安排地位较高的负责人拜访日本企业中同等地位的负责人，以引起日本企业对与你方企业之间交易关系的重视。在拜会中，一般不要谈重要的事项，也不要涉及具体的实质性问题。因此，与日本商人打交道时，应该设法让日本人对你产生信任感，创造一种信任的气氛，对日方提出的要求，应持温和、宽容的态度，以体现你是关心他们利益的。

在与日本人的合作中，中间人是十分重要的。在谈判的初始阶段，或是在面对面的讨论细则之前，对谈判内容的确定往往都有中间人出面。中间人在沟通双方信息、加强联系、建立信任与友谊上都有着不可估量的作用。当外商在同从未打过交道的日本企业洽商时，最好的办法是找一个信誉较好的中间人，这对于谈判成功大有益处。

案例 10－4

我国上海一家鞋厂与日本一企业达成了一笔布鞋生意，由于鞋运到时，错过了销售旺季，大量积压，日方提出退货。中方本可以拒绝对方的退货要求，但考虑到日方的困难，中方接受了退货，设法将这批货调到国内其他市场。此事被新闻媒体报道后，马上又有几家日本客户来函要与该厂合作，而原日方的企业则成为中方厂家在国外销售的总代理。

4. 执着耐心，不易退让

日本人在谈判中的耐心是举世闻名的。在许多场合下，日本谈判者显得态度暧昧、婉转圆滑，即使同意对方观点，也不直截了当地表明，往往给人以模棱两可的印象。他们非常有耐心，一般不愿率先表明自己的意图，而是耐心等待、静观事态发展。为了一笔理想的交易，他们可以毫无怨言地等上两三个月，只要能达到他们预想的目标，或取得更好的结果，时间对他们来说不是第一位的。他们善于搞“蘑菇战”：一方面故作镇静、掩盖事实和感情；另一方面会想方设法了解对方的意图，对方签约的最后期限是他们千方百计想打听到的事项，因为如果对方急于求成，他们往往会拼命杀价或一声不吭，将对方折磨得精疲力竭，而在对方最后期限即将来临之际突然表态，让对方在毫无思想准备的情况下措手不及。面对日本商人的顽强、精明，最好的办法是以“阵地战”相迎。首先要制定好方案，不论对手是安静、沉默地固守还是暴风骤雨式的攻击，都要依然故我、不乱阵脚。如果预案与事实不符，也可用“缓兵之计”迅速地研究出新方案、部署新阵地后再战。如果缺乏耐心，或急于求成，恐怕会输得一塌糊涂。

5. 尽量避免诉诸法律

日本人不喜欢谈判中有律师参与。只要有可能，日本谈判团里就不包括律师。他们觉得每走一步都要同律师商量的人是不值得信赖的，甚至认为带律师参加谈判，一开始就考虑日后纠纷的处理，是缺乏诚意的表现，是不友好的行为。当合同双方发生争执时，日本人通常不选择诉诸法律这一途径。他们善于捕捉时机签订含糊其词的合同，以便将来形势变化可以做出有利于他们的解释。他们对合同中使用外国行话和术语很反感。他们在合同纠纷处理条款中常这样写：如果出现不能令人满意之处，双方应本着真诚友好的原则坐下来重新协商。

6. 获取情报，不遗余力

日本人认为，准确的情报能趋利避害，扩大业务；相反，情报不准确，就会坐失良机，甚至失败。因此，日本公司的工作人员大都受过收集情报的专门训练，每个驻外人员和临时出国人员都负有收集情报的任务。对外办事人员每天上班后，首先要阅读总部发来的各项指示和各种资料，了解总部的要求和意图；接着便详细查阅当地的报纸、杂志、书籍，从中寻找有价值的情报和线索；然后与当地公司、企业和有关单位联系。

据说，三菱公司每天接收到的电讯条子可以环绕地球 11 圈，一个人要全部读完这家公司一天内收到的电讯，就得花整整 6 个月的时间，这家公司每月花在这方面的开销就达几十万美元。

（三）德国人的谈判风格

德国在世界上是经济实力强大的国家之一，它们的工业极其发达，生产力高，产品质量堪称世界一流。这主要是由于企业的技术标准十分精确、具体，对于这一点，德国人一直引以为豪。德国人刚强、自信、谨慎、保守、刻板、严谨，办事富有计划性、雷厉风行，工作注重效率、追求完美，纪律观念强，有军旅作风。诚实和正直是德国人最欣赏的品质。德国人身上所具有的这种日耳曼民族的性格特征会在谈判桌上得到充分的展现。

1. 重视谈判前的准备工作

德国人严谨、保守的特点使他们在谈判前就往往准备得十分充分。他们会想方设法掌握大量翔实的第一手材料，不仅要调查研究对方要购买或销售的产品，而且要仔细研究对方的公司，以确定对方能否成为可靠的商业伙伴。只有在对谈判的议题、日程、标的物品质、价格以及对方公司的经营、资信情况和谈判中可能出现的问题及对应策略做了详尽研究、周密安排之后，他们才会坐在谈判桌前。这样，他们立足于坚实的基础之上，就处于十分有利的境地。德国人对谈判对方的资信非常重视，不喜欢与声誉不好的公司打交道，因为他们不愿冒风险。因此，如果与德国人做生意，一定要在谈判前做好充分准备，以便回答关于你的公司和你的建议的详细问题。

2. 注重效率

德国人非常讲究效率，他们信奉的座右铭是“马上解决”，他们不喜欢对方“研究研究”“考虑考虑”等拖拖拉拉的谈判语言与行为。他们具有极为认真负责的工作态度，高效率的工作程序。所以，在德国人的办公桌上，看不到搁了很久、悬而未决的文件。德国人认为，一个谈判者是否有能力，只要看一看他经手的事情是否快速有效地处理就清楚了。因此，德国人在谈判桌上会表现得果断、不拖泥带水，他们喜欢直接表明所希望达成的交易，准确确定交易方式，详细列出谈判议题，提出内容详尽的报价表，清楚、坚决地陈述问题。

因此，在与德国人谈判时，追求严密的组织、充分的准备、清晰的论述、鲜明的主题，可以提高谈判效率。

3. 自信执着，坚持己见

德国人对本国产品极有信心，在谈判中常会以本国的产品为衡量标准。他们对企业的技术标准要求相当严格，对于出售或购买的产品质量要求很高，因此要让他们相信你公司的产品能达到交易规定的高标准，他们才会与你做生意。德国人的自信与执着还表现在他们不太热衷于在谈判中采取让步方式。他们考虑问题周到、系统，办事古板沉稳，按部就班，缺乏灵活性和妥协性。他们总是强调自己方案的可行性，一丝不苟，千方百计地迫使对方让步，常常在签订合同之前的最后时刻还在争取使对方让步。

鉴于这种个性特点，应尽量避免采取针锋相对的讨论方法，而要“以柔克刚”“以理服人”，大多数德国人还是很理性的。

4. 重合同、守信用

德国人素有“契约之民”的雅称，他们崇尚契约，严守信用。在商务谈判中，他们坚持己见，权利与义务划分得清清楚楚；涉及合同任一条款，他们都非常细心，对所有细节认真推敲，要求合同中的每个字、每句话都准确无误，然后才同意签约。德国人受宗教、法律等因素的影响，比较注意严格遵守各种社会规范和纪律。在商务往来中，他们严守合同信用，一旦签约，他们就会努力按合同条款一丝不苟地去执行，不论发生什么问题都不会轻易毁约。因此，德国人在国际商务交易中有较好的信誉和形象。

5. 时间观念强，守时

德国人非常守时，不论工作还是干其他事情，都是有板有眼、一本正经。因此，与他们打交道，不仅谈判不应迟到，就算一般的社交活动也不应随便迟到。对于迟到者，德国人的厌恶之情就会溢于言表，哪怕仅仅是几分钟也不行；对于迟到的谈判者，德国人对之不信任的反感心理会无情地流露出来，影响到谈判气氛，令对方处于尴尬的境地。另外，在德国，谈判时间不宜定在晚上，除非特别重要。虽然他们工作起来废寝忘食，但他们都认为晚上是家人团聚、共享天伦之乐的时间，而且他们会认为你也有相同的想法。所以，冒昧地请德国人在晚上谈判或是晚上对之进行礼节性拜访会让他们觉得此人不知趣。

（四）英国人的谈判风格

英国是最早的工业化国家，但英国人的民族性格是传统、内向、谨慎的。尽管从事贸易的历史较早，范围广泛，但是其贸易洽商特点却不同于其他欧洲国家。

1. 不轻易与对方建立个人关系

即使是本国人，个人之间的交往也比较谨慎。他们不轻易相信别人，依靠别人。这种保守、传统的个性，在某种程度上反映了英国人的优越感。但是你一旦与英国人建立了友谊，他们会十分珍惜，长期信任你，在商务关系方面也会十分融洽。英国的平等和自由更多地表现在形式上，在人们的观念中，等级制度依然存在，在社交场合，“平民”与“贵族”仍然是不同的。在对外交往中，英国人比较注重对方的身份、经历、业绩，而不是像美国人那样更看重对手在谈判中的表现。所以，在必要的情况下，与英国人谈判，派有较高身份、地位的人，有一定的积极作用。

2. 十分注意礼仪，崇尚绅士风度

英国人十分注重礼仪，他们谈吐文明、举止高雅，很有礼让精神。英国人不仅自己讲究绅士风度，而且对谈判对手的修养与风度也很注重。如果能在谈判中显示出良好的教养和风度，就会很快赢得他们的尊重，为谈判成功打下良好的基础。曾有人用描述欧洲人吃菜的方法来概括各国人的性格特点：法国人是夸奖着厨师的技艺吃，英国人是注意着礼仪吃，德国人是考虑着营养吃，而意大利人则是痛痛快快地吃。从这几句话中我们就可以体会出其中的差别。英国商人的绅士风度还表现在他们谈判时不易动怒，也不易放下架子，喜欢程序性强的谈判，一招一式恪守规定。

3. 做成生意的欲望不强

英国人在谈判之前准备不充分，在谈判过程中往往拖拖拉拉。在谈判中，表现更多的是沉默、平静、自信、谨慎，而不是激动、冒险和夸夸其谈；他们比较固执，采取一种非此即彼，不允许讨价还价的态度。他们对物质利益的追求，不如日本人表现得那样强烈，也不如美国人那样直接。他们宁愿做风险小、利润也少的买卖，不喜欢冒大风险、赚大利润的买卖。

4. 不能按期履行合同，不能按期交货

英国商人的这一特点举世闻名。英国人为此也做了很大努力试图改正，但效果不明显。至于什么原因，众说纷纭，较为信服的论据是：英国工业历史悠久，但近几个世纪发展速度放慢，英国人更追求生活的秩序与舒适，而勤奋与努力是第二位的。另外，英国的产品质量、性能优越，市场广泛，这又使英国人忽视了作为现代贸易应遵守的基本要求。

（五）法国人的谈判风格

法国是一个老牌资本主义国家。在近代史上，法国在社会科学、文学、科技等方面有着卓越的成就。法国人具有浓厚的国家意识和强烈的民族文化自豪感。他们性格开朗、热情，对事物比较敏感，为人友善，工作态度认真，十分勤劳，善于享受。

1. 坚持在谈判中使用法语

即使他们英语讲得很好，也会坚持在谈判中使用法语，而且在这一点上很少让步。因此，专家指出，如果一个法国人在谈判中对你使用英语，那么这可能是你争取到的最大让步。至于为什么这样，原因有很多，可能是法国人爱国的一种表现，更有可能是说法语会使他们减少由语言不通产生的误会。

2. 偏爱横向谈判

法国人喜欢先为谈判协议勾画出一个大致的轮廓，然后再达成原则协议，最后再确定协议中的各项内容。所以，法国人不像德国人那样签订协议之前认真、仔细地审核所有具体细节。法国人的做法是在主要条款谈成以后，双方就签订合同。如果协议执行起来对他们有利，他们会若无其事；如果协议对他们不利，他们则会毁约，要求修改或重新签署。

3. 注重友谊

法国人很有人情味，非常珍惜人与人之间的友谊。有人说，在法国，“人际关系是用信赖的链条牢牢地互相联结的”。一般说来，在尚未成为朋友之前，他们是不会轻易与人做大宗生意的，而一旦建立起友好关系，他们又会乐于遵循互惠互利、平等共享的原则，和你做更多的生意。在实际业务中，许多人发现，与法国人不要只谈生意上的事，在适当的情况下，与法国人聊聊社会新闻、文化、娱乐等方面的话题，更能融洽双方的关系，创造良好的会谈气氛。

4. 重视个人力量

法国人大多注重依靠自身力量达成交易，愿以自己的资金从事经营，因而他们办事不勉强。法国人喜欢个人拥有较大的办事权限，在进行商务谈判时，多由一人承担并负责决策，很少有集体决策的情况，所以谈判效率较高。在法国中小企业中，也有许多是不熟悉国际贸易业务的，与他们做生意时，应尽量把每个细节都商定清楚。

5. 时间观念不强

法国人在商业往来或社会交往中经常迟到或单方面改变时间，而且总会找一大堆冠冕堂皇的理由，比如说交通阻塞。在法国还有一种非正式的习俗，即在正式场合，主客身份越高，来得越迟。如果你的客人是公司总裁，就应该等待他至少半小时。所以，要与他们做生意，就需要学会忍耐。但是，法国人对于别人的迟到往往不予原谅。对于迟到者，他们会很冷淡地接待。因此，如果你有求于他们时，千万别迟到。

每年8月在法国被称为“休假月”，很多法国人都会去度假，任何劝诱都难以让他们放弃或推迟假期去做生意，甚至在8月底、9月初他们的心思都还放在度假、休息之上，所以应注意尽量避免在这段时间与法国人谈生意。

（六）俄罗斯人的谈判风格

苏联解体后，出现了许多独立的国家，与我国贸易比较频繁、地理位置比较接近的要数俄罗斯。我国东北地区已经把对俄贸易作为发展对外贸易的重要组成部分。因此，研究俄罗斯人的谈判风格具有较大的现实意义。

1. 固守传统，缺乏灵活性

由于受苏联计划经济体制的影响，俄罗斯人带有明显的计划经济体制的烙印，习惯照章办事、上传下达。在正式谈判时，喜欢按计划办事，缺乏灵活性。如果对方的让步与他们原定的具体目标相吻合，容易达成协议；如果有差距，他们很难让步，即使明知自己的要求不符合客观标准，也拒不妥协。因为谈判人员往往要对所经办的商品质量以及所做出的决策承担全部责任，所以他们非常谨慎，喜欢墨守成规。

2. 善于讨价还价

俄罗斯人十分善于与外国人做生意，在谈判桌前显得非常精明。他们不仅擅长寻找合作伙伴，而且很看重价格，会千方百计地迫使对方降价。不论对方的报价多么低，他们都不会接受对方的首轮报价，而要想方设法挤出其中的水分。他们的压价手法多种多样、软硬兼施。

例如：他们会“诱以远利”，表示：“我们第一次向你们订货，希望你们能给个最优惠价，以后我们会长期向你们订货。”以日后源源不断的新订单引诱对手降价。一旦对方降低了价格，他们就会永远将价钱压在最低水平上。或者会“欲擒故纵”，告诉对手：“你的开价实在太高，你的竞争者们报价都相当低。如果跟他们做生意，现在都快达成协议了。”要不然会使出“虚张声势”的强硬招数，比如大声喊叫“太不公平了”，或是使劲地敲着桌子以示不满，甚至拂袖而去。这时，你千万别太实在，最好报个虚价，坚守阵地，不为所动，坚持到底。更为灵活的做法是：事先为他们准备好一份标准报价表，所有价格都有适当溢价，为后面的洽谈减价留下后路，迎合俄罗斯人的心理。

案例 10－5

1980 年，在准备向美国出卖莫斯科奥运会的电视转播权的交易中，苏联人同时请了美国哥伦比亚广播公司、美国全国广播公司、美国广播公司三家来竞争这笔买卖。苏联人先以高出 1976 年的 2 200 万美元近 9 倍的 2.1 亿美元的开价给三家公司一个下马威，然后分别与三家电视公司的决策层接触，让三家公司相互残杀，最后与从中胜出的那家签订合同。最后，美国广播公司以 8 700 万美元的价格购得莫斯科奥运会的转播权，这个价格远远高出了苏联人本来预计的 6 000 万美元～7 000 万美元的售价。

3. 节奏缓慢，效率低下

受官僚主义办事拖拉作风的影响，俄罗斯人办事断断续续，节奏缓慢。他们一般不会让自己的工作节奏适应外商的时间安排。除非外商提供的商品正是他们急切想要的，否则的话，他们的办事人员绝不会急急忙忙奔回办公室，立即向上级呈递一份有关谈判的详细报告。在谈判过程中，如果外商向他们发信或打电话征求其意见，根本没有什么意义，他们不会回答，即便回答了，也使外商认为已完全没必要了。不仅如此，俄罗斯人谈判往往喜欢带上各种专家，如技术专家、经济专家、金融专家、运输专家、法律专家，这样不可避免地扩大了谈判队伍，各专家意见不一也延长了谈判时间，减慢了谈判节奏。因此，与俄罗斯人谈判做生意，切勿急躁，要耐心等待。

4. 重视谈判项目中的技术内容和索赔条款

俄罗斯人的谈判能力很强，主要是源于苏联的传统。他们特别重视谈判项目中的技术内容和索赔条款。这是因为引进先进技术要具有先进性、实用性，由于技术引进项目通常都比较复杂，对方在报价中又可能会有较大的水分，为了以尽可能低的价格购买到最有用的技术，他们特别重视技术的具体细节，索要的东西也包罗万象。如详细的车间设计图纸、设备装备图纸、原材料证明书、化学药品和各种试剂、零件清单、维修指南、各种产品的技术说明等。所以，在与俄罗斯人进行洽谈时，要有充分的准备，就产品的技术问题要进行反复、详细的磋商。同时，要十分注意合同用语的使用，语言要精确，不能随便承诺，对合同中的索赔条款也要十分慎重。在我国气候条件下不会出现问题的产品，在俄罗斯低温的条件下，说不定就会有问题。

(七) 拉美人的谈判风格

拉丁美洲是指美国以南的地区，包括墨西哥、中美洲和南美洲，一共有 33 个国家。大部分拉美国家，由于历史上的原因，经济比较落后，经济单一化严重，贫富两极分化明显。虽然如此，但是拉美国家的商人都以自己悠久的传统和独特的文化而自豪，他们坚决反对并且极为痛恨那些发达国家商人的趾高气扬、自以为是的态度，不愿意听北美人或欧洲人的教训式的谈话。他们总是希望对方能在平等互利的前提下进行商贸合作，他们希望对方尊重他们的人格，尊重他们的历史。

1. 重视谈判对方的个人地位

个人人格至上的性格特点，使得拉美人特别注重谈判对手本人而不是对手所属的公司或者团体。他们判定谈判对手的工作能力以及在公司、团体中所处的地位往往是根据对手讲话的语气和神情，所以谈判时要说“我的”，而不要说“我们的”。要让对方知道你取得了哪些成就，务必使对方认为你在公司中是有地位和声望的。一旦拉丁美洲商人认定你是公司中有地位的人并取得过重大成绩，是个有经验、有成就的人物，便会对你肃然起敬，谈判也就顺利得多了。

2. 谈判节奏缓慢

拉美人普遍比较享受悠闲的生活，他们的假期比别的国家都要长。他们不可能为了一个正在谈判的重要交易而放弃自己的假期。因此，他们的这种态度导致办事整体节奏的缓慢。

3. 不愿意面对女性谈判者

拉美人对男子气概的崇尚使他们瞧不起女性，这一点在日常生活小事上就看得出来，正因为这点使他们不喜欢同女性进行谈判。当然也有例外的情况，那就是女性谈判者能用带有权威的、不容置疑的语调和大量事实向他们表明，自己同男性一样有经验、懂技术、胜任业务，甚至做得比他们更好，并且能令人信服地向他们展示自己的能力。这时，对个人奋斗的崇尚以及对成功者的敬仰便使所谓的男子汉气概暂时退到了次要地位。

4. 不太注重谈判协议的严肃性

拉美商人的时间观念淡薄，责任感不强，因而在这方面信誉较差。跟拉美人打过交道的谈判者十有八九都会提到拉美人不讲信用，仅就贷款回收一点就令人深有感触，他们接到货物后，往往期限会被拉长，付款比预期的要延迟。对于约定的见面时间，一些拉美人也大多不能很好地遵守。

5. 制度众多

拉美各国的商业法律、法规和税收以及海关程序完全不同，对进出口和外汇管制的程度也不一样，因此，对于不同的国家，一定要分别对待，并签好合同，要求以美元支付，减少风险。

（八）阿拉伯人的谈判风格

阿拉伯国家主要分布在西亚的阿拉伯半岛和北非。它们经济单一，绝大多数盛产石油，靠石油及石油制品的出口维持国民经济，主要进口粮食、肉类、纺织品以及运输工具、机器设备等。

由于受地理、宗教、民族等问题的影响，阿拉伯人以宗教划派，以部族为群，家庭观念较强；重朋友义气，热情好客，却不轻易相信别人。他们喜欢做手势，以形体语言表达思想。尽管不同的阿拉伯国家在观念、习惯和经济力量方面存在较大差异，作为整个民族来讲却有较强的凝聚力。

阿拉伯国家凝聚力的核心是伊斯兰教和阿拉伯语，阿拉伯人非常厌恶别人用贬损或开玩笑的口气来谈论他们的信仰和习惯。

案例 10-6

某工厂的副总裁吉拉德突然中风，英国总公司第二天派了一位高级主管凯丝琳，直飞利雅德接替他的职务。凯丝琳到沙特阿拉伯还身兼另一个重要任务，就是要介绍公司的一项新产品——微电脑与文字处理机，准备在当地制造行销。凯丝琳赶到利雅德，正赶上当地的“斋月”，接待她的贝格先生是沙方的高级主管，一位年约 50 多岁的传统生意人。虽然正值“斋月”，他还是尽地主之谊，请凯丝琳到他家为她洗尘。因时间急迫，凯丝琳一下飞机就直接赴约，当时饥肠辘辘，她心想在飞机上没吃东西，等一会儿到了贝格先生家再好好地吃一顿。

见面之后一切还好，虽然是在“斋月”，贝格先生仍为来客准备了吃的东西。凯丝琳觉得菜看起来非常合口味，于是大吃起来，然而她发觉主人却一口都不吃，就催促主人和她一起享用。狼吞虎咽间，她问贝格，是否可在饭后到他的办公室谈公事。她说：“我对你们的设施很好奇，而且还迫不及待地想介绍公司的新产品。”虽然凯丝琳是个沉得住气的人，然而因为习惯，偶尔会双腿交叠，上下摇动脚尖。贝格先生一一看在眼里，在她上下摇动脚尖时，他还看到了凯丝琳那双黑皮鞋的鞋底，顷刻之间，刚见面的那股热诚竟然消失得无影无踪。

1. 重信誉，讲交情

在阿拉伯人看来，信誉是最重要的，所以谈生意的人必须首先赢得他们的好感和信任。阿拉伯人十分好客，对远道而来并亲自登门拜访的外国客人非常尊重。如果他们问及拜访的原因，最好说是为了得到他们的帮助。当合同开始生效时，拜访次数可以减少，但定期重温、巩固和加深已有的良好关系仍然非常重要，这使他们看到一个重信誉、讲交情的形象，会在以后的谈判中获得意外的回报。

2. 谈判节奏较为缓慢

阿拉伯人的谈判节奏较缓慢。在阿拉伯国家进行商务谈判，不可能像在其他国家那样指望通过电话即可以谈成某项事务。从某种意义上说，与阿拉伯人的一次谈判只是部分地同他们进行一次磋商，因为他们往往要很长时间才能做出谈判的最终决策。如果外商为寻求合作前往拜访阿拉伯人，第一次很可能不但得不到自己期望出现的结果，还会被他们的健谈迷惑，有时甚至第二次乃至第三次都接触不到实质性话题。遇到这种情况，要显得耐心而镇静。

阿拉伯人特别重视谈判的早期阶段，在这阶段，他们会下很大功夫打破沉默局面，制造气氛。经过长时间的、广泛的、友好的会谈，在彼此敬意不断增加的同时，他们其实已就谈判中的一些问题进行了试探、摸底，并间接地进行了讨论。应注意的是，谈话时的话题要把握分寸，不要涉及中东政治，不要谈论国际石油政策以及宗教上的敏感问题。只有这样，阿拉伯人才会认为你诚实可信。这种社交式的、内容泛泛但气氛友好的会谈，可以使正式谈判取得成功的可能性大大增加，随之而来的结果，可能是在突然之间协议便达成了。

3. 代理商在商务活动中起重要作用

在阿拉伯商界还有一个阶层，那就是代理商。几乎所有阿拉伯国家的政府都坚持，无论外商的生意伙伴是个人还是政府部门，其商务活动都必须通过阿拉伯代理商来开展。这种代理制度不仅有利于维护阿拉伯国家的利益，而且对外国商人来说也是大有裨益的。这些代理商有着广泛的社会关系网，深谙民风国情，与企业或政府部门有着直接或间接的联系。如果有一个好的代理商，会为外商提供便利。例如：代理商可以帮助雇主同有关部门尽早取得联系、促使他们尽快做出决定；快速完成日常文书工作，加速通过烦冗的文牍壁垒；帮助安排货款回收、劳务使用、物资运输、仓储乃至膳食等事宜。如果没有合适的代理商，你的生意不可能进展顺利。

4. 偏爱讨价还价

阿拉伯人极爱讨价还价，无论交易大小均会讨价还价。更有甚者，不还价即买走东西的人还不如讨价还价后什么也不买的人更受到卖主的尊重。他们的逻辑是：前者小看他，后者尊重他。在商务谈判中，阿拉伯人对讨价还价更是十分看重，高明的讨价还价要反映智慧，即找准理由，把理说得令人信服。

5. 重视中下级人员的意见和建议

在阿拉伯国家中，谈判决策由上层人员负责，但中下级谈判人员向上司提供的意见或建议却能得到高度重视，他们在谈判中起着重要的作用。阿拉伯人的等级观念强烈，其工商企业的总经理和政府部长们往往自视为战略家和总监，不愿处理日常的文书工作及其他琐事。外商在谈判中往往要同时与两种人打交道：首先是决策者，他们只对宏观问题感兴趣；其次是专家及技术人员，他们希望对方尽可能提供一些结构严谨、内容翔实的资料，以便仔细加以论证。与阿拉伯人做交易时千万别忽视了后者的作用。

（九）东南亚、南亚人的谈判风格

东南亚、南亚包括许多国家，主要有印度尼西亚、马来西亚、新加坡、泰国、菲律宾、印度、巴基斯坦、孟加拉国等。这些国家与我国地理距离较近，贸易往来十分频繁，交易范围非常广泛，是我国发展对外经济贸易的重点地区之一。

1. 印度尼西亚人的谈判风格

印度尼西亚商人很讲礼貌，绝对不讲别人的坏话。除非是深交，难以听到他们的真心话。在洽谈时，若是交往不深，表面上虽然十分友好，谈得很投机，但心里想的却可能完全是另一套。但是，如果建立了推心置腹的交情，则往往可以成为十分可靠的合作伙伴。

印度尼西亚人还有一个突出的特点，那就是喜欢有人到家里来访问，而且无论什么时候访问都很受欢迎。因此，在印度尼西亚，随时都可以敲门访问以加深交情，使商谈得以顺利进行。

2. 新加坡人的谈判风格

新加坡商人以华侨为多，他们乡土观念很强，勤奋、能干、耐劳、充满明智，他们一般都很愿与中国进行商贸洽谈合作。老一代华侨还保持着讲面子的特点，“面子”在商务洽谈中具有决定性意义。年轻一代的华侨商人虽已具备了现代商人的素质和特点，但是，依然保持了老一代华侨的一些传统特点，例如：在洽谈中，如果遇到重要的决定，往往不喜欢做成书面的字据。但一旦订立了契约，则绝对不会违约，而是千方百计去履行契约。充分体现了华侨商人注重信用、珍惜朋友之间关系的商业道德。

3. 泰国人的谈判风格

泰国商人的性格特点是：不信赖别人，而依靠家族来掌管生意。不铺张浪费。同业间能互相帮助，但不会结成一个组织来共担风险。假如外国商人要与泰国商人结成推心置腹的交情，那就要费一段很长的时间。但一旦建立了友谊，泰国商人便会完全信赖你，当你遇到困难时，也会给你通融。所以，诚实和富有人情味，在泰国商人那里也是被充分肯定的。

4. 印度人的谈判风格

印度是一个古老的国家，印度商人的传统观念和保守思想较重。印度的企业家们一般都不愿意把自己掌握的技术和知识教给别人。他们责任感不强，常常喜欢找借口逃避责任，在商谈中也不愿意做出有责任性的决定。在工作出现失误受到指责时，他们会不厌其烦地重复解释。印度商人疑心很重，在没有利害关系时是很好相处的，可一旦有了利害冲突就判若两人，层层设防，处处猜疑。因此，要在商务上同印度商人结成肝胆相照的关系，需要很长的时间。

印度税收很高，逃税情形很普遍，所以，对印度公司进行资信调查很困难。有时，即使得到一些数据，但是否真实可靠，也很难分辨。所以同印度人进行商务交往，最好委托本国驻外机构帮助调查，或亲自进行调查，否则容易上当受骗。

5. 巴基斯坦人的谈判风格

巴基斯坦商人多数喜欢与客人建立良好的友谊和私人亲密的关系。他们注重礼节，在商谈中不使用电话，必须进行面谈。由于大多数人为伊斯兰教徒，女性一般不从事商务活动。在进行商务谈判过程中，出面的多为上层人士，他们权力较大，可以马上拍板做出决定。

巴基斯坦商人十分重视文字契约，任何协议都必须有书面文字以留作证据，否则，口说无凭。只要有了文字契约，绝大多数巴基斯坦商人均很守约。

需要注重的是，与巴基斯坦人做生意时，必须操一口流利的英语，否则会被认为没有受过良好的教育，受到轻视，所进行的商业活动也会因此受到很大影响。

(十) 非洲人的谈判风格

非洲虽然经济不太发达，但近年来经济发展比较迅速，其中南非、尼日利亚、摩洛哥等国的人均国民收入相当高，与我国的贸易也逐步增多，因此有必要研究一下他们的谈判特点。

1. 时间观念差

非洲各部族内部的生活具有浓厚的大家庭主义色彩。他们认为，有钱人帮助没钱人是天经地义的。只要族中有人有职业、有收入，他们的亲戚就会来要钱。这种风俗使得很少有人愿意努力赚钱，大多数人都将希望寄托在已有职业或家境富裕的族人身上。由此带来的后果就是：非洲人工作效率低下，办事能拖就拖，时间观念极差。谈判时，他们很少准时到会，即使到了也很少马上开始谈论正事，往往要海阔天空地漫谈一番，对此只能忍耐。

2. 集权型管理

非洲的国家、组织都属于集权型，如果赢得了其领导人的尊重、友谊和信任，在谈判中往往事半功倍。

因此，与非洲人谈判时，我们要有一定的耐心，并且注重把交易的成功与否与部族的利益联系起来，增加自己的谈判实力。此外，还要加倍注意和实权派的领导人搞好关系。

3. 不太熟悉商务知识

由于历史的原因，整个非洲的文化素质较低，有些从事商务谈判的人员对业务并不太熟悉，因此与其洽谈时，应把所有问题乃至各问题的所有细节都加以书面确认，以免日后产生误解或发生纠纷。另外，在非洲还要避免与那些“皮包商”做生意。他们往往只为骗取必要的许可证再转卖出去，或为了拿到你提供的样品，而积极找你谈生意并一口答应你的条件和建议，待得手后便逃之夭夭。非洲国家的法制不健全，很难依靠法律追究他们的责任。

任务实施

一、成立谈判团队

为了顺利完成谈判任务，张华在选择谈判团队成员时，特别考虑了国际谈判的特殊要求。张华首先考虑销售部的赵明阳，赵明阳在大学里学的国际贸易专业，而且以前在别的公司从事过国际贸易业务，对家具市场也非常熟悉，所以他是谈判团队的最合适人员。其次，张华认为综合部的周艳也应该加入谈判团队。周艳目前从事销售后勤工作，对公司的政策及业务流程较为熟悉，而且周艳是文秘专业毕业，对资料的检索、整理及记录比较专业。另外，还要临时聘请一位法语翻译，这样就组成了包括张华在内的四人谈判团队。

二、相关信息收集及分析

1. 信息收集

信息收集的主要项目和内容概要如表 10 - 1 所示。

表 10 - 1 信息收集的主要项目和内容概要

主要项目	内容概要
国际关系	欧盟是中国最大的贸易伙伴，中欧已经建立全面战略伙伴关系。中法两国有着传统的友好关系，虽然政治上偶有摩擦，但经济合作的总体现状和趋势是积极的、友好的。
国家政策、国际商法及国际惯例	中国坚持改革开放，不断加强中外经济合作，积极为国内企业开展国际业务提供政策和法律保障。家具行业开发度较高。查阅相关进口及贸易法规、相关家具技术标准等。
法国文化及谈判风格	法国人具有浓厚的国家意识和强烈的民族文化自豪感。他们性格开朗、热情，对事物比较敏感，为人友善，工作态度认真，善于享受。主要谈判特点：坚持使用法语，偏爱横向谈判，注重友谊，重视个人力量，时间观念不强等。
A 公司情况及吉姆个人信息	A 公司是法国知名家具企业，在国际上也有一定的知名度，但该公司产品还没有进入中国市场。吉姆是典型的法国人，对中国文化有一定了解，并具有丰富的国际谈判经验，作为这次谈判的主谈人，拥有一定的决策权。
双方竞争对手情况	巨大的中高端家具市场潜力正吸引着很多国际家具品牌开始抢滩中国，对于 A 公司来说，面对众多竞争对手，如何找到一个合适的代理商打开中国市场的大门至关重要，据说目前跟 A 公司接触的中国企业有好几家。对祥和公司来说，A 公司并非唯一可选择的国际品牌，但 A 公司的产品种类和品牌知名度以及急需进入中国市场的愿望，对于祥和公司来说是比较好的国际合作机会。

2. 信息分析

根据收集到的相关信息进行整理后综合分析，可以得出以下判断要点：当前的国际环境及中欧和中法关系对本次谈判影响不大；中国加入WTO后家具行业的开放度比较高，并且实施了零关税政策，国内也制定了相关家具技术标准，这些都为家具行业的进出口业务提供了良好的政策和法律环境；A公司的迫切进入中国市场的愿望与祥和公司引进国际品牌的需求为本次谈判的合作共赢提供了前提条件；A公司的技术和品牌优势明显，祥和公司的销售实力和市场优势较强，但双方同时存在选择竞争对手的备选方案；根据法国人的文化背景和谈判风格可以制定针对性较强的谈判策略。

三、制定谈判策略

主要谈判策略及内容要点如表10-2所示。

表10-2　主要谈判策略及内容要点

主要策略	内容要点
注重礼节，法语问候	尊重法国人的商务习俗，比如会场可以布置些法国人喜欢的花卉；用法语进行谈判，谈判人员事先学习几句常用的法语，增加亲切感并可以活跃气氛；谈判时间避开法国的节假日。
横向谈判	为谈判议题划定一个整体框架，先争取在总体上达成原则性条款，然后针对各项议题深入商谈。
综合策略运用	根据信息分析结论及当前情况，可以综合运用以下策略：采用询问、比价等方式探测对方真实的利益需求，挖掘双方利益共同点；采用“先紧后松”的策略，通过突出中外市场差异和中国市场特殊性及我方的本地市场优势，实现强化对方对我方的需求，增强谈判筹码；适当采用“增加竞争者”及“时间限定”策略，增强谈判紧迫感；制定同一交易条款不同替代方案和不同条款之间的转化方案；谈判议题可以从易到难，逐步达成共识并锁定条款；谈判中根据形势发展可以运用的其他策略。
市场考察	利用主场优势，安排对方谈判人员参观我方的连锁店和销售业绩，展现实力；并考察相关市场，让对方亲身体验中国市场，强化双方合作的必要性。
文化交流，增进友谊	安排吉姆及随行人员参观访问本地区有代表性的人文景观，开展多种形式的文化交流，培养双方之间的友谊，增强信任，建立起友好关系。

任务拓展

张华准备与之谈判的另外两家企业分别是来自美国的B公司和来自日本的C公司，请问，针对这两家公司，张华应该注意哪些问题？

知识检测

一、判断题

1. 一个国内谈判高手并不必然是一个成功的国际商务谈判专家。 (　　)

2. 英国人素有“契约之民”的雅称，他们崇尚契约，严守信用，权利与义务的意识很强。（ ）

3. 在谈判中，如果法国人的英语讲得很好，他会坚持用英语进行谈判。（ ）

4. 与美国人谈判，如果美国谈判手提出的条款、意见是无法接受的，应装出有意接受的样子而含糊作答。（ ）

5. 国际商务谈判的一大禁忌就是：以自己熟悉的文化的“优点”去评判对方文化的“缺点”。（ ）

二、选择题

1. 关于美国商人谈判风格的说法中，错误的是(　　)。

A. 有着与生俱来的自信和优越感　　B. 办事干脆利落，不兜圈子

C. 重视效率，喜欢速战速决　　D. 婉转圆滑，不轻易说“不”

2. 同英国商人交谈时，较安全的话题是（　　）。

A. 爱尔兰的前途　　B. 旅游

C. 大英帝国的崩溃原因　　D. 英国的继承制度

3. 日本人在谈判中往往不断点头并说“哈噫”，这常常是告诉对方他们(　　)。

A. 在注意听　　B. 表示同意

C. 表示不同意　　D. 表示高兴

4. 同阿拉伯商人交谈时应注意(　　)。

A. 不要涉及中东政治　　B. 不要谈论国际石油政策

C. 不要谈论宗教上的敏感问题　　D. 不要谈论女性

5. 下列关于德国商人谈判风格的说法中，正确的有(　　)。

A. 谈判前准备得十分充足、周到　　B. 不讲究效率

C. 自信而固执　　D. 非常守时

三、简答题

1. 与国内商务谈判相比，国际商务谈判具有哪些特点?

2. 不同国家和地区的商务谈判具有哪些特点和风格?

3. 中西方商务谈判风格有何特点与不同?

4. 在异国文化背景的谈判中，谈判双方关系的融洽主要取决于什么?

四、案例题

坎沃尔公司（以下简称加方）是加拿大的一家壁纸打印设备制造商。公司总裁伯顿和营销经理雷尼斯两位代表与江苏一家壁纸生产商（以下简称中方）谈判有关销售问题。加方的两位代表抵达当天，中方的李经理亲自前往机场迎接，随后安排他们下榻在宾馆。几小时后，他们应邀出席中方特意为他们举行的欢迎宴会。第二天，中方带领他们四处欣赏风景，加方代表希望尽早讨论有关业务，但是午饭后，中方让他们回宾馆休息，晚上又邀请他们看舞蹈表演。

第三天，双方终于开始谈判了。加方被出席会议的中方代表人数吓了一跳———桌子对面坐了10位代表。谈判的进展相当缓慢，中方代表不停地介绍本公司概况。可在加方看来，这些与销售业务无关。加方代表拿出了他们以为很有说服力的销售数据，而中方代表时不时地点头表示赞同。加方以为谈判就要成功了。

第四天，中方代表要求加方代表详细讲述产品的技术细节。可是加方代表都未参与该设备的核心部分（高科技部件的产品设计工作），对技术细节不太了解。因此，中方代表虽然欣赏加方设备的高质量，但同时他们也担心，因为对产品设计不了解，一旦设备发生故障，本企业是否有能力维修。最后，谈判的焦点从技术问题转移到价格。中方代表要求20%的折扣，加方代表不同意，急喊“No”。中方代表觉得加方代表回答得太直接，他们甚至怀疑加方的诚意。但加方代表毫无顾忌地表明了他们觉得中方无理取闹的态度，他们拿出资料和数据，坚持认为开出的价格合理。为此，中方决定改日再谈。

加方代表早有耳闻，与中国人谈判很费时间。在考虑了中国人这个特点之后，他们为此预算了一周时间。可是现在一周时间快过去了，谈判却没有任何进展。为了加快谈判速度，加方代表开始问一些很敏感的问题：中方对本公司的哪些方面不满意？本公司须在哪些方面改进？在最后两次会谈期间，两位代表试图将谈判重点转移到尚未解决的价格等问题上，可是中方代表好像不太愿意。虽然谈判未取得任何结果，但是第二天中午，中方的告别宴会还是如期举行了，并且李经理还是很高兴，兴致勃勃地谈两家企业的合作前景，谈中加长期建立的友好合作关系。加方两位代表虽然带着失望的心情离开了中国，但是他们觉得双方都有诚意，希望通过邮件、传真进一步谈判。

两周后，加方得到消息：中国这家壁纸厂已决定购买日本一家企业的同类设备。加方确信自己的产品是优质的，价格也是合理的，那么，到底是什么原因使他们未能谈成这笔交易呢？

资料来源：何志娟，何岑成．文化差异在商务谈判中的冲突［J］．经营与管理，2010（4）．

问题：

1. 案例中体现出国际商务谈判的哪些特点？
2. 你认为坎沃尔公司谈判失败的原因是什么？
3. 结合案例分析加拿大人和中国人在谈判风格上存在哪些异同。

项目实训

实训课题： **不同国家的谈判风格**

实训目的：

针对不同国家的谈判风格，制定不同的谈判策略。

背景资料：

法国人安瑞是在城市交通管制工程方面颇有名气的专家，一家沙特阿拉伯工程公司邀他到该国。该公司负责修建部分政府工程。安瑞从来没在中东工作过，当他到达工程公司总经理的办公室时，他被请到地板上的一个坐垫上等。总经理忙着招呼其他来访的人，当时他也清楚地看到了安瑞。安瑞在靠墙的大垫上耐心地等。这一批客人中共有8位，安瑞是最后一位，半个小时过去了，安瑞忍不住问秘书什么时候才能轮到他，秘书也弄不清楚。这期间，有许多人进进出出，打断总经理接见的工作，安瑞开始感到不耐烦。很显然，总经理一点不在乎被他人打扰。一小时过去了，秘书才领着安瑞坐上总经理对面的那张椅子。他们用英文交谈，一阵子客套后，总经理把安瑞介绍给公司里的一个工程师小组，其中包括了总经理的“表弟”——公司的副总经理，是美国麻省理工学院的毕业生。引见之后，安瑞就热心地简单报告，用的是英文，主题当然是道路规划问题。不久，安瑞发觉许多听众都表情茫然，这时他才想到，许多的专有技术名词和概念必须经过翻译才能使听众听懂。这一组人当中，似乎只有总经理的表弟听懂了简报。

实训题目：

（1）为什么法国人安瑞会有不耐烦的感觉？如果是你，你将如何应对这种情况？

（2）分析沙特阿拉伯的工程师小组人员表情茫然的原因，并提出解决办法。

（3）如果安瑞不是在阿拉伯国家，而是在别的国家，将如何制定自己的策略？

扩展阅读

戴姆勒-奔驰并购克莱斯勒之后

1998年11月，德国戴姆勒-奔驰公司并购美国三大汽车公司之一的克莱斯勒公司，被全球舆论界誉为“天堂里的婚姻”。戴姆勒-奔驰公司是德国实力最强的企业，是扬名世界的“梅塞德斯”品牌的所有者，克莱斯勒则是美国三大汽车制造商中盈利能力最强、效率最高的公司。人们认为，这宗跨越大西洋的强强联合定会造就一个驰骋世界汽车市场、所向无敌的巨无霸。然而谁会想到，这桩“婚姻”似乎并不美满。并购后并没有实现公司预期的目标，到2001年，公司的亏损额达到20亿美元，股价也一路下滑，并且裁减员工，公司的发展一直都很艰难。业内人士认为，大西洋两岸不同文化差异的冲突是这场“婚姻危机”的根本原因。戴姆勒-奔驰公司的CEO施伦普一开始没有意识到两家企业无论在组织结构、薪酬制度，还是企业文化上的差异都非常大，他却采取德国的完全控制方式把克莱斯勒当成一个德国的公司来看待。在公司管理制度上，董事会结构成员都是以德国为主。但是，他却在媒体上说：“这是一次平等的合并。”这使克莱斯勒美国员工无所适从。再加上，施伦普在企业合并不久就解雇了作为并购整合经理的克莱斯勒总裁，导致克莱斯勒员工产生敌对情绪，许多优秀的美国设计师、高级管理人员纷纷辞职投奔了福特、通用汽车等竞争对手。这样，也就不难理解为什么这次开始被称为“天造的”合并最后如此失败。

在这个案例中，我们认识到不同国家、不同民族间的文化存在着明显的差异。在当初合并的时候，戴姆勒-奔驰的CEO施伦普低估了文化的因素。在谈判时没有考虑两家企业之间的文化差异，更没有分析德国和美国之间的国家文化差异对谈判以及合并后整合的影响，使得公司在合并这么多年之后发展都比较艰难，并且无法实现其期望的目标。美国学者保罗·郝比格说：“一个成功契约的障碍大多来自文化因素。由于谈判双方都从自己种族优越的情景和经验来观察对方，阻碍了同来自其他文化的人的有效谈判。”可见，文化差异会左右谈判者的思想和行为，使谈判深深地打上不同民族、国家文化的烙印。因此，在日益频繁的国际商务谈判活动中我们更不能忽视文化差异所产生的影响。

资料来源：李丽．浅析国际商务谈判中的文化差异——从戴姆勒-克莱斯勒的案例谈起［J］．商场现代化，2006（4）.

参考文献

[1] 方其．商务谈判——理论、技巧、案例［M］．北京：中国人民大学出版社，2004.

[2] 周忠兴．商务谈判原理与技巧［M］．南京：东南大学出版社，2003.

[3] 杨晶．商务谈判［M］．北京：清华大学出版社，2005.

[4] 文腊梅．商务谈判实务——项目教程［M］北京：电子工业出版社，2013.

[5] 周贺来．商务谈判实务，北京：机械工业出版社，2010.

[6] 孙绍年．商务谈判理论与实务［M］．北京：清华大学出版社，2007.

[7] 王希琼，高新宏．商务谈判实务［M］．天津：天津大学出版社，2010.

[8] 丁建忠．商务谈判（第二版）教学案例［M］．北京：中国人民大学出版社，2005.

[9]［美］罗伊·列维奇．谈判实务（第二版）［M］．北京：人民邮电出版社，2004.

[10] 潘马琳，程利民，吴闻杰．商务谈判实务［M］．郑州：河南人民出版社，2000.

[11] 吴显英．现代商务谈判［M］．哈尔滨：哈尔滨工程大学出版社，2002.

[12] 刘昊等．商务谈判与技巧［M］．西安：西安地图出版社，2002.

[13] 马克态．商务谈判——理论与实务［M］．北京：中国国际广播出版社，2004.

[14] 宫捷．现代商务谈判［M］．青岛：青岛出版社，2001.

[15] 卢润德．商务谈判［M］．重庆：重庆大学出版社，2003.

[16] 陈向军．商务谈判技术［M］．武汉：武汉大学出版社，2004.

[17] 潘忠敏．如何进行销售谈判［M］．北京：北京大学出版社，2004.

[18] 徐春林．商务谈判［M］．重庆：重庆大学出版社，2004.

[19] 周绪全，于勤．最新实用口才技巧［M］．重庆：重庆出版社，1995.

[20] 林伟贤．谈判艺术［M］．北京：新华出版社，2006.

[21]［美］威廉·尤里．无法说不：从对抗到合作的谈判［M］．北京：机械工业出版社，2005.

[22]［英］加文·肯尼迪．万事皆可谈判：如何在每次谈判中获得最佳结果［M］. 北京：中国人民大学出版社，2006.

[23] 潘肖珏．商务谈判与沟通技巧［M］．上海：复旦大学出版社，2006.

[24]［美］霍华德·雷法等．谈判分析［M］．大连：东北财经大学出版社，2005.

［25］列维奇等．谈判学［M］．北京：中国人民大学出版社，2006.

［26］刘必荣．谈判圣经［M］．北京：中国商务出版社，2004.

［27］［美］罗杰·道森．有效谈判秘诀［M］．北京：华夏出版社，2001.

［28］刘必荣．攻守之道［M］．北京：北京大学出版社，2006.

［29］［美］凯瑟琳·凯利·里尔登．谈判的力量［M］．北京：当代中国出版社，2005.

［30］郑方华．业务谈判技能案例训练手册［M］．北京：机械工业出版社，2006.

［31］［美］赫布·科恩．谈判就这么简单［M］．北京：电子工业出版社，2004.

［32］［美］彼得·斯塔克．你也能成为谈判高手［M］．杭州：浙江人民出版社，2005.

［33］李品媛．现代商务谈判［M］．大连：东北财经大学出版社，2005.

［34］周海涛．商务谈判成功技巧［M］．北京：中国纺织出版社，2006.

［35］张臬．实用商务英语谈判与实务［M］．南京：东南大学出版社，2006.

［36］王淑贤．商务谈判理论与实务［M］．北京：经济管理出版社，2003.

［37］何伟祥．商务谈判［M］．杭州：浙江大学出版社，2004.

［38］周晓琛．商务谈判理论与实战［M］．北京：知识产权出版社，中国水利水电出版社，2004.

［39］［英］盖温·肯尼迪．谈判的真理（第三版）［M］．北京：中国宇航出版社，2003.

［40］汤秀莲．国际商务谈判［M］．天津：南开大学出版社，2003.

［41］刘园．国际商务谈判——理论·实务·案例［M］．北京：中国商务出版社，2005.

［42］李景霞．国际商务谈判［M］．北京：机械工业出版社，2004.

［43］朱凤仙．商务谈判与实务［M］．北京：清华大学出版社，2006.

图书在版编目（CIP）数据

商务谈判实务/李昆益，姬忠莉主编. --2 版. --
北京：中国人民大学出版社，2021.1
21 世纪高职高专规划教材. 通识课系列
ISBN 978-7-300-28945-8

Ⅰ.①商… Ⅱ.①李… ②姬… Ⅲ.①商务谈判-高等职业教育-教材 Ⅳ.①F715.4

中国版本图书馆 CIP 数据核字（2021）第 001225 号

21 世纪高职高专规划教材 • 通识课系列
商务谈判实务（第 2 版）
主　编　李昆益　姬忠莉
副主编　吴　烽
Shangwu Tanpan Shiwu

出版发行	中国人民大学出版社		
社　　址	北京中关村大街 31 号	**邮政编码**	100080
电　　话	010－62511242（总编室）		010－62511770（质管部）
	010－82501766（邮购部）		010－62514148（门市部）
	010－62515195（发行公司）		010－62515275（盗版举报）
网　　址	http://www.crup.com.cn		
经　　销	新华书店		
印　　刷	北京溢漾印刷有限公司	**版　　次**	2014 年 8 月第 1 版
规　　格	185 mm×260 mm　16 开本		2021 年 1 月第 2 版
印　　张	18 插页 1	**印　　次**	2021 年 1 月第 1 次印刷
字　　数	379 000	**定　　价**	38.00 元

信息反馈表

尊敬的老师:

您好!为了更好地为您的教学、科研服务,我们希望通过这张反馈表来获取您更多的建议和意见,以进一步完善我们的工作。

请您填好下表后以电子邮件、信件或传真的形式反馈给我们,十分感谢!

一、您使用的我社教材情况

您使用的我社教材名称			
您所讲授的课程		学生人数	
您希望获得哪些相关教学资源			
您对本书有哪些建议			

二、您目前使用的教材及计划编写的教材

	书名	作者	出版社
您目前使用的教材			
	书名	预计交稿时间	本校开课学生数量
您计划编写的教材			

三、请留下您的联系方式,以便我们为您赠送样书(限1本)

您的通信地址			
您的姓名		联系电话	
电子邮箱(必填)			

我们的联系方式:

地　址:苏州工业园区仁爱路158号中国人民大学苏州校区修远楼

电　话:0512-68839320　　传　真:0512-68839316

网　址:www.crup.com.cn　　邮　编:215123